AF497625

Karl Emil Franzos

Deutsche Fahrten: Reise- und Kulturbilder aus Anhalt und Thüringen

e-artnow 2018

T. E. Lawrence
Aufstand in der Wüste (Autobiografischer Kriegsbericht des Lawrence von Arabien)

Ida Pfeiffer
Reise nach dem skandinavischen Norden und der Insel Island im Jahre 1845.

Johanna Schopenhauer
Reise durch England und Schottland

Theodor Fontane
Gesammelte Werke: Romane + Erzählungen + Reiseberichte + Gedichte + Memoiren (Über 250 Titel in einem Buch): Effi Briest + Wanderungen ... Birnbaum + Vor dem Sturm und viel mehr

Theodor Fontane
Auf Theodor Fontanes Wegen - Kulturhistorische Beschreibungen und Reisetagebücher: Wanderungen durch die Mark Brandenburg + Jenseit des Tweed + Ein Sommer in London

James Fenimore Cooper
England - Reiseberichte mit Skizzen aus den Gesellschaften der Hauptstadt

Hermann von Pückler-Muskau
Aus Mehemed Alis Reich: Ägypten und der Sudan um 1840

Johann Wolfgang von Goethe
Italienische Reise (Ein Reisetagebuch)

Emil Holub
Sieben Jahre in Süd-Afrika (Band 1&2): Erlebnisse, Forschungen und Jagden auf den Reisen von den Diamantenfeldern zum Zambesi

Theodor Fontane
Jenseit des TweedBilder und Briefe aus Schottland

Karl Emil Franzos

Deutsche Fahrten: Reise- und Kulturbilder aus Anhalt und Thüringen

Reiseberichte aus den Vogesen

e-artnow, 2018
Kontakt: info@e-artnow.org

ISBN 978-80-273-1885-8

Inhaltsverzeichnis

Aus Anhalt und Thüringen

Kein Freund von Vorreden, will ich doch sagen, wie dies Buch entstanden ist.

Die Wanderlust, die mich in meiner Jugend durch drei Weltteile führte und die ungebahnten Pfade Halbasiens mit Vorliebe aufsuchen ließ, hat mich seit einem Menschenalter auch auf unzähligen Fahrten und Wanderungen durch Deutschland geführt. Es gibt zwischen der deutschen Wasserkante und den Alpen kaum einen Gau, in dem ich nicht mindestens wochenlang verweilt, kaum eine Stadt, die ich nicht genauer kennengelernt hätte. Ich tat's zu meiner Erholung, zu meiner Freude; geschrieben habe ich in den drei Jahrzehnten nur wenige Schilderungen, schon weil mir andere Arbeit nach der Heimkehr keine Zeit dazu ließ.

Auch beim Antritt meiner Ferienreise im Sommer vor zwei Jahren dachte ich wahrlich nicht daran, als Ausbeute ein dickes Buch heimzubringen. Die Redaktion der »Vossischen Zeitung« hatte kurz vorher Beiträge für ihr Feuilleton von mir gewünscht, und ich versprach ein Reisebild, wenn ich Stoff und Muße dazu fände. Nun fügte es der Zufall, daß ich zuerst in ein so merkwürdiges und wenig bekanntes Nest wie Zerbst geriet, und da mich dann in der nächsten Station der Regen zwei Tage im öden Hotelzimmer festhielt, schrieb ich auf, was ich in der »verschollenen Fürstenstadt« gesehen hatte, und schickte den Aufsatz nach Berlin. Er fand im Leserkreise des Blattes so freundliche Aufnahme, wie ich sie mir nie hätte träumen lassen, und ein ganzes Häuflein von Zuschriften ermunterte zu ähnlichen Aufsätzen. So schrieb ich denn während der Reise die Schilderungen aus Dessau und Wörlitz und skizzierte mir die Eindrücke meiner folgenden Stationen noch etwas sorglicher in mein Tagebuch, als ich es sonst zu tun pflegte.

An ein Buch dachte ich aber auch nach meiner Heimkehr nicht, und erst im Lauf des folgenden Winters gewann der Plan dazu Gestalt, wieder auf Ermunterung von Freunden, die meinten, eine Sammlung werde nicht ganz ohne Berechtigung und dem und jenem willkommen sein. So entstand – mitten zwischen anderen, größeren Arbeiten und dringlichen Pflichten – das Kapitel über Erfurt, und ich wollte nun die folgenden in einem Zuge hinschreiben, als mir ein Augenleiden die Feder – wie es damals schien, für immer – aus der Hand nahm. Lange währte es, bis ich sie wieder brauchen und nun endlich die mir lieb gewordene Arbeit abschließen konnte.

Lieb ist mir dies Buch, weil es mich an sonnige Tage erinnert, aber auch, weil ich es mit gutem Gewissen in die Welt hinaussenden darf. Denn es ist, bei aller warmen Neigung für Land und Leute, ein ehrliches und fleißig gearbeitetes Buch. Im übrigen muß es nun selber zusehen, wie es durch die Welt kommt.

Ich füge nur noch bei, daß die Aufsätze sämtlich vorher in Zeitungen und Zeitschriften erschienen sind – außer in der »Vossischen Zeitung«, welche die meisten brachte, in der »Nationalzeitung«, der »Magdeburgischen Zeitung«, der »Nation« und der »Deutschen Dichtung« –, daß ich sie aber für diese Buchausgabe noch einmal sorglich durchgearbeitet habe.

Dieser »ersten Reihe« meiner »Deutschen Fahrten« soll jedenfalls noch eine zweite, welche die Vogesen schildert, folgen. Ob eine dritte, hängt davon ab, wie lang ich mich noch an der Schönheit dieser Welt erfreuen darf.

Berlin, im Juni 1903

Der Verfasser

Von einer verschollenen Fürstenstadt

Alljährlich, wenn die Tage länger und heißer werden, faßt mich ein Gefühl, aus brennender Sehnsucht und behaglicher Neugier gemischt, das mich nie verläßt; es folgt mir bis in den tiefsten Traum. Wer ein Landkind ist wie ich, sehnt sich sein Leben lang, kaum daß der Winter vorbei ist, nach grünen, rauschenden Bäumen, nach Kühle und Stille, und hat er den höchst nervenstärkenden Beruf, Schriftsteller und Redakteur zu sein, so rüttelt ihn dies Sehnen in der qualmenden Stadt endlich wie ein Fieber. Aber tröstlich mischt sich in diese Qual die fröhliche Neugier: Wohin nun eigentlich? Mein Plan bei meinen Erholungsreisen ist immer, keinen zu haben. Als ich noch jung war und das Recht meiner Jahre auf Torheit redlich benützte, bin ich nach genau demselben Plan vier Jahre lang von Land zu Land gefahren, immer bereit, zu bleiben oder zu gehen, wie mein ungestümes Herz wollte. Das ist nun über zwanzig Jahre her; ich bin zahm und seßhaft geworden, trage die Fron täglicher Pflichten und mache auch sehr verständige Pflichtreisen mit Rundreisekarte und auf Tag und Stunde vorgeschriebenem Plan, o ja! wenn's sein muß. Aber im Sommer muß es nicht sein; da darf ich's treiben wie in den jungen Tagen. Ich mache mir keinen Plan, dessen Knecht ich dann bin, nehme mir nichts vor und versäume daher nichts, weiß am Morgen nie, wo ich am Abend sein werde, und lasse mich vom Augenblick tragen wie der Fisch von der Welle. Darüber werden die klugen, zielbewußten Leute, die acht Monate an dem Plan ihrer vierwöchigen Reise arbeiten, sicherlich lächeln, und mit Recht – aber, du lieber Himmel, das ganze bißchen Leben und Lebensglück vergeht uns ja in der klugen Jagd nach bestimmten Zielen – sollte man da nicht mindestens in seinem Vergnügen töricht sein dürfen? Auch ist es eine sehr angenehme Torheit: wenn ich so, nachdem der Koffer gepackt ist, die Landkarte vor mir ausbreite und mein Blick über die bunten Linien schweift, dann ergreift mich ein Gefühl, das ich nicht in Worte fassen kann, das mir um keine Weisheit der Welt feil wäre: da liegt die schöne Erde selbst vor mir ausgebreitet; die Flüsse rauschen, die Wälder flüstern, die Seen blinken zu mir empor, und die Wahrzeichen der Städte heben grüßend ihr Haupt – und dies alles ist mein; ich werde davon sehen und genießen dürfen, was mir beliebt... Und weil schließlich alles schön ist, für das Auge fast und in der Erinnerung gar ganz gleich schön, darum weiß ich, wenn ich abreise, höchstens die Himmelsrichtung, und auch die nur, weil es des Bahnhofs wegen sein muß.

Diesmal also wollte ich nach Westen, zunächst nach Frankfurt und dann in die Schweiz oder weiß Gott wohin, und mit diesem Gedanken ging ich vorgestern abend zu Bette, fröhlich wie ein Schneidergesell, der sich auf den morgigen Sonntag freut. Aber war's die Hitze oder die Freude, ich konnte nicht schlafen und holte daher aus der Handtasche eines der Bücher heraus, die ich mir als Reisebegleiter gewählt hatte: Goethes Briefe an Frau von Stein. Und da fiel mein Auge auf die Briefstelle aus Wörlitz, 14. Mai 1778: »Hier ist's jetzt unendlich schön... Es ist, wenn man so durchzieht, wie ein Märchen, das einem vorgetragen wird, und hat ganz den Charakter der elysäischen Felder; in der sachten Mannigfaltigkeit fließt eins ins andere; keine Höhe zieht das Auge und das Verlangen an einen einzigen Punkt; man streicht herum, ohne zu fragen, wo man ausgegangen ist und hinkommt...«

Wörlitz? Und so schön ist's dort? Wo ist Wörlitz? Offenbar bei Dessau; Goethe war ja dort der Gast des Fürsten Franz von Anhalt-Dessau. Aber das ist ja so nahe bei Berlin; das kann man von Berlin aus haben. Nein, morgen bis Frankfurt. Und mit diesem Gedanken schlief ich ein.

Anders gestern morgen, als ich zum Bahnhof Zoologischer Garten fuhr. Freilich, dachte ich, ist Wörlitz nahe bei Berlin und schön und eigentümlich wie manches andere, wie zum Beispiel der Spreewald, den du noch nicht kennst, eben weil du immer denkst: Also nächstens! Mit Wörlitz soll's dir nicht so gehen. Und ich nahm meine Karte nur bis Güterglück.

Mit mir fuhr ein junges Ehepaar, das ich von irgendeinem Diner her kannte; es wollte nach Rippoldsau und malte mir die Reize des dortigen Kurhotels enthusiastisch aus. »Das teuerste Haus in Deutschland!« rief er begeistert. »Und diese Toiletten!« flüsterte sie. »Mindestens dreimal täglich muß man sich umkleiden!« Nun wieder er: »Kein Mann unter fünfzig Mille Einkommen!« Dann klagten beide über ihre Nerven; darum wollten sie von Rippoldsau nach St. Moritz und schließlich nach Scheveningen. O der Blick, mit dem sie mich maßen, als ich ihnen sagte, daß ich zunächst nur nach Wörlitz wollte! Und mit solchen Leuten kommt man bei Berliner Diners zusammen, dachten sie. Ich auch.

In Güterglück – wie sich nur der seltsame, freundliche Name erklären mag? – mußte ich über eine Stunde auf den Magdeburg-Leipziger Zug warten, der mich nach Dessau bringen sollte, und das war keine verlorene Zeit. Denn ich bin dadurch zu zwei stillbehaglichen Tagen in einer hübschen alten Stadt gekommen, an der ich sonst gewiß, gleich den meisten, vorbeigefahren wäre. Das aber kam so.

Als ich in der Bahnhofswirtschaft mein Bier trank, tat neben mir ein dicker alter Mann das gleiche; jeder Zoll ein Schlächtermeister, dachte ich im stillen, und richtig fragte er die Wirtin, ob sie Brägenwurst gebrauchen könne, »echte Zerbster Brägenwurst mit Zwiebeln«. Sie lehnte ab, und das verdroß ihn. »Den Magdeburgern, den Leipzigern«, sagte er mir, »läuft das Wasser im Mund zusammen, wenn sie von Zerbster Brägenwurst hören, und in Güterglück mag man sie nicht! Was soll man dazu sagen?!« Da ich auch nicht wußte, was man dazu sagen sollte, so schwieg ich. »Haben Sie schon unsere Wurst gegessen?« fragte er weiter. »Ich erinnere mich nicht«, sagte ich schüchtern. »Die Wurst vergißt man nicht!« rief er. »Schon wegen der Zwiebeln. Dann haben Sie vielleicht gar auch noch kein Zerbster Bitterbier getrunken?« Ich schüttelte den Kopf. »Sie kennen ja die besten Sachen nicht«, sagte er mitleidig, »fahren Sie nach Zerbst und tun Sie sich's an! Die schönste Stadt! Und morgen ist auch Königs-Vogelschießen auf der Schützenwiese.« – »Was gibt's denn sonst dort zu sehen?« – »Ein Kriegerdenkmal haben wir und die Butterjungfer aus Gold und eine Pferdebahn und alte Sachen. Und dann ist ja doch von uns die große Kathrin her, die sich dann mit mindestens dreißig Männern nacheinander hat trauen lassen. Im Schloß sind Bilder von ihr und ihre Wiege und so Zeugs.« – »Welche Kathrin?« Aber da fiel's mir bei: richtig, Katharina II. war ja eine Prinzeß von Anhalt-Zerbst! Brägenwurst und Bitterbier, Vogelschießen, Pferdebahn und Kriegerdenkmal hätten mich kalt gelassen, und was die goldene Butterjungfer sein sollte, wußte ich nicht, aber die Andenken an die große Kaiserin lockten mich, und um keinen Preis hätte ich den eifrigen und ohnehin gekränkten Lokalpatrioten darüber aufklären mögen, daß es zwar mit den mindestens dreißig Männern seine Richtigkeit hatte, aber mit den Trauungen nicht. Noch ein Blick in den Baedeker, und als ich dort las: »... noch von Mauern, Türmen und Graben umgeben«, da sagte ich: »Ich will hin.« Der Schlächtermeister lächelte mit Mund und Backen und allen vier Unterkinnen. »So ist's recht! Ich selbst muß nach Magdeburg, aber meine Würste treffen Sie überall!... Was sind Sie denn?« – »Schriftsteller.« – »Also beim Gericht«, sagte er (er hatte offenbar von Schriftsätzen gehört). »Dann gehen Sie zu Schulzen gegenüber der Nikolaikirche, hinter dem Rathaus.« Ihm pfiff sein Zug nach Magdeburg, ich aber stieg eine halbe Stunde später in Zerbst aus.

Die Wahrheit zu sagen, der Anfang war nicht ermutigend. Außer mir stieg niemand aus, und als ich aus dem Bahnhof trat, lag in der prallen Sonnenglut ein von grünen Büschen umrahmter kleiner Platz vor mir; in der Ferne tauchten hinter dem Buschwerk Häuser auf, und etwas näher, in einer Ecke des Platzes, stand ein kleiner Pferdebahnwagen mit einem Roß davor, das melancholisch in der grausamen Hitze Schwanz und Ohren hängen ließ. Aber ein Kutscher war weit und breit nicht zu sehen. Minute um Minute verstrich, rings kein Laut, nur heiße, brütende Stille. Das war ja nun allerdings eine Sehenswürdigkeit, diese Pferdebahn.

Aber dann kam Leben in die Sache. Aus der Bahnhofswirtschaft trat der Kutscher, wischte sich den Mund und fragte: »Machen Sie vielleicht mit hinein? Dann geht's los!« Er schaffte mein Gepäck in den Wagen, und nun ging's wirklich los, aber sachte; ohne jede Übereilung rollten wir der Stadt zu. Zunächst breite, gerade Straßen mit kleinen, modernen, freundlichen Villenhäusern; dann jenseit eines kleinen Brückleins, unter dem ein Bächlein dahinschlich, eine hohe, graue Mauer. Aber sieh – jählings, als wär's nicht mehr dieselbe Stadt, rücken nun die Häuser enger zusammen, daß das Wägelchen fast den ganzen kleinen Raum zwischen den Bürgersteigen einnimmt, und diese Häuser sind alte heimelige Giebelhäuser, und die Leute rechts und links bleiben stehen und gucken neugierig den Fremden an. Nun gar ein Prachtstück: ein uralter, riesiger, freistehender Glockenturm, dann immer stattlichere Häuser aus dem 16., höchstens 17. Jahrhundert. Endlich aber als Schönstes der Marktplatz: das prächtige, dreigiebelige Rathaus mit der Rolandsäule davor, aber auch sonst fast jedes Haus mit einem Wahrzeichen geschmückt und selbst ein stattliches, wohlerhaltenes Wahrzeichen deutscher Baukunst. »Ja«, sagte der Kutscher stolz, »unser Markt!« Dann begann er sachte mein Gepäck auf das glühende Pflaster abzuladen; flachshaarige Buben und Mädel schlichen neugierig herbei; einige von ihnen teilten sich in mein Gepäck, und hinter ihnen her wandelte ich langsam über den schönen Platz meinem Gasthof zu. Es lohnt sich zuweilen, dachte ich im stillen, wenn man unterwegs mit alten Schlächtermeistern redet; aber warum bedurfte es erst dieses Zufalls? Seltsam, diese Stadt und dieser Verkehr!

Das war gestern mittag mein erster Eindruck, und heute nachmittags wo ich aus meiner kühlen Stube in dem wohnlichen alten Hause den schönen Platz nochmals übersehe und mich all des Behaglichen und Sehenswerten erinnere, das mir dieser Aufenthalt gebracht hat, kann ich auch nur ähnliches sagen. Ich weiß ja nun: es gibt in Zerbst große Pferde- und andere Märkte, und im Frühling und Herbst kommen die Herren Kommis mit den neuen Mustern und den alten Anekdoten, auch sollen sich die Guts- und Fabrikbesitzer der Nachbarschaft hier oft gütlich tun. Und nicht immer ist's so heiß, daß zur Pferdebahn der Kutscher fehlt. Kurz, ich will meine Erfahrung nicht verallgemeinern, aber warum kommen so wenige nur ihres Pläsiers wegen?

Ja warum? Zerbst ist kein blendendes, bewunderungswürdiges Schaustück, aber in seiner stillen Art ein guter, alter, anheimelnder Raritätenkasten, und auch derlei hat sonst viele Freunde. Hier fehlen sie, weil – aber das weiß ich eben nicht. Freilich, die Notiz im Baedeker ist knapp, und die Stadt hat es noch zu keinem eigenen Führerchen samt Stadtplan gebracht, deren es sonst heute in jedem Nest gibt, aber daran allein kann es nicht liegen. Ich glaube, es ist eben Schicksalssache mit den Städten wie mit den Büchern. Der Ruhm ist nie unverdient, wohl aber zuweilen die Verschollenheit. Was besprochen wird, kennt man, und was man kennt, wird besprochen, und wie sich Erfolg und Reklame verketten, hat noch niemand ergrübelt. Deshalb leben sie doch in der Stille fort, die guten Bücher und die guten Städte.

Und Zerbst lebt sogar behaglich. Das konnte ich schon an dem Mittagessen im Gasthof erkennen. Selbst die großen internationalen Hotels sind immer, wenn auch nur dem schärferen Auge erkennbar, vom genius loci beeinflußt, und nun erst der Gasthof einer Mittelstadt, wo die Honoratioren verkehren, die es dort besser finden wollen als zu Hause. Das Essen war menschenwürdiger als zumeist in diesen Gegenden. Denn in Mitteldeutschland ißt man am schlechtesten. »Wir sind eben keine Schlemmer«, sagte mir vor vielen Jahren ein reicher Leipziger Verleger, als er mich mit einem mir unvergeßlich gebliebenen Kalbsbraten bewirtete, »im Herzen Deutschlands denkt man lieber an ideale Interessen.« Aber ich glaube, das war mehr eine Erklärung für diesen besonderen Kalbsbraten als für die Erscheinung im allgemeinen. Ich wenigstens werde beim Essen ungern durch zähes Fleisch und fades Gemüse an ideale Interessen erinnert und fand es löblich, daß mir dies hier erspart blieb.

Dann aber dachte ich an diese Interessen, und auch hier war, wie in jeder fremden Stadt, mein erster Gang in den Buchladen, mir einen Spezialführer zu kaufen. Ich tue dies immer, nicht bloß in den seltenen Fällen, wo ich über meine Reise zu schreiben vorhabe, und kann dies jedem raten, der rechte Freude am Fremden gewinnen will. Die Baedeker sind in allem Praktischen die besten Reiseführer der Welt, mit größtem Geschick dem Bedürfnis des Durchschnittsmenschen angepaßt, darum eben auch im Detail knapp. Und doch gibt erst das Detail Farbe und Leben, und erst das Wissen gibt rechte Liebe. Nun, hier gab's kein solches Büchlein. Und einen Stadtplan nur in Folio. Da ging ich denn selbständig drauflos. Selbständig, einsam, aber nicht alleine. Denn die drei Buben, die mir mein Gepäck in den Gasthof getragen hatten, Hänschen, Ernstchen und Fritzchen, waren plötzlich wieder da und folgten mir auf drei Schritte Entfernung, verlegen die Rotznäschen senkend, wenn ich umblickte, aber beharrlich.

Zunächst zum Schloß. Über den stillen Markt, dessen alte graue Giebelhäuser mit den geschlossenen, verhangenen Fenstern im grellen Sonnenschein wie in Schlaf gebannt lagen, dann die enge kühle Gasse, die Alte Brücke entlang, durch die ich vom Bahnhof hergekommen war, bis zu dem Glockenturm. Schwer und massig ragt der graue Riese in die Luft, fast die Gasse sperrend; der abgebröckelte Anstrich läßt gewaltige, roh behauene Steinblöcke sehen; so fügten sie bis ins 12. Jahrhundert hinein die klotzigen Türme; bemerkenswert scheint mir die in Norddeutschland seltene Ablösung vom Hauptbau. Dieser Bau, die Bartholomäikirche, ursprünglich natürlich gleich dem Turm romanisch, ist offenbar seither so vielfach umgestaltet worden, daß er heute von außen einen seltsam buntscheckigen Eindruck macht. Ich wollte das Innere besehen und kommandierte meine Leibgarde, den Küster zu holen.

Hänschen und Ernstchen stürzten ab, aber Fritzchen blieb. Er war weitaus der hübscheste von den Jungen, für seine neun Jahre auffallend schlank und stark, das freilich ungewaschene Gesicht von kühnem, edlem Schnitt. Ich strich ihm das feine Haar aus der Stirn. »Sag mal, Fritzchen, wer ist denn dein Vater?« Da wurde der Knabe blutrot, und die blauen Augen füllten sich mit Tränen. »Mutter sagt's nicht«, stammelte er. Mein Trostwort und ein Trostgroschen machten es nicht gut. Als ich mich einen Augenblick abwandte, war Fritzchen verschwunden und kam nicht wieder. Mein Lebtage will ich kein Kind mehr nach seinem Vater fragen, mindestens gewiß nicht ein auffallend schönes Kind.

Die beiden anderen aber kamen mit einer Magd zurück, die ein behaglich einfältiges Gesicht hatte und einen großen Schlüssel in der Hand trug. Der Küster sei nicht zu Hause, meldete sie, auch sei drinnen nichts Rechtes zu sehen. »Nun, Bilder werden doch da sein«, meinte ich, »auch möchte ich den Bau sehen.« – »Es sind ja aber nur so ganz alte Bilder, und gebaut ist alles von Stein!« Ich mußte laut auflachen; verdutzt sah mich die Gute an und lachte dann mit. »Aber Sie haben da doch einen Schlüssel?« fragte ich weiter. »Der ist ja zum Turm«, sagte sie eifrig, »da werden wir jetzt gleich hinaufsteigen!« – »Ich nicht! Bei dieser Hitze!« – »Aber oben sieht man ganz Zerbst und sieben Dörfer!« Ich blieb hart. Da spielte sie ihren stärksten Trumpf aus. »Mein guter Herr«, sagte sie mahnend, »da ist schon einmal der frühere Herr Kreisdirektor hinaufgestiegen!« Aber selbst dies Beispiel rührte mich nicht, und ich wanderte weiter, nach der Schloßfreiheit.

Ein unregelmäßiger Platz, in den die neuerbaute Schloßwache störend hineinschneidet; auch von den älteren Häusern einige nüchtern – und doch, läge dieser Platz nicht in Zerbst, wie oft wäre er schon gemalt und nun gar photographiert! Denn hier stehen auch einige Bauten im reichsten französischen Barock, wie man sie schöner, ja nur gleich schön selten finden wird. Namentlich zwei kleine einstöckige Palais dicht am Park sind geradezu entzückend, von den schönsten, zierlichsten Verhältnissen; und alles, alles, vom First bis zur Schmucklinie des Erdgeschosses, und Fenster und Fenstergitter und Türen und Schlösser und nun gar die Friese und Kartuschen von demselben Geist feiner, fröhlicher, überquellender Üppigkeit erfüllt. So um 1700 mögen sie erbaut worden sein, von wem weiß ich nicht, aber für wen wag ich zu erraten: das Schloß liegt ja dicht daneben; dort hauste Serenissimus mit Serenissima, hier aber seine Herrin – warum sollten wir immer Mätresse sagen? Ein schweres, blondes Edelfräulein des eigenen Landes oder eine kleine, pikante, braunäugige Französin oder eine italienische Sängerin mit schwarzen Glutaugen. Aber es sind ja zwei solcher Häuser, wird man mir einwenden. Oh, das stößt meine Hypothese noch lange nicht um; die Zerbster Fürsten waren sehr, sehr lustige Herren...

Nun zum Schloß. Ein stolzer Bau, dem Mitteltrakt schließen sich rechtwinklig zwei langgestreckte Flügel an, so daß der Schloßhof ein nur nach dem Park offenes Rechteck bildet. Gleichfalls Barock, aber mit stärkerer Betonung antikisierender Formen als an den Schmuckstücken der Schloßfreiheit; stammt das Schloß von demselben Meister wie diese, so war er für die kleinere Aufgabe begabter. Immerhin ein stattlicher Bau; wir haben in Deutschland schönere Schlösser aus derselben Zeit, aber kaum eines, das imponierender wirkte. Wenigstens auf mich übte es diesen Eindruck, wie es so plötzlich in der Stille und Öde des verwilderten Gartens vor mir stand. Ich setzte mich auf eine Bank am Rand des Parks und schaute hin und schaute. Mir wurde ganz märchenhaft zumut... Das verwunschene Schloß; kein Laut, keine Spur der Menschen; nur die Mücken zirpen im Grase, und um den Turm kreist langsam eine Schwalbe in der heißen, schweren Luft... Hin und wieder blitzt es in einer Ecke des Schloßhofs, die Sonne spiegelt sich in etwas Glänzendem, das kommt und geht, was mag das sein?...Aber nun ist's verschwunden, und auch die Schwalbe sehe ich nicht mehr, und alles ist stumm und schläft und träumt, das stolze Schloß und all die Menschen, die darin hausen, und ich selbst träume...Von fern klingt der Schlag einer Turmuhr herüber und ertrinkt in der Stille; ich zähle: drei Uhr – die Schloßuhr aber weist auf zwölf. Mittag war's, da einst der Zauber gesprochen ward und alles in Schlummer verfiel: Serenissimus, der sich eben nach dem Dejeuner zum Gang in das kleine lustige Palais rüstete, und Serenissima, die sich die Schminke neu auflegen ließ, und der Erbprinz, als er im Schweiß seines Angesichts die »Phädra« übersetzte, und der Kammerjunker, als er das Hoffräulein auf das Schminkpflästerchen der linken Schulter küßte, und der Hofprediger über der Postille, der Gardist in der Wachstube, der Koch am Bratofen und die Lakaien jeder am Platze, wo sie sich gähnend herumgedrückt hatten. Ist aber die Zeit um und der Zauber gebrochen, dann geht Serenissimus quer über den Rasenplatz zu seiner Holden, und Serenissima blickt ihm seufzend nach oder läßt vielleicht im Gegenteil den hübschen Abenteurer, der jüngst aus Paris an den Hof gekommen ist, seine Fortune zu machen, zur Audienz befehlen, und das Leben rollt weiter, das lustige üppige Leben eines kleinen deutschen Hofes um 1700...

»O du Ochse!« Ich fuhr empor. Zehn Schritte hinter mir vertrieben sich Hänschen und Ernstchen die Zeit mit Balgen und landesüblichen Kosenamen. Da war ich wieder ganz wach. Nein, dacht ich, sie schlafen nicht, sie sind tot, ganz tot, und das ist gut. Denn ihr lustiges, üppiges Leben war doch mit zuviel Blut und Tränen ihrer Untertanen bezahlt. Nun aber wollen wir sehen, wie sie gehaust und wie sie ausgeschaut haben. Ich stand auf und ging dem Schlosse zu.

Nun sah ich auch, woher das Blinken rührte, das vorhin gekommen und gegangen war: von der Pickelhaube des Soldaten, der hier Wache hielt. Es war der einzige Mensch auf dem Schloßhof, auch alle Fenster und Türen geschlossen. Einen Wachtposten darf man nicht ansprechen, und er darf nicht antworten, aber laut mit sich selbst reden darf der Mensch, und mit den Augen winken darf der Soldat. Und so sagte ich sehr vernehmlich vor mich hin: »Wo soll ich nun den Kastellan suchen?«, und der brave Anhaltiner lächelte und wies mit den Augen nach dem linken Flügel. Dort traf ich den Mann.

Der Kastellan – aber es schickt sich und ist im vorliegenden Falle wirklich das einzig Richtige, wenn ich »der Herr Kastellan« sage, denn in diesem Manne ist viel Wissen und Würde – hat sich redliche Mühe mit mir gegeben und mich lange, sehr lange treppauf, treppab von Saal zu Saal geführt und dabei unablässig auf mich los erklärt; freilich, allzuviel Besuch hat er ja nicht, und was man auswendig gelernt hat, will man doch auch gern mal aufsagen. Die Mühe war auch nicht vertan, es hat mich fast alles interessiert, nur war ich in vielem anderer Meinung als er. Mehr als manche andere abgedankte Residenz macht dies Schloß den Eindruck eines kalten, verstäubten Raritätenmuseums, nicht eines Hauses, durch das lange volles warmes Leben pulsierte, dessen Hauch man auch heute noch empfinden muß. War doch auch seine Glanzzeit kürzer als seine Bauzeit; 1681 begonnen, wurde es erst 1750, also nach 69 Jahren, vollendet – warum es so lange währte, von welchem Baumeister der Plan herrührt, konnte mir der Herr Kastellan nicht sagen: »Dieses ist nicht aufgeschrieben« –, und dann blieb es nur noch 43 Jahre bewohnt, schon 1793 starb der Mannesstamm der Zerbster Linie aus. Vier Jahre später kamen Schloß und Stadt in den Dessauer Zweig; die Herzoge von Anhalt kamen und kommen selten. Kein Wunder, in dieser ewig langen Reihe von Prunksälen, durch kein Kabinett, keinen mittelgroßen Wohnraum unterbrochen, muß sich's unbehaglich hausen lassen. Dagegen nützen die kostbarsten Möbel im Geschmack Louis' XV., die kuriosesten Spielwerke, Rokoko-Nippes und eingelegten Schränke, die teuersten Teppiche und Gobelins nichts, auch wenn sie sämtlich sehr hübsch wären, was man nicht sagen kann. Die Zerbster Herren haben sich's bei der Einrichtung mehr Geld als Geschmack kosten lassen; jeder, wie er kann. Dem Herrn Kastellan, oder richtiger, dem Verfasser der von ihm vorgetragenen Erklärung, ist freilich alles herrlich und vieles unvergleichlich; ich hütete mich gestern wohl, zu widersprechen; heute aber möchte ich sagen: Wer sich für derlei Dinge interessiert, wird schon deshalb den Besuch in Zerbst lohnend finden; handelt es sich doch um eine Zeit, wo fast jedes kunstgewerbliche Erzeugnis ein Unikum war. Und man findet solche Unika anderswo nicht kostbarer, wenn auch geschmackvoller. Die Zerbster haben ihr Schloß eingerichtet wie heute nur noch ein ganz rüder Parvenü seine Wohnung; sie rafften das Teuerste von dem zusammen, was zu ihrer Zeit erzeugt wurde. Kein Stück aus dem Mittelalter, kaum eines aus dem 16. Jahrhundert. Nirgendwo eine Statue, eine Landschaft, eine Historie; die Bilder fast nur Familienporträts aus dem 17. und 18. Jahrhundert und fast sämtlich von recht geringem Kunstwert.

Gleichwohl haben mich diese Porträts noch mehr interessiert als die Einrichtung; es sind die Zerbster Herren von dem Begründer der Linie, Rudolf (1603), bis zu dem letzten Fürsten, Friedrich August; nicht ganz zwei Jahrhunderte hat die Linie geblüht, was man so blühen nennt... Nicht um ihrer selbst willen interessierten sie mich samt ihren Ehehälften, sondern ihres größten Sprossen wegen, Katharina II. Sie ist in jeder Hinsicht ein Phänomen, auch in psychologischer und physiologischer. Als sechzehnjähriges Kind aus der Puppenstube zur Gattin des unheimlichen Erben eines Riesenreichs erwählt, wird sie unter Verhältnissen, die auch die stärkste Natur hätten brechen können, einzig durch ihren Willen und ihr Genie in jungen Jahren die Alleinherrscherin, ja das Schicksal dieses größten Staates der Erde, die genialste Fürstin und das verderbteste Weib ihrer, vielleicht aller Zeiten. Nur die Meteore fallen vom Himmel; die Menschen aber entwickeln nur die Keime, die in sie gelegt sind – woher hatte sie dies alles, die riesigen Vorzüge und die gigantischen Laster? Um darauf vielleicht eine Antwort zu finden, war ich schon vor langen Jahren, noch in Wien, durch ein Gespräch mit Billroth angeregt, der Geschichte der Zerbster ein wenig nachgegangen. Man weiß – denn es ist seither auch durch seine Briefe bekannt geworden –, der große Chirurg war ein leidenschaftlicher Verfechter des Axioms: »Auch in die Geistesaristokratie kommt man nur durch Vererbung hinein.« Es klang plausibel, aber ich konnte doch nicht beistimmen; der Ausnahmen schienen mir gar zu viele; unter anderen hielt ich ihm Katharina II. vor. Sie war gewiß die größte Geistesaristokratin ihrer Zeit – woher hatte sie es nun? »Suchen Sie nur«, meinte er, »es muß auch da zu finden sein.« Ich fand es nicht; weder Vater noch Mutter bedeutende Menschen; der ganze Zweig schwächlich; auch geistig, wie ihrem Ländchen nach, richtige Duodezfürsten. Während der Hauptzweig eine Prachtgestalt wie den Alten Dessauer, einen feinen Kopf wie den Freund der Dichter und Denker seiner Zeit, den Fürsten Franz, aufzuweisen hat, ist der relativ bedeutendste Mann dieser Nebenlinie nur eben der Vater Katharinas II., Christian August, denn er war doch preußischer Generalmajor und tat zum mindesten seinen Gamaschendienst; die anderen taten überhaupt nichts. Nein, von ihren Vorfahren hat die große Kaiserin ihr Genie nicht geerbt; das fand ich auch durch diese Porträtreihe bestätigt. Aber wie ich so die Herren in gesticktem Rock und Allongeperücke – nur Christian August trägt den Küraß –, die Damen im Reifrock und mit gepudertem Haar musterte, da ward mir klar, daß Katharina doch allerdings etwas von ihnen geerbt hat, den Keim zum Laster. Von dem Begründer bis zum letzten tragen sie sämtlich im Antlitz alle Zeichen ungebändigter Sinnlichkeit, welche die Physiognomik verzeichnet: die halbgeöffneten starken Lippen, die geblähten Nüstern, das weiche, unenergische Kinn, das für die Zerbster so charakteristisch ist wie für die Wettinerin ihrer glorreichen Zeit das vorspringende harte Keilkinn. Freilich trieben's die Zerbster vielleicht nur ein wenig schlimmer als die anderen Fürsten ihrer Zeit; ins Ungeheuerliche wächst sich auch dieser Zug erst in Katharina aus.

Natürlich interessierten mich ihre Porträts am meisten. Es sind deren zwei hier. Ein Jugendbildnis, wohl noch aus der Stettiner Zeit, etwa im Alter, da sie urplötzlich auf Veranlassung Friedrich des Großen die Braut des Mannes wurde, den sie siebzehn Jahre später morden ließ; ein hübsches, fröhliches Backfischchen, im Antlitz freilich auch, nur das Kinn abgerechnet, jene Zeichen ihres Geschlechts; alles, auch Stirne und Nase, dem Vater wie aus dem Gesicht geschnitten. »Nett, aber ein Racker«, könnte man den Eindruck trivial, aber bezeichnend zusammenfassen. Das andere ein Bild aus ihren alten Tagen, wenige Jahre vor jenem Novembertag von 1796, da sie jählings dahinschied, trotz ihrer 67 Jahre noch nicht einmal der Liebe satt, geschweige denn des Herrschens. Sichtlich ein überaus und zudem ungeschickt geschmeicheltes Bild; die Unförmlichkeit der Gestalt, die Unheimlichkeit der durchwühlten Züge, von denen die Zeitgenossen berichten, sind fast verwischt, aber ebenso der Ausdruck geistiger Größe, den sie ehrfurchtsvoll verzeichnen.

Sonst hält ihr Andenken hier nur die Wiege fest, in die sie 1729 zu Stettin gelegt wurde; eine schmucklose Wiege aus schwarzlackiertem Holz; der Herr Generalmajor waren damals recht knapp gestellt... Aber der Schlächter in Güterglück hatte mir ja außer der Wiege »so Zeugs« versprochen. Diese anderen Andenken an die Kaiserin, belehrte mich der Herr Kastellan, seien im städtischen Museum zu finden.

Schon wollte ich aufbrechen, in dem angenehmen Bewußtsein, mir durch mein andächtiges Zuhören und die Unterlassung vorwitziger Fragen nach dem, was »nicht aufgeschrieben« war, das Wohlwollen des würdevollen Mannes erworben zu haben, als er mich noch zurückhielt, mir seine schönste Geschichte zu erzählen, und dabei hätte ich es fast mit ihm verdorben. Ich hatte schon vorher fünf Porträts gesehen: Friedrich August, den letzten Zerbster, ein dürftiges, verlebtes Männchen, das gar nichts mehr fertig brachte, nicht einmal die Fortdauer seines Geschlechts; seine Mutter, eine alte Frau mit auffallend harten, ja megärenhaften Zügen; zwei Bilder seiner ersten Gemahlin, einer hübschen sanften Dame, und zwar ein Jugendbildnis in einem rosa Kleide und ein späteres, das sie als noch jugendliche, aber gereiftere Schönheit in einem graugrünen Kleide zeigt, endlich ein Porträt seiner zweiten Gemahlin, die ihn lange überlebt hat. »Denn«, sagte der Herr Kastellan, »mit Friedrich August ist es nämlich so, daß seine erste Frau vor ihm starb und die zweite nach ihm.« Und dann erzählte er mir, die Fürstin-Mutter habe die erste Frau durch das rosa Kleid vergiftet: »Es war ein in Paris angefertigtes Giftkleid, dessen sich diese böse Schwiegermutter, indem sie es ihr nämlich schenkte, bediente, und dieses rosa Giftkleid sehen Sie hier abgemalt.« – »Herr Kastellan«, sagte ich bescheiden, aber fest, »das kann ich nicht glauben.« Er runzelte finster die Stirne. »Ich glaube«, fuhr ich begütigend fort, »daß die erste Frau vor ihm gestorben ist und die zweite nach ihm. Ich glaube auch, daß die böse Schwiegermutter die erste Frau vergiftet hat, aber nicht durch das rosa Kleid. Denn sonst hätte sich ja die Unglückliche nicht mehrere Jahre später im grünen Kleide malen lassen können. Ein so langsam wirkendes Gift gibt es ja nicht einmal in Paris!« Er schüttelte grollend das Haupt. »Dieses ist aufgeschrieben.« – »Dann will ich glauben«, gab ich noch weiter nach, »daß die Ärmste wirklich durch irgendein rosa Giftkleid gestorben ist, aber es war dann nicht dasselbe rosa Kleid, in dem sie gemalt ist.« – »Es war dasselbe«, sagte er wuchtig. »Dieses ist aufgeschrieben.« – »So will ich denn alles glauben«, beteuerte ich, aber sein Antlitz erhellte sich erst beim Händedruck, mit dem ich von ihm Abschied nahm.

Vom Schloß ging ich wieder zum Markt zurück; das städtische Museum ist im Rathaus. Leider war es geschlossen; ich habe es nicht gesehen. Sonst ein leichtfertiger Mensch, der lange nicht allen Sternen des Reisebuchs nachläuft und immer im stillen die armen Reisekulis bemitleidet, die unter dem Zwang ihrer Halb- oder Viertelbildungspflichten von einer Sehenswürdigkeit zur anderen keuchen, bedaure ich doch diesen Entgang wirklich. Schon um der Notiz willen, die der sonst bezüglich Zerbst so schweigsame Baedeker darüber gibt. Alte Drucke sind mir eine Freude; hier hätte ich ein Prachtstück sehen können: eine von Hans Lufft 1541 auf Pergament gedruckte Bibel, deren Holzschnitte kein Geringerer als Lucas Cranach der Jüngere ausgemalt hat. Noch lieber blättere ich in der vergilbten Handschrift einer Stadtchronik; hier ist eine Zerbster Chronik von 1451. Am allerliebsten aber sind mir schöne Autographen, deren hier gleichfalls aufbewahrt werden, namentlich von Humanisten und Reformatoren; ich habe, obwohl nur ein deutscher Schriftsteller, selbst manches hübsche Stück dieser Art im Kasten; darum kann ich ihrer nicht genug sehen, und – um mein schwarzes Herz ganz zu enthüllen – mit ungetrübter Freude sehe ich sie nur in öffentlichen Sammlungen an. Denn alle Sammlerei verdirbt den Charakter. Ich bin nicht ganz so schlimm wie ein verstorbener König unserer stillen Zunft, der sonst so weiche, romantische General von Radowitz, der in einem launigen Brief schreibt, er bemerke mit Vergnügen, daß sich sein Sammelgenosse X immer mehr dem stillen Suff ergebe; das lasse auf ein baldiges Delirium tremens und eine fröhliche Auktion der Sammlung hoffen. Nein, so schlimm bin ich nicht, aber schöne Briefe von Luther und Melanchthon sehe ich lieber in einem Museum an als bei einem reichen Banausen, der sie nicht einmal flüssig lesen kann.

Indes, auch ohne Baedeker hätte ich mir sagen können, daß diese Sammlung sicherlich das meiste enthält, was an derlei liebem, verstaubtem Kram überhaupt noch in der uralten Stadt zu finden war, daß sie sorglich behütet und musterhaft verwaltet wird. Denn sie ist der Stolz aller, und was mir begegnete, als ich mich um den Zutritt mühte, verdient erzählt zu werden, weil ich meine, man kann es nicht in vielen deutschen Städten erleben. Als ich betrübt vor der verschlossenen Türe im Korridor des Rathauses stand, kam ein Schutzmann vorbei und belehrte mich aus freien Stücken, die Sammlung sei nur wochentags 9-12 zu sehen. »Also kommen Sie übermorgen, Montag, wieder. Aber ganz gewiß! Es sind so schöne Sachen drin!« Das könnte ich leider nicht, erwiderte ich, ich müßte schon morgen abend fort. »Oh«, sagte er, »das wäre ja jammerschade, da muß es Ihnen noch heute gezeigt werden. Kommen Sie mit auf die Polizeistube; vielleicht wissen die Kameraden Rat.« Er führte mich auf die Stube, die gleichfalls im Rathaus liegt, und trat mit den drei Wachleuten, die dort saßen, zu einem Kriegsrat zusammen. Darüber waren alle einig: »Das muß der Herr sehen!« – aber wie? Die einen rieten mir, den Archivar in seiner Wohnung aufzusuchen, »es wird ihm gewiß nur eine Freude sein, mit Ihnen wieder herzukommen«; die andern schlugen vor, beim Herrn Stadtrat anzufragen, ob er nicht vielleicht auch einen Schlüssel habe. Er hatte keinen, ermunterte mich aber auf das liebenswürdigste, den Archivar darum zu ersuchen. Auch gab er mir einen Schutzmann mit, der mir den Weg erklären sollte. Und dies alles, ohne daß ich meinen Stand und Namen genannt hätte! Aber was nun kommt, ist das hübscheste. Als mir der Schutzmann an der nächsten Straßenecke den Weg zum Archivar zeigte, kam ein ältlicher Mann vorbei, eine Gemüsebutte auf dem Rücken, blieb stehen und erbot sich dann, mich hinzuführen; es sei für ihn nur ein kleiner Umweg. Ich nahm zögernd an; bei der Hitze, die Butte auf dem Rücken, sei schon dies eine große Mühe. »Tut nichts«, erwiderte er. »Als Fremder geht man ja wie ein verlaufenes Schaf durch die Stadt, sieht und hört nichts, das weiß ich, ich war schon selbst in Magdeburg. Dort habe ich freilich nichts dabei verloren, aber unser Zerbst ist ja die schönste und älteste Stadt weit und breit.« Er war ein Gemüsebauer vom Ankuhn, wie das Stadtviertel der Gärtner heißt, und muß wohl tatsächlich wiederholt im Museum gewesen sein, denn er wußte annähernd Bescheid, natürlich in seiner Art; er sprach von der »luftigen Bibel«, der »schönsten der Welt«, und ließ seinen seligen Mitbürger Peter Becker die Stadtchronik bereits »vor zweitausend Jahren« abgefaßt haben. Über Katharina II. äußerte er sich leider mit einer Anspielung auf die beiden großen Kasernen der Stadt in höchst despektierlicher Weise. »Was geht sie uns an?! Zerbst hat einmal eine große Insel im Meer gehabt, die hat sie verkauft!« Seltsam, so lebt im Volk die Tatsache fort, daß die Zerbster Fürsten einst auch durch Erbschaft die Herrschaft Jever besaßen, die dann als Kunkellehen an Katharina fiel; freilich hat nicht sie, sondern erst Alexander I. das Ländchen (ich glaube an Holland) verhandelt. Um so wärmer sprach der Mann von seiner Vaterstadt. »Wir können uns vor jedem sehen lassen, und gar mit den Dessauern nehmen wir's noch lange auf! Und die haben doch den Hof und die reichen Leute, und wir stehen im Winkel!« Überhaupt klang der eifersüchtige Groll gegen Dessau in den Reden aller Zerbster, die ich sprach, deutlich durch; vor mehr als hundert Jahren hat die ältere Residenz zugunsten der jüngeren abdanken müssen, und noch ist's unvergessen – oh, in Zerbst vergißt man überhaupt nicht. Als wir vor dem Wohnhaus des Archivars standen, faßte ich mir ein Herz und fragte den Mann, ob er nicht ein Glas Bier auf das Wohl seiner Stadt trinken wolle. Er lehnte entschieden, aber liebenswürdig ab. »Das geschieht schon auch, wenn ich's selbst bezahle. Nein, nicht deshalb habe ich's getan, sondern weil ich will, daß Sie wissen, was unser Zerbst ist. Der Herr Dr. Siebert ist ein Studierter, der kann Ihnen alles erklären.« Der Archivar war leider nicht zu Hause; ich mußte auf das Museum endgiltig verzichten... Aber wie merkwürdig ist dies alles! Man denke: einige Schutzleute und ein Gemüsebauer mit der Butte auf dem Rücken! Ist andern derlei schon oft in Deutschland begegnet? Mir hierzulande nicht, wohl aber in Italien, zum Beispiel ganz ähnliches in Ferrara.

Vielleicht ist dies kein Zufall; ein gewisser Parallelismus läßt sich ja in Geschick und Physiognomie beider Städte nachweisen. Hier wie dort ein riesiges, nun längst verödetes Residenzschloß; hier wie dort eine uralte Stadt, in der einem auf Schritt und Tritt die Spuren längst erblichenen höfischen Glanzes, wenn auch nun arg verstaubt, ins Auge fallen; hier wie dort eine leidenschaftliche, eifersüchtige Liebe zur ehrwürdigen Heimatstadt. Und hier wie dort hat diese starke Empfindung dieselben Wurzeln: im Gebildeten den bewußten, im Mann der Brägenwurst und des Gemüses den instinktiven Stolz auf eine uralte Kultur, gepaart mit der schmerzlichen, aber nicht abzuweisenden Erkenntnis, daß die Gegenwart leider nicht so schön ist wie die Vergangenheit oder doch mindestens gewiß nicht schön genug, um über ihr die Vergangenheit zu vergessen. Gewiß, für jeden Menschen, der diesen Namen verdient, ist die Heimatstadt mehr als ein Haufe Häuser, in dem er mit vielen anderen haust; er liebt sie, auch wenn es eine ganz junge Mittelstadt ist oder eine alte, nun aber mit ungeheurer Raschheit zur Riesin emporgewachsene Großstadt. Aber die Liebe ist eine andere, eine minder starke, als die in »verschollenen Fürstenstädten« ihren stillen, verklärenden Zauber übt. Schon aus einem äußeren Grunde: in solchen alten Städten, mögen sie nun zurückgehen oder stillstehen oder nur ganz langsam vorwärts kommen, ändert sich im Laufe eines Menschenlebens wenig oder nichts; der Blick des Greises sieht genau dieselben Türme, Mauern und Fassaden wie einst der des Knaben; wie anders spricht ein solches Stadtbild zum Gemüt seiner Bewohner, um wieviel inniger verwächst es mit ihrem eigenen tiefsten Leben als an Orten, wo alles neu ist und das Alte kaum noch zu erkennen! Es ist unmöglich, daß der Kattowitzer oder Oberhausener dasselbe für seine Heimatstadt empfindet wie der Zerbster, und dem Berliner oder Leipziger ist dies auch nicht möglich. Aber, wird man mir einwenden, Liebe zur Vaterstadt bedeutet doch nicht allein Pietät für ihre Vergangenheit; mindestens gleich schön oder noch schöner erweist sie sich im rüstigen Erschaffen einer besseren Zukunft, und neben der sentimentalen Liebe, die das Tote erhalten möchte, gibt es gottlob auch eine fröhliche, die neues Leben schafft. Ja, erwidere ich, gottlob, die gibt es. Wie aber, wo es mit dem Erschaffen des Neuen nur langsam vorwärts geht wie in Zerbst oder gar nicht wie in Ferrara? Da erschöpft sich eben die Sorge um die Zukunft in der Erhaltung der Vergangenheit; ist nicht viel neuer Glanz zu gewinnen, so soll doch der alte nicht verbleichen. Und inniger als die fröhliche ist die leidvolle Liebe, das gilt nicht bloß von der Liebe der Menschen zueinander, sondern auch von der zu ihrer Heimat. Wer dies recht erkennen will, gehe nach Städten wie Ferrara oder Zerbst; der Besuch wird ihn, und sei er noch so sehr für die »fröhliche Liebe«, nachdenklich stimmen und nicht schlechter noch oberflächlicher machen.

Indes, ich möchte den Vergleich zwischen der gewaltigen, verödenden Stadt am Po und unserem lieben, alten, engen Nest an der Nuthe nicht allzuweit ausspannen. Vieles stimmt, aber noch mehr stimmt nicht. Auch Zerbst war einst mehr als heute, durch lange, lange Jahrhunderte mehr als Berlin, aber so viel für Deutschland wie Ferrara für Italien war es niemals. Es ist eine uralte, wie der Name erweist, von den Wenden begründete Siedelung, schon im 10. Jahrhundert ansehnlich, im 12. gewiß bereits eine bedeutende Stadt. Es kam empor, weil ihm zunächst die beiden Mächte hold waren, die das Schicksal einer Stadt bestimmen: die günstige Lage inmitten einer fruchtbaren Ebene am Knotenpunkt wichtiger Straßenzüge und die Art seiner Beherrscher; diese ersten »edlen Herren von Zerbst« (aus Alsleben) hatten eine starke Hand. Aber wichtiger als die Lage ist die Tüchtigkeit der Fürsten; das hat Berlin zu seinem Besten erfahren und Zerbst zum Gegenteil. Solange über beide (über Zerbst seit 1307) Askanier herrschten, wenn auch aus verschiedenen Zweigen, blieb Berlin dürftig und Zerbst eine stattliche Stadt, die aber doch zu keiner solchen Entwickelung gedieh, wie ihre Anfänge hatten erwarten lassen; es war seit dem 14. Jahrhundert die Residenz eines Zweiges der anhaltinischen Askanier, wuchs langsam, wenn dieser Zweig seinen Besitz durch Erbschaft mehrte, kam ins Stocken, wenn er ihn durch Erbteilung zersplitterte. Ich möchte mich nicht in den unberechtigten Ruf besonderer Gelehrsamkeit in anhaltinischer Geschichte bringen; ich entnehme die Tatsachen einer kleinen Geschichte des Herzogtums, die ich mir gestern hier kaufte, um selbst einigermaßen orientiert zu sein. Der gutgesinnte Verfasser lobt alle Fürsten; immerhin scheinen nach dem, was er von ihnen anführt, diese älteren Zerbster von anderem Schlag gewesen zu sein als die jüngeren des 17. und 18. Jahrhunderts. Sie waren fromm, hielten Frieden und machten aus ihren Halb- und Ganzwenden Deutsche; erst 1316 wurde in Zerbst die wendische Sprache vor Gericht abgeschafft; aus Klosterschule und Kirche wurde sie erst weit später verbannt. Aber auch unter diesen tüchtigeren Zerbstern war keiner, der über das Mittelmaß an Charakter, Geist und Kraft hinausgereicht hätte. Ich mußte, während ich die ebenso trockene wie servile Geschichtssalbaderei überlas, immer nur an eines denken: Zerbst gehörte kirchlich zu Brandenburg; es hing im Lauf der Zeiten oft genug an einem Haar, daß es auch politisch dazu gehörte – wie hätte sich dann das Schicksal von Berlin und Zerbst gestaltet?! Dann hätten die starken Begründer der Hohenzollernschen Hausmacht an Zerbst gefunden, was sie so dringend brauchten und sich erst an Berlin schaffen mußten, eine größere, stattliche, wohlhabende, relativ kultivierte Stadt als Haupt- und Residenzstadt, dann wäre Zerbst mit den Zollern groß geworden, und dann hätte ich vielleicht meine erste Station auf meiner Flucht aus der qualmenden Riesenstadt an der Nuthe in dem kleinen Kölln an der Spree gemacht. Ich meine das nicht ganz im Ernst, aber doch auch nicht ganz im Spaß; es hätte sehr wohl so kommen können. Das werden nur diejenigen für lächerlich halten, die nicht begreifen, daß das Gewordene einst immer ein Werdendes war und daß ungeheure Schicksale der Städte und Staaten oft durch die winzigsten Fügungen entschieden worden sind.

Nun, Zerbst kam nicht an Brandenburg, und die Zerbster Fürsten waren keine Hohenzollern an Kraft und Kühnheit, und womöglich noch weniger glichen sie den Este, die Ferrara groß gemacht haben, auch im Reiche des Geistes. Daraus ist ihnen aber billigerweise kein Vorwurf zu machen, denn wohl gehört auch Talent zum Mäzenatentum, wie es die Este übten, aber ohne Dichter wie Tasso und Ariost hätte den Fürsten von Ferrara dies Talent nichts genützt. Zerbst hat im geistigen Leben des deutschen Volkes keine größere Rolle gespielt; es stand nur eben brav in Reih und Glied; die Reformation wirkte auch hier anregend, und im einstigen Augustinerkloster, das heute Hospital ist, hat auch Luther gepredigt; die Schulen waren immer tüchtig, aber meines Erinnerns ist kein bedeutenderer Dichtername mit dem dieser Stadt verknüpft, weder durch die Geburt noch durch das Schaffen, und sich Hofpoeten zu halten oder dann, als es wieder eine Literatur in Deutschland gab, mit den Großen des 18. Jahrhunderts Fühlung zu suchen wie der Dessauer Franz, kam den Christian August und Friedrich August nicht in den Sinn. Vom Hofe aber ging damals fast überall und nun erst hier überhaupt nahezu alles aus; darum wird wohl die Zeit von 1570-1586, wo Zerbst die Hauptstadt des ganzen, damals ungeteilten Anhalt war, auch seine Blütezeit gewesen sein. Man lebte vom Hofe oder vom Gemüsebau, von Brägenwurst und Bitterbier, und dann, als es keinen Hof mehr gab, von diesen allein, und gar so viel anders ist es auch heute nicht. Aber man lebte und lebt gut davon; die Stadt macht den Eindruck bescheidener Behäbigkeit. Daß Millionäre hier wohnen, bezweifle ich, aber Bettler habe ich nicht gesehen, und selbst in den ältesten und dürftigsten Vierteln ist alles sauber, was man wahrhaftig nicht oft sagen kann, auch von vielen deutschen Städten nicht, die in der Sonne des Erfolges stehen. Schon dies deutet auf eine gewisse Tüchtigkeit der Bewohner; es stimmt dazu, daß die Stadt jetzt wenigstens aufwärts klimmt. Von den mehr als 100 000 Einwohnern, die Ferrara unter den Este zählte, fehlt heute manches Tausend, ja manches Zehntausend; Zerbst aber wird, nach seinem Umfang zu schließen, einst auch in seinen berühmtesten Zeiten sicherlich nicht mehr Einwohner gehabt haben als 1895, wo es rund 17 000 Seelen zählte; jetzt sind's um etwa 1 000 mehr, die in rund 2 000 Häusern wohnen. (Ich entnehme diese Ziffern dem Zerbster Adreßbuch, dem einzigen zerbstischen Quellenwerk, das ich einsehen konnte. Merkwürdig aber bleibt mir unter diesen Umständen, daß ich in Zerbst keinen einzigen Neubau sah; freilich fand ich auch keine einzige leerstehende Wohnung angekündigt.) Das wären neun Köpfe aufs Haus, und mindestens die Hälfte der Häuser sind recht stattlich; man sieht, hier leben die Leute nicht zusammengepfercht, sondern hübsch geräumig. Nun ist aber noch obendrein in diese Seelen- und Häuserziffer die starke Garnison mit ihren beiden Kasernen inbegriffen; wie mag sich da erst in Wahrheit dies Verhältnis stellen! Freilich ist derlei bloß in sanitärer Beziehung erfreulich, und in der Tat können in Zerbst nur sieben Zivilärzte leben (wäre Brot für mehr, sie wären gewiß zur Stelle); materiell bedeutet es immer das Fehlen des Reichtums, der ja heutzutage ohne größere Betriebe und überfüllte Arbeiterhäuser in einer Stadt nicht mehr denkbar ist. Aber, sagt ich schon, auch die Armut fehlt. »Wir leben«, sagte mir ein wackerer Sattlermeister am Frauentorplatz, »vom Handwerk, von der Wurst, von dem Bier; unsere Gurken sind auf dreißig Meilen berühmt; von unseren Kartoffeln, lieber Herr, müßten Sie eigentlich auch schon gehört haben, und wenn die von Calbe nicht wären, so wären wir auch in Zwiebeln die Größten.« Auf die von Calbe war er darum fast ebenso schlecht zu sprechen wie auf die Dessauer, und als ich darüber erstaunt war, da ihn als Sattler doch die Zwiebeln nichts angingen, erwiderte er: »Aber unser Zerbst geht mich an; es ist doch wegen der Stadt!« Und dies lenkt mich auf den Punkt, wo die Tüchtigkeit der Zerbster am stärksten zutage tritt: ihren Gemeinsinn, ihre werktätige opferfreudige Pietät. Wie wahren diese Handwerker und Gemüsebauer die alten Zierden ihres Weichbildes, wie eifrig sind sie nach ihren bescheidenen Mitteln darauf aus, neuen Schmuck hinzuzufügen, und vor allem, wie pflegt hier jeder sein eigenes Haus. Derlei trifft man äußerst selten, auch auf hundert Meilen in der Runde nicht; das glaube man einem, der auf seinen Vortrags- und Erholungsreisen immerhin an die zweihundert deutsche Städte gesehen hat.

Schon ein so stattliches, schönes, prächtig erhaltenes Rathaus haben sehr wenige Klein- und Mittelstädte Deutschlands. Wie eine rechte deutsche Bürgerburg, wie ein Wahrzeichen, daß diese Stadt, vom Schicksal an Stillstand und Niederlage eines schwächlichen Fürstengeschlechts gekettet, immer auch eigene Kraft besaß, blinkt es dem Beschauer entgegen, gewaltig hoch und tief und gewaltig breit, eine ganze Seite des großen Häuserrechtecks, des Marktes, ausfüllend, aber bei aller Massigkeit zugleich schön, weil fein und gefällig gegliedert. Es ist an achthundert Jahre alt, aber in währendem Zeitenlauf immer wieder umgestaltet, erweitert, nach Zerstörungen durch Feuersbrunst wiederhergestellt worden, zuletzt erst 1892, als im Jahre zuvor ein Brand den Hintertrakt nach der Nikolaikirche zu vernichtete. Also wahrlich kein einheitlicher Bau, im Gegenteil fast eine Musterkarte deutscher Baustile, und dennoch schön. Denn die Zerbster haben Glück gehabt, sie fanden immer Baumeister, die alt und neu trefflich zu verschmelzen wußten. Aber »Glück«? – nein! Die Zerbster haben ein prächtiges Rathaus, weil ihnen dafür gute Meister und gutes Material nie zu teuer waren. Von dem ältesten Teil, aus dem 12. Jahrhundert, sind nur am linken Seitentrakt Reste zu gewahren, plumpes, zyklopisches Mauerwerk, wie hier am Glockenturm oder an den Regensburger »Streittürmen«. Der eigentliche Bau stammt im Kern aus dem 15. Jahrhundert (um 1480), wurde aber zu Beginn des 17. (1616) umgestaltet, namentlich die dreigiebelige Fassade, ein schönes Stück deutscher Renaissance. Einzelnes an dem Bau mahnt noch heute daran, daß er ursprünglich in deutscher Backsteingotik hergestellt war; die Rückseite, der neue Trakt, zeigt wieder starke Anklänge an den gotischen Stil in seiner modernen Prägung. Diese bewegte Baugeschichte tut, wiederhole ich, der Gesamtwirkung keinen Abbruch; zudem ist ja die Fassade ganz einheitlich.

Vor dem Rathaus stehen zwei Wahrzeichen Zerbsts: der Roland von 1415, also nur elf Jahre jünger als der von Bremen, aber so vortrefflich erhalten wie meines Wissens kein anderer, bekanntlich das Sinnbild der städtischen »Freiheit« (Gerichtsbarkeit), und die goldene Butterjungfer, die mir schon der Wurstgreis in Güterglück verheißen hatte, eine kaum meterhohe weibliche Figur, die etwas Beckenähnliches im Arm hält, zwar in Wahrheit nur aus Messing, aber wohl noch älter als der Roland und ein Sinnbild – ja wessen? Als ich mir, den Kopf im Nacken, den Feldstecher vor den Augen, das seltsame Ding besah – denn die Butterjungfer ist auf einen Zahnstocher gespießt, eine sehr hohe, sehr dünne, sehr häßliche Holzsäule –, trat ein Schutzmann an mich heran und erläuterte: »Dieses ist eine alte heidnische Göttin, welche bedeutet, daß hier schon damals auf den Märkten eine gute Ordnung war.« Also eine marktpolizeiliche Göttin. Der Gemüsebauer hingegen meinte: »Diese ist eine Prinzessin, welche immer nur Zerbster Butter gegessen hat, weil es keine bessere auf der Welt gibt.« Aber ich glaube, hier gilt in Wahrheit das Wort des Herrn Kastellans: »Dieses ist nicht aufgeschrieben.« Und da selbst Baedeker meint, die Bedeutung sei ungewiß, so ist auch Raum für den Flügelschlag meiner eigenen Hypothese. Ich also glaube, die Butterjungfer ist ein Gedenkzeichen der vermutlich wie überall so auch hier nicht leicht errungenen Markt- und Messefreiheit der Stadt. Solche Gedenkzeichen finden sich wenigstens in süddeutschen alten Städten, wenn auch in anderer Gestalt. Ein drittes uraltes Wahrzeichen, das mir alle zu besichtigen empfahlen, habe ich leider übersehen, aber das ist nicht meine, sondern Hänschens und Ernstchens Schuld. Vor dem Rathaus erwischten sie in mir wieder ihre Augenweide, und teils weil ich die stolze Freude, als Sehenswürdigkeit zu gelten, sonst nie genossen habe, teils weil man das Unabänderliche doch mindestens benützen soll, nahm ich sie als Führer auf, aber die Brüderkreuze haben sie mir nicht gezeigt; vermutlich balgten sie sich eben. Es sollen drei Kreuze an der Stadtmauer sein, wo die bekannten drei feindlichen Brüder begraben liegen, die sich gegenseitig ganz und gar umgebrungen haben. Denn die Sage ist sehr verbreitet, nur der Gegenstand des Streites wechselt; dort ist's ein schönes Weib und anderwärts ein vergrabener Schatz, hier aber nur ein Kümmelbrot. Wenn es doch wenigstens eine Brägenwurst wäre!

An Denkmälern aus neuerer Zeit besitzt die Stadt eine hübsche Erzbüste Moltkes auf granitnem Sockel in der Breiten Straße; das Werk eines mir unbekannt gebliebenen Meisters, dessen sich auch eine weit größere Stadt nicht zu schämen brauchte, nur frappiert das Jugendliche des Kopfs; Moltke und Kaiser Wilhelm gehören ja zu den Gestalten, die sich die Phantasie freiwillig nie jung vorstellt; mit Bismarck ist es anders. Hingegen ist das Kriegerdenkmal von 1872 in den Anlagen nur eben die übliche, mit den Namen der Gefallenen bedeckte Sandsteinsäule; auch die Inschrift: »Den Toten zur Ehre, der Nachwelt zur Lehre« findet sich nicht hier allein. Schlicht ist auch die Granittafel an einem Haus gegenüber dem Rathaus (Markt 2): »In diesem Hause wohnte der Sänger und Held der Freiheitskriege Theodor Körner * 23. IX. 1791 † 26. VIII. 1813«, aber sie erscheint mir rührend und für den Geist dieser Stadt bezeichnend. Ich habe ja kein Buch hier, in dem ich nachschlagen könnte, aber meines Erinnerns hat Körner nie in Zerbst gelebt; es ist vielleicht kein Zufall, daß das Datum seines Aufenthalts auf der Tafel fehlt; er war wohl nur sehr kurz hier. Aber gleichviel, daß ein Dichter hier war, haben sie nicht vergessen und dankbar geehrt. Man sieht, in Zerbst könnte auch ein Dichter von mittlerem Wuchs eines Denkmals gewiß sein, er brauchte hier nur geboren zu werden, aber, sagt ich schon, es ist bisher kein irgend nennenswerter Poet so schlau gewesen, und der einzige Lyriker, der nach meinen Erfahrungen als Redakteur gegenwärtig hier die Lyra zwickt, verdient kein Denkmal, sondern daß man ihm tue wie er seiner Lyra.

Von den Kirchen der Stadt habe ich nur St. Trinitatis von innen gesehen, aber der Bau (von 1591) lohnt nur äußerlich den Blick, auch dies nicht allzusehr. Das gleiche gilt von der Nikolaikirche, die ein Jahrhundert älter ist; hier aber wäre mir das Innere interessanter gewesen; der Altar ist mit einem schönen Bild aus Dürers Werkstatt geschmückt. Sonderbar genug war auch hier nur der Turm zugänglich; auch hier stellte man mir »die schönste Landschaft« in Aussicht; auch hier wurde mir der frühere Herr Kreisdirektor als Beispiel vorgehalten; das scheint ja ein sehr rüstiger Beamter von weitem Horizont gewesen zu sein. Aber wenn auch eine Vogelschau immer hübsch ist, so widersteht doch ein erfahrener und wohlbeleibter Mann im Hochsommer leicht der Versuchung, zumal ein solcher Blick nur in einer größeren Stadt zum Verständnis des Stadtbilds unentbehrlich ist. So flüchtete ich lieber in die kühlen Kreuzgänge des alten Barfüßerklosters, wo jetzt das Francisceum, das Gymnasium der Stadt, untergebracht ist, und schwelgte dort nicht bloß in Kühle und architektonischen Freuden – die Kreuzgänge sind wirklich trefflich erhalten –, sondern auch in Jugenderinnerungen; in einer solchen Klosterschule habe ich meine ersten Schülerjahre verbracht. Oh, was waren meine Patres Dominikaner für gestrenge Herren, und auf welchem Umweg suchten sie unsere Geistes- und Herzensbildung zu fördern, denn der Körperteil, auf den sie am emsigsten einwirkten, liegt von Herz und Hirn ziemlich weit ab. Und dennoch, wie ich so durch die ewig dämmerigen Gänge schritt und in die Klassenzimmer guckte – genau solche hatten wir auch –, schien mir diese Zeit die schönste meines Lebens. Es ist doch gut für uns beladene Menschenkinder eingerichtet, daß unserem Gemüt im Rückblick auf die Vergangenheit alle Schatten erbleichen und nur das Sonnige bleibt.

Aber dies tröstliche Gesetz der Menschennatur gilt nicht bloß von der eigenen Vergangenheit, und gewiß steckt darin mit ein Stück des Zaubers, den alte Städte üben. Aber nicht darin allein, wenigstens hier nicht. Man soll große Namen nicht eitel nennen; Nürnberg ist an Kunstschätzen und, soweit das Alte noch vorhanden ist, auch im Straßenbild einzig; Rothenburg wirkt wie ein schöner Traum aus den Tagen der Renaissance, aber auch das verschollene, von niemand besuchte Zerbst bietet in seiner Art Unvergeßliches: das wohlerhaltene, fast durchaus einheitliche Gesamtbild einer Stadt aus einer allerdings weit dürftigeren Zeit, etwa der zwischen dem Beginn des Dreißigjährigen und dem des Siebenjährigen Krieges, aber eben ein Gesamtbild, wie ich wenigstens es noch nirgendwo gesehen habe. Von mancher Zerbster Sehenswürdigkeit habe ich schon erzählt, die größte bleibt doch die Stadt selbst. Schon ein Rundgang um die innere Seite der lückenlos erhaltenen Stadtmauer bringt Bilder von malerischem und noch mehr von kulturhistorischem Reiz; zur einen Hand immer die graue, gewaltige, mit Pfeilern und turmartigen Anbauten besetzte, von Schießscharten unterbrochene Mauer, zur andern Hand freilich hier, am Rande des Weichbilds, nur kleine, dürftige Häuser, aber wenige jünger als zweihundert bis dreihundert Jahre, manches auch nur noch ein mühselig gepflegter, durch ein neues Stelzbein auf den Füßen erhaltener Invalide, manche wieder, als wären sie vor zehn Jahren erbaut. Dieser Reiz aber wächst, wenn man den Straßenzügen folgt, die im Innern von einem Tor zum andern oder zum Marktplatz führen – ich nenne nur die Heide, die Alte Brücke, die Breite Straße, die Kirchgasse, obenan aber steht natürlich als Prachtstück der Markt –, und sich in das Gewirre der Gäßchen dazwischen verliert, wie in der Gegend des Klosterhofs oder der Jüdenstraße. Schon das geruhige Leben und Treiben der Menschen lenkt von der Gegenwart ab; ein Blick in die Werkstätten mit offenstehenden Türen, wo Meister, Gesell und Lehrling behaglich schaffen, der Meister seine Kanne Bitterbier neben sich, der Gesell sein Kännchen, während der Lehrling, um bei der Hitze auch seine Erfrischung zu haben, bald von dem einen, bald von dem andern bei den Ohren erwischt wird – oder ein Lugen in die Wohnstuben, wo Urväterhausrat steht: riesige Schränke, breite behagliche Kommoden, die wie freundliche dicke Tanten anmuten, und Kanapees mit unmöglich hoher und steifer Rückenlehne. Sind aber die Fenster verhangen, so sind sie's mit Filetgardinen, wirklichen, wahrhaftigen, mit der Hand gearbeiteten Filetgardinen; die scheinen jetzt in Zerbst das Modernste; wenn nicht der Leser, so wird doch die Leserin durch dieses einzige Detail daran erinnert sein, wo wir sind. Wo? In einer hübschen friedlichen, freundlichen Mittelstadt um das Jahr des Heils – sagen wir – 1683, als der schlimme Türke die Kaiserstadt Wien berannte, und zwar wohlgemerkt in einer deutschen, echt deutschen Stadt. Und dagegen spricht doch wahrlich auch die Zahl der vielen kleinen Wirtschaften nicht, richtiger die Unzahl, über die noch ein Wort zu sagen sein wird... Aber am meisten reißt doch das Straßenbild, die Bauart der Häuser den Wanderer aus dieser lärmvollen Zeit um zwei Jahrhunderte zurück. Große, monumentale Bauten aus den Tagen der Renaissance und des Zopfstils kann man ja oft genug sehen, sogar gewiß größere und schönere als hier, aber wie damals die Bürgerhäuser aussahen, wie eine Straße und wie eine Stadt, das lehrt uns Zerbst wie sehr wenige Orte in Deutschland. Da findet sich noch ab und zu, etwa ähnlich wie in den alten Ostseestädten, ein Ziegel- oder Fachwerkbau, der als Typus der Gotik in ihrer eigentümlichen Ausbildung für norddeutsche Profanbauten gelten kann, dann aus den Tagen der Renaissance ganze Zeilen von Giebelhäusern; viele mit hohem, den Dachfirst weit überragendem Giebel, einige mit polychromem, leider zumeist verblaßtem Schmuck; endlich Fachwerk, das mit jeder Etage mehr vorneigt oder zurückfliegt. Kurz, man kann mehrere Minuten lang dahinwandeln, ohne aus der Täuschung gerissen zu sein, man sei in Nürnberg oder Rothenburg, bis sich Häuser dazwischenschieben, wie man sie dort nicht findet: Barockbauten, meist hübsch und stattlich, Spuren höfischen Glanzes, kleine Palais, die dem Adel oder einem hohen Ministerio als Wohnstätte dienten, soweit die Herrschaften nicht, wie die Damen an der Schloßfreiheit, durch ihr Hofamt an die nächste Nachbarschaft des Schlosses gebunden waren. Namentlich nachdem die Sonne gesunken war, als alle Fenster sich öffneten, die Bürger vor ihre Häuser traten und miteinander plauderten, ward mir wieder zumut wie einige Stunden zuvor im Schloßpark. Ich horchte absichtlich nicht auf, als ein dicker Mann ärgerlich eine Standrede hielt und andere wieder sich freuten; so konnte ich glauben, der Dicke eifere gegen den türkischen Erbfeind und die anderen jubelten über die Entsetzung Wiens durch den tapferen Sobieski. Der Ärger wird wohl den Agrariern gegolten haben und die Freude dem morgigen Vogelschießen, aber gleichviel, wer hier nicht wenigstens auf Minuten sein 20. Jahrhundert ganz los würde, müßte ein Mensch ohne Phantasie und Stimmungsfähigkeit sein...

Und die vielen Kneipen, sagt ich schon, stimmen zum Stadtbild. Die alten Deutschen tranken immer noch eins; auch daran halten die Zerbster treulich fest – alle Wetter, was müssen die für einen Durst haben! Das wimmelt nur so von Bier- und Weinstuben, von Herbergen und Gasthöfen; jedes fünfzehnte Haus ist ein Wirtshaus; das hab ich all meine Tage noch nicht gesehen. Ja, jedes fünfzehnte! Das Adreßbuch verzeichnet 44 Gasthöfe, 18 Wein- und 90 Bierwirtschaften (in vielen wird wohl auch edler Branntwein zu finden sein); in summa also 152 Troststätten für durstige Kehlen – und nicht ganz 2 000 Häuser gibt es. Wie könnten diese 152 Wirte leben, wenn nicht der alte Herrgott den Zerbstern, die er liebt, zu allem anderen auch einen besonders schönen Durst beschert hätte! Rechnen wir von den 18 000 Seelen 1 000 Soldaten, die wenig aus ihren Kantinen herauskommen, ab, veranschlagen wir von den restlichen 17 000 dann die Frauen nur mit der Hälfte – die kneipen doch nur ausnahmsweise mit! – und subtrahieren wir von den nun verbleibenden 8 500 Mannsleuten nur 3 500 als solche, die noch nicht oder nicht mehr ins Wirtshaus gehen können, so entfallen also auf jeden Wirt bestenfalls 37 Zecher; die müssen dann natürlich durch Eifer ersetzen, was an der Zahl fehlt. Aber 37 – das wäre für viele Wirte noch eine herrliche Ziffer. In Wahrheit haben die einen sehr viele und die anderen fast keine Gäste; der schöne Rephunsche Garten vor dem Tor zum Beispiel sieht an Konzerttagen, wie mir ein Kellner stolz erzählte, viele Hunderte von Gästen; ob der Musik, ob des Bieres, ob des Gemeinsinns wegen, weiß ich nicht. Denn mit dieser Wirtschaft hat es eine besondere Bewandtnis, die schwerlich irgendwo ihresgleichen findet; was es so alles auf diesem kuriosen Planeten gibt! Ein Wohltäter der Stadt, der verstorbene Kammerherr von Rephun, hat ihr das schöne Anwesen mit der Bestimmung vermacht, daß der Pachtzins kapitalisiert und dann, sobald der nötige Betrag erreicht ist, zum Bau eines neuen Kranken-, eines Pfründenhauses usw. verwendet werden soll – und je stärker der Konsum, um so höher die Pachtsumme. »Omne tulit punctum, qui miscuit utile dulci!« – die Zerbster dürfen das wahrlich von sich sagen! Anderswo muß die Kommune die Steuerschraube anziehen, daß den Bürgern die Schwarten krachen – und diese glücklichen Leute saufen sich in aller Gemütlichkeit die großartigsten Wohltätigkeitsanstalten zusammen. Ich bin überzeugt, bei diesem Durste wird Zerbst in zehn Jahren eine Musterstätte der Philanthropie sein. Sobald dies erreicht ist, denken sie wohl auch an die kleinen Wirte mit wenig Gästen; bis dahin müssen sich diese Leute aus eigener Kraft helfen, und das tun sie auch. Soll bei geringem Einspruch das Bier süffig bleiben, so muß der Wirt es trinken; und das geschieht. Weiß der Himmel, ich bin doch von meinem heimatlichen Halbasien her schöne, lebhaft kolorierte, stattlich entwickelte Trinkernasen gewöhnt, aber solche Prachtexemplare wie an zwei Zerbster Bierwirten habe ich noch nie vorher anstaunen dürfen. Betrunken aber waren die Leute nicht. Ich habe in diesen zwei Tagen nur einen einzigen Betrunkenen gesehen; er johlte just vor dem Rathaus, an dem doch der Spruch von 1541 geschrieben steht: »Wer hierrein nicht will, der halt sich ehrlich und still.« Nun, er kam auch »hierrein«. Aber wie rücksichtsvoll die beiden Schutzmänner ihn faßten, ordentlich höflich! Alle dreizehn Schutzmänner von Zerbst sind höflich. Sind keine Schutzmannsposten in Berlin frei?

Was mich betrifft, so habe ich, um bei dem feuchten Kapitel zu bleiben, von wegen Brägenwurst und Bitterbier Schulzen gegenüber der Nikolaikirche in Nahrung gesetzt. Nicht ohne Bangen betrat ich das Lokal, das mir ja schon mein Gönner in Güterglück empfohlen hatte. Aber ich bin in wichtigen Dingen vorsichtig, und darum fragte ich vor St. Nikolai einen Mann, der von ungefähr des Wegs daher kam und mir durch seine Nase den Eindruck eines Sachverständigen machte, wo das beste Bitterbier geschenkt werde. »Gut ist's überall«, erwiderte der Mann, ein Handwerker. »Aber...was sind Sie denn?« Ich sah ihn verblüfft an; auch der Schlächtermeister hatte ja aus diesem Anlaß zunächst nach meinem Stande gefragt! »Warum?« – »Weil wir hier«, erwiderte dieser immerhin schon gebildete Mann, »Ordnung halten, dafür sind wir berühmt. Die Kaufleute gehen dorthin, die Krämer dorthin, die Schüler dorthin, die Handwerksmeister dorthin, die Gärtner dorthin (er benannte jedesmal das Lokal und wies nach der Himmelsrichtung, wo es lag), und die Richter und Ärzte gehen zu Schulzen.« – »Wohin gehen denn die Zeitungsschreiber?« fragte ich. – »Wir haben hier«, erwiderte er, »zwei Zeitungen, die

›Zerbster Extrapost‹ ist amtlich, die ›Zerbster Zeitung‹ ist unabhängig. Ich weiß nicht, wo die Herren kneipen, aber – das kann ich Ihnen sagen – in demselben Lokal gewiß nicht.« – »Ich bin selbst von diesem Fach«, sagte ich. »Was raten Sie mir?« Er zuckte die Achseln. »Riskieren Sie's bei Schulzen!« Ernst schritt er von dannen; ich sah ihm lange nach… Dann riskierte ich's; man hat mich nicht nach dem Stand gefragt. Mein Urteil über die beiden berühmten Zerbster Erzeugnisse aber fasse ich wohlerwogen wie folgt zusammen: Brägenwurst ist gut; Bitterbier ist sehr gut. Brägenwurst will ich gern essen, wenn ich wieder einmal nach Zerbst komme, aber Bitterbier möchte ich auch in Berlin trinken. Ein starkes, nahrhaftes, würziges Bier.

So gestärkt, machte ich einen Spaziergang um die Außenseite der Stadtmauer. Der Stadtgraben ist zum Teil zugeschüttet, ebenso die Wälle teilweise nivelliert. So ist der Raum für stattliche Anlagen gewonnen worden. Der Blick geht hier ins Grüne, dort auf die düstere Mauer mit den ragenden Zinnen. Es ist ein hübscher Spaziergang.

Mitten in diesen Anlagen liegt die Vogelwiese. Das heutige Fest warf dort natürlich schon am Morgen seine Schatten voraus; einige Buden mit Lebkuchen und viele mit Bier und Wurst, eine »dickste und schönste Dame der Welt«, Kraftmesser, Schnellphotographie usw. Aber es war noch nichts fertig, nur die »schönste Dame« ausgenommen, die es bereits ganz war. Ein wildbärtiger Herr mit märchenhaftem Schmerbauch, den ich anfangs für ihren Konkurrenzriesen hielt, entpuppte sich als Festordner. »Unsere Schützengilde«, sagte er mir stolz, »ist mehr als fünfhundert Jahre alt, und zur Königskette haben sogar russische Zaren beigesteuert, aber wir gehen trotzdem mit der Zeit… Lesen Sie!« Er reichte mir die heutige »Zerbster Zeitung« mit dem Abschiedsgedicht des abtretenden Schützenkönigs. Einen ungestümen Fortschritt schien es mir nicht zu beweisen; so schlechte Verse hat man schon vor hundert Jahren gemacht, und die durch Sperrdruck hervorgehobenen Zeilen: »Zum neuen Jahrhundert im neuen Zug / Die Königsfahrt war mir beschieden!« waren mir sogar nicht verständlich, obwohl »fahrt« noch obendrein fett gedruckt war. »Aber da steckt's ja eben!« erwiderte der Zerbster auf meine Frage, »durch fünfhundert Jahre ging der neue König vom Schützenhaus zur ›Deutschen Schenke‹, seit 1900 fährt er per Droschke im Zuge; ist das kein Fortschritt?« – »Gewiß«, gab ich zu, »besonders, wenn er dick ist.« – »Er ist dick!« bestätigte er mit Würde. Sollte mir da am Ende gar das Glück beschieden gewesen sein…?

Auch zum Friedhof bin ich auf dieser Wanderung um die Stadt gekommen; er ist nicht »der schönste in Deutschland«, wie gestern mein wackerer Meister in zerbstischer Geschichte und Topographie meinte, aber allerdings auch sehr hübsch, ein rechter »Totengarten«, mit seinen Alleen und Bosketts, Hecken und Grasplätzen, dem Rondell und Wasserbassin einem Park der Zopfzeit ähnlicher als einem Friedhof. Und das ist erfreulich; den Toten ist's auch in einer Sandwüste wohl, in der sich Kreuz an Kreuz drängt, aber für die Lebenden ist's so tröstlicher. Natürlich ist's nicht der älteste Friedhof der Stadt; die lagen gewiß, wie überall, zuerst um die Kirchen oder doch noch innerhalb der Stadtmauer. Wann dieser hier angelegt ist, konnte ich nicht erfahren; die hübsche blonde Gärtnerstochter, welche die Blumenbeete begoß und leise dazu sang, sagte mir auf meine Frage: »Fünfzig Jahre!« Aber so einem Guckindiewelt kann selbst ein Friedhof nicht jung genug sein; er ist gewiß mehr als doppelt so alt. Ich bin lange die stillen schattigen Pfade gegangen und habe die Inschriften gelesen; der Mitteilung wert scheint mir nichts darunter. Eines aber verdient Erwähnung, weil es sich zwar nicht hier allein, aber selten findet; große Steintafeln, deren Inschriften keinem einzelnen Toten gelten, sondern dieser ganzen Friedensstätte. Sie atmen den Geist des Rationalismus. Einige habe ich mir notiert: »Tod ist nicht Tod, ist nur Verwandlung sterblicher Natur.« – »Die Vernunft gibt Hoffnung, die Religion gibt Gewißheit.« Endlich, was mich zumeist erfreut hat, Schillers Vers: »Im Herzen kündet es laut sich an: / Zu was Besserem sind wir geboren, / Und was die innere Stimme spricht, / Das täuscht die hoffende Seele nicht.« Ich glaube nicht, daß dieser Vers heute zu gleichem Zweck, nicht als einzelnes Epitaph, sondern gewissermaßen als Bekenntnis der Gemeinde gewählt werden könnte, glaube es von keiner Konfession. Ach, wie herrlich sind wir seit hundert Jahren vorwärts gekommen!

Zum Schluß berichte ich von der einzigen Unterredung, die ich in Zerbst mit einem gebildeten Manne hatte. Er war, glaube ich, Beamter, ich setzte mich auf dieselbe Bank der Anlagen, wo er saß, und begann Zerbst zu rühmen; die Regierung aber tue wohl nicht genug für die Stadt. »Was soll sie noch mehr tun?!« erwiderte er mit überlegenem Lächeln. »Sie hat die Bahn gebaut, eine Garnison hierhergelegt, ebenso das Haus-, Hof- und Staatsarchiv.« Das hatte ich nicht gewußt und fragte als Autographenhamster eifrig, ob auch alte Urkunden dort wären. »Oh, sehr alte, aus dem zehnten Jahrhundert!« Mir lief das Wasser im Munde zusammen. Wo das Archiv wäre und ob ich diese Urkunden nicht sehen könnte. »Im Schloß ist's. Was ist Ihr Beruf?« – »Schriftsteller.« – »Die Besichtigung dürfte kaum möglich sein. Es ist ja ein Geheimarchiv.« Das sah ich ein; wie leicht konnte ich durch die indiskrete Veröffentlichung einer Urkunde von 940 das ganze Herzogtum in die Luft sprengen... »Was also hätte«, fragte er, »die Regierung Ihres Erachtens noch für Zerbst tun können?« – »Mancherlei«, meinte ich, »was selbst dem Fremden auffällt. Sie erwähnten vorhin, die Regierung habe die Bahn gebaut. Gewiß, Zerbst ist Bahnstation. Und wer die Linie Magdeburg-Dessau gebaut hat, ob eine Privatgesellschaft, wie ich glaube, oder Ihre Regierung, ist gleichgültig. Denn wer immer bei der Trassierung der Linie auf kostspieligen Umwegen diese Stadt von 18 000 Einwohnern umgangen hätte – der kürzeste und billigste Weg war ja der über Zerbst –, wäre eben ein Narr gewesen. Aber diese Linie wird von der später erbauten Berlin-Wetzlarer, der Kanonenbahn, durchschnitten. Und wo? Nicht in Zerbst, sondern einige Kilometer von der Stadt, in Güterglück, einem Stationshaus auf freiem Felde. Was hätte es für Zerbst bedeutet, wenn es dieser Knotenpunkt geworden, mit Berlin und Thüringen in direkte Verbindung gekommen wäre!« Er lächelte überlegen: »Die Bahn hat ja Preußen gebaut!« – »Gewiß! Aber der Bundesstaat Anhalt hätte dem Bundesstaat Preußen sagen müssen: ›Hier handelt sich's um das Schicksal meines Zerbst! Ist's ein Umweg von einem oder zwei Kilometer‹ – und mehr könnt's nicht gewesen sein, das lehrt die Karte –, ›so trage ich die Kosten.‹ Ist das geschehen?« – Er zuckte die Achseln. »Oh, die Zerbster leben auch so ganz gut! Nein, für Zerbst geschieht viel, namentlich auch durch Verleihung von Hoflieferantentiteln!« – »Ja«, gab ich zu, »das geschieht. Man kann hier bei zwei Hofbuchhändlern Bücher kaufen, bei einem Hoftraiteur speisen, bei einem Hofweinhändler trinken und so weiter... Kurz, ich habe in einer so kleinen Stadt wirklich, das muß ich sagen, noch nie so viele Hoftitel vertreten gefunden!« – »Also das geben Sie zu?« – »Gewiß, aber für meine Meinung scheint mir dies kein Gegenbeweis.« – »Da bin ich neugierig.« – »Weil für derlei Titel reichliche Taxen gezahlt werden und ich doch nicht behauptet habe, daß Zerbst die Regierung zu wenig fördert.« Da empfahl er sich mit einem Abschiedsblick, der nicht etwa bloß »Verruchter!« bedeutete, nein, dieser Blick bedeutete geradezu: »Sozialdemokrat!«

Nun ist auch die Sonne meines zweiten und letzten Zerbster Tages gesunken. Der Schaffner der Pferdebahn wird bald zur Fahrt nach dem Bahnhof klingeln. Es ist der letzte Zug, der heute noch nach Dessau geht. Fahr ich nur bis Dessau und sehe mir Wörlitz an? Oder gehe ich von Dessau gleich nach Bitterfeld weiter und erreiche den Nachtschnellzug nach Frankfurt? Aber bis diese Pferdebahn mich zum Bahnhof gebracht hat, könnte ich ja über eine Weltreise schlüssig werden, geschweige denn über eine solche Frage...

Zerbst, im August 1901

Dessau

Noch ehe mich die Zerbster Pferdebahn mit der Rapidität einer galoppierenden Schnecke zum Bahnhof befördert hatte – wir waren nun unser drei Passagiere, welche Verdreifachung des Verkehrs dem Sonntag zuzuschreiben war und mich mit Neid auf die Aktionäre dieses lukrativen Unternehmens erfüllte –, stand mein Entschluß fest: Dessau und Wörlitz, dabei bleibt's. Vernünftiger wäre es ja wohl, sagte ich mir, in einem Zug weiterzureisen und morgen abend in einem kühlen Bergtal zu sein, aber so gibt's wohl mehr Pläsier. Und zwar entfielen in meiner Erwartung etwa neun Zehnteile von diesem Pläsier auf die »elysäischen Felder«, die Goethe in Wörlitz entdeckt hatte, und ein Zehnteil auf Dessau, das ich bereits kannte, freilich nur durch einen Besuch vor etwa zwanzig Jahren.

Aber man darf daraus nicht schließen, als ob ich von damals her etwas gegen Dessau gehabt hätte. Gegen Dessau hat niemand was, gegen Dessau kann niemand was haben; ich kann mir das ebensowenig denken wie finsteren Haß gegen einen dicken, gemütlichen Onkel. Denn die Verkörperung der Stadt an demjenigen ihrer Denkmäler, das ihr schlechtestes wäre, wenn ihr nicht seither die Freigebigkeit des verstorbenen Baron Cohn das geschmackloseste Kaiser-Wilhelm-Denkmal im ganzen Deutschen Reich beschert hätte – diese Verkörperung von Dessau am Jubeldenkmal scheint mir arg verfehlt. Eine empfindsamer zimperliche, gleichwohl wenig bekleidete Jungfrau von erbarmungswürdig kargen Formen, die in eine Lyra greift, um, nach ihrem Gesichtsausdruck zu schließen, etwas sehr Sentimentales vorzutragen, bewahre, das ist Dessau nicht, sondern ein behaglicher, wohlgenährter Geschäftsonkel in den besten Jahren, leidlich anständig, wenn auch nicht eben sorgfältig gekleidet, auch nicht gerade der kurzweiligste Sterbliche, aber honett, freundlich und sogar von leidlicher Bildung. Die hat er freilich aus seinen jüngeren Jahren, wo er für alle neun Musen schwärmte, nicht überschwenglich, aber ehrlich; damals war er auch noch ein hagerer Mensch. Seither hat er die Schwärmerei für die nützlichen Sachen gelernt, denen er sein Vollmondsgesicht und die schwere, auf das Spitzbäuchlein niederbaumelnde Goldkette verdankt: für Tapeten und Zucker, Bier und Mehl, Eisen und Sprit, Wollgarn und Maschinen. Lauter notwendige Sachen, gegen die sich nichts sagen läßt – aber kann man sich, frag ich, in die Arme dieses dicken Onkels sehnen und anderen zumuten, eine eingehende Schilderung seiner Reize zu lesen?

Schon deshalb kann ich hier nicht in derselben Art von Dessau erzählen wie von der »verschollenen Fürstenstadt«, aber nicht deshalb allein. Zerbst ist trotz Brägenwurst und Bitterbier ein richtiges Dornröschen, und niemand nimmt sich seiner an; Dessau hingegen blüht als die reiche Hauptstadt eines der wohlhabendsten Länder Deutschlands, von den Strahlen höfischer Gunst, aber noch kräftiger von dem Feuer zahlreicher Maschinenkessel durchwärmt, und ist genau nach Verdienst bekannt und besucht. Der ungeheuren Mehrzahl der Menschen wird immer ein Fluß, der Mühlen treibt, lieber sein als der versprengte Tautropfen im Grase, zu dem man sich mühselig bücken muß; ich aber habe nach dieser Hinsicht, vielleicht aus angebotenem Trieb, vielleicht durch das Schicksal erzogen, immer aus ganzer Seele zu der Minderheit gehört, und für die Mühe des Bückens war mir stets die Erkenntnis tausendfacher Lohn, daß sich die Sonne, die über uns allen ist, im kleinen Tropfen viel farbiger und wundersamer spiegelt als im Flusse. In dem armen, romantischen Nest hat mir altem Knaben ordentlich das Herz vor Freude geklopft; in der reichen Rentner- und Industriestadt ist mir das nicht passiert. Und so sei mir gestattet, nur zu versichern, daß es Onkel gut geht, daß er noch immer stark zunimmt, aber nicht kurzweiliger geworden ist, und zu berichten, was er sich so in den letzten Jahren an hübschen und minder hübschen Sachen beigelegt hat.

Schon vom Bahnhofsportal bietet sich ein anderes Bild: in den Anlagen sind die Bäume und hinter ihnen neue Hotels emporgewachsen. Das eine ist nett und das andere notwendig, ein Erzeugnis des modernen Reiseverkehrs, der ja nicht etwa bloß stärker, sondern vor allem auch hastiger wird, das sehe ich ein. Aber diese Bahnhofshotels gefallen mir nicht, und wo sie die stillen, alten, vornehmen Gasthöfe im Herzen des Weichbilds totschlagen, da hasse ich sie. Dieser Prozeß vollzieht sich in den meisten Mittelstädten Deutschlands geräuschlos – ich erinnere mich nicht, je einen Hinweis darauf gelesen zu haben –, aber mit unerbittlicher Wucht; ab und zu haben bereits die entthronten Patrizier vom Markt oder der Hauptstraße vor den Parvenüs draußen die Waffen gestreckt; die anderen kämpfen noch, aber viele werden unterliegen. Das ist schade – o diese Bahnhofshotels! Schon das Gepfeife des nahen Bahnhofs ist bei Tage unangenehm und des Nachts lästig; freilich wollen viele Leute nachts reisen, aber andere wollen schlafen. Dazu der Verkehr im Hause; die dünnen Wände dieser zumeist rasch, billig und schlecht aufgeführten Karawansereien gewähren einen Einblick in das Treiben der Nachbarn, der ja vielleicht psychologisch interessant, aber jedenfalls schlafraubend ist. Und das Essen ist fast immer schlecht; die Gäste bleiben ja ohnehin höchstens einen Tag. Weil ich dies alles weiß und weil ich vor zwanzig Jahren in einem guten alten Haus, dem »Goldenen Beutel«, nahe am Schloß, vergnüglich gehaust hatte, ging ich vorgestern in ein Hotel am Bahnhof. Freilich hatte mich Zerbst müde gemacht, aber ich habe diese Inkonsequenz bitter bereut. Allerdings kann ich nun aus eigener Wahrnehmung versichern, daß der nächtliche Lastzugsverkehr dieser Industriestadt ein erfreulich reger ist, auch lockten mich meine Nachbarn rechts und links in tiefes Grübeln über das menschliche Leben hinein, aber das erste hätte ich mir auch so denken können, und über das menschliche Leben habe ich auch ohne das alte Ehepaar rechts und das junge links wirklich schon genug gegrübelt. Beide Paare kehrten eben aus den »elysäischen Feldern« zurück, aber in wie verschiedener Stimmung! Aus dem Zimmer links erklangen zunächst einige so dröhnende Schmätze, daß ich zusammenfuhr, dann fragte Trudchen: »Wilhelmchen« – Schmatz –, »was hat dir denn im Gotischen Haus besser gefallen« – Schmatz –, »der Wandick oder der Halsbein?« Worauf er: Schmatz – »Du Trudchen« – Schmatz –, »am besten« – Schmätze in infinitum... »Oh, daß sie ewig grünen bliebe...«, aber sie bleibt ja gar nicht grünen. Im Zimmer rechts warf Frau Klara ihrem Fritz vor, daß er bei der Kahnfahrt im Wörlitzer Park die Schifferin heimlich in die Wade gezwickt und dann am Bahnhof sieben Glas Bier getrunken habe, obwohl er nicht zwei vertrage, worauf Fritz leider durch seine Antwort die Richtigkeit dieser Ansicht bewies, denn er rückte seiner getreuen, doch gewiß nur von der Sorge um ihn verzehrten Ehehälfte vor, daß sie überhaupt keine Waden habe; »auch nie gehabt«, grölte er, »niemals!«, worauf sie unter blutigen Tränen die einstige Existenz dieses spurlos dahingeschwundenen Körperteils beteuerte. Und dies Gespräch dauerte zwei Stunden; die Küsserei links nahm überhaupt kein Ende. Waren da Breitmäuler selig, oder hatten sie eine besondere Kußtechnik, aber es klang wirklich wie Böllerschüsse... Nun, für all dies kann das Hotel nichts, aber welch ein Diner habe ich da gestern genossen! Zu einem Zwecke, der mir human scheint, teile ich zum mindesten das Rezept des zweiten Ganges mit, der mich nach einem Teller voll warmen Wassers, das hier »Kraftbrühe« heißt, erfreute. Das Gericht nennt sich »eingemachtes Kalbfleisch«, und zwar, wie der Kellner beim Servieren stolz beifügte, »nach Dessauer Art«. Es wird wie folgt zubereitet: Man nehme recht zähes, grobfaseriges Kalbfleisch, koche ihm drei Stunden lang das bißchen Kraft und Geschmack, das etwa darin sein sollte, völlig aus, richte dann eine dicke Soße an, die aus Wasser, Kleister, Mehl, Zucker und Kapern besteht, und richte das Ganze lauwarm an, so daß die Soße schon eine Kruste zeigt. Ich teile dies Rezept mit, weil ich eben im Café dieses Hotels bei einer Tasse echten Mokkas aus den Plantagen von A. Zuntz sel. Witwe in Berlin den Aufsatz einer geistreichen Kollegin gelesen habe, der sich scharf gegen das neue Bürgerliche Gesetzbuch kehrt, das den »Millionen Frauen«, die ihre Männer los sein wollten, die Scheidung erschwere; wolle der Tyrann nicht, so gehe es überhaupt nicht. Wohlan, ihr Millionen Märtyrerinnen, setzt euren Peinigern wöchentlich einmal »eingemachtes Kalbfleisch nach Dessauer Art« vor, und die Zähesten werden nach einem Monat die Scheidung selbst betreiben. Aber mit Maß! – nicht etwa täglich, das wäre Mord und brächte euch vor die Geschworenen...

Während man »eingemachtes Kalbfleisch« in dieser oder doch ähnlicher Güte zwischen Mulde und Werra häufig findet, gibt es, um nun wieder was Hübsches zu nennen, in Mitteldeutschland keine Stadt von annähernd dieser Einwohnerzahl, die einen so stattlichen Straßenzug aufzuweisen hätte, wie er hier vom Bahnhof durch die Kaiser-, dann die Friedrich- und die Kavalierstraße ins Herz der Stadt führt. Man sieht sofort: hier ist viel Geld da, bei Privatleuten, Regierung und Hof, und zuweilen, wenn auch nicht überall, zeigt sich auch Geschmack. Schon die

Kaiserstraße ist im ganzen nett ausgebaut, die Post, das erbprinzliche Palais, das neue Rathaus können sich sehen lassen, auch in den anderen Stadtteilen trifft man manches hübsche Haus. Aber nur in den neuen Straßen zeigt sich etwas wie ein bestimmter Charakter, so annähernd der von Berlin W, an das man immer wieder erinnert wird, eben der Charakter des Wohnviertels einer reichen, modernen Stadt; daß der Stil der Wohnhäuser buntscheckig ist, gehört ja mit dazu, denn wir stecken in dieser Hinsicht noch in dem Zeitalter der Experimente, aber der überwiegend talentvollen – nur Geduld, es wird sich schon was Rechtes daraus entwickeln. Auch das viele Grün der zahlreichen Anlagen wirkt erfreulich. Unerfreulich aber, weil so ganz unhistorisch, so ganz charakterlos und nur eben unmodern und zum Teil arg unschön mutet das alte Dessau an. So war mein Eindruck vor zwanzig Jahren, und meine Wanderung von gestern und heute hat ihn nur gefestigt. Natürlich soll damit nicht gesagt sein, als ob sich nicht auch hier ab und zu manches fände, was den Freund der Baukunst interessieren kann; schon das herzogliche Schloß an der Mulde ist ein solcher Bau. Interessieren sag ich, nicht als Ganzes erfreuen. Der westliche Flügel (von 1532) ist ein sehenswertes Werk der Frührenaissance, der östliche von 1750 für diese Zeit und der Mittelbau von 1874 in modernster Renaissance wieder für unsere Zeit respektabel, aber das Ganze wirkt so unruhig, daß man den Versuch, einen Totaleindruck zu gewinnen, ordentlich bedauert; er verdirbt die Freude am Einzelnen. Und das Einheitliche wieder ist selten interessant, noch seltener schön; zwei alte Bauten, wie sie das kleine Zerbst an seinem Schloß und seinem Rathaus besitzt, wird man hier vergeblich suchen. Vor allem aber, die Bürgerhäuser sind so häßliche, dürftige Nutzbauten; man kann lange Straßenzüge passieren, ohne den unerquicklichen Eindruck zu verlieren: das ist ein etwa 1750-1800 schlecht und billig erbautes Städtchen. Nirgendwo ein hübscher Giebel, eine geschmückte Fassade, ein paar übermütige Kartuschen oder ein lustiges Erkerchen; nur nüchterne Häuser aus dürftiger Zeit, und über jedem könnte der Spruch stehen, den ich einmal vor langen Jahren an einem Haus in einem thüringischen Flecken so oder ähnlich gelesen habe: »Ach Gott, es ist dir wohl bewußt, / Ich baut aus Not und nicht zur Lust.« Wohnen muß man irgendwo... Kurz, diese älteren Stadtteile sind weder reinliche Gegenwart noch farbige Vergangenheit, sondern die richtige charakterlose Halbvergangenheit. Das Imperfektum ist ja überhaupt ein zwitterhaftes Tempus, und der Volksinstinkt hat recht, wenn er sich sprachlich dagegen sträubt, aber ein deutsches Städtebild im Imperfekt ist vollends unerquicklich.

Das wird jedem an Dessau auffallen: wie alt und dabei wie unhistorisch! – und ich, der ich eben in Zerbst das kräftig schöne Perfektum durchkonjugiert hatte, mußte vollends auf Schritt und Tritt daran denken. Welcher Gegensatz des Stadtbilds bei einer durch Jahrhunderte parallelen Geschichte; beide Städte wendisch-deutschen Ursprungs, beide günstig gelegen, beide demselben Fürstengeschlecht untertan und bis ans 19. Jahrhundert seine Geschicke fast bedingungslos teilend. Zunächst überglänzt Zerbst das als Stadt um dreihundert Jahre jüngere Dissouwe weitaus; es wird fast gleich nach seiner Begründung Residenz, während Dessau, im 15. und 16. Jahrhundert der Sitz der älteren Dessauer Linie, nach deren Aussterben zeitweilig von Zerbst aus regiert wird. Und diese älteren Dessauer Askanier gleichen zudem den älteren Zerbstern; braver Mittelschlag, der sich in keiner Weise hervortut, auch für seine Stadt nur das übliche tut; darum kann sich Dessau noch immer nicht mit Zerbst messen, denn an der Nuthe waltet die größere Tradition, der stärkere Gemeinsinn und Bürgerstolz; so sagt's das Stadtbild, so bestätigt's die Geschichte. Da tritt mit der neuen Teilung Anhalts von 1603 eine Wendung ein, die allmählich das Zünglein der Waage ins Gleichgewicht bringt; an der Nuthe residieren nur die Diener ihrer Mätressen, an der Mulde gesunde nüchterne Männer, auch in ihren Heiraten glücklicher. Da ist Johann Georg II., der durch seine Verschwägerung mit den Oraniern den Grund zu den Kunstsammlungen legt, die Dessau nun zieren, da sein Sohn Leopold, der Alte Dessauer, der durch seine derbe, rotbackige, breithüftige Anna-Lise, die Apothekerstochter, frisches gesundes Blut ins Haus bringt, vielleicht sein bleibendstes Verdienst um sein Geschlecht. Ich sage dies nicht im Scherz, obwohl auch ich weiß, daß der tapfere Haudegen seinen Namen zu einem Weltruf gebracht und sich in den Zeiten, da ihn Friedrich der Große daheim rasten und rosten ließ, sogar ein wenig um das Nest gekümmert hat, von dem er ausgeflogen. Diese Heirat war ein Glück für die Dessauer Askanier – man denke an das Schicksal der anderen Zweige dieses Geschlechts –, und der alte Brummbär hat vielleicht unrecht gehabt, daß er seinen Erstgeborenen von der Thronfolge ausschloß, weil er es dem Vater nachtat; freilich freite Wilhelm Georg gar nur eine Bauerstochter, aber zwischen der und der »Hofapothekerischen« war ja doch, aus der Vogelperspektive eines Thrones gesehen, kein Unterschied. Nun, auch die anderen Nachkommen Anna-Lisens schlugen gut ein, am besten ihr Enkel Franz, unter dessen langer gesegneter Regierung (1758-1817) endlich auch die Stadt Dessau ihre alte Rivalin überholte. Zunächst machte der edle, aufgeklärte Fürst seine kleine Residenz zu einer Großstadt im Reiche des Geistes; er häufte den unter seinen Vorgängern begründeten, durch eine Schenkung der Prinzeß Amalie vergrößerten Schatz an Kunstwerken zu seiner heutigen Höhe; er zauberte das Märchen von Wörlitz aus reizloser Gegend empor; er war stolz darauf, der Landesherr des Juden Moses Mendelssohn zu sein, und nannte ihn seinen Freund; unter seiner Ägide, von ihm berufen, konnte der viel gehetzte »Rousseau der Teutschen«, Basedow, seinen Träumen im Philanthropin Gestalt geben; er half die hundertfach vergeblich angeregte Buchhandlung der Gelehrten schaffen; er mühte sich rastlos, mindestens einen großen Dichter hierher zu ziehen, und daß ihm dies nur eben bei dem braven Matthisson gelang, war nicht seine Schuld. Und sein Verdienst war es, daß er, der Fürst, der alles, buchstäblich alles mit seinen feinen, nervigen Händen anfaßte, auch in seinen Dessauern den Sinn für Industrie zu wecken suchte. Als er starb, war seine Residenz eine berühmte, noch immer arme, aber aufblühende Stadt. So er, wie aber seine Nachfolger? Der Ruhm verbleicht, die Kunstschätze bleiben ungemehrt, kein berühmter Gast weilt mehr im Schloß, aber das materielle Gedeihen wächst in Stadt und Hof; die Industrie macht Dessau allmählich zu dem, was es nun ist. Seit 1885 hat sich die Bevölkerung verdoppelt und dürfte nun etwa 55 000 Köpfe betragen; eine Verdoppelung in sechzehn Jahren, das erinnert an Amerika. Ich bin überzeugt, komme ich nach Ablauf von wieder zwanzig Jahren des Weges gefahren, so werden die ersten Hunderttausend längst überschritten sein.

Aber vor 1921 wünsch ich's mir gar nicht. Denn als ich 1881 hier war, habe ich mich über den dicken Onkel gewundert, weil er, seiner Jugendzeit vergessend, nur noch Ziffern in sein Notizbuch schreibt und zwischendurch mit der Goldkette über dem Spitzbauch spielt, und bis jetzt hat er sich nicht gebessert; in zwanzig Jahren tut er's vielleicht. Im Ernst – was könnten Stadt und Hof mit ihren vielen, vielen Millionen für die Pflege künstlerischer Interessen tun, und wie wenig geschieht da! Ach, so wenig! Ich weiß, daß ich damit in ein Wespennest greife, denn die Dessauer, sonst nicht eben große Lokalpatrioten, sind begreiflicherweise, wie alle rasch reich gewordenen Leute, gerade in diesem Punkte sehr empfindlich – aber wahr ist's doch! »Wir tun sehr viel für die Kunst«, sagte mir einmal in Berlin ein Dessauer Geldgreis, »ich selbst bringe große Opfer.« In der Tat hatte er im Lauf seines Lebens schon so viele Armbänder an junge Künstlerinnen verschenkt, daß er nur noch auf ganz dünnen Beinen einherzitterte, aber ich mußte ihm trotzdem einwenden: »Ihr Theater ist doch recht mittelmäßig!« – »Oh, es gibt da sehr talentvolle Schauspielerinnen«, erwiderte er. »Übrigens ist das Sache des Hofs.« – »Ich habe anderwärts recht gute Stadttheater gefunden!« – »Dazu ist die Stadt zu klein. Das geht nur den Hof an!« – »Ihre Konzerte sind gut, könnten aber besser sein.« – »Das ist ohne ein vortreffliches Orchester, ohne große Sängerinnen« – für den Mann gab es keine Künstler männlichen Geschlechts –, »kurz, ohne eine ausgezeichnete Oper nicht zu machen. Das könnte nur der Hof... Was uns, die Stadt, die Bürger betrifft – sehen Sie sich einmal unsere neuen Denkmäler an, da werden Sie Augen machen!... Ein großer Professor hat mir gesagt: dem Hof sind die Gemäldesammlungen zu danken und die Schloßkirche, aber euch diese Denkmäler! Hof und Bürgerschaft, ihr wetteifert heute beide würdig miteinander!« Dieser letzte Satz enthält ein Korn Wahrheit, o ja! Aber daß ich damals auf meine Frage den Namen des »großen Professors« nicht erfuhr, bedauere ich noch heute; wir haben so wenig originelle Köpfe in Deutschland, und da muß man auch noch einem dieser wenigen vergeblich nachforschen!...

Und nun will ich, der ich nicht einmal ein kleiner Professor bin, trotzdem freimütig sagen, welche Meinung ich mir über diese Kunstschätze während meines hiesigen Aufenthaltes gebildet habe.

Zwar von den Sammlungen will ich nicht eingehend sprechen, weil dies bereits andere reichlich und vortrefflich getan haben, und das wenige, was ich darüber zu sagen habe, will ich später vorbringen, aber über die Schloßkirche möchte ich gleich hier einiges bemerken, schon weil sie lange nicht so viel besucht wird, wie sie's verdient. Das ist begreiflich; gäbe es ein großes Museum in Dessau, so behielte man auch Zeit und Laune für diesen Gang; heute tun's die meisten nicht. Schade, denn wohl ist der alte gotische Bau von 1554 an sich kaum je imponierend gewesen und ist es heute infolge zahlreicher, nicht eben geschickter Zu- und Umbauten vollends nicht mehr, aber das Innere enthält viel Interessantes und bietet zudem merkwürdige Beiträge zu dem Kapitel, das der »große Professor« durch sein lapidarisches Diktum erledigt hat... Man weiß, die Kirche enthält ein Hauptbild Lucas Cranachs des Jüngeren, »Das heilige Abendmahl«, mit den Porträts der bedeutendsten Fürsten und Gelehrten, die die Reformation gefördert haben – ein schönes, auch historisch wichtiges Bild. Aber hat es seit langen Jahren schon jemand ganz genau und bis in die kleinsten Details betrachten können? Ich glaube: nein, denn es hängt an einer Stelle, die immer fast dunkel bleibt, selbst um die Mittagsstunde eines sonnigen Augusttages. Das kann ja nicht immer so gewesen sein, sonst hätten wir keine so genauen Beschreibungen und Reproduktionen des Bildes; gibt es, muß man sich unwillkürlich fragen, keinen Mann in Dessau, der sich von Amts wegen darum zu kümmern hat? Dann fände er es doch gewiß auch sinnwidrig, ein so schönes und berühmtes Bild an eine Stelle zu hängen, wo man es nicht sieht! Eines der anderen Bilder desselben Meisters ist nun hier nur in Kopie vorhanden, das Original kam in die Kirche einer ganz kleinen Stadt des Herzogtums. Man pflegt es sonst umgekehrt zu machen, vielleicht nicht mit Unrecht... Wer die Kirche besucht, versäume nicht, nach dem Sarkophag des Fürsten Joachim Ernst zu fragen. Er ist eine schöne Arbeit (von 1586), namentlich die Arabesken sind sehr fein; die Frauengestalten, die an dem Sarge Wache halten, freilich fast so plump wie die zwölf preußischen Grenadiere in Zinkguß, die unten in der Gruft der Schloßkirche am Sarkophag des Alten Dessauers zu sehen sind. Kein Katalog verzeichnet die schöne Arbeit, kein Mensch weist auf sie hin, warum?!... Ein anderes, rein sachliches Rätsel, das ich nicht zu lösen weiß, verzeichne ich hier, damit ein Berufener der Sache nachgehe. An der Wand des Schiffs zieht sich eine Reihe von 53 Tafeln, die heilige Geschichte von Adam und Eva bis zum Jüngsten Gericht darstellend, hin; sie gelten als ein Werk Lucas Cranachs des Jüngeren und seiner Schüler, aber auf der letzten Tafel steht deutlich: »Lukas Kranach der Mittler. Mal.« Meines Wissens ist von einem mittleren Cranach sonst nichts bekannt... Ich war mit dem sehr verständigen und für die Bilder seiner Kirche interessierten Küster stundenlang allein; da er meine Freude an den Werken sah, so bat er mich, ein eben in der Rumpelkammer von ihm aufgefundenes männliches Porträt anzusehen; es ist eine gute Arbeit des 17. Jahrhunderts und würde eine Restaurierung wohl verdienen; außer dem Küster kümmert sich kein Mensch darum. Ein anderes Porträt, gleichfalls von ihm aus der Rumpelkammer erlöst, konnte er mir nicht zeigen, beschrieb mir aber das Zeichen des Malers – ich habe es dann in Wörlitz an den Werken des Holländers Abraham Snaphan wiedergefunden und dies dem Küster mitgeteilt. Snaphan ist ein bedeutender Künstler, und in Wörlitz kann man erkennen, daß er jedes Bild mit Einsetzung seines vollen Könnens gemalt hat; das Werk in der Schloßkirche kann gar nicht unbedeutend sein, und hier hängt es in der Rumpelkammer, aus der es der Küster hervorzieht, weil es ihm auffällt, um dann von einem Fremden zu erfahren, daß es von einem trefflichen Künstler ist...

Und die neuen Denkmäler?

Ich habe mir diese Denkmäler angesehen, auch Augen habe ich dazu gemacht, aber ich fürchte, andere, als der in steter Förderung der Kunst dünnbeinig gewordene Mäzen erhoffte. Gleich in den Anlagen vor dem Bahnhof, dann im Grün des Kaiserplatzes stehen deren nicht weniger als vier: die Büste Moses Mendelssohns und die des Hofkapellmeisters Schneider, dann ein Standbild Kaiser Wilhelms und ein großes Kriegerdenkmal.

Schon vor diesem Denkmal wird man bedenklich den Kopf schütteln: vier große Bären starren von den vier Seiten eines gewaltigen Sockels, auf dem eine Viktoria steht, in sinnender Trauer auf den Beschauer nieder; »Der Tapferkeit und Pflichttreue das dankbare Anhalt«, lautet die Inschrift. Die Viktoria ist gut; was die Inschrift betrifft, so hätte immerhin auch ein Wort daran erinnern können, daß der Krieg von 1870/71 doch nicht allein zwischen dem Herzogtum Anhalt und Frankreich ausgefochten wurde, aber dies nebenbei – die Bären jedoch wirken wirklich nicht so, wie der Künstler wollte. Ich weiß sehr wohl, das ist das Wappenbild der Askanier, aber Meister Petz bleibt deshalb doch ein plump-groteskes Tier, und wo man gar ihrer vier beisammen sieht, alle sehr naturalistisch modelliert und alle trauernd und alle sinnend, da teilt sich leider diese Trauer dem Beschauer nicht mit, und stehe er noch so lange vor den vier melancholisch gesenkten Schnauzen – im Gegenteil…Gewiß läßt sich auch der Bär plastisch für andere als lustige Zwecke verwenden, aber dann nur hübsch einer und nicht für ein Denkmal der Toten. Ein ganzer Haufe Bären aber taugt nur zur Erzielung heiterer Wirkungen, dazu sogar durch die gravitätische Komik dieses Tierleibes vortrefflich. Das sieht man an einem anderen Dessauer Kunstwerk, dem sehr hübschen, von Sehring modellierten Prinz-Wilhelm-Brunnen auf dem Neumarkt, in dessen Becken eine ganze Bärenfamilie vergnügt badet und sich mit Wasserstrahlen neckt. Aber hier ist die Komik eine gewollte…

Dem Kriegerdenkmal gegenüber steht ein großes, pomphaftes, unglaublich schlechtes Kaiser-Wilhelm-Denkmal. Der greise Monarch ist hier in schneidiger Offizierspose hingestellt, aber nein – so markiert nur ein schlechter Schauspieler diese Pose. Man traut seinen Augen nicht: dieser vornehme Greis, dessen große Schlichtheit sich in unserer Phantasie unwillkürlich zur schlichten Größe steigert, als Poseur…Und obendrein am Sockel rechts und links je ein Medaillon, nicht etwa Bismarck und Moltke, sondern Kaiser Friedrich und Kaiser Wilhelm II.… Also ein Drei-Kaiser-Denkmal…»Wie war derlei in einer größeren Stadt möglich?« fragte ich einen Dessauer Bekannten, der mir freundlich einige Stunden widmete. »Aber dafür können wir ja nichts!« erwiderte er. »Lesen Sie doch nur die Inschrift auf der Rückseite des Sockels!« Diese Inschrift lautet: »Errichtet von dem Baron Moritz von Cohn zu Dessau 29. April 1892.« »Sie sehen«, sagte der Dessauer, »einem geschenkten Gaul usw. Die Inschrift sollte ursprünglich lauten: ›Seinem Kaiser der Baron…‹, das haben wir abgelehnt. Aber mehr konnten wir doch nicht tun.« Ich mußte ihm erwidern, daß ich da anderer Meinung sei. Es ist ja eine Taktfrage, ob sich eine so reiche Stadt, die doch ihr rapides Emporkommen zum großen Teil gewiß nicht bloß der 1863 erfolgten Vereinigung Anhalts, sondern auch der acht Jahre später erkämpften Einheit Deutschlands verdankt, ein Kaiser-Wilhelm-Denkmal von einem einzelnen schenken läßt, statt es auf eigene Kosten zu errichten, wie es schon viel ärmere und kleinere Städte getan haben. Aber will sie dies, so muß sie dem Spender sagen: »Herr Baron, wir müssen den Entwurf sehen, ehe wir unseren schönsten Platz für das Denkmal einräumen. Denn steht es da, so ist es nicht mehr das Baron Cohnsche, sondern das Dessauer Kaiser-Wilhelm-Denkmal. Und die Idee mit den drei Kaisern müssen Sie jedenfalls aufgeben; so taktlosen Byzantinismus darf nur ein einzelner auf seine eigene Kappe nehmen, eine Stadt nicht.«…Dies etwa sagte ich meinem freundlichen Begleiter, worauf er meinte, lange werde das Denkmal ohnehin nicht stehen; das Material des Sockels drohe zu verwittern. Ich weiß nicht, ob dies zutrifft – äußerlich ist nichts davon zu sehen, aber ist's richtig, so ist den Dessauern zu raten, nicht bloß einen neuen Sockel zu spendieren, sondern ein neues Denkmal. Was sie dann mit dem alten tun, dafür weiß ich ihnen keinen Rat. »Wir schenken's den Posemucklern!« meinte der Dessauer. Aber ich glaube, die Posemuckler werden's nicht nehmen, denn es ist für Posemuckel zu schlecht.

Anders die beiden Büsten in den Anlagen. Die des Komponisten Fr. Schneider eine hübsche, die Büste Moses Mendelssohns (von Hoffmeister) eine vortreffliche Arbeit, sehr realistisch und dabei doch nicht bloß im gewöhnlichen, sondern im edelsten Sinne lebensvoll: man ahnt den Zauber, der von diesem häßlichen, verwachsenen Männchen ausging, dem kleinen Kaufmann, dem niemand näher trat, ohne besser zu werden…Der Sockel ist unhübsch, auch zu hoch, man muß an einen eisernen Fabrikofen denken, zudem ist die Verbindung mit dem Brunnen davor – freilich ein schweres Problem – nicht glücklich durchgeführt, aber die Büste an sich macht einem immer mehr Freude, je eingehender man sie betrachtet. Ich habe lange davor gestanden; es läßt sich so viel dabei denken, wenn man 1901 vor dem Denkmal dieses edlen, tapferen Mannes steht, der an den Sieg der Menschlichkeit über alle Vorurteile glaubte wie an ein Evangelium…

Aber wir wollen nicht bitter werden; sein Mahnwort an seine Glaubensgenossen, Deutsche und Juden zugleich zu sein, ist nicht verklungen; es hat tausend-, tausendfache Frucht getragen, und auch sein Vertrauen in den Adel der deutschen Volksseele, der sie immer zur Gerechtigkeit zurückführen werde, wird kein Wahn bleiben – trotzdem und alledem… Auch seinen Charakter, nicht bloß seine geistige Bedeutung gibt die Büste schön wieder (nebenbei bemerkt, auch kulturhistorisch ein interessantes Denkmal: das einzige öffentliche Denkmal, das in Deutschland einem Juden, der auch dem Glauben nach Jude geblieben ist, errichtet wurde). Wie gut war er, bei aller Klugheit, was nun freilich kein Gegensatz ist: nur der Kluge kann wahrhaft gut sein; der Dumme ist im besten Fall harmlos. Wie gut, wie klug! – ein Mensch, der durch jeden neuen Brief, den man von ihm entdeckt, liebenswerter erscheint. Ich besitze zwei solcher ungedruckten Briefe. In dem ersten, aus seinen Anfängen, bittet er ein Leipziger Haus, ihm eine Sendung jener Südfrüchte, welche die Juden beim Laubhüttenfest zu Ritualzwecken brauchen, zu kreditieren; er wolle einen kleinen Handel damit etablieren und werde gewiß als ehrlicher Mann bezahlen – man kann derlei nicht würdiger schreiben. Dann eine Perle von Brief: er übersendet einem Freunde sein Bildnis und macht dabei wehmütig-humoristische Äußerungen über sein Antlitz, seine Gestalt. Er war ein wahrhaft Weiser, er konnte selbst der Natur verzeihen, die so hart gegen ihn war…

Auch die älteren Denkmäler der Stadt, die ich bereits kannte, habe ich mir wieder angesehen. Sie sind zum Teil besser als die neuen; so das Standbild des Alten Dessauers auf dem Großen Markt, freilich kein selbständiges Werk, sondern nach der Schadowschen Statue auf dem Berliner Wilhelmsplatz gearbeitet; dann das Erzbild des besten Dessauer Fürsten, Leopold Friedrich Franz, auf dem Neumarkt, vielleicht etwas zu napoleonhaft, in der Haltung von Pose nicht frei, aber eine achtungswerte Arbeit (von Kiß); auch das Marmordenkmal Wilhelm Müllers, des Dichters der Griechenlieder, eines geborenen Dessauers, das vor dem Gymnasium steht, ist gut. Hingegen ringt das Jubeldenkmal auf dem Kleinen Markt mit dem Cohnschen Kaiser Wilhelm, wenn auch ohne Erfolg, so doch redlich um die Palme der Geschmacklosigkeit. Es wurde 1867 »zur Erinnerung an die Wiedervereinigung Anhalts im Jahre 1863« aufgerichtet. Ich gebe zu: es war für Dessau, Hof und Stadt, höchst erfreulich, daß 1797 Friedrich August von Anhalt-Zerbst an der Väter und eigenen Sünden kinderlos zur Grube fuhr, dann 1847 der bedeutendste Schürzenjäger und Schuldenmacher seiner Zeit, Heinrich von Anhalt-Köthen, und 1863 der arme, schließlich auch offiziell für blödsinnig erklärte Alexander Karl von Anhalt-Bernburg; auch wir anderen Deutschen haben keinen Grund, über die Tatsache betrübt zu sein, daß die drei Geschlechter durch ihr lustiges Leben der traurigen Kleinstaaterei selbst ein Ende machten. Es ist uns also verständlich, daß die Dessauer diese drei Tatsachen durch ein Denkmal zu ehren gedrängt waren, und daß es offiziell Jubeldenkmal heißt, ist Geschmackssache, aber gleichgiltig; daß es hingegen gar so häßlich und lächerlich ist, ist zwar auch Geschmackssache, aber betrüblich. Vier Männer sind da zu sehen und vier Mädchen; die Männer sind Fürsten, die Mädchen sind Städte: Dessau, wie bereits berichtet, mit einer Lyra, Bernburg mit einem Bergmannshammer, Köthen mit einem Ährenbündel und Zerbst mit einem Buch, was auch seltsam ist. Die Männer sind allesamt steif und hölzern und langweilen sich sichtlich sehr; auch die Mädchen werden, nach ihrem Gesichtsausdruck zu schließen, die Geschichte bald satt haben, nur Dessau ausgenommen; die Heuchlerin stellt sich so, als ob ihre Lyra sie interessiere. Im übrigen sehen auch sie einander sehr ähnlich, dieselben faden Gesichter, viel Bildung, viel Gefühl, aber wenig, ach so wenig Fleisch! Wären die Gestalten nicht zum Teil unbekleidet, ich würde die Vermutung wagen, daß dem glücklichen Künstler vier Töchter eines und desselben Geheimrates und einer und derselben Geheimrätin Modell gestanden haben. Das Beste an diesem Denkmal ist es noch, daß es zugleich ein Brunnen ist, da ist doch wenigstens etwas daran lebendig. Als ich davor stand, strömten eben die Kinder aus der Schule am Platze, am Brunnen vorbei. Da werden sie sich nun anspritzen, dachte ich und blieb stehen; übermütige Kinder seh ich noch lieber als das schönste Denkmal. Aber das taten nur die Kleinsten, die anderen schritten gesittet vorbei, kleine würdige Geschäftsonkel und -tanten… O du Stadt der guten Sitte und zahlungsfähigen Moral!…

Übrigens – vielleicht tue ich den Dessauern unrecht, vielleicht bessern sie sich schon jetzt in künstlerischen Dingen; ihr jüngstes Denkmal ist sehr gut. Ich verdanke es nur dem Zufall, daß es mir in die Augen fiel; Baedeker nennt das schöne Werk noch nicht, und darum kennt es auch der neueste »Führer durch Dessau und Wörlitz« nicht, denn er ist, obwohl im Verlag einer Dessauer Hofbuchhandlung erschienen, nichts weiter als ein zum Teil wörtliches, zum Teil verballhorntes Plagiat aus Baedeker und irgendeinem Konversationslexikon, durchsetzt mit den denkbar aufdringlichsten Geschäftsreklamen; zum Beispiel: »Fortschreitend gelangt man... zu dem Denkmal des Dichters Wilhelm Müller... Auf derselben Seite liegt das Geschäft von..., gleichfalls befindet sich die Konditorei von... hierselbst usw.«

Über die Ballhorniaden kann man hinwegsehen. Aber daß Buchhändler einen Spezialführer ihrer Stadt lediglich aus dem Baedeker und dem Brockhaus zusammenstellen und als einzige Zutat aus Eigenem solche Reklamen einfügen, ist ein so ungehöriges Beginnen, wie es bisher (ich kenne einige hundert derlei Führer) niemand in Deutschland gewagt hat. Ist es doch die einzige Existenzberechtigung eines solchen Spezialführers, eben mehr zu bieten als die Reisebücher! Es soll aber diese neue Art auch nicht Mode werden, und darum nenne ich hier die Firma: Birkner und Teetzmann, Hofbuchhandlung, Dessau.

Diese Herren kennen das Funckdenkmal nicht; ihnen, aber auch jedem schönheitsfreudigen Menschen, der Dessau besucht, sei es gesagt, daß es auf dem Funckplatz liegt. Ich meinte vorhin, es sei ein schweres Problem der Plastik, eine Büste mit einem Brunnen in eine gewisse Beziehung zu bringen; hier hat es der Künstler, Emanuel Semper, wohl ein Sohn Gottfried Sempers, trefflich gelöst. Der Funckplatz ist ein neuer, nicht ganz regelmäßiger Platz, auf den an einer Stelle eine überbreite Straße mündet, die in das Bild des Platzes, auch von seiner Mitte besehen, ein häßliches Loch reißt; zudem war Funck nur eben ein braver Oberbürgermeister von Dessau; mit Emblemen und Allegorien konnte hier also nicht gearbeitet werden; man sieht, die Sache war besonders schwer. Semper hat es nun wie folgt angefangen. Er stellte die Büste hart an den Rand des Platzes, gerade an die Stelle, wo jene unheimlich breite Straße mündet, und setzte sie in ein hohes Halbrund hinein, ähnlich wie es in der Berliner Siegesallee die Statuen von den Bäumen scheidet. In die Mitte des Platzes aber setzte er den Brunnen, aus dessen Becken sich eine ganz prächtige Gruppe erhebt: ein Germane, der einen Biber fängt, ein anderer Biber streckt den Kopf ängstlich aus dem Becken, vermutlich eine Anspielung auf die Anfänge der Stadt, die sich ja zweifellos aus einem Fischerdorf entwickelte.

So ist alles erreicht: der Beschauer sieht Büste und Brunnenfigur auf einen Blick, die Erinnerung an den dürftigen Ursprung der Stadt steht zu dem Bildnis des Mannes, der das moderne Dessau hat schaffen helfen, in einer hübschen inneren Beziehung, und zudem ist durch den Rundbau das häßliche Loch geschlossen. Ich beschreibe dies so ausführlich, weil in Berlin, wenn wir erst darangehen, im neuen Berlin W, in Charlottenburg, in Schöneberg, Wilmersdorf usw. die vielen neuen Plätze auch durch Werke der Plastik zu schmücken – und das ist hoffentlich nur eine Frage der Zeit –, ähnliche Probleme in Hülle und Fülle zu lösen sein werden.

Im übrigen sieht der Funckplatz heute genau so aus wie etwa der Wittenbergplatz vor drei Jahren, und was die umliegenden, bereits ausgebauten Straßen betrifft, so gleichen sie unserer Nürnberger-, Achenbach- oder Schaperstraße wie ein Ei dem andern. Das ganze Viertel ist in den letzten Jahren weit jenseits des Wörlitzer Bahnhofs entstanden. Denn gewaltig reckt und streckt diese jählings anwachsende Stadt ihre Glieder, und die Bahnhöfe liegen längst nicht mehr an ihrer Peripherie. In zehn Jahren wird der hübsche Georgengarten weit draußen vor der Stadt von Häusern umschlossen sein wie heute der Berliner Tiergarten.

Nun, ich gönne es den Dessauern, aber der eine Funckbrunnen macht das Kraut nicht fett; was tun sie heute für die bildenden Künste, die hier einst so schöne Pflege fanden? Aber – »das ist Sache des Hofes!« wird mir der alte Fachmann für junge Künstlerinnen auch hier erwidern, und hier mit mehr Recht als in Sachen des Theaters oder der Musik. Denn wohl gibt es in vielen Städten, was die Dessauer gewiß interessieren wird zu hören, städtische Museen, die namentlich gute moderne Bilder anschaffen, aber die würdige Sichtung und Gruppierung der vorhandenen

Kunstschätze und ihre Mehrung wäre allerdings Sache des Hofes. Wieviel Herrliches ist in Dessau vorhanden! Ich will es hier, wie gesagt, nicht beschreiben; es war nie mein Ehrgeiz, Stoffe zu behandeln, die andere vor mir besser, als ich es könnte, bearbeitet haben, und über die Dessauer Sammlungen gibt es eine ganze Literatur; zudem sind ja die wichtigsten Werke hundertmal reproduziert worden, und Hunderttausende haben sie bewundert. Aber – und hier setzt die bescheidene, aber notwendige Randglosse ein, die ich zu machen habe – leicht wird einem diese Bewunderung wahrhaftig nicht gemacht. Willst du dich an den prächtigen Handzeichnungen von Lucas Cranach und Altdorfer, von Holbein und Albrecht Dürer erfreuen (darunter wahre Kleinodien, die an die Schätze der Wiener Albertina erinnern und allein eine Reise hierher lohnen würden), so mußt du in die Bibliothek in der Friedrichstraße; interessierst du dich für alte Italiener und Niederländer, für Lippi und Tiepolo, Perugino und Garofalo oder – um wieder nur die Meister zu nennen, die besonders schön vertreten sind – für Jan Steen und Netscher, Ruysdael und Wynants, so wandere ins Schloß; erfreut dich Lucas Cranach der Jüngere, so mußt du in die Schloßkirche; willst du so anschaulich wie sonst nirgendwo erfahren, wie reich und schön die vielgescholtene Kunst des 18. Jahrhunderts war, so mußt du in die Zerbster Straße, in die »Amalien-Stiftung«, und auch dieser Gang wird sich dir, um in der Sprache des neuen Dessau zu reden, mit hundert Prozent Nutzen bezahlt machen, denn außer diesen braven, tüchtigen Meistern, den Pesne und Seekatz, den Lisiewsky und Schütz, triffst du so nebenbei dort auch ganz große Herren – van Dyck, Frans Hals und Holbein –, dieselben, die man auch in Wörlitz findet und die in der Phantasie meiner kunstfreudigen Nachbarin mit der neuen Kußtechnik als »Wandick« und »Halsbein« fortleben. Gewiß, es ist alles, alles der Mühe wert, aber vier Gänge und viermal aus der Stimmung gerissen sein – man macht das anderwärts den Leuten bequemer und angenehmer. Und anderwärts ist auch die Anordnung der einzelnen Sammlungen eine bessere und die Bestimmung der Bilder sorgfältiger, aber davon werde ich noch, wenn ich von Wörlitz erzähle, ein Wort zu sagen haben. Nun sind aber zudem die Kunstschätze der Dessauer Fürsten nicht einmal in Dessau selbst vereinigt; eine ganz vorzügliche Sammlung, schon für sich allein betrachtet kostbarer und köstlicher als sie die meisten kleineren Residenzen Deutschlands aufzuweisen haben, ist in Mosigkau, 7 Kilometer von Dessau, zu finden; eine sehenswerte Porträtgalerie 14 Kilometer entfernt in Oranienbaum, und 19 Kilometer sind's nach Wörlitz, wo sich wieder 7 – schreibe sieben – zum Teil weit auseinanderliegende Sammlungen finden.

Macht zusammen wohlgezählt dreizehn Sammlungen, und findet man, daß die Schloßkirche keine Bildergalerie ist, auch nicht unter Verletzung religiöser Empfindungen zu Kunstzwecken ihrer Schätze beraubt werden darf, was auch ich wahrlich nicht wünsche, so bleibt doch noch ein volles Dutzend von Sammlungen übrig. Oder richtiger: von Orten, wo die Dessauer Herzoge ihre Bilder und Statuen aufbewahren; denn es handelt sich, genau besehen, hier um keine einzige organisch gewordene, in sich geschlossene Sammlung, sondern um Kunstschätze, die nur deshalb getrennt wurden, weil es an einer einzigen würdigen Heimstätte für sie fehlt. Nur deshalb, betone ich, denn die paar hübschen modernen Bilder im Schloß abgerechnet, die mir nicht eben imponiert haben, weil ich ein halbes Dutzend Berliner Bürgerhäuser aufzählen könnte, wo die Kunst des 19. Jahrhunderts unendlich viel reicher und schöner vertreten ist, ist ja der gesamte Besitz auf zwei Glieder dieser Dynastie zurückzuführen: auf die Prinzeß Amalie, die Gemahlin eines Oraniers, die namentlich die Holländer zubrachte, und den Herzog Franz; die andern haben nur einzelne Bilder gekauft; mehrere gar keine. »Sie haben sich eben nicht dafür interessiert«, wird man mir einwenden, »man kann deshalb doch ein guter Fürst sein.« Ich sage nicht nein, aber ich meine doch: »Noblesse oblige!« Der Schatz, den Prinzessin Amalie und der edle Freund alles Schönen zusammengebracht haben, findet leider nur eben in den größten Städten Deutschlands seinesgleichen; aber die Art, wie er aufbewahrt, gruppiert, bestimmt und zugänglich gemacht wird, ist ein Unikum, das gottlob nirgendwo seinesgleichen findet...Wäre ich – Anfälle von Größenwahn hat ja heutzutage jeder Mensch – Sekretariats-Adjunkts-Stellvertreter des Herrn Konservators für die Kunstdenkmäler Anhalts, oder wäre ich gar – mir schwindelt's, aber man weiß ja, daß ein solcher Wahn dann lawinenhaft wächst – der Herr Konservator selbst, ich würde vor Seine Hoheit den regierenden Herzog hintreten und sagen: »Hoheit, so geht es nicht weiter! Lassen wir in Wörlitz, was dorthin gehört, um den Charakter dieser einzigartigen Schöpfung Ihres Urgroßvaters zu bewahren, aber bauen wir für alles andere eine würdige Heimstätte. Dann erst wird ersichtlich sein, wie Herrliches wir besitzen, dann erst bringt dies Herrliche den vielen Tausenden, die hierher strömen werden, gewiß in zehnfacher Zahl wie bisher, den rechten Nutzen, die rechte Labung für Aug und Herz!« Und haben Seine Hoheit nicht bereits nach diesen Sätzen dem Lakaien geklingelt, um mich hinauszuweisen, so würde ich fortfahren: »Hoheit! Neben Ihrem herzoglichen Schloß steht Ihre herzogliche Hofmühle. Das ist ganz in der Ordnung, kein verständiger Mensch wird was dagegen sagen. Aber auf die andere Seite gehört die herzogliche Gemälde-Sammlung, zu der dann die Menschen andächtig pilgern werden wie zu den Berliner Museen und der Dresdener Galerie. Und tun Sie dies, Hoheit, so reihen Sie Ihren Namen würdig an den Ihres Urgroßvaters!« Und wiese er mich hinaus, so würde ich diese Rede mutatis mutandis dem Erbprinzen halten, von dem man soviel Gutes hört... Aber das ist ein Traum, ich werde niemals Sekretariats-Adjunkts-Stellvertreter des Konservators für die Kunstdenkmäler Anhalts, geschweige denn der Herr Konservator selbst sein, und zwar, von einer Reihe triftigster Gründe abgesehen, auch deshalb nicht, weil es keine solche Stellungen in Dessau gibt.

Jawohl, und auch keinen Rat für künstlerische Angelegenheit gibt es im Ministerium. Ich würde dies Unglaubliche nicht niederzuschreiben wagen, wenn es mir nicht zwei Dessauer Herren, die es wissen müssen, übereinstimmend versichert hätten.

Nun aber lege ich heute die Feder hin, um sie morgen für Wörlitz wieder aufzunehmen, und gehe zum Abendessen in den »Goldenen Beutel«, wo es kein »eingemachtes Kalbfleisch nach Dessauer Art« gibt. Auf dem Wege will ich den »Dessauer Marsch« pfeifen und das schöne Lied vor mich hin summen, das nach dieser Melodie geht: »So leben wir, so leben wir, so leben wir alle Tage...« Ich höre dies Lied hier überall und aus allem heraus: aus den Gesprächen der stattlichen Kaufherren in den Cafés und Restaurants, aus den Unterhaltungen der Herren Rentner in den Anlagen, aus dem Geräusch der elektrischen Bahnen, die rastlos und wohlgefüllt, auch rasch genug, die Stadt durchqueren, aus dem Pusten der Maschinen, sogar aus dem Geklapper der herzoglichen Hofmühle an der Mulde. Nur ist der Text zum Teil ein anderer:

»So leben wir, so leben wir, so leben wir alle Tage in der allerrentabelsten Mehl-, Zucker-, Sprit-, Maschinen-, Eisen-, Wollgarn-, Bier- und Tapetenkompanie.«

Metrisch richtig ist mein Text nicht, aber im übrigen stimmt er.

Dessau, im August 1901

Elysäische Felder

Nächst der Arbeit ist das Reisen der beste Erquicker und Sorgenbrecher auf Erden; es bietet, wenn man es recht versteht, alles Köstlichste auf einen Schluck: Natur- und Kunstgenuß, Freude an den Menschen und Loslösung vom Alltag. Auch ist's ja anscheinend so leicht, es recht zu verstehen: »Wenn du nehmen willst, so gib!«; das ist das ganze Geheimnis. Dennoch treffen's leider die wenigsten; nur eins ist allen klar: »Gib Geld!«, und das ist ja gar nicht das wichtigste; weit schwerer wiegt: »Gib Zeit!« und am allerschwersten: »Willst du die Seele der fremden Landschaft, des fremden Volksstamms in dich aufnehmen, so gib die eigene Seele hin, freudig, selbstlos, teilnahmsvoll, wie ein weißes Blatt, auf daß das Fremde darauf seine Zeichen schreibe!« Wer dies nicht kann, mag zu Hause bleiben oder doch um Orte wie Wörlitz einen großen Bogen machen.

Ich sage dies aber nicht selbstgefällig, sondern mit leiser Scham. Denn erst bei meinem zweiten Besuch glaube ich Goethes Wort von den »elysäischen Feldern« und dies sprossende, blühende »Märchen« so in meiner Art ein wenig verstanden zu haben, aber das ist nicht mein Verdienst, sondern das dieser merkwürdigen Anlagen. Das erste Mal aber war ich recht enttäuscht, und das lag an mir. Das heißt, scheinbar war's nicht meine Schuld allein, aber eigentlich doch nur die meine. Im übrigen erscheint mir die Historie dieses meines ersten Besuchs in Wörlitz heute lustiger als vorgestern, wo ich sie erlebte, und wenn der treffliche Gelehrte, der dabei eine Rolle spielt, Spaß versteht, so wird er's mir nicht verübeln, wenn ich bei der Wahrheit bleibe.

Während ich also vorgestern um die Mittagsstunde mit dem Küster der Schloßkirche zu Dessau in der Rumpelkammer den Staub von den armen, verstoßenen Bildern blies, stürzte seine Magd herein, ein Herr wünsche das Cranachsche Abendmahlsbild zu sehen, aber rasch, rasch, er habe keine Zeit. »Ich habe keine Zeit«, klang es auch von unten her überaus vernehmlich in nervös zitterndem Tenor. Der Küster stürzte ab, ich ihm nach; warum weiß ich selbst nicht; denn Menschen, die keine Zeit haben, sind doch in unseren Tagen keine Rarität. Allerdings, gar so wenig Zeit haben selbst heutzutage nicht viele Leute, denn als ich nach zwei Minuten vor der Nische anlangte, hatte der Fremde, ein jüngerer, sehr gescheit aussehender Herr, die Besichtigung des figurenreichen Bildes bereits beendet. »Das Bild hängt elend«, sagte er, »ich bin Kunsthistoriker«, und das freute mich; ich war ja schon vorher, wie man weiß, der Meinung gewesen, daß man schöne Bilder nicht in dunkle Ecken hängen soll, aber seine Meinung von einem Fachmann bestätigt zu hören, ist dem Laien immer angenehm. Der Gelehrte aber warf nun Hut und Stock auf den nächsten Kirchenstuhl, brachte aus der einen Rocktasche einen Haufen beschriebener Katalogzettel, aus der anderen einen Bleistift zutage, kritzelte auf eines der Blätter ein Kreuz und machte Miene abzustürzen. »Wollen Sie nicht«, fragte der Küster, »auch die anderen Cranachs ansehen?« – »Keine Zeit!« murmelte der Fremde. »Bald eins! Na gut, fünf Minuten!« – und er warf auf jedes der Bilder einen Blick; Kennerblicke sind eben sprichwörtlich kurz. Dadurch vollends ehrfürchtig gestimmt, wagte ich's, ihm die rätselhafte Signatur des »mittleren« Cranach zu zeigen. Er machte sich eine Notiz. »Interessant!... Eine Hypothese!...« Ich fühlte mich sehr gehoben, als er mich nun einlud, mit ihm die Sammlungen im Schlosse zu besehen. »So im Flug! Um zwei Zug nach Wörlitz.« Den wollte ich auch benützen, sagte ich, und in der Stunde zu Mittag essen. »Tue ich nicht«, erwiderte er, »habe eine Spezialmission. Morgens Wittenberg – Lutherhaus, Stadtkirche – seit ½ 11 Uhr hier – Bibliothek, Amalienstiftung, Schloßkirche, Schloß – nachmittags Wörlitz, abends nach Magdeburg. Also auf Wiedersehen in Wörlitz.« Und er stürzte ins Schloß, während ich in mein Hotel fuhr. Aber noch während der Mittagstafel mußte ich unablässig über das Rätsel grübeln: was war das nur für eine grausame kunsthistorische Spezialmission, die ihrem Träger eine so unerhörte Häufung von rapiden Kunstgenüssen bei gleichzeitiger völliger Enthaltung von Speise und Trank auferlegte!

Nun, das Rätsel mußte sich mir ja lösen. Aber der Zug nach Wörlitz ging ab, ohne daß der Gelehrte sichtbar wurde. Mein Waggon war dicht besetzt, die Fremden führten belehrende Gespräche über Gasthofpreise, die Dessauer, die nur bis Oranienbaum mitfuhren, schwelgten im Vorgenuß der dortigen Tanzplatzfreuden. Es ist nützlich zu erfahren, wo das Frühstück 80

Pfennig kostet und wo mehr, und die Mitteilung eines Dessauer Jünglings, daß in Oranienbaum »selbst Kanzleiratstöchter« tanzen, war mir menschlich erfreulich, denn ich sehe es ungern, wenn die Spitzen der Gesellschaft einsam auf ihrer steilen Höhe bleiben, aber auf die Dauer sah ich mir doch lieber die Landschaft an. Man kann dies hier gründlich tun, denn die Dessau-Wörlitzer Eisenbahn humpelt recht behaglich dahin. Nur hat man nicht viel davon; eine Gegend, wie sie zu Dessau paßt, ein bißchen langweilig, aber fruchtbar, wenig Blumen, viel Rettich und Petersilie, zudem überall – womit aber nicht weiter auf Dessau gestichelt sein soll – Zeichen eines tiefen Niveaus: viel Wasser, Bruch, auch etwas Forst und Heide. So schleicht das Züglein von der Mulde gegen Osten, also südlich der Elbe, aber in respektvoller Entfernung von dem zuweilen ungemütlichen Strome dahin, bis Oranienbaum erreicht ist, das Schlößchen, das sich Henriette Katharina, die Mutter des Alten Dessauers, eine Oranierin, erbaut und mit Porträts ihrer Familie geschmückt hat; daneben mögen sie auch Wiese und Wasser, die vielen Windmühlen und das Fehlen jedweden störenden Hügelchens, selbst jeder Erdwelle, wie sie die Mark durchstreichen, an ihr geliebtes Niederland erinnert haben; einen ähnlichen Sommersitz schuf sich ihre Schwester Luise Henriette, die Gemahlin des Großen Kurfürsten, in Oranienburg bei Berlin. »Das Schloß ist zugänglich«, sagte mir der junge Dessauer mit den hohen Tanzkonnexionen, »Fremde gehen oft hin.« – »Nicht auch Einheimische?« fragte ich, worauf der ehrliche Jüngling: »Aber wozu denn? Nach Oranienbaum geht man zur Kirchweihe, da ist es lustig, aber auch sehr fein!«…Vom Dorfe her klang Musik, bunte Fähnchen flatterten im Winde; der Jüngling aber und seine Freunde zogen Handschuhe über ihre großen, vom Heringbändigen rot gewordenen Hände. Eine so distinguierte Kirchweih hätte mich gereizt, aber ach, auf was alles muß der Mensch verzichten! So fuhr ich weiter nach Wörlitz; die kleine Bahn biegt nun nach Norden, durch Heide und Ackerland, an Hütten vorbei, die fast so dürftig sind wie die Landschaft. Daß man nur Minuten von einem der schönsten Gärten der Welt entfernt ist, kann niemand ahnen.

Aber es ist auch noch nichts davon zu gewahren, wenn man aus dem kleinen Bahnhof tritt. An der Pforte verteilt ein Knabe rechts Empfehlungskarten des »Grünen Baum« und einer links solche des »Eichenkranz«; vorn steht die Versicherung, daß das Hotel das beste von Wörlitz ist, und hinten ein schwer lesbarer Plan des Gartens; aber diese Pläne und die botanischen Gasthofschilder sind auch leider zunächst die einzigen Schatten, die der berühmte Garten vorauswirft. Eine breite Chaussee, durch deren fußhohen Staub die mit mir Angelangten im Sonnenbrand ächzend dahinzustampfen begannen, in der Ferne armselige Häuschen und kein grüner Wipfel – seufzend besah ich mir das Bild und fragte dann den »Eichenkranz«, ob es hier keine Fahrgelegenheit gebe. »Bitte ja, bei Bestellung von mindestens zehn Personen«, war die Antwort, die mich nicht erfreute; sogar die Versicherung des »Grünen Baum«, daß er es schon für acht tue, konnte mich nicht aufrichten. »Wie weit ist's zu den Gärten?« fragte ich. »Zwanzig Minuten«, erwiderte der »Eichenkranz«, während der »Grüne Baum«, der es offenbar in allem billiger macht, tröstete: »Fünfzehn!« Nun, der »Grüne Baum« hat die Entfernung freundlicher taxiert, aber der »Eichenkranz« ehrlicher…Es ist mir immer als die schönste Aufgabe des Schriftstellers erschienen, sich darnach zu mühen, daß den künftigen Geschlechtern das Leben leichter werde auf dieser harten Erde, und darum entringt sich meiner tiefsten Seele die Mahnung: »O ›Eichenkranz‹, o ›Grüner Baum‹, was seid ihr dumm! Stellt doch statt der beiden aufdringlichen Jungen mit den unleserlichen Plänen, die euch nur Geld kosten und nichts nützen, jeder einen Omnibus an den Bahnhof, laßt euch dreißig Pfennige für die Tour bezahlen, und ihr werdet bei dem kolossalen Besuch ein Bombengeschäft machen!«

Aber ich sollte den Marterweg zum mindesten nicht allein gehen. Kaum drei Schritte war ich gekommen, als eine nervöse Stimme an mein Ohr schlug: »Wann geht der Zug nach Dessau zurück? Um vier?« – »Um sechs!« erwiderte der »Eichenkranz«, und selbst der »Grüne Baum« konnte das nicht früher geschehen lassen. »Oh!« – dann ein kernhafter Fluch. Der Kunsthistoriker! – er war also wirklich nur von seiner Mission satt und mit demselben Zuge gekommen. Aber die Gewißheit, nun unabwendbar über drei Stunden an einem Ort bleiben zu müssen, hatte auch alle Hast von ihm genommen; ich konnte mir, während wir so selbander dahingingen, keinen liebenswürdigeren Weggenossen wünschen. Auch die Rätselhaftigkeit der Mission schwand bis auf einen Rest. Der Gelehrte, ein Mann von Ruf, machte eine Arbeitsreise zwecks Herausgabe eines historischen Porträtwerkes. Die einschlägigen Bilder hatte er aus den Katalogen notiert und wollte jetzt nur feststellen, ob sie in reproduzierbarem Zustande seien. »Aber warum –« , begann ich und stockte wieder; nein, warum er nicht aß, konnte ich ihn doch nicht fragen.

Wir waren während dieser Gespräche vom richtigen Weg zum Park abgekommen und plötzlich mitten in der »Stadt« Wörlitz. Diese Gänsefüßchen haben ihre Berechtigung…Ich habe bei meinen Streifereien durch die Mark und Mitteldeutschland manches armselige Ackerstädtchen gesehen und gerochen, ein solches nur selten. Und dieses häßliche, schmutzige Städtchen liegt wenige Minuten vom herzoglichen Schloß zu Wörlitz und ist auf drei Seiten vom herrlichen Park umschlossen! »Da haben Sie«, wetterte der Gelehrte, »die ganze innere Verlogenheit jener Zeit! O du verdammtes Aufkläricht, was war dir die Natur und was selbst die Humanität, mit der du dir die Pausbacken schminktest! Der lieben Eitelkeit wegen der Natur Daumschrauben anzulegen und Theaterkulissen aus lebenden Bäumen und Blumen zu schaffen, dazu waren diesem gelobhudelten Herzog Franz Millionen nicht zu viel, aber weitere hunderttausend Taler den armen Leuten als Beisteuer zu gewähren, damit sie das Nest zum Villenstädtchen umgestalten, fiel dem Mäzen gar nicht bei. Hierher wurden eben die Goethe und Lavater, die Humboldt und Pückler-Muskau nicht geführt!« Nun bin ich zwar wahrlich kein grundsätzlicher laudator temporis acti und meiner Zeit ein treuer Sohn, aus ganzer Seele bemüht, sie zu verstehen, aber Verständnis schulden wir, meine ich, auch der Vergangenheit, und darum mußte ich über diese Rede heftig den Kopf schütteln, wenn auch, ehrlich gestanden, mit dem Taschentuch an der Nase. Laut aber sagte ich nur: »Ich glaube, daß der Zusammenhang zwischen dem Stadtduft von Wörlitz und den Ideen des 18. Jahrhunderts noch näherer Nachweisung bedarf; vor allem aber schlage ich vor: sehen wir uns die ›Daumschrauben‹ und ›Kulissen‹ doch erst an.« Und so fragte ich ein graues, kleines Flickschusterlein, das auf dem Bänkchen vor seiner Werkstatt hockte und sich an einem tödlich verwundeten Stiefel abquälte, um den nächsten Weg nach den Gärten. Das greise Männchen fuhr zusammen und sah mich mit verträumten Augen an, wie man sie unter den Zunftgenossen Jakob Böhmes so rätselhaft oft findet. Dann huschte ein Lächeln über das verwitterte Gesicht. »Da hinein«, er wies in die Förstergasse, »an den beiden Religionen vorbei zur dritten, welche vielleicht die beste war.« Ich sah ihn fragend an: »An der Kirch und der Juddeschul rechts zur Grotte der Egeria!«…Hm, dachte ich, da merkt man doch, daß dies Nest mitten in den Gärten liegt, die der alte Wieland einst »die Zierde und den Inbegriff des 18. Jahrhunderts« genannt hat, aber im übrigen war auch in der Förstergasse wahrhaftig nichts von Gärten zu riechen. Kaum jedoch hatten wir diese Gasse halb passiert, als mir eine freudige Überraschung wurde; auch der letzte Rest von unheimlichem Mysterium fiel von meinem Gefährten ab. »Wollen wir nicht«, bat er plötzlich, »vorher in ein Restaurant? – mich hungert ganz entsetzlich!« So gingen wir denn zum »Grünen Baum«, wo er sich sättigte. Aber obwohl er auch dies, wie alles, rasch und energisch tat, schlug es doch vier Uhr, als wir endlich am Ufer des Sees standen, der die Gärten durchzieht, vor dem Haus des Gondoliers, wo jetzt eine rüstige Frau, die dem Schöpfer dieser Anlagen, dem Herzog Franz, wie aus dem Gesicht geschnitten ist, einer Schar von Kähnen und Schifferinnen gebietet. Ich verzeichne diese Ähnlichkeit, die sich mir, der ich vormittags in Dessau einige Bilder des Herzogs gesehen hatte, aufdrängen mußte, aber – »honni soit qui mal y pense«, und das meine ich ernst. Die Tatsache, daß in kleinen Residenzen, in der Umgebung von Lustschlössern usw. jeder zwanzigste Mensch dem Landesherrn ähnlich sieht, mag ja auch – es wäre albern, dies zu leugnen – den Sittenschilderer angehen; die meisten Fälle aber gehen den Physiologen an, der auch die Antwort nicht schuldig bleibt…Nur ein Kahn lag noch am Ufer; die Frau mit dem Herzog-Franz-Gesicht musterte uns und rief dann: »Friedchen!« Und Friedchen kam; um hier eine Ähnlichkeit herauszufinden, bedurfte es keiner Porträtstudien, sondern eines einzigen Besuches in einer Menagerie; das Nilpferd vergißt niemand. »Um Himmels willen«, riefen wir, »da schlägt ja der Kahn um!« – »Oh«, lächelte das anmutige Wesen von etwa vierzig Herbsten, »wenn sich beide Herren auf das Bänkchen am Steuer setzen und ganz ruhig bleiben, so geschieht nichts!«

Unter dieser Führung glitt ich zum ersten Mal am Gestade der »elysäischen Felder« dahin. Friedchen keuchte wie eine Lokomotive und ruderte langsam und unsicher, der Gelehrte aber nahm die armen, alten Anlagen sehr scharf mit, und zu meinem Malheur war er obendrein ein wirklich gescheiter Mann, der in fast allem, was er sagte, recht hatte. Es war zutreffend, wenn er, auf die schwere, dunkle Flut deutend, die wir schwankend durchpflügten, meinte: »Offenbar ein künstlich angelegter Tümpel! Dann hätte aber auch für einen gehörigen Abfluß gesorgt werden müssen!«; zutreffend, wenn er, als wir den kurios geformten, aus Raseneisenstein (einem brüchigen, porösen, leicht verwitternden Erz) erbauten Eisenhart erblickten, äußerte: »Welch ein Gedanke, eigens ein Haus aus einem für solche Zwecke unerhörten Material zu bauen, nur um zu erweisen, daß es wirklich nicht für Häuser taugt!« – und die Scherze, die er über die vielen Tempelchen und künstlichen Ruinchen machte, waren nicht alle teuer und nicht alle wohlriechend, aber unserem Geschmack entsprechen ja derlei Spielereien wirklich nicht; wir haben eben andere Geschmacklosigkeiten. Am schlimmsten jedoch kam die »verkrüppelte Natur« bei ihm weg. Trotz Friedchens Geschnaufe und seiner Kritik freute ich mich ganze zwanzig Sekunden, als uns zur Linken die mächtigen, schweren, dunklen Nadelholzgruppen des Neumarkischen Gartens entgegenwuchsen, während sich zur Rechten der zierliche Schloßgarten mit seinen Taxushecken und dem bunt – vom hellsten Goldgelb bis zum tiefsten Schwarzgrün – wechselnden Laubholz dem Blick breitete, aber da rief er: »Eunuchenlandschaft; rechts Daumschrauben und links Kulissen! Und alles auf das Effektchen zugestutzt!« – und das war wieder nicht ganz, wie die Schwaben sagen, »aus dem hohlen Bauch gesprochen«; auch darin war ein Korn Wahrheit. Und wär's auch ganz winzig gewesen, wer behielte da die Stimmung? Es war mir recht, sehr recht, daß wir schon bald am Gotischen Haus hielten. Da konnte die Holde am Ufer schnaufen, der Gelehrte seinen Porträts nachjagen und ich mir die Bilder ansehen, die mich freuten.

Das Gotische Haus, eine der sieben Kunstsammlungen, die in diesem Park verstreut sind, ist die bedeutendste unter ihnen, aber auch eine der schönsten und wertvollsten Sammlungen Deutschlands. Ich habe leider bei meinen beiden Besuchen in Wörlitz nur sechs Stunden auf sie wenden können, das ist für etwa 700 Bilder und eine Unzahl der schönsten Glasmalereien natürlich lächerlich wenig; aber es genügt doch, um mir den Gewinn dieser Stunden köstlich und unverlierbar zu machen. Um so peinlicher aber habe ich's empfunden, daß dieses seltene Kleinod zugleich an unwürdiger Aufstellung und kritikloser Bestimmung nirgendwo seinesgleichen findet, wenigstens in Deutschland nicht...

Sprechen wir zunächst von dem Schönen und Schönsten. Sind auch unter den Malern die Niederländer, unter den Gattungen das Porträt und die Historie bevorzugt, so ist doch jede Schule, jede Gattung durch Treffliches repräsentiert: die Italiener allerdings nur spärlich, die Franzosen kaum zahlreicher, aber die Deutschen, von Holbein und Dürer, Wohlgemuth und den beiden Cranach bis ins 18. Jahrhundert ebenso köstlich wie reich; die Flandern durch Perlen (die Madonnen von Memling und Hugo van der Goes), und nun erst die Holländer! Wollte ich nur die besten Namen und Werke nennen, die trockene Aufzählung würde eine Spalte füllen – und wem schon Namen etwas sagen, der kennt die Künstler ohnehin! Nur auf einiges möchte ich aufmerksam machen, weil ich es bisher kaum angedeutet finde, wie denn die Wörlitzer Sammlungen überhaupt, im Vergleich zu den Dessauer, von Kunsthistorikern der neueren und neuesten Zeit nicht genug gewürdigt werden; zu Lebzeiten des Herzogs Franz war dies anders, er sorgte auch dafür... Wie schön ist hier das holländische Seestück des 17. Jahrhunderts, diese Welt von Kraft und Schönheit und redlicher Beobachtung der Natur, vertreten. Da ist Bonaventura Peters, der Seesturmmaler, und sein Bruder Jan, da Willem van de Velde, einer der wenigen großen Künstler, die im Leben Lumpe waren; hat er es doch zuwege gebracht, seinen Landsleuten ihre Siege über die Engländer zu malen und den Engländern ihre Siege über seine Landsleute; in Wörlitz ist der erbärmliche Kerl und große Meister gut holländisch gesinnt. Von seinem Bruder Adriaen findet sich eine kleine Landschaft mit einem Reiterobrist als Staffage, vielleicht sein bestes Werk. Daß sich die Holländer hier so ausgezeichnet vertreten finden, ist angesichts der bereits angedeuteten Entstehungsgeschichte der dessauischen Hofsammlungen begreiflich, aber wie mag das halbe Dutzend Porträts, Schlacht- und Prunkstücke van der Meulens hergeraten sein? – der Hof- und Leibmaler Ludwig XIV., seiner sämtlichen Schlachten und seiner sämtlichen Mätressen erscheint hier übrigens nicht minder monoton und maniert als anderwärts... Albrecht Dürers »Adam und Eva«, von einigen seinem Schüler Hans Wagner zugeschrieben, ist jedenfalls ein schönes Bild. Eine Perle der Sammlung ist auch das Porträt des Großen Kurfürsten von A. Hannemann, das beste dieses Fürsten und für Berlin wiederholt kopiert, vermutlich ein Hochzeitsgeschenk Friedrich Wilhelms zur Vermählung seiner Schwägerin mit Johann Georg II. von Dessau. Beiden Geschlechtern, den Hohenzollern wie den Dessauer Askaniern, war die Heirat mit Oranierinnen wohl bekömmlich; für die letzteren bedeutete es den ersten Schritt nach aufwärts... Einen seltenen Haarlemer des 17. Jahrhunderts, dessen einziges Porträt im dortigen Rathaus sich mir trotz des alles überstrahlenden Frans Hals durch seine wunderbare Lebensfülle ins Gedächtnis eingekeilt hatte, Verspronck, fand ich hier wieder, sogar durch zwei Bilder vertreten, und obwohl ja die Erinnerung alles verklärt, schienen mir diese beiden – ein Mann und ein Weib, beide schwarz gekleidet – noch schöner, weil noch lebensvoller als das Haarlemer. Einen anderen Holländer derselben Zeit kann man nur hier kennenlernen; ich habe seinen Namen bereits genannt, als ich von dem Fund des Küsters in der Rumpelkammer der Schloßkirche erzählte: Abraham Snaphan. Auch er von seltener Lebensfülle, in der Malweise von Anbeginn grundtüchtig und gewissenhaft, dann mit jedem Werk freier und natürlicher; auch in der Farbenwirkung harmonischer. Man kann dies hier, wo all sein Schaffen vereinigt ist, genau verfolgen; 1651 geboren, folgte er in jungen Jahren seiner fürstlichen Landsmännin nach Dessau und ist hier schon 1691 gestorben; sein letztes Bild, die Fürstin Henriette Katharina mit ihren vier blühenden Töchtern, ist sein bestes. Vielleicht ist Snaphan verhungert; er bezog kein Gehalt, nur »Honorare« für die einzelnen Bilder, für dies letzte – 25 Taler, wie Wilhelm Hosäus in seinem Büchlein über Wörlitz berichtet.

Freigebiger war Herzog Franz, und er kaufte nicht bloß Bilder und Statuen; auch die Möbel, die Gobelins, die Vasen, die Nippes, mit denen jedes Eckchen des Gotischen Hauses gefüllt ist, sind zumeist schön, nicht minder die Waffen und Rüstungen; das meistbewunderte Stück freilich, die Rüstung Bernhards von Weimar, hat Herzog Karl August seinem Dessauer Nachbar verehrt. Auch wenn man weiß, daß Goethes trefflicher Freund auf derlei Dinge wenig gab, berührt doch dies Geschenk, die Rüstung eines tapferen Ahns für die Kuriositätensammlung eines fremden Fürsten, etwas eigentümlich. In ihrer Art einzig aber ist die Sammlung von Glasmalereien; sie umfaßt fast lückenlos die beiden Jahrhunderte der Blütezeit dieses Kunstzweigs, des 16. und 17. Jahrhunderts, und gibt, wenn man die Stunde daran wendet, ein lehrreiches Bild seines Entwicklungsganges, vom Kirchlichen zum Weltlichen, von der rohen Technik zur Kabinettsmalerei auf Glas bis zu deren Verfall. Die meisten Stücke hat Lavater in der Schweiz, dem gelobten Lande der Glasmalerei, für den Herzog angekauft, und von dem wackeren Züricher rührt auch die Inschrift (»Wörlitz, 15. Juli 1786«) auf einer der Scheiben her:

Ihr, Denkmal alter Kunst und gottvertrauter Zeiten,
Bewundrung, Wehmut, Mut und Hoffnung sehn mich an.
Zwar Kunst und Zeiten hin, doch zeugt ihr uns in Weiten,
Was frommer Menschheit Fleiß und ernste Tugend kann.

Mein Gefährte, der Kunsthistoriker, war anderwärts beschäftigt, sonst hätte ich ihn vor die schönsten dieser Glasmalereien, zum Beispiel die »Verkündigung Mariä«, geführt und ihm dort etwa folgende Rede gehalten: »Die Zeit des ›Aufklärichts‹, verehrter Herr Doktor, die Sie so sehr mißachten, hat wirklich neben manchem Herrlichen, das wir vielleicht erst im 21. Jahrhundert, vielleicht auch später, und dann gewiß in ganz anderer Art wieder erreichen, auch manche Geschmacklosigkeit mit sich gebracht. In dem Bestreben zum Beispiel, auch in die Kirchen möglichst viel klares Licht einfließen zu lassen – und über die Berechtigung dieses Bestrebens an sich kann man verschiedener Meinung sein, Herr Doktor –, waren die Leute so pietätlos, die schönen bemalten Glasfenster zu beseitigen. Aber just in der Zeit, da solcher Unfug am schlimmsten wütete, hat dieser Fürst mit unsäglicher Geduld und beträchtlichen Kosten diese herrliche Sammlung zusammengebracht. Was folgt daraus? Daß er nicht etwa bloß, wie Sie glauben, der Typus einer von Ihnen mißachteten Zeit war, sondern eine Individualität, ein warmherziger Mensch voll Schönheitsdurst. Und darum, schon dieser Sammlung bunter Glasscherben wegen, ›lobhudle‹ auch ich diesen Herzog Franz!«

Aber, wie gesagt, die Rede blieb ungesprochen. Wenn der Gelehrte und ich einander begegneten, so machte er mich auf ein Kuriosum haarsträubend falscher Bestimmung aufmerksam, und ich konnte ihm mit Gleichem dienen, denn um diese Böcke nicht zu merken, müßte man blind sein. Da gibt es einige gefälschte Albrecht Dürers, einschließlich seines Zeichens gefälscht; unter Schule Cranachs laufen Bilder, die schwerlich vor 1700 das Licht der Welt erblickten; da gibt es Breughels, die nicht von Breughel, Matthias Grünewalds, die weder von dem Colmarer Meister noch von einem seiner Zeitgenossen, Hans Holbeins, abermals mit Dürers Zeichen signiert, die weder von Holbein noch von Dürer sind usw. Auch die Namen der Porträtierten sind vielfach irrig angegeben, was, nebenbei bemerkt, den wackeren Lavater samt all seiner Physiognomik aufs Eis geführt hat. Teils aus innerem Drang – denn einige Dutzend Distichen täglich waren ihm Bedürfnis –, teils seinem erlauchten Freunde zu Ehren widmete er einer Reihe dieser Porträts physiognomische Charakteristiken in Versen; die Zettelchen in Lavaters eigensinniger Schrift hängen noch heute an den Rahmen. So auch zum Beispiel an Nr. 1512, Cranach des Älteren »Kurfürst Friedrich der Weise« – »Frommes, treues Gemüt, so derbdeutsch, fest und so mannhaft« usw. singt Lavater, gewiß im besten Glauben, daß er dies aus den Zügen des Porträts lese – und in Wahrheit las er's doch nur aus dem historischen Charakter des Beschützers der Reformation heraus! Denn das Bild stellt gar nicht diesen großen, sondern einen weit kleineren Wettiner dar, auf den all das wenig paßt…Ich erzähl's, weil der Lapsus lustig ist und bisher von niemand bemerkt wurde; arg ist's für Lavater nicht, und den meisten Beschauern kann's gleichgültig sein, welchen Wettiner, Askanier oder Oranier sie da vor sich haben. Aber störend sind die falschen Künstlernamen, für den Laien, weil sie ihn verwirren, für den Kunstfreund, weil sie ihn stören, und das Schlimmste ist die Unzahl schlechter Bilder. Kein Raum, der nicht auch erbärmliche Sudeleien enthielte; ärgerliche Kopien guter Werke, wertlose Pinselübungen obskurer Hofmaler, albernen Krimskrams aus weiß Gott welchen Trödelbuden. Man sage nicht, derlei komme auch anderwärts vor; es kommt heutzutage in diesem Grad nicht mehr vor; es ist die unharmonischste Sammlung, die ich je gesehen habe.

Wie sich dies erklärt? Nun, Herzog Franz war ein ehrlicher Kunstfreund, ein feiner Gartenkünstler, jedoch schon in der Beurteilung der Antike, trotz des engen Anschlusses an Winckelmann, nicht ganz sicher, und vollends nicht in der Malerei. Um gerecht zu sein, erwäge man aber, wie selten damals überhaupt solche Kennerschaft war, welches Tohuwabohu von Falsch und Echt, Gut und Schlecht bis tief ins 19. Jahrhundert hinein selbst in den berühmtesten Sammlungen zu finden war, wie jung überhaupt die Kunsthistorie als Wissenschaft ist. Nein, wir haben keinen Grund, über Herzog Franz und seinen getreuen Helfer A. von Rode zu lächeln; Hut ab vor ihnen trotz des falschen Holbein mit dem aufgeklecksten Dürer-Zeichen! Zudem zeigt der Herzog, in fast allem der treueste Sohn seiner Zeit, von ihr geformt, beschwingt und beschwert, auch den typischen Zug des Sammlers jener Tage: Die Kunst ist nicht Selbstzweck, sie »soll« auch immer was; auch jede Kunstsammlung soll daneben einen moralischen oder wissenschaftlichen Zweck erfüllen. Herzog Franz wollte im Gotischen Haus nebenbei auch eine große, möglichst lückenlose historische Porträtgalerie schaffen, und darum hing er neben seine Van Dyck und Frans Hals auch einen anonymen, unglaublichen Rudolf von Habsburg, sogar samt Frau Gemahlin und Fräulein Tochter. Irrtümer, Geschmacklosigkeiten, ja, aber solche der Zeit, und – nur eben die Größten abgerechnet – stecken wir ja alle in unserer Zeit, wie etwa in unserer Haut, und können nicht aus ihr heraus…

Aber auch für das Allerschlimmste, was heute im Genuß dieser Schätze behindert, soll nicht »der würdigste aller Fürsten«, wie Winckelmann den Herzog genannt hat, verantwortlich gemacht sein. Das Gotische Haus taugt zur Bildergalerie wie ein Stall zum Speisesaal. Von außen ein häßlicher Bau von drollig wirkender Unregelmäßigkeit, ist es im Innern ein Gewirre mittlerer und winziger Stuben, in denen man wenig, enger Gänge und winkliger Kammern, in denen man überhaupt nichts sieht. Ursprünglich als Gärtnerswohnung erbaut, wurde es vom Herzog dann zu seinem Sommersitz erwählt und notdürftig durch Zubauten erweitert; hier, wo der schlichte, für seine Person rührend bedürfnislose Mann selbst am liebsten verweilte, vereinigte er darum auch seine geliebten Bilder und Nippes, Waffen und Glasmalereien, so viele ihrer irgend Platz hatten oder in Wahrheit weit mehr: es ist alles übereinander gehäuft, zuweilen so, daß ein Stück das andere ganz deckt, und da für bequeme Möbel kein Raum blieb, so behalf er sich eben mit dem dürftigsten Hausrat. Es muß ein unbehagliches Hausen in den engen, überstopften Räumen gewesen sein; ihm genügte es; nicht sich selber, nur seinen Kunstschätzen wünschte er ein würdiges Heim. Dem aber standen seine beschränkten Mittel entgegen; die Steuerkraft des damals winzigen Ländchens war noch gering und wurde zudem von ihm, der noch heute nicht umsonst von Bauer und Handwerksmann »Vater Franz« genannt wird, gewissenhaft geschont – und das, was er hatte, zu wie vielem mußte es reichen! Vom Philanthropin und der Bibliothek der Gelehrten abgesehen – auch die Chalkographische Gesellschaft zu Dessau, die erste würdige Kunstanstalt Deutschlands, »vergeudete« anscheinend vergeblich, in Wahrheit zu hundertfachem Nutzen für die Nachstrebenden, sein Kapital in einer nüchternen, für künstlerische Reproduktionen noch nicht reifen Zeit. Dazu die Unterstützungen für Dichter, Künstler und Gelehrte. Aber die größten Summen verschlang Wörlitz. Wenn er erst damit fertig sei, hoffte dieser rastlose »ewige Jüngling«, dann wollte er ein Museum bauen, aber mit dem bißchen Lebenskraft wird man immer früher fertig als mit derlei Aufgaben; als er am Vortag seines 77. Geburtstages starb, tröstete ihn nur das Vertrauen in die Pietät, den wachsenden Reichtum seiner Nachkommen. Nun, sie sind sehr reich, aber was am 9. August 1817 an den Wörlitzer Bauten und Anlagen unvollendet war, ist es noch heute, und das mag hingehen; daß jedoch das nun unbewohnte Gotische Haus noch immer als Museum dient, ist ein – hm, sagen wir eine unerfreuliche Erscheinung.

So tappten wir beiden Besucher zunächst hilflos durch das Dämmer dieser dunkelsten aller Bildergalerien, die sich in unserem irdischen Jammertal finden, und erheiternd waren in den ersten Minuten nur die kunsthistorischen Exkurse unserer Führerin. Nun ja, man lacht über derlei Dinge, aber recht ist's doch eigentlich nicht. Diese Führerin war ein nettes, braunäugiges Ding, das trotz seiner siebzehn Jahre bereits ein herzoglich anhaltinisches Hofamt bekleidete: Stellvertreterin des Fräulein Kastellanin. So stellte sie sich uns würdevoll vor und begann dann: »Nummer 1116. Dieses ist ein Stück von einem holländischen Gonservatorium.« Nun unterhielten sich auf dem Bild, soweit ich's im Zwielicht unterscheiden konnte, wirklich nur einige wenige Damen und Herren; ein ganzes Konservatorium schien es also tatsächlich nicht zu sein, gleichwohl kam mir die Erklärung so dunkel vor wie das Zimmer, und ich fragte. Aber sie wiederholte nur das bereits Gesagte und fügte treuherzig bei: »So sagt's auch das Fräulein Kastellanin, also ist es richtig.« Es war aber doch nur annähernd richtig, denn als ich dann im Büchlein von Hosäus das dürftige Kataloglein durchsah, fand ich dort gedruckt: »Nr. 1116. Holländisches Konversationsstück.« Dann weiter: »Nummer 1172. Dieses ist ein Pariser Fräulein und schreibt sich Matzareng. Sie ist eine Tochter vom Herrn Gardinal Matzareng.« Daß die pikante Schönheit mit dem unfranzösischen Namen und der bedenklichen Herkunft leider längst tot, und zwar eine Schönheit des 17. Jahrhunderts war, lehrte ein Blick auf ihre Toilette; auch hieß sie, wenn man ihren Namen aus dem Wörlitzer Französisch übersetzt, Mazarin, zudem war mir ja nicht unbekannt, welch skrupelloser Herr der Minister Ludwig XIV. selbst Königinnen, geschweige denn anderen Frauen gegenüber war, gleichwohl erschien mir eine so offizielle Frivolität unglaubwürdig, und ich fragte: »Fräulein, wissen Sie, was ein Kardinal ist?« – »Aber ja!« erwiderte sie triumphierend, »aus was die Gadholischen manichmal 'nen Babsten machen!« – »Stimmt! Aber die dürfen ja nicht heiraten!« Die liebe Unschuld wurde blutrot. »Aber Fräulein weiß ja alles!« Nun, das eine doch nicht genau; es ist die Nichte Mazarins, die schöne Maria Mancini…Bei einem dritten Bilde sollte sich uns vollends Schreckliches, und zwar aus dem dessauischen Hofleben, enthüllen. »Nummer 1178. Diese ist die allerscheenste Kabriele, welche der kute Heinrich mit dem Hühnchen im Döppchen dem Fürsten Joachim Ernst geschenkt hat. Wie er dies gedhan hat, war früher in einem Freßgoh an der Decke im Monument zu sehen, aber die Nässe hat leider dieses Freßgoh verdorben.« Nicht leider, sondern gottlob! dachte ich in ehrlicher, sittlicher Entrüstung, aber die Sache ist in Wahrheit gar nicht so schlimm. Es ist das Porträt der Gabrièle d'Estrées, der blonden, schönen Picarde, die der »kute Heinrich mit dem Hühnchen im Döppchen« (denn Heinrich IV. wird ja allerdings wohl selbst gehabt haben, was er jedem Franzosen wünschte) so sehr geliebt hat. Dieses Porträt nun soll er nach einer Sage dem greisen Fürsten Joachim Ernst bei einer persönlichen Begegnung als Beweis seiner Huld geschenkt haben, und wie sehr sich die Dessauer Fürsten dadurch geehrt fühlten, erweist, daß noch der Schöpfer von Wörlitz den Schenkungsakt einer Verewigung am Gewölbe des Monuments, eines kuriosen Baues, würdig hielt. Aber die Nässe hat das »Freßgoh« und die trockene Kritik die Sage beseitigt – nein, die Dessauer Fürsten waren im 16. Jahrhundert noch nicht so mächtig, als daß sie ein König von Frankreich des Bildes einer seiner Mätressen gewürdigt hätte, sondern ein Oranier genoß dies stolze Glück, und als sein Geschenk kam das Porträt hierher... Es ist sehr oft reproduziert. Aber seinem Kunstwert dankt es seinen Ruf nicht, sondern der Schönheit des Originals. Daß das Porträt von dem sinnlichen Zauber des berückenden, dann so jung dahingeschiedenen Weibes eine Ahnung gibt, ist schließlich kein Verdienst des Künstlers, das hätte vielleicht selbst ein Stümper erreicht, wenn ihm das Glück zugefallen wäre, die »heißeste der Blondinen« malen zu dürfen...

Als ich das Turmzimmer verlassen wollte, wo »das Fräulein Matzareng« und die »allerscheen-ste Kabriele« hängen, um in den Gang nach dem Rittersaal einzubiegen, trat mir das junge Mäd-chen mit flammenden Wangen in den Weg. »Lieber Herr«, bat sie, »nun müssen Sie warten; das Fräulein Kastellanin ist zum Kaffee bei der Frau Hofgärtnerin; ich habe gleich um sie geschickt; sie muß jeden Augenblick zurück sein. Denn ich habe ja erst seit drei Wochen diese Stellung, und jede Woche kann ich nur ein Zimmer lernen, das sind ja schrecklich schwere Sachen! – und mit den drei Zimmern, die ich schon kann, sind wir fertig.« Gottlob, dachte ich; laut aber tröstete ich das gute Mädchen, ich würde mir schon selbst weiterhelfen. Und da in diesem Gang die prächtigen Seestücke hängen, von denen ich bereits erzählt habe, so ging's mir zunächst sehr gut. Aber schon im Schlafzimmer des Herzogs Franz kam eine stattliche Dame hereingerauscht, das Fräulein Kastellanin. Ich bat sie, die Störung zu entschuldigen, was sie hoheitsvoll, aber mild mit einem Lächeln der Entsagung abwehrte: »Bitte, wenn Sie schon hier sind – was fingen Sie sonst mit den Bildern an! Ich wäre schon früher dagewesen, aber Minchen bei Hofgärtners hat's nicht gleich gemeldet.« Und dann begann sie: »Nummer 1309. Dieses Bild ist von dem oft sehr trefflichen und manchmal ganz unbefangenen Kaspar Netscher. Es stellt, wie Sie sehen, einen jungen Menschen mit Locken vor, aber es ist deshalb doch nicht gewiß, daß es ein englischer Prinz ist.« Dies Wissen, diese Würde... unwillkürlich mußte ich an meinen Gönner denken, den Herrn Kastellan des Zerbster Schlosses, den Mann mit dem rosa Giftkleid und dem Leibspruch: »Dieses ist aufgeschrieben«... »Fräulein Kastellanin«, sagte ich anerkennend, »was Sie da gesagt haben, ist nur zu wahr. Auch ich habe schon junge Menschen gekannt, die Locken trugen und doch keine englischen Prinzen waren, im Gegenteil! Aber wo haben Sie die schönen Worte über Kaspar Netscher her?« – »Dieses ist aufgeschrieben«, erwiderte sie, und wie dies Zauber-wort erklang, da hätte ich ernsthafter Mann in den leidigen »besten Jahren« fast vor Freude einen Luftsprung gemacht. Übrigens glaubt meine hoffende Seele, wenn sie die innere Stimme nicht trügt, zu wissen, wo es »aufgeschrieben« ist – o Lübkes »Grundriß«, du kunsthistorisches Evangelium meiner hilflosen Jugend, so lebst du wenigstens noch hier in alter Schönheit und Tiefsinnigkeit fort!... Nachdem ich noch einige ähnliche Beschreibungen genossen hatte, wollte ich in meiner Menschenfreundlichkeit auch meinem Gefährten etwas davon gönnen. »Fräulein Kastellanin«, sagte ich, »drüben ist noch ein Herr, der bestimmte Porträts sucht, der wird Sie nötig haben.« Sie stürzte ab, und ich hatte Muße, mir andächtig das schöne Triptychon Lucas Cranach des Älteren zu besehen, vielleicht dasjenige Werk des Meisters, in dem ihn sein Streben nach charakteristischer Kraft am wenigsten zum Häßlichen geführt hat. Aber noch stand ich vor diesem Bilde, als sie wiederkam: »Der Herr läßt Sie grüßen; er verzichtet zu Ihren Gunsten.« Da ergab ich mich in mein Schicksal; bei meinem heutigen Besuch hatte ich den Hosäus mit, und so genügte auf meine Bitte die stumme Begleitung der Stellvertreterin; vorgestern aber be-kam ich noch viel Schönes mitgeteilt. So gleich vor dem Bilde, wo sie mich wieder ereilt hatte.

»Wissen Sie auch, was das Bild vorstellt?« fragte sie. »Ich glaube ja!«, und ich benannte einige Heiligen und die Kurfürsten. Sie nickte, fragte dann aber streng: »Und wie heißt es?« Ich sah sie fragend an. »Dribbdichohn () heißt es!« rief sie triumphierend. »Warum?« – »Weil es so heißt! Dieses ist aufgeschrieben!« Ich gestehe, ich habe von da ab der Trefflichen nur noch halben Ohrs gelauscht; mir drängte sich ein Gedanke auf, dem ich nachhängen mußte, ein humaner Gedanke, aus der Fürsorge für die kommenden Geschlechter geboren. Diese stattliche Dame ist noch Fräulein, dachte ich; wenn der Herr Kastellan in Zerbst noch Junggeselle wäre, wenn sich diese beiden Menschen voll Wissen und Würde und Respekt vor dem Aufgeschriebenen zum Ehebunde zusammenfänden, welches Geschlecht unvergleichlicher Cicerones könnte dann in zwanzig, dreißig Jahren die anhaltischen Kunstsammlungen ins rechte Licht setzen!... Ja, lustig wär's, aber auch vorgestern schon war's im Gotischen Haus lustig genug, auf die Dauer zu lustig. Nur einige Minuten ertrug ich's noch, an einer Stätte über Kleinstes lächeln zu müssen, die ich aufgesucht hatte, mich andächtig dem Großen zu beugen, dann entfloh ich ins Freie.

Die wenigen Minuten, die ich vorgestern allein in der Umgebung des Gotischen Hauses verbrachte, waren so still und schön, wie ich sie von diesem verhasteten Tag nimmer erwartet hätte. Was ich sah, war so lieblich und hell – ich glaubte damals, ein Zufall habe mich mitten in den schönsten Teil des Parks geführt; seit heute weiß ich, daß Schochs Garten, zu dem diese Insel gehört, nur ebenso hübsch ist wie hier alles. Ich ging zunächst der Sonne nach, durch prächtige Wiesen, wie ich sie so smaragden kaum je habe schimmern sehen, an einzelnen hochstämmigen Bäumen vorbei; überall Luft, Licht, scheinbar endlose Weite: hier der breite Seespiegel, dort eine schräg zurückfliegende Laubwand, die wieder den Blick auf große Wiesen öffnet, der Pfad in mächtigem, nach der Hogarthschen Linie gezogenem Bogen – ein echt englisches Parkbild. Aber nun tritt der Pfad in dichtes Gehölz, und wie er ihn schon nach wenigen Sekunden verläßt, ist dem Blicke ein anderes, grundverschiedenes Bild gebreitet, um das trotz seines Ernstes ein Hauch des Südens weht: dicht am Seeufer eine Gruppe prächtiger Zypressen und Platanen, in ihrem Schatten eine graue, halbrunde Steingrotte, rechts und links der breite Seespiegel. Ich will zugeben, als ich näher kam, schwächte sich der Eindruck; nur die Bäume wirkten herrlich wie zuvor (schönere orientalische Platanen erinnere ich mich kaum gesehen zu haben), aber das Grottchen – das Nymphäum – etwas kindlich; nun, war's kein Bild vom italischen Strand mehr, so doch noch immer ein lebendig gewordenes Kupfer zu Wielands Werken um 1780, und auch das sieht man gern einmal greifbar vor sich... Dann wieder der Ausblick auf die weite Wiese, eine andere dünne, dichte Gehölzwand und abermals ein ähnliches Bild, diesmal von Anbeginn nichts mehr als ein solches altes sauberes Kupfer, aber trotzdem aus der Ferne nett: der Dianenhain mit einer Statue aus Sandstein, vermutlich die Göttin; ich weiß es nicht, denn im Hain hörte eben ein Trupp Reisender den mythologischen Exkurs eines Wörlitzer Fremdenführers an, und ich entfloh. Stimmung ist ein Schmetterling, man muß ihn vor plumpen Händen schützen, sonst wird er zum zerdrückten Insekt, häßlich für uns und andere... Ich ging wieder dem Gotischen Hause zu, an einem Altärchen vorbei, auf dem die Worte stehen: *»Wanderer achte Natur und Kunst und schone ihre Werke«* – wieder ein hübsches Bildchen, eine Titelvignette, auf meiner Ausgabe von Heinses »Ardinghello oder die glückseligen Inseln« ist eine ähnliche zu finden. Endlich dicht am Hause abermals ein solches in sich geschlossenes Bild, das aber mehr ist als hübsch; es ist wirklich Stimmung darin, sanfte, elegische Stimmung; wer das komponiert hat, war ein Künstler, mit dem Zöpflein im Nacken – gewiß, aber ein Künstler; schöne Zedern und Zirbeln, hinter denen dunkle gewaltige Hemlockstannen aufragen, umgeben eine Grabstätte; über dem Eingang die Inschrift: *»Seiner Hände Fleiß verschönerte diese Gefilde, / Sanft walle dort sein Geist wie hier dieses Gebüsch.«*... Auch die Inschrift schmiegt sich dem Ganzen an, alles klingt hier in einen Ton zusammen, eine feine, wehmütige, verzitternde Melodie..., und der liebe Schmetterling umgaukelte mein Haupt und ließ seine Flügel farbig vor meinen Augen leuchten... Da klang eine nervöse Stimme in mein Ohr: »Wissen Sie, wer hier begraben liegt? Herr Schoch samt Familie, der Hofgärtner. Ja, ja, Serenissimus wußte alles, sogar daß die Alten ihre Lieblingssklaven zuweilen in der Nähe ihrer eigenen Wohnstätten begruben, war ihm nicht unbekannt!«... Nun ja, man kann es auch so ansehen, aber der arme Schmetterling war für heute tot, ganz tot, und es war gleich gültig, ob ich mit dem Gelehrten nun zum Bahnhof mitfuhr oder nicht. Und so half ich ihm Friedchen aus sanftem, süßem, auf zwanzig Schritte Entfernung hörbarem Schlummer aufrütteln, und der Kahn stieß vom Lande.

Über den Weg ergab sich zwischen der Holden und dem Gelehrten ein Disput; »der Zug geht oft schon vor sechs«, warnte sie und wollte direkt zur Landestelle; er aber, der mit Recht an diese unerhörte Besonderheit der Wörlitzer Bahn schwerer glauben konnte als an die von Brehm bekundete Bequemlichkeit aller Nilpferde, bestand darauf, daß sie mindestens Schochs Garten umkreise, »denn«, erklärte er mir sehr liebenswürdig, »Sie sollen doch noch etwas von Wörlitz sehen«. Aber ich sah so nicht viel, und an das wenige hing er doch nur immer einen Witz, weil er nicht anders konnte. Zudem rückte der Uhrzeiger bedenklich vorwärts, und Friedchen nahm die Mahnung zu größerer Eile ungnädig auf. »Mein kuder Här«, sagte Sie, »so dicke ich bin, so flinke bin ich, und 'ne faule Liese, wie sie der kottseeliche Här drüben zur Straf hat aushaun lassen, bin ich nich!« Sie deutete auf eine Grotte, die einen Augenblick links über der Seefläche sichtbar wurde; aus dem Plan der Gärten konnte ich erkennen, daß es die Grotte der Egeria war. »Das war aber eine Art Göttin«, sagte ich, »und keine ›faule Liese‹.« – »Ja, for die Fremden!« erwiderte Friedchen überlegen. »Da war sie nämlich zu des kottseelichen Härn Lebzeiten hier in Wörlitz 'ne Liese, soweit 'n hübsches Mächen, aber faul und auch sonsten – na, Sie wissen schon! Und da ließ der Här diese faule Liese halb nackig und liegend als Ekeria in Stein machen, weil die auch so 'ne Person war!« – »Die Egeria?!« – »Na freulich! Bei Dache dhat sie nischt, und nachts gab sie 'nem jungen Windbeutel vom Hof beese Ratschläge, zum Beispiel wie er die Leute anpumpen sollte, und davon hieß er Pumpilius...« Der Kahn kam in bedenkliches Schwanken...

Aber diese Probe, wie sich das Volk in Wörlitz seine Denkmäler und die Mythologie menschlich nahe, sehr nahe bringt, sollte leider nicht das letzte sein, was ich aus Friedchens Munde hörte, sondern etwas Furchtbares – oh, hätt ich es nie vernommen...Man erinnert sich meiner Wandnachbarn im Dessauer Hotel am Bahnhof, und wie Fritz in Wörlitz die Schifferin in die Wade zwickte und dann noch seine arme Clara durch den vielleicht begründeten, aber jedenfalls höchst unzarten Vorwurf der Wadenlosigkeit kränkte. Nun denn, die Schifferin war Friedchen – man glaube es mir, so was ersinnt keine Phantasie. Denn als der Gelehrte nochmals, die Uhr in der Hand, zur Eile drängte, da sagte Friedchen: »Na, sonst sind die Herrschaften kottlob besser mit mich zufrieden. Kestern fuhr ich 'n Ehepaar, da sagte der Herr: ›Fahren Sie sachte, liebes Friedchen, strengen Sie sich nich so an‹, und die Frau, 'ne Hopfenstange, ärgerte sich...« Fritz, du hast die Grenzen der Menschheit überschritten, und wenn dich zur Vergeltung das Härteste träfe, ja, wenn Friedchen dein Werben erhören würde, selbst diese Strafe wäre nur gerecht.

Als wir die Landestelle erreichten, fehlten nur noch wenige Minuten auf sechs. »Wir müssen laufen«, sagte der Gelehrte, aber da traf er auf einen der wenigen starren Grundsätze meiner sonst lenksamen Natur: ich laufe niemals. So machte er sich allein auf den Weg; »kommen Sie nach!« rief er, »ich halte so lange den Zug zurück!« Und noch eh er weit um eine Ecke verschwand: »Verlassen Sie sich darauf!« Als ich diese Ecke erreichte, da verzitterten gerade die sechs Schläge vom schlanken Wörlitzer Kirchturm in der heißen, schweren Luft. Nun dampft er ab! dachte ich und ging gemächlich weiter. Aber als ich wieder um eine Ecke bog und nun den Bahnhof sah, stand der Zug noch da. Und wieder nach einigen Minuten konnte ich unterscheiden, wie der Stationschef und der Gelehrte vor dem Bahnhof standen und mir heftig mit ihren vier Armen telegraphierten. Da tat auch ich ein übriges und ging etwas rascher. Zehn Minuten nach sechs war ich im Coupé, und der Zug ging ab. »Wie haben Sie das angefangen?« rief ich. »Mein Geheimnis!« lachte der Gelehrte, und ich hab's wirklich nicht erfahren. Ich weiß nur: als ich gestern abend hier ankam, grüßten mich die Bahnbeamten so rätselhaft, respektvoll, daß mich's wonneheiß überlief: Am Ende halten sie dich für einen Kommissionsrat, wie hierzulande so viele Lotteriekollekteure betitelt sind!

Auf der Rückfahrt, bei kühleren Lüften und im Rot der sinkenden Sonne, sah die bescheidene Landschaft hübscher aus als auf dem Hinweg, aber sicherlich nicht deshalb waren alle Gesichter in dem überfüllten Coupé heiter, und das fröhliche Gesumme wollte nicht verstummen;

das war der Nachklang von Wörlitz. Auch heute fiel's mir im Park auf, und meine Dessauer Bekannten sagen, das sei immer so. Kein Wunder, zu allem übrigen ist Wörlitz auch sehr amüsant, und jeder Geschmack, vom feinsten bis zum leutseligsten, findet dort seine Rechnung... Nur ein Antlitz war düster, und vielleicht fiel's mir zunächst nur des Gegensatzes wegen auf, dann aber bannte mir auch die Schönheit der Züge und eine Ähnlichkeit den Blick. Eine liebe junge Frau in tiefster Trauer, blond und der Gabrièle d'Estrées ähnlich, soweit ein keusches, ins tiefste Herz getroffenes Weib überhaupt an eine lachende Buhlerin erinnern kann. Ihr Gatte, ein schneidiger Herr mit kühnem Haby-Schnurrbart, sprach unablässig von all den heitern Sächelchen von Wörlitz; sie nickte zuweilen, so, um seinen guten Willen zu ehren, aber die tiefen Winkel des rührend blassen Mündchens hoben sich nicht, und der Blick blieb starr. Solche Trauer erfüllt ein so junges Weib nur um einen Verlust. Er erzählte von Interlaken, wo sie übermorgen sein würden, und dann könne sie nach Luzern, an den Genfer See, wohin sie wolle... Mann, dachte ich, du meinst's ja gut. Aber sieh doch ein, wie vergeblich jetzt noch das alles ist. Und liefest du mit deinem armen jungen Weib die Welt zu Ende und zeigtest ihr alle irdischen Paradiese, vor ihrem Blick steht doch immer nur ein einziges Stücklein Erde: das kleine Grab auf dem Friedhof der Weltstadt, wo ihr einziges Kind so ganz allein schläft...

Des Abends saßen der Kunsthistoriker und ich noch ein halbes Stündchen im Garten des »Goldenen Beutel« beisammen... »Magdeburg, Halberstadt bis Halle«, entwickelte er sein morgiges Programm. »Und Sie?« Ich wolle in Dessau bleiben, sagte ich, die Sammlungen ansehen. »Und übermorgen wieder nach Wörlitz!« meinte er lächelnd. »Ich hab's Ihren Augen angesehen, der selige Schoch hat's Ihnen angetan. Jedoch ich warne Sie: alte Kunst ist ewig jung; Claude Lorrain, Ruisdael, aber veraltete Natur – brr! Diese strotzenden Bäume sind dennoch tot, auf diesem grünen Rasen liegt Staub. Und schreiben können Sie ohnehin nichts darüber! Glauben Sie, es ist Zufall, daß man nie was über Wörlitz liest? Es würde die Leute nur langweilen...« Und fort war er, zum Zug nach Magdeburg. Ich aber blieb noch lange, sehr lange allein sitzen, und während ich immer noch eins trank unter den kühlen, rauschenden Bäumen, versank ich in tiefes Grübeln über ihn, über Wörlitz und über mich. »Sieh«, sagt ich zu mir, »dieser Mann hat ja nur für sein Teil recht. Wie der Schnecke ihr Haus, ist ihm ein Automobil neuester Konstruktion angewachsen, in dem muß er nun dahinsausen. Im Automobil kommt man auf seltsam verschnörkelten Wegen schlecht fort, und den stillen Hainen, dem feinen Muschelkies der Pfade tut wieder das Automobil weh. Dir aber ist – leider oder gottlob, aber so ist's – nichts dergleichen angewachsen, nicht einmal ein hohes Roß unter dem Gesäß; du bist von Natur ein bedächtiger Fußgänger; vielleicht verträgst du dich mit Wörlitz besser. Vielleicht – schon in den wenigen Minuten, da du es heute mit sehnender Seele belauschtest, kam dir flüsternde Antwort. Versuch's also, aber dann auch recht. Wer um das Tiefste eines Kunstwerks wirbt, um seine Seele, darf nichts wollen als dies und an nichts anderes denken, nicht an sich selbst und noch weniger an den Fahrplan und am wenigsten, ob sich dann ein Aufsatz daraus machen läßt. Und um ein Kunstwerk handelt sich's hier; das weißt du schon, oder richtiger, um eine ganze Galerie von Landschaften desselben Künstlers. Denn was die ›alte Kunst‹ und die ›veraltete Natur‹ betrifft, so darf dir dies schon jetzt nach dem wenigen, was du in Wörlitz gesehen hast, mehr als ein Schlagwort der Automobilästhetik, von der heute die Welt voll ist, denn als eine Wahrheit erscheinen – aber du wirst ja mehr, wirst alles sehen... Bis dahin aber glaube dir, daß auch hier ein Künstler zu dir reden wird, und bereite dich vor, ihn mit Andacht und Verständnis anzuhören.« Wenn ich einem Dichter gegenüber in gleicher Lage bin, wenn ich einzelnes von ihm mit innerer Teilnahme gelesen habe und nun nach seiner Gesamtausgabe greifen will, so suche ich immer vorher einiges über sein Leben zu erfahren, über die Einflüsse, die ihn erhoben oder hinabzogen. Nie hat mir dies die Unbefangenheit des Genießens behindert; im Gegenteil, vieles ist mir erst dadurch ganz aufgegangen. Nur das Gewordene gilt, das Werk, wie es ist, entscheidet, aber kann man ahnen, wie es wurde, so geht's einen näher an. Und darum beschloß ich, es mit diesem fürstlichen Gartenkünstler ebenso zu halten.

Dies habe ich denn auch getan, so gut es gehen wollte. Auf der Dessauer Bibliothek ließ ich mir gestern vormittags einiges über Wörlitz und seinen Schöpfer geben; viel Treffliches war nicht darunter. Denn so unglaublich es klingen mag, eine ordentliche Biographie des Herzogs Franz haben seine Nachfolger bis heute nicht veranlaßt; ein in seiner Art wirklich einzig dastehender Fall... Donnerwetter, dafür wäre ja, da es sich um einen so würdigen und dabei höchst interessanten Fürsten handelt, ein bedeutender Historiker auch ohne Subvention zu gewinnen, es würde also nicht einmal etwas kosten, nur denken müßte man daran... Auch die Literatur über Wörlitz scheint mir nach flüchtiger Durchsicht qualitativ nicht reich. Nun, ich suchte nur Tatsachen, überschlug absichtlich die Urteile; was ich brauchte, fand ich notdürftig in der Schrift von Propst Reil über den Herzog (1845), von Rode über Wörlitz (1818). Gestern abend aber fuhr ich mit dem letzten Zuge von Dessau hierher, übernachtete hier und war heute von der roten Frühe bis zum letzten Tagesschimmer in den Gärten – die Mahlzeiten natürlich abgerechnet, denn ich habe ja keine Spezialmission.

Und das will ich auch gleich im Ernst wiederholt haben. Dieser Aufsatz soll keine Lücke in der Literatur unserer Tage ausfüllen. Diese Lücke besteht freilich; es ist wirklich ein Rätsel, warum wir heute über entlegene Täler Norwegens mehr hören als über diese in ihrer Art einzige Schöpfung von höchstem kulturgeschichtlichen und hohem künstlerischen Wert. Aber dazu würde die erschöpfende, systematische Arbeit eines Kultur-, eines Kunsthistorikers und eines Botanikers gehören; die Mitwirkung eines Literarhistorikers, eines Archäologen und eines Ethnographen wäre zudem auch fast unentbehrlich. Denn dies Wörlitz mit seinen vier Gärten, seinen sieben gewaltigen Kunst- und wissenschaftlichen Sammlungen ist ja eine Welt für sich, ist ja tatsächlich das Spiegelbild, der Inbegriff eines reichen, nach allen Richtungen tapfer ringenden oder doch rührend tastenden Jahrhunderts. Ich aber bin nur ein Schriftsteller, der nie vergißt, wie winzig klein der Kreis ist, innerhalb dessen er etwas weiß und kann, und wie ungeheuer groß alles andere. Und darum will dieser Aufsatz nichts sein als ein Spiegelbild meiner persönlichen Eindrücke an den beiden Tagen, aber wenn er nur ein Teilchen von der Erbauung, der Freude und dem Spaß widerspiegelt, die ich da hatte, so ist er doch in seiner Art, die keine Ansprüche erheben darf und keine erhebt, nicht ganz unberechtigt. Ich erzähle also von meinem zweiten Tage, wie ich's vom ersten getan habe.

Natürlich lag mir zunächst daran, mir die Pläne und den gestern zusammengerafften Notizenkram durch die Anschauung zu beleben, und so fuhr ich heute in aller Gottesfrühe in einem Wägelchen, das ich mir schon gestern abend bestellt hatte, rings um den Park. Dies schien mir zur Erreichung meiner Absicht ein angenehmes und zweckdienliches Mittel, aber ungewöhnlich war es wohl; das erkannte ich schon gestern abend an den verblüfften Mienen der Hotelleute; nun aber, bei der Ausfahrt, wurde ich wieder daran erinnert, wie Unerhörtes ich plante. Die von den Anlagen ausgefüllte Fläche hat die Form eines unregelmäßigen Vierecks; die längste, die Nordseite, wird durch den Elbdeich, die kürzeste, die Südseite, durch die Straßen von Wörlitz, die Westseite durch die Chaussee nach Coswig, die Ostseite durch eine von Wörlitz nach Gehöften der Elbauen auslaufende Feldstraße gebildet. Da nun die Gasthöfe im Süden liegen, so hielt ich's für gleich, ob wir nach Westen oder Osten ausfuhren, und befahl die Richtung nach Coswig. Der Kutscher, ein junger Mensch mit drolligen Pausbacken, glotzte mich aus seinen wasserblauen Augen sprachlos an. »Was ist's denn?« fragte ich. »Sollen wir lieber umgekehrt gegen Riesigk zu beginnen?« – »Nee!« – »Dann vorwärts!« Wir fuhren aus, am See entlang, über dem noch die dichten Nebel wogten, am Eisenhart vorbei, dessen verwitterndes Erz im Widerschein der roten Sonne magisch glühte, während die prächtigen Eichen- und Tulpenbäume des Neumarkischen Gartens wie in Flammen standen. Es war ein schönes Bild, und der Garten erschien in diesem Licht so fremdartig, daß ich, der ich ihn vorgestern nur bei Nachmittagssonne und von der Seeseite gesehen hatte, den Kutscher fragte, wie diese Partie heiße. Er wandte sich nach mir um, besah mich wieder nachdenklich eine lange Weile und sagte dann: »Der Neumärkische Garten.« (So sagen alle Wörlitzer, sogar die Pläne der Hotels haben diesen Umlaut.) »Woher kommt der Name?« fragte ich, obwohl ich's wußte. »Weil in die Neumark lauter solche Gärten sind!« Man sieht, die Wörlitzer überschätzen die Gartenkunst zwischen Friedeberg und Arnswalde und – ach, was ist der Ruhm! Neumark hieß ein Gärtner des Herzogs; der liebenswürdige Fürst ehrte ihn wie Schoch, indem er seinen Namen für ewige

Zeiten mit seiner Schöpfung verknüpfte. Indes, Neumark war nur ein Gärtner, aber in der nach Johann Gabriel Seidl genannten Seidlgasse zu Wien erhielt ich auf meine Frage die Antwort: »Weil ja da vier Wirtshäuser sind und also viele Seidel getrunken werden!«, und in der (übrigens damals noch unbebauten) Fontanestraße in Rixdorf erwiderte mir ein Arbeiter: »Weil hier mal 'ne Fontäne herkommen soll – 'n Springbrunnen«, half er meinen Sprachkenntnissen nach. »Aber«, fügte er bei, »bis die Rixdorfer was machen, kann man lang warten!«, und in diesem besonderen Falle hat er gewiß recht ... Aber ich habe ja noch zu erzählen, wie mich mein Kutscher ehrte. Als er mit dem heimlichen Kopfschütteln und Anschielen gar nicht enden wollte, zog ich eine Zigarre hervor. »Hier, Willem, aber nun ehrlich: was wundert Sie so an mir?« Er grinste verlegen. »Weil Sie so kutt deutsch räden, lieber Här, akk'rat wie ein Deutscher!« – »Aber ich bin ja kein Ausländer!« – »Im Gasthof sachten se: 'n Engländer!« Mir ging ein Licht auf. »Dort sagten sie wohl, ich müßte ein verdrehter Engländer sein, weil ich sonst nicht rings um die Gärten fahren wollte?« Er nickte. »'s dhut's ja ooch sonsten keener!«

Nun, verrückt komme ich mir selbst dieser Fahrt wegen auch jetzt nicht vor. Sie erfüllte meinen Zweck und war auch, so in der Frühe eines herrlichen Sommertags, an sich vergnüglich. Freilich, als wir die Westgrenze entlang, die schnurgerade Chaussee gegen die Coswiger Elbfähre zu trabten, war die nächste Umgebung nicht eben schön. Links Acker und Heide, aber auch auf der rechten, der Parkseite, große Getreidefelder. Da hatte ich gleich eine Probe von dem künstlerischen Grundsatz des Herzogs: den Park nirgendwo abzugrenzen, ihn möglichst zwanglos in die Umgebung verlaufen zu lassen, während sein Rivale Pückler-Muskau ebenso starr das Gegenteil durchführte. Als ich gestern Rodes Verteidigung des Wörlitzer Prinzips überflog, dachte ich, es komme doch wohl auf die Gegend an; in reizloser Landschaft ist der stark markierte Abschluß vorzuziehen, und nur in reizvoller, die das Material dazu bietet, der allmähliche Übergang in die freie Natur. Was ich vorgestern von der Umgebung von Wörlitz gesehen hatte, weckte mir die sehr naheliegende Befürchtung, daß hier ein an sich bestechendes ästhetisches Prinzip in der Ausführung gescheitert sei. Dies Getreidefeld sprach nicht dagegen, und ich habe den gleichen Eindruck auf der ganzen Rundfahrt gehabt: der Herzog hat auf die vorgeschobenen Büsche, Baumgruppen und umsäumten Sümpfe unendlich viel Kraft, Geld und Zeit gewendet und doch Hübsches nie, Passables selten und zumeist das Gegenteil seiner Absicht erreicht. Daß einige anders denken, kann mich, der ich immer nur meinen persönlichen Eindruck geben will, nicht hindern, dies zu sagen. Diese Vorposten scheinen mir wie Schönheitspflästerchen, und die heben nur ein hübsches Gesicht; ein unhübsches machen sie erst recht häßlich. Jedoch auch auf einen Grundzug der ganzen Anlage weist uns schon dies Detail hin: Herzog Franz war ein echter Künstler von nicht eben eng begrenztem Können, aber eigensinnig war er und hatte – wie die meisten Talente seiner Zeit auf allen Gebieten – viel zuviel Theorie im Leibe.

Freilich, in der roten Frühe ist selbst ein Getreidefeld schön, und vollends hoben an seiner Grenze die Pinien und Platanen in Schochs Garten ihre Wipfel wie Flammen in den Himmel; so rot war noch der Ton in den Lüften, daß das große rote Backsteinhaus, auf das wir zufuhren, wie gelb erschien. Es ist die Hofgärtnerei, und da die Gewächshäuser gerühmt werden, stieg ich ab, sie zu besichtigen. Aber im Hofe fand ich nur eine mürrische junge Magd, die Geschirr wusch, und die bedeutete mich, die Gehilfen seien schon weg, der Herr Hofgärtner noch nicht zu sprechen, auch würden die Treibhäuser nicht jedem gezeigt. So ging ich denn auf eigene Faust weiter, guckte durch die Glaswände und bedauerte, so wenig von Botanik zu wissen. Denn wohl hatte ich immerhin einige Freude, hier an stolz und kühn geschwungenen Blättern, dort an einer Blüte von seltsamer Farbenpracht, aber nur so ein bißchen Freude, rechten Genuß hat man nur von dem, was man versteht, wofür der Blick geschärft ist. Besser schon ging's mir zwischen den Blumenbeeten, da waren doch meist alte Bekannte beisammen, freilich im Feiertagsstaat, während man sie in den gewöhnlichen Gärten nur im Werktagskleid sieht; welch herrliche Rosen und Geranien, Lilien und Narzissen! Auch eine hübsche Spielerei ist da zu sehen: ein ganzes bunt schimmerndes, betäubend duftendes Blumentheaterchen. Mitten zwischen den heimischen Pflanzen stand eine Kaktee von unerhörter Seltsamkeit der Formen; ein alter Gärtnerknecht arbeitete dicht daneben, ich fragte ihn nach dem Namen der Fremden.

»Das kann ich Sie leider nicht sagen«, erwiderte der gute Alte, »aber«, fügte er wichtig bei, »sie hat 'nen lateinischen Namen, dadruff kännen Sie sich verlassen, lieber Här!« Ich zwang mich zu einer erstaunten Miene. »Warum einen lateinischen?« – »Weil sie doch«, erläuterte er, »aus Asien is, wo die Neger wohnen!« Nun wußte ich's und konnte weiter zum Floratempel gehen.

Das ist ein nettes, freundliches Tempelchen, wohl irgendeinem spätrömischen Vorbild und sicherlich en miniature nachgebildet; mit solchen Nippes gaben sich die Römer nicht ab. Indes, auch die Umgebung ist leidlich dazu abgetönt, und so gibt das Ganze wieder ein sauberes Kupfer, pseudoantik wie Wielands »Musarion«. Auch im Innern bin ich gewesen. Die untere Halle ist gähnend leer: der Herzog starb, eh er sie füllen und dekorieren konnte. Die obere Halle erreicht man auf einem künstlichen Felsenwege. Hu! welch schauerliche Felsen; ich hielt sie für Schweizerkäse, aber es sind wirklich Granitblöcke, die man in Fünfkilopaketen versenden könnte. Auch die fast lebensgroße »restaurierte« Statue der Flora, die in der Halle aufgestellt ist, zwingt uns ein Lächeln ab: ein Arm ist antik, alles andere neu, und weiß Gott, wozu dieser eine echte Arm gehörte... Wie erklärt sich diese arge Geschmacklosigkeit? Der Herzog sei, sagte ich schon, im Gefühl für die Antike trotz engen Anschlusses an Winckelmann nicht ganz sicher gewesen; daneben aber wurde ihm bei dieser wie einigen anderen, freilich nicht gleich argen »Restaurierungen«, denen wir im Schloß begegnen werden, gerade die Pietät für den großen Stendaler zum Unheil. Als Winckelmann 1768, von dem Bildhauer Cavaceppi begleitet, die Heimreise nach Deutschland antrat, war Wörlitz beider Hauptziel; in Wien kehrte Winckelmann bekanntlich in einem Anfall dunkler Schwermut um und endete dann in Triest durch das Messer eines Banditen; so kam Cavaceppi allein nach Wörlitz, vom Herzog als das lebendige Vermächtnis des über alles verehrten Freundes mit offenen Armen empfangen, durch größtes Vertrauen ausgezeichnet. Aber sei's nun, daß es Cavaceppi an künstlerischem Ernst oder dann, nach Winckelmanns Tode, an der Führung fehlte, er hat sich in Wörlitz durch sonderbare Denkmäler verewigt, unter denen diese »Flora« das sonderbarste ist... Da sind die Wandmalereien des Tempelchens noch vorzuziehen, ganz brave Arbeiten im Zopfstil. Das relativ Beste aber in dieser kleinsten der sieben Wörlitzer Sammlungen sind die Blumenstücke eines sonst kaum genannten Malers, Johann Drechsler.

Auf dem Rückweg zu meinem Wagen kam ich wieder an der Magd des Hofgärtners vorbei; träge und verdrossen spülte sie nun ein großes Kaffeeservice. Strafe muß sein, dachte ich, und trat auf sie zu. »Minchen«, sagte ich vorwurfsvoll, »vorgestern war der Kaffee bei der Frau Hofgärtnerin, und heute spülen Sie die Tassen! Minchen, das kann mir nicht gefallen!« Puterrot, mit weit aufgerissenen Augen und offenem Munde starrte das Mädchen den wildfremden Mann an, der ihren Namen und sogar ihre Sünden kannte. Noch als ich weiterfuhr, stand sie auf demselben Fleck... Ich fürchte, ich werde in Wörlitz nicht bloß als Kommissionsrat und als verrückter Engländer, sondern auch als Hexenmeister fortleben.

An der Stelle, wo die Coswiger Chaussee den Elbdeich durchschneidet, stieg ich aus, um den Deich, die Nordgrenze des Parks, zu begehen. Der mit schattigen Bäumen bepflanzte, mit allerlei hübschen oder doch amüsanten Bauten geschmückte Deich ist an sich ein angenehmer Spazierweg, aber das Beste daran ist die Galerie schöner, abwechselnd weiter und begrenzter und immer malerischer Bilder, die er bietet. Dies gilt von der Park-, also bei meinem Gang der rechten Seite; zur Linken sieht man freilich nur die sumpfigen Elbauen mit den »Schönheitspflästerchen«, aber darüber hinaus die dunklen Forste am linken Stromufer. Zur Rechten jedoch – da hat man wirklich immer, immer, bei jedem Schritt und Blick seine Freude: hier eine heitere, dort eine düstere, dort wieder eine mild-ernste Landschaft, oder hier ein kleiner See, dort nur ein gewundener Kanal, und zwischendurch immer lieber ganze Park und See, an einzelnen Punkten darüber hinaus ein weites Stück Ebene mit ihren Wäldern, Helden und Dörfern bis Oranienbaum hin. Überflüssig zu sagen, daß all diese Bilder und Bildchen Erzeugnisse der Kunst sind, und welcher fleißigen, mit unsäglicher Geduld und Hingebung geübten, mit Wissen und Erfahrung gepaarten Kunst! Natürlich dient dem Endzweck, dem Wanderer hier oben die da unten geformten Bilder so zu zeigen, wie sie am malerischsten wirken, jede Fußbreit des Deichs; kein Zoll seiner scheinbar willkürlichen Windungen, seiner Erhöhungen und Senkungen ist zufällig und absichtslos; auch jedes hohe Gebüsch an seinen Rändern, das die Aussicht ganz hemmt, jedes niedrigere, das sie nur unter Verdeckung des nächsten Vordergrundes gestattet, ja jeder einzelne Baum dient dem einen Zweck. Aber Hand in Hand mit dieser Nebenarbeit mußte ja die Hauptsache vollbracht werden: das Stellen und Formen der Bilder, und sie mußten ja auch jedes an sich, da unten besehen, schön sein.

Mit dem Gartenkünstler verglichen hat's jeder andere leicht; zwar nicht er allein gestaltet seine Werke aus lebendem Material, das zunächst den Gesetzen seiner eigenen Triebkraft folgen muß, das trifft auch vom Theaterregisseur zu – aber er allein kann nicht bloß während des Schaffens, sondern lange Jahre, nachdem er geschaffen, nur kraft seiner Phantasie, seines Wissens ahnen, wie sein Werk aussehen wird; zunächst sind ja die Bäume nur Setzlinge. Was alles muß er vorausberechnen: den Raum für jeden einzelnen Baum, die Höhe, die er erreichen, die Form, die er annehmen, die Farbenwirkung, die er erzielen wird – und jeder Baum ist ein lebendiges Wesen; der eine wächst so, der andere anders. Aber nun sind ja überall Gruppen zu pflanzen, zumeist Gruppen verschiedener Bäume; wie werden sich ihre Wurzeln unter der Erde miteinander vertragen, wie ihre Form, ihre Farbe, ihre Höhe über der Erde! Und wie eingeengt ist die künstlerische Freiheit seines Schaffens durch die Eigenart des Bodens und des Klimas und die tausend Zufälle, die den Untergang oder, was fast ebenso schlimm ist, das übermäßige Gedeihen eines Setzlings bewirken! Dazu zwei Besonderheiten von Wörlitz. Erstlich die starke Verwendung fremder, bis dahin in Europa oder doch auf dem Kontinent nicht kultivierter Baumarten (zum Beispiel von 117 Spezies Nadelhölzern etwa zwei Drittel fremde!); dies sichert den Gärten ihren breiten Platz in der Geschichte der Botanik, ihre ungemeine wirtschaftliche Bedeutung für die Entwickelung des Gartenbaus in Deutschland, aber auch die malerische Wirkung dieser Bilder, namentlich die überaus feine Nuancierung der Farben in Laub und Nadel, wird hauptsächlich dadurch bewirkt – und der Herzog konnte dies Material, als er es verwandte, nur aus Abbildungen kennen! Ferner aber: jeder Gartenkünstler, der über kupiertes Terrain verfügt oder sich ein solches künstlich schafft, strebt der doppelten Aufgabe nach, die einzelnen Teile an sich schön und von bestimmten Punkten schön zu gestalten, aber das sind dann eben einzelne Aussichtspunkte; hier ist's ein Aussichtsweg von zwei Kilometer Länge; das hat meines Wissens kein anderer versucht. Kurz, diese Bilder, nebenbei bemerkt wunderbar gepflegt und erhalten, sind zweifellos eine Lebensarbeit, und tatsächlich ist ein halbes Jahrhundert (1768- -1817) unausgesetzt daran geschaffen worden.

Aber sind sie auch Kunstwerke? Ich will die Frage, ob sie es sein können, nicht erst des weiteren erörtern, nicht weil mir die Theorie zu tief, sondern weil sie mir zu seicht ist. Sagt mir jemand: »Mir ist ein Wald lieber als ein Park«, so verstehe ich ihn und muß sogar wahrheitsgemäß antworten: »Mir auch!«, sagt er mir aber: »Kein Parkbild kann künstlerisch wirken, denn es ist stilisierte Natur«, so muß ich erwidern: »Liebster, dann negierst du alle Kunst, denn alle Kunst ist mehr oder minder stilisierte Natur. Dann mußt du dir auch deine Konzerte nur von den lieben Vögelein vorpfeifen, dein Theater von den Leuten um dich her vormachen lassen.« Widersinnig aber wäre auch der Grundsatz: unmoderne Landschaften auf Leinwand können Kunst und ewig jung, aber unmoderne Landschaften aus wirklichem Baum und Rasen müssen »veraltete Natur« sein!... Nur so also liegt hier die Frage: Sind diese Wörlitzer Bilder von künstlerischem Wert? Und ich antworte: Ja, meines Erachtens viele von ihnen, mehrere wieder nicht.

Mancherlei freilich wird man dabei berücksichtigen müssen. Vor allem das Allgemeine. Eine derartige plastische Landschaft wird nie so künstlerisch rein wirken wie die gemalte. Der Maler taucht seine Landschaft in ein bestimmtes Licht und malt den Himmel dazu; dem Gartenkünstler beschert das Wetter wechselvolle, auch ungünstige Beleuchtung. Der Maler kann störende Zufälligkeiten des Wachstums und der Farbe beseitigen, der Gartenkünstler nicht. Endlich aber: leicht ist für die Leinwand, schwer für das natürliche Parkbild der günstigste Standpunkt zu finden; der Gartenkünstler muß den Beschauer durch leise oder deutliche Winke auf diesen Punkt hinlenken. Nebenbei bemerkt, gerade in der Erfindung solcher leiser Mittel – scheinbar absichtslos verstreutes Buschwerk, eine auffallend geformte Baumgruppe, die das Auge bannen, eine zurückfliegende Laubwand, die es ins Weite verlocken soll usw. – war der Herzog bewunderungswürdig geschickt, und selbst gröbere Mittel, wie Ruhebänke, hat er angewendet, trotzdem kann der Beschauer oft nur suchend den richtigen Standpunkt finden.

Aber auch Besonderes ist hier zu erwägen, wenn man gerecht urteilen will. Das Terrain war für einen Park wenig geeignet. Auch mußte der Herzog sein eigener Pfadfinder sein; es gab, als er 1768 zu schaffen begann, noch keinen Park in Deutschland, dessen Schöpfer künstlerische Absichten verwirklicht hätte. Endlich aber: diese Bilder sind im Laufe eines halben Jahrhunderts entstanden, das Revolutionen im Gartenbau brachte, den Untergang des französischen, den Sieg des englischen Stils; einige hat ein ungestümer, schaffenskräftiger junger Mann ohne Erfahrung gestaltet, andere ein erfahrener Greis, dessen Schaffenskraft erlahmt war. Wie könnten sie gleichmäßig sein?

Auch wer dies alles nicht erwägt, wird schon auf dem Deichweg empfinden, daß hier ein Künstler zu ihm rede, aber selbst für den, der's voll anschlägt, bleibt noch genug des Rätselhaften übrig. Neben feinsten Bildern so viel Künstelei, ja kleinliche Tändelei! Was soll dies Kinderspielzeug von Felsen und Klippen? Und was selbst im Guten der Mangel an Maß? Die Natur darf alles; berauscht sie binnen einer Wegstunde unser Auge mit einer Welt voll wechselvoller Schönheit, so scheint's uns herrlich; die Häufung von Gartenbildern ermüdet; heute abend habe ich die Wörlitzer Rübenäcker gern angesehen; die waren wenigstens nicht malerisch...Woran fehlt es hier? An rechtem Einblick in das Wesen der Natur und dieser Kunst? Gewiß nicht! Ein besseres Programm hat nie ein Gartenkünstler aufgestellt, als das dieser Fürst aussprach: »Man soll die Natur in ihren idyllischen Bildungen nachahmen und sie sich zum Muster nehmen, wie sie die Wälder mit ihren stillen Schatten schafft, die Waldränder mit blühenden Gesträuchen ziert, ihre Bäume gruppiert, ihre Flächen und Wiesen in Blumenteppiche verwandelt und ihre Gewässer in Seen, Flüsse und Bäche verteilt.« Und diesen Worten entspricht ja auch zumeist die Tat! Fast überall im einzelnen, häufig in dem Gesamtbilde redliche, tiefe Ehrfurcht vor der Natur. Von »Daumschrauben« kann hier wahrlich keine Rede sein; die paar verschnittenen Taxushecken abgerechnet, die der Herzog zudem gar nicht schuf, sondern nur als Überbleibsel eines alten französischen Gartens beließ, ist nirgendwo auch nur ein Zweig verstümmelt; jeder Baum, jeder Strauch steht in dem Erdreich, in dem Licht, das für ihn am besten taugt. Und wenn Herzog Franz – um ein einziges, sein beliebtestes Kunstmittel zu nennen – den Kern einer Gruppe aus dunklen Farben und derben Formen gestaltet, gegen den Rand hin aber die Bäume immer feiner und heller wählt, so widerspricht dies der Natur nicht, es ist ihr vielmehr abgelauscht. Wie stimmen dazu die Felschen, die Effektchen, wie die Tempelchen und Ruinchen? Tribute an den Geschmack der Zeit? Ein wirklicher Künstler wird ihm sonst in solchem Maß nicht untertan. Hier muß, sagt man sich, noch ein anderes Element mitgewirkt haben, das die reine, künstlerische Intention immer wieder störend durchkreuzte.

Die Bauwerke am Deich steigern diesen Eindruck; keines wirkt künstlerisch, einige komisch, andere lassen kalt. So gleich die erste Anlage, auf die man von Westen her trifft, die Einsiedelei, ein Grottchen, ein paar dunkle Gängchen. Hier brachten sich noch Lavater und Matthisson in feierliche Stimmung; wir können es nicht mehr: »Einsamkeit und Stille führen zu Gott, wie einiges Unglück zum Guten führt« – die Inschrift am Rotundchen ist in ihrer nüchternen Bedächtigkeit für das Ganze bezeichnend: »einiges Unglück!« Als Elisa von der Recke, die eine recht schwatzhafte und zerfahrene Dame war, hier zu Besuch bei ihrer Freundin, der Herzogin Luise, verweilte, schickte sie der Herzog – »Wenn doch die gute Elisa einmal bei sich einkehren und stiller werden wollte!« klingt ein Stoßseufzer aus jener Zeit – oft zur Kur in die Einsiedelei; sie aber wandelte mit ihrem Tiedge lieber zum nahen Venustempel, was man ihr allerdings eigentlich nicht verübeln kann. Es ist eine offene Säulenhalle am Deich, die eine nun ganz kränklich aussehende Nachbildung der mediceischen Venus enthält. Dann folgen die Luisenklippen; sie sehen wie Morcheln aus, die eine Köchin phantastisch zerschnitten hat; eine Riesenköchin brauchte es nicht zu sein. Mit drei Schritten hatte ich die ganze schauerliche Romantik hinter mir, sah mir dann aber bald nicht ohne Bangen wieder ein Gebirge von etwa zehn Fuß Höhe entgegenwachsen. Doch erwies es sich, als ich davor stand, etwa doppelt so hoch: das Monument. *Meinen Vorfahren Franz* lautet die Inschrift. Eine aus Granitsteinen geformte

Höhle, durch Fenster in der Decke erleuchtet, enthält sie hübsche Hautreliefbüsten der Dessauer Fürsten, Vasen und Wandgemälde im pseudoantiken Stil. Daß die Nässe das »Freßgoh« an
der Decke, die Verschenkung der »allerscheensten Kabriele«, unkenntlich gemacht habe, konnte ich nun mit eigenen Augen sehen. Bedeutender ist der künstlerische Inhalt eines anderen
Baus am Deich, des Pantheon, eines Rundbaus mit Säulenhalle. Es enthält die vom Herzog in
Rom angekauften, durch Abgüsse und Abbildungen bekannten zehn Statuen: Apoll und die
neun Musen, Arbeiten der Antike, eine (Urania, Melpomene, Kalliope) sehr schön, alle sorg-
sam und geschickt restauriert; am Apoll freilich ist nur – ein Stück der Leier alt. Sammler von
heute werden mit Neid vernehmen, daß die zehn Statuen einschließlich der Restaurierung 1500
Scudi kosteten! Daneben andere spätrömische Büsten, zahllose Bruchstücke; es ist erstaunlich,
wieviel der Herzog auch davon zusammengebracht hat.

An der Stelle, wo sich Elbdeich und Feldstraße schneiden, erwartete mich mein Willem;
die Ostgrenze befuhr ich wieder. Abermals hübsche Veduten, aber bescheidener; viel Äcker,
mitten drin ein italienisches Bauernhaus – hier im Osten sollte der Übergang von der Horti- zur
Agrikultur verbildlicht werden, der Tod nahm dem greisen Schöpfer Setzling und Richtmaß aus
der Hand. Aber warum sollte auch nach seinem Plan der Westen reicher und farbiger sein als
der Osten, warum trifft dies auch bei den meisten anderen Städte- und Parkanlagen zu? Es
scheint ein Naturgesetz, aber ein Grund ist nicht zu ergrübeln...

Nun die Südgrenze, die armseligen Gäßchen von Wörlitz, und die Rundfahrt war beendet. Sie
hatte mir neben so vielem Schönen und Seltsamen ein Bild der Gestaltung, eine Ahnung vom
Wesen dieser Anlagen geboten, nebenbei auch die Frage beantwortet, warum sich ihr Umfang
so verblüffend verschieden angegeben findet, 15, 12, ja 8 Kilometer, eben je nachdem die Vorposten, die »Schönheitspflästerchen«, einbezogen werden oder nicht. Je nach dieser Auffassung
wird die Gesamtfläche größer geschätzt als die des Berliner Tiergartens oder gleich groß (250
Hektar) oder auch kleiner. Aber auf die mir unendlich wichtigere Frage: »Wie erklären sich die
ungeheuren Widersprüche im Geiste dieser Schöpfung?« hatte ich noch keine Antwort.

»Du mußt mehr, mußt alles sehen«, wiederholte ich mir und trat die Nachenfahrt an. Es
ist eine wahrhaft erquickliche Fahrt, namentlich wenn man, wie ich heute, von keinem Friedchen, sondern von einem rüstigen Ruderer geführt wird. Hier hat der überschwengliche Rode
recht: ein empfänglicher Mensch wird das nie vergessen. Das Seebecken durchschneidet die
Anlagen etwa in ihrer Mitte von Westen nach Osten; schmalere Arme gehen nach Süden und
Norden ab, zahlreiche Kanäle durchqueren alle Gärten. Schon ein Blick auf den Plan läßt den
dreifachen Zweck erkennen: die Landschaft zu beleben, die unzähligen Bauten leicht zugänglich
zu machen, die Gärten zu bewässern – wie trefflich dies alles erreicht ist, lehrt erst die Fahrt.
Nebenbei bemerkt, der See, ein abgedämmter Elbarm, hat wenig Zu- und Abfluß, doch hat
selbst an glühheißen Augusttagen kein anderer Sinn zu leiden, während das Auge schwelgt; es
ist also auch mit dem »Tümpel« nicht so schlimm. Und wie Schönes kann man da genießen!
Mit Überraschung wurde ich gewahr, daß dem Park mit einiger Mühe – man muß eben die
Absichten des Künstlers zu erraten suchen und den Ruderer ein wenig dirigieren – von der Seeseite weitaus die schönsten Bilder abzugewinnen sind, schönere als vom Deichweg, schönere
als ich vorgestern in Schochs Garten gesehen. Also auch dieser dritte Gesichtspunkt war bei
der Anlage maßgebend! Welche Mühe, welche Kunst, welche – Künstelei! Ja, auch dies mußte
ich mir zuweilen sagen, namentlich wenn der Nachen nah dem Lande war und die – ich finde kein anderes Wort – raffinierten Mittel zur Erzielung des Effekts deutlich zu erkennen, zu
zergliedern waren. Aber, mußte ich mir selbst vorhalten, ist das nicht ein Unrecht gegen den
Künstler? Bedarf nicht jedes Bild einer Perspektive? Freilich, der Natur darfst du dich straflos
nähern, sie bleibt immer einfach und groß und schön. Aber du bist ja in einem Park, genieße,
was er dir bieten kann. Und ich ließ den Nachen weiter vom Ufer halten. Da war wieder alles
schön, selbst die Bauten störten nicht mehr, und zuweilen erhöhten sie sogar den Reiz des Bildes.
So, als wir am heiter-stillen Schlößchen mit den korinthischen Säulen mitten im hellen Park
vorbeiglitten, während zur Linken die Halle des Pantheon grüßte und vor uns ein Grottenbau
mit weiß schimmernden Statuen der Flut entstieg – wie soll ich schildern, wie mir da zumut

war?! Kein Hauch der Antike mehr streifte meine Stirn, wie da ich vorgestern das Nymphäum zum ersten Mal erblickt; dazu hatte ich diese Tempelchen nun zu nahe gesehen, und ich träumte nicht mehr von Göttern und Hirten. Oder doch, aber anders, als da ich in Hellas wandeln durfte und am sizilischen Strand – so wie ich ihrer gedenke, wenn ich im Wieland lese. Sie sind's, und sie sind's wieder nicht, es ist alles fröhlicher Mummenschanz, das sind keine Götter, auch keine Griechen, sondern diesen klugen Männern fällt auf die Chlamys das gepuderte Zöpfchen im Nacken nieder, und aus dem Himation, in das sich diese anmutigen Frauen gehüllt, blickt ein pikantes Gesichtchen mit Schönheitspflästerchen und ein wenig Rouge auf den Wangen... Ja, dich grüße ich, du liebes, weises, graziöses Jahrhundert...

Lang blieb mir die seltsame Stimmung ungestört, denn erst am Nachmittag kommt der Menschenstrom aus Dessau; auf dem See, in den Gärten begegnete mir kaum ein Mensch. Es sind vier Gärten, verschieden in ihrem Charakter, obwohl sie derselbe Geist schuf, aber wie wandeln uns die Jahre! Der Schloßgarten ist der älteste Teil; da war der junge Fürst noch so heiter, so verliebt in seine feine, kluge, ein wenig gezierte Luise; ihr baute er das schöne Schlößchen, ihr schuf er aus dem steifen französischen Garten, den er vorfand, durch helles Laub und anmutige Blumenterrassen den fröhlichsten Platz, ihr aus Kastanien und Ahorn schattige Alleen zum beschaulichen Wandeln und aus immergrünem, hellem, fremdländischem Nadelholz eine Stätte für stillere Stimmungen. Und wo wieder ließ sich hübscher Ball spielen als auf dem prächtigen Rasenplan vor dem Schlößchen? Aber die Jugend weiß ja gar nicht, wie glücklich sie ist, und es gehört zu ihrem Glück, zuweilen zum Sterben traurig zu sein. Da ist der Englische Sitz, eine offene Halle, von der der Blick auf ein feierlich-ernstes Parkbild geht, oder die Bank, von der man in ein Dickicht düsterer Föhren und Zypressen blickt. Der Schloßgarten ist die Lyrik in dieser Parkdichtung, wie man bei Schochs Garten mit den kräftigen Eichen, den weitgestreckten Wiesenplänen wohl ohne allzuviel Künstelei an das Epos denken kann. Aber der »Neumärkische Garten« bietet tatsächlich nicht das geringste Häkchen, einen Vergleich mit dem Drama dranzuhängen. Hinter dem seltsamen Eisenhart, der die großen ethnographischen Sammlungen Georg Forsters und dergleichen enthält, öffnen sich da weite, in altenglischer Art durch Kulissen abgeteilte Pläne, dann offene Wiesen und Haine, auch das kindliche Spielzeug eines Labyrinths ist hier zu finden. Hingegen läßt sich die Schöpfung des Herzogs in seinen alten Tagen, der Garten am Weidenheger, wieder zwanglos der didaktischen Poesie vergleichen. Er ist weniger schön als nützlich: Obstbäume, Gemüsebeete, Äcker.

Ein Werk der Jugend wie des Alters, eine Frucht vierzigjähriger Mühen ist der allmähliche Übergang vom stolzen Park zum armseligen Städtchen, den Herzog Franz schuf. Der Gelehrte hat unrecht gehabt; dies schwierigste Problem hat den Fürsten am längsten beschäftigt. Er löste es dadurch, indem er an der Grenze des Parks die Kirche und die Synagoge erbaute, beide – wie bezeichnend ist dies für das Jahrhundert der Toleranz! – zum größten Teil aus eigenen Mitteln, beide sehr geschmackvoll: die Kirche in Anlehnung an den gotischen Stil, die Synagoge ein zierlicher Rundbau; beide durch Gartenanlagen mit dem Park verbunden. Der Wanderer soll – ist der schöne Grundgedanke – aus dem Alltag an den Tempeln Gottes vorbei in die Tempel der Natur und Kunst treten. Auch rein künstlerisch betrachtet, ist die Lösung des Problems vortrefflich zu nennen; wer von der Kirche am Englischen Sitz vorbei zum Schloß geht, trifft auf eine Reihe der schönsten Bilder, die sich scheinbar ganz zwanglos aneinanderreihen. Auch dachte der Herzog an die Verschönerung von Wörlitz, nur starb er darüber hinweg. Man sieht, meine Vermutung war richtig, für den Stadtduft von Wörlitz ist das Zeitalter der Humanität nicht verantwortlich zu machen.

Stadt und Gärten liegen tief; die schützenden, mit Alleen bepflanzten Deiche sind wahrlich kein bloßer Schmuck – und wie oft versagte ihr Schutz! Zerrissene Inseln, versumpfte Wiesen, die nicht wieder zu entwässern sind, zwei kleine Seen (die Wallöcher) sind die Spuren der Elbe. Aber sooft sie ihm sein Werk zerstörte, der Mann mit dem eisernen Willen stellte es wieder her; dem heutigen Schloßherrn eine ungemütliche Nachbarin, war die Elbe dem Herzog Franz eine Todfeindin, aber er hielt ihr stand. Und als ich bei jedem Ruderschlag neue Zeichen dieses tapferen, unerhört zähen Ringens sah, da sagte ich mir: »Nein, nicht im Geschmack der Zeit, nicht in äußeren Einflüssen, in dieses Mannes Brust ist die Lösung der Rätsel von Wörlitz zu suchen. Wer sich nicht der Elbe beugte, der hat sich auch nur mit Willen der Mode gebeugt!« Zur vollen Gewißheit aber wurde mir diese Erkenntnis, als ich sein feinstes und sein trivialstes Werk kennenlernte. Sein feinstes das Schloß, sein trivialstes der Stein.

Das Schloß (von 1773), ein Werk Erdmannsdorffs, der auch die Innendekoration für die Schlösser zu Berlin und Sanssouci leitete, ist von außen und innen das Muster eines schlicht vornehmen Hauses im Stil der Zeit; der runde Vorsaal mit Oberlicht, die Verhältnisse der Gemächer wie ihre Einrichtung, alles fast bescheiden, ohne Prunk, aber von feinstem Geschmack; der einzige Schmuck Kunstwerke, aber welche! Herrliche antike Vasen, Büsten und Statuen, von den letzteren einige leider von Cavaceppi in seiner Art restauriert, andere von schönster Erhaltung. Und die Bilder, nicht eben viele, aber fast alle trefflich, einige Meisterwerke. Es gibt wahrscheinlich nicht viele so kleine Schlösser, wo wir Bilder wie in dem einen Zimmer die entzückende »Venus« des Domenichino, im nächsten die schönsten Van Dycks und Wouvermanns, im dritten Rubens' herrliche »Vermählung Alexanders mit Roxane«, im vierten zwei prächtige Veronese bewundern können. Ich war der Fügung dankbar, welche die herzogliche Familie in einer anderen Sommerfrische festhielt; in ihrer Anwesenheit ist das Schloß unzugänglich, was wohl begreiflich ist; um so dankenswerter ist, daß die Prinzeß Friedrich Karl, die es jetzt bewohnt, die Besichtigung gern gestattet, »sogar ganz gründlich«, wie mir der Kastellan, nebenbei bemerkt das Muster eines verständigen, taktvollen Cicerone, versicherte. Die greise Fürstin ist auch Malerin; ich konnte zwei ihrer Landschaften sehen; da sie nicht für die Öffentlichkeit schafft, so verbietet sich jedes Wort des Lobes und darum auch des Tadels. Wer dies Muster einer Fürstenwohnung sehen darf, wird das Haus gleich mir mit dem Gedanken verlassen: Wahrlich, der Mann, der diese Räume schmückte, war der Bildung seiner Zeit voll!

So das Schloß. Und der Stein? Landschaften von Canaletto und anderen, im übrigen die trivialste Kuriositätensammlung der Erde, nur die Jahrmarktsbuden (aber nicht alle) abgerechnet. Der Hüter dieser Schätze ist wahrlich noch das Erheiterndste am Hause. »Haben Sie die Nymphe« – statt Grotte – »der Egeria gesehen?« beginnt der Alte wörtlich und zeigt dann: ein winziges Amphitheaterchen (»So hielten die Griechen Stiergefechte ab!«), eine Blaue Grotte (»An Festtagen ist sie auch hier blau, weil wir solche Lampen haben«), eine »Nymphe der Kalypso« (»Eine römische Person mit einem Zauber auf sieben Jahre«), eine Scylla und Charybdis (»Bei Rom groß, hier klein«, zwei winzige Klippchen), einen Sterbenden Gladiator (»Er schreibt sich Pollux, war ein sehr starker Mann und wurde doch verstochen; Castor, was sein Freund war, hat dann sehr geweint«), einen Vesuv (»Ein Berg bei Aetna; nicht bange, meine Herrschaften, hier speit er nur an Herzogs Geburtstag, und zwar Wasser«), eine durch ein Glasfenster von oben matt erleuchtete Höhle als Tempel der Nacht (»Vesta tut sie sich schreiben, weil sie die Göttin der Nacht ist; die vom Tag ist hier nicht fertig; sie hat in Pompeji, was die Antike ist, Eris geheißen«), dann einige dunkle Gänge (»Der Hochselige wollte Ihnen dadurch die Eingeweide der Erde darstellen« usw.). Ich fürchte, man wird mir sogar diese Erläuterungen eher glauben als einen solchen Inhalt eines großen Bauwerks desselben Fürsten, der das Schloß und das Gotische Haus schuf, aber ich sage in beidem die Wahrheit.

Wie nun erklärt sich dieses Rätsel? Psychologische Analysen lassen sich nicht präzis anstellen wie chemische; niemand darf mehr geben wollen als eine subjektive Anschauung. Die meine versuche ich so zusammenzufassen: Ein edel veranlagter Jüngling von reichen Gaben, aber auch von brennendem Ehrgeiz besteigt, kaum achtzehnjährig, einen kleinen Thron. Wie gleichzeitig seine Gaben nützen und seinen Durst nach Ruhm stillen? Er zeichnet, malt, fühlt sich im Freien am wohlsten und studiert darum in England und Frankreich die dortigen Parks. Heimgekehrt, faßt er den Gedanken, einen solchen Garten größten Stils in Deutschland zu schaffen. Er geht ans Werk und wählt Wörlitz für seine Schöpfung. Fruchtbarer Boden, viel Wasser, das lockt ihn; daß es zuviel Wasser werden könnte, daran denkt er nicht. Und die Ebene? Gerade die gefällt ihm! Wer darüber lächelt, denke daran, daß noch ein Mann von Goethes Naturempfinden von hier aus 1775 der Geliebten als einen Vorzug dieser »elysäischen Felder« rühmt: »Keine Höhe zieht das Auge und das Verlangen an einen einzigen Punkt!« Der Park wird. Aber man spricht nicht viel davon, und der Fürst verfügt ja auch über reiche Kunstschätze, ist selbst Sammler. So weitet sich bald der Plan: auch eine Kunstsammlung ersten Ranges soll hier erstehen. Keineswegs bloß aus Ehrgeiz; diesem Manne ist es innerstes Bedürfnis, allem Schönen und Guten zu dienen, sein Leben mit tausend Fäden anzuknüpfen an das der anderen um sich her. Darum wird er Mäzen, darum Philanthrop, darum ein Vater für seine Untertanen. Sein Ruf wächst, aber auch sein Ehrgeiz stellt sich immer höhere Ziele. Da lernt er durch Winckelmann das Wirken Hadrians kennen, und der Besuch der Trümmer von Hadrians Villa in Tivoli gießt Feuer in seine Adern. »Dort«, erzählt er immer wieder, »hat Hadrian alles zusammengestellt und nachgeahmt, was er auf seinen Reisen an Kunst und Naturwundern gesehen hatte«, jedoch meines Wissens nur einmal läßt sich der Greis das Wort entschlüpfen: »Ich glaube, ich habe an Hadrian gedacht, als ich das Werk hier unternahm!« – und dies Wort scheint mir wie ein Blitz das tiefste Innere dieser rastlosen Seele zu enthüllen. Freilich, er hat nur begrenzten Raum, beschränkte Mittel – nun, so müssen Klippen wie Morcheln genügen und ein Vesuv wie der im Stein. Und die Leute können's ja in natura nicht sehen und strömen darum nach Wörlitz und rühmen ihn. Er aber ist nicht bloß ehrgeizig, sondern auch wahrhaft leutselig, ja kindlich weich – wittert er doch zuweilen sogar an Goethe »etwas Inhumanität«! –, ihm tut das Vergnügen, das er dem Volke bereitet, innigst wohl; auch die populärste Schöpfung soll sein Wörlitz sein! Für die »Armen im Geiste« diese Künste, für die Feineren die Kunstschätze und seine eigenen Gartenbilder. Denn er war ja selbst ein Feiner, ein Echter, wenn auch kein Großer. Sein künstlerischer Stil ist der seiner Zeit, der ideale; die Ausdrucksweise immer klar, fast möchte man sagen verständig; das Erhabene, das Leidenschaftliche, das Groteske ist ihm versagt, um so besser gelingt ihm die Idylle, die Elegie. Tut man sich nach den Landschaftsmalern um, denen er zunächst verwandt war, so mag man an die Nachstreber Josef Anton Kochs denken, an diesen selbst nicht, Koch ist ja voll Schwung… Aber wenn man auch von Goethes Urteil über den Herzog: »Eine feine und große Natur« nur das erste gelten läßt, auch ein Feiner handelt nicht straflos gegen sein Wesen. Als Greis erkennt und bereut der Herzog seine Irrtümer. Da nennt er den Stein unter anderem »verfehlt« und »ein kostbares Spielzeug«, da beklagt er seine Felschen: »Alles kleinlich und gedrückt!« Und ihn tröstet nur der Gedanke, daß er auch »einiges für die echte Kunst getan!«. Wahrlich, das hat er! Einiges? Mehr als irgendein Fürst seiner Zeit!

So Wörlitz, so sein Schöpfer – ich sage nicht, wie sie sind, sondern wie ich sie in ehrlichem Mühen, ihnen gerecht zu werden, sah. Und nun will ich meinen Koffer schließen und über Dessau und Bitterfeld nach Westen fahren, in einem Zug so weit, wie der Lokomotive der Atem reicht.

Wörlitz, im August 1901

Erfurt

Merkwürdig ergeht es mir auf dieser Reise. Da sitze ich nun plötzlich in Erfurt fest, und das scheint mir fein, klug und weise. Aber wie ich, der ich ja von Wörlitz mit der Bahn über Dessau, Bitterfeld und Frankfurt in einem Zuge nach Luzern wollte, in diese Stadt der Blumen geraten bin, ist eine Geschichte voll Torheiten.

Als ich nämlich in Wörlitz zum Bahnhof wollte, da sagte plötzlich mein Herz so scheinbar ganz unbefangen zu mir: »Willst du denn wirklich das Klingelbahnchen nach Dessau zum vierten Mal genießen? Wär's nicht vergnüglicher, wir mieteten uns wieder unseren klugen Willem und kutschierten durch Wald und Heide fröhlich nach Wittenberg zur Station?« Das war aber nur Heuchelei von diesem Herzen, es war ihm gar nicht um die Fahrt zu tun, sondern um Wittenberg, und in jeder der 46 Wochen des Jahres, wo ich vernünftig sein muß, hätte ich ihm gesagt: »Dummheiten, altes Herz! Ich weiß, du bist einmal in deiner Jugend dort sehr, sehr glücklich gewesen, drei ganze lange Frühlingstage hindurch. Wie auf dem Anger der Flieder blühte und wie am Schwanteich die Hutnadel verlorenging und wie im Stadtgraben die Nachtigallen schlugen – du, Herz, hast ja für all dies ein besseres Gedächtnis, indes ich weiß es auch noch. Aber eben darum, was willst du dort? Tot ist tot, wir finden in der grauen Stadt nichts von unserem jungen lachenden Glück wieder, nicht einmal die Nadel!« Jetzt aber dachte ich: Dies törichte Herz sehnt sich bei sinkender Sonne an eine Stätte zurück, wo es einst, so recht im vollen Vormittagslicht, glücklich war; es wird, fürcht ich, wenig Freude davon haben, aber sein Wille geschehe! Und ich mietete den Willem, fand mich auch drein, daß er, als mein Koffer aufgeschnallt wurde, dem Hausknecht sagte: »Von Wörlitz zur Station in Wittenberg! Er is doch 'n Engländer!« – recht hatte er ja.

Im übrigen war's, so in der roten Frühe, wirklich eine fröhliche Fahrt; an dem Park und dem Elbdeich vorbei und schnurgerade gegen Nordosten zur Elbfähre. Viel Besonderes ist nicht davon zu berichten. Von der Fähre betrachtet, sieht das Städtchen Coswig sehr malerisch aus, und namentlich das schöne stolze Schloß auf einem Hügel leuchtete im Morgensonnenschein, und die Wellen des langsam und majestätisch vorbeiwallenden Stromes spiegelten es verklärt wider. Da muß sich behaglich hausen lassen, dachte ich. Aber der Schein trügt, es ist das Zuchthaus für Anhalt. Seltsames Land, dachte ich, das für seine Kunstschätze nicht das kleinste und für seine Verbrecher ein so großes Schloß übrig hat, aber ich schwieg, denn mein Willem war wohl auch ein Kunstfreund, aber doch noch stärker als Patriot. »Hier weeß ich Sie ooch was altes Gemahldes for Ihnen!« sagte er, als wir durch Coswig fuhren, und hielt vor einem verwaschenen Wirtshausschild, drauf sich tanzende Paare drehten. »Hier jederzeit kaltes und warmes Essen und Tanzvergnügen«; eine Stunde später aber – die Chaussee geht immer durch hübschen Wald zwischen Bahn und Strom – hielt er mitten zwischen den Tannen an und sagte mit einem Seufzer: »Hier is es! Nu kommen wir ins Ausland!« Die Grenze Anhalts gegen Preußen… Nun, Willem ist nur ein Fuhrknecht, aber vor fünfzig Jahren haben das noch die klügsten Dessauer und Preußen so gesagt und empfunden.

Der Natur sieht man's übrigens auch hier nicht an. Der preußische Wald war ebenso hübsch wie der anhaltsche, und wie wir so dahinfuhren, und in der hellen Morgenluft schwamm der Tannenduft, die Vögel sangen, der Wind rauschte im nadligen Geäst und die Sonnenlichter haschten sich im Moos unten, da fiel meinem Herzen eine zweite Torheit bei. »Du«, sagte es, »wir gehen nach Luzern, gewiß, aber vorher machen wir in einem schönen, tiefen, kühlen Waldtal halt. Wald ist ja doch das Schönste.« Und ich nickte und fragte nur: »Aber wo machen wir's?!« – »Nun, natürlich in Thüringen; da kommen wir ja durch. In Oberhof zum Beispiel, da hat es den beiden Schwestern, Frau Grete und Frau Martha, im vorigen Jahr so gut gefallen, und die müssen wissen, was schön ist; sie sehen ja zuweilen gewiß auch in den Spiegel.« Und ich wieder nur: »Gut, Herz, also Oberhof; da wollen wir's uns fröhlich machen.«

Aber auf dem Marktplatz zu Wittenberg, wohin wir endlich an einigen Dörfern vorbei und durch das langgestreckte Klein-Wittenberg gelangten, da konnten wir das nicht; da wurden wir beide traurig, mein Herz und ich. Wir hatten's zu genau im Gedächtnis, wie es da einst im

Mai ausgesehen – und es war alles anders geworden. Die grauen Häuser am Markt waren neu getüncht, und wo früher die alte Karrete zum Bahnhof gestanden, winkte nun eine Pferdebahn; sogar die vierhundertjährige Schloßkirche hatte sich im Innern zwei neue Schiffe beigelegt und einen seltsamen Aufputz des Kuppelturmes, und die fast ebenso alte »Goldene Weintraube« hatte gleichsam kehrt gemacht und streckte ihr Wahrzeichen nun nicht mehr zum Markt, sondern zur Juristengasse hinaus. Nur der Kellner dort war noch derselbe; wenigstens hatte er genau das gleiche Kellnergesicht und die gleiche Redensart: »Wir haben hier die schönsten Gäste.« Ach, dacht ich, einen so schönen wie einst kriegt ihr nicht wieder, und in den Lüften roch es nicht nach Flieder, sondern nach getrockneten Blumen, aber nein, nicht einmal darnach roch es in der Wirtsstube.

Da saßen wir eine halbe Stunde, mein Herz und ich, beide stumm, ganz stumm, bis ich endlich leise sagte: »Nun komm zum Bahnhof.« Auch auf der Fahrt durch die ewig lange Kollegiengasse hatten wir einander nichts zu sagen, nur einmal, als wir am Lutherhaus vorbeifuhren, lauschten wir auf; dort hängt auch das drollig-naive Bild eines Cranach-Schülers »Adam und Eva im Paradiese«, und von diesem Bild her vernahmen wir plötzlich im Vorbeifahren wie aus weiter, weiter Ferne ein silberhelles Lachen…Daß doch die Erinnerung an ein Lachen ein Herz so wehmütig stimmen kann…Am Bahnhof aber schiffte ich mich nach Oberhof ein.

Der Zug war überfüllt, ich fand gleich Bekannte, und wenn ich mich in das Dümmste hätte einlassen wollen, was der Mensch beginnen kann, nämlich in weise Betrachtungen über das Leben im allgemeinen, so hätten sie mir den Stoff dazu geboten. Denn in dem einen Coupé führte ein Kollege sein junges Weib ins Haus ihrer Eltern, daß sie dort ihre schwere Stunde bestehe, stolz wie auf kein anderes seiner Werke und doch in zitteriger Sorge; und im nächsten saß ein feiner, liebenswürdiger Mensch in tiefster Trauer, der geleitete die Leiche seines Vaters zur Verbrennung nach Gotha. Aber ich philosophierte nicht, sondern frühstückte vielmehr mit einem dritten Bekannten, der für vierzehn Tage direkt nach Biarritz sauste, im Speisewagen. Meine Erzählung, daß ich meine Reise in die Schweiz mit einem achttägigen Aufenthalt in Anhalt begonnen und nun durch einiges Verweilen in Oberhof fortsetzen wolle, nahm er mit liebenswürdigem Lächeln auf und fragte dann harmlos, ob ich nicht auch in Weißenfels, Naumburg, Kösen, Weimar und Erfurt anhalten wolle. »Nein«, erwiderte ich, »Weißenfels und Naumburg kenne ich bereits, Weimar erst recht, auch in Kösen war ich schon, aber Erfurt – das wäre wirklich was.« – »Um Himmels willen«, rief er, »eine nüchterne, langweilige Geschäftsstadt. In die guckt selbst von den Leuten, die ihre Ferien nur in Thüringen zubringen, kaum einer hinein!«

Damit war das Gespräch zu Ende, in mir aber klang es nach: »Erfurt – wie wär's? Eine Geschäftsstadt, ja, aber sie ›macht‹ in Blumen, das ist doch eine hübsche Ware. Und das Dogma, daß eine Geschäftsstadt jedenfalls nüchtern und langweilig sein muß, steht ja nur für Banausen geschrieben, Menschen ohne Sinn für die Poesie unserer Zeit. Hamburg zum Beispiel – wer das langweilig findet, verdiente wirklich, immer nur in toten Nestern mit grasbewachsenen Straßen Kalbsbraten und nie in Hamburg ein Beefsteak zu essen. Zudem ist ja Erfurt uralt, eine Hansastadt, da kann's gar nicht nüchtern sein.« Ich suchte in meinem Gedächtnis zusammen, was ich von seiner Geschichte wußte. Der heilige Bonifacius und – Bismarck im Unionsparlament und dazwischen die Universität und Dalberg, der Kur-Erzkanzler…viel war's nicht und zudem nur eben toter Kram ohne lebendige Anschauung; das Faßbarste war noch Dalbergs Wort an Goethe: »In Erfurt ist gut wohnen…« Aber da tauchten mir, während ich so dem Widerklang dieses Städtenamens in mir lauschte, auch Bilder auf, die Farbe hatten und lebten, denn die hatte ich gesehen…

Vor vielen Jahren, so an die fünfzehn mögen es sein, stand ich an einem strahlend schönen Sommertag auf einer Höhe des Thüringer Waldes, auf welcher weiß ich nicht mehr, aber was ich sah, ist mir unvergessen geblieben: zu meinen Füßen das sacht abgestufte Gebirg im dunklen Tannenschmuck, dann eine weite, hellgrüne Ebene, mitten drin ein gewaltiger Haufe grauer, von leichtem Dunst umhüllter Pünktchen, aber über diesen Pünktchen, gleichsam in der Luft über ihnen schwebend und den Dunst durchleuchtend, ein rätselhafter goldner Schein, nun strahlender, nun blasser und oft in der Sonnenglut erzitternd, aber immer, immer zu sehen.

Was war dieses Etwas, das noch vom Dunst der Erde umwoben war und doch nicht mehr zu ihr gehörte? »Die Madonna am Erfurter Domgiebel!« erwiderte lächelnd mein Gefährte...

Ein anderes Bild, das ich 1880 gesehen hatte, und doch war's mir nun, als wär's gestern gewesen. Ein Junitag in Haarlem; ich hatte mich den Tag über an den herrlichen Bildern im Rathaus und im Pavillon müde gesehen und fuhr mit sinkender Sonne zur grauen Stadt hinaus, über die Spaarengracht in die Blumenfelder hinein...ja ganze Felder voll Tulpen und Lilien, Hyazinthen und Narzissen! Welche Farben, so weit das Auge reichte, welche Düfte! – der süße, schwere Hauch preßte mir fast die Brust zusammen, die mir ohnehin zu eng wurde vor Freude, am gleichen Tag auch dies Herrliche schauen zu dürfen...Und Erfurt war auch eine Gartenstadt, da mußte ja ähnliches zu sehen sein...

Diese beiden Bilder haben mich nach Erfurt gebracht. Denn wohl befragte ich noch mein gewöhnliches Orakel in derlei Fällen; ich horchte, was die Waggonräder sagten, aber die sagen ja immer, was man hören will. Und richtig, auch diesmal polterten sie ganz deutlich im Schnellzugtakt: »Freilich nach Erfurt, hübsch ist's in Erfurt, ja, ja, du, tu's!« (Da riß ich mein Kofferchen aus dem Netz und stieg dort aus.

Es hat mich auch nicht gereut, wahrhaftig nein. Nur der Anfang war so so. Vor dem Bahnhof ein enges, von häßlichen Häusern und Holzverschlägen umschlossenes Plätzchen, dann an einem großen, wüst aussehenden Hotel vorbei (es kann kaum dreißig Jahre stehen und ist doch gewiß im 18. Jahrhundert zuletzt getüncht worden) in ein gleichfalls enges, dürftiges Gäßchen, das den Verkehr kaum fassen kann; kleine Häuser, hastende Menschen, fluchende Kutscher; nein, nett war das nicht. Und erst der Ausblick in die Seitenstraßen, die Löber-Gera-, die Schmidtstedter-, die Bußlebergasse, überall Gerüste und Mauern, aber was sie niederrissen, war alt und häßlich, und was sie aufbauten, war neu und häßlich. Dazu die Düfte – und eines der Gäßchen hieß Gartenstraße; in solcher Atmosphäre war Bußlebergasse wirklich der sinnigere Name. Mir tauchten aus Dalbergs Briefen an seine großen Freunde im Apoll die Stellen auf, in denen er von seinen Bemühungen um das Erblühen dieser Stadt spricht...Ist kein Dalberg da? dachte ich...Und als ich ins Hotel trat, fragte der Portier freundlich: »Musterkoffer am Bahnhof?« – daß ein Mensch nur zu seinem Vergnügen nach Erfurt kommen könnte, lag offenbar außerhalb des Bereichs seiner Phantasie. Auch an der Table d'hôte saßen nur Herren mit Musterkoffern; ich habe nichts gegen solche Herren, und selbst die Anekdoten, durch die sie sich gegenseitig erheitern, gönn ich ihnen, aber – nun ja – aber, dachte ich, es gibt auch nüchterne Geschäftsstädte!

Das war jedoch ein voreiliges Urteil. Erfurt ist keine schöne Stadt, aber hier erzählen die Steine, wenn man ihre Sprache versteht, eine Geschichte, so seltsam und herzbeweglich, so wechselnder Schicksale voll, daß sich auch der Kaltherzige ergriffen fühlen müßte. Und wer sehen kann, muß auf Schritt und Tritt erkennen, wie diese Stadt war und wie sie ist, und recht betrachtet ist die scheinbar so nüchterne Gegenwart womöglich noch fesselnder als die Vergangenheit, auch erhebender, denn was könnte uns in dieser besten aller Welten tröstlicher sein als die Erkenntnis, daß der Mensch zuweilen stärker ist als das Schicksal? Wie diese Stadt allem, was Menschen und Menschenwerk treffen kann, standgehalten und nun langsam wieder aufblüht – dies ist das Interessanteste an Erfurt und wahrlich auch ein Stück Poesie, stärker und schöner und herzerquicklicher, als sich's der Wanderer im stillsten Waldtal erlauschen kann.

Freilich, das weiß ich erst heute, wo ich von dieser Stadt scheide, aber nicht, da ich sie zum ersten Mal durchwanderte. Mir ist's nun lebendige, aus der Anschauung geborene Wahrheit, dem Leser sind's Worte. Vielleicht wären diese Worte auch ihm zwar nicht Leben, so doch ein Abbild des Lebens, wenn ich Aug in Auge zu ihm reden, ihm die tausend kleinen Bildchen, aus denen mir das Gesamtbild erwuchs, schildern könnte. Aber so – durch tote Buchstaben zu malen versuchen und in der Furcht zu ermüden in der Auswahl der Bildchen sparsam und zaghaft, es ist immer ein Wagnis. Und vollends hier, wo so weniges an sich gewaltig ist, das meiste sogar unscheinbar und nur eben durch das Nebeneinander, die Häufung oder den Gegensatz bedeutsam. Schwer ist's in solchen Städten, die Sprache der Steine zu verstehen, und noch schwerer, sie in Menschenworten nachzustammeln.

Nun denn, so versuch ich's, so gut es eben gehen will und in meiner Art. Wie bisher in der Wirklichkeit, so fahre ich nun in Gedanken wieder auf den Steiger und durch die Blumenfelder und gehe wieder über den Anger und den Domplatz und durch das Gewirr enger Gäßchen, bedächtig und andächtig und der Sehnsucht voll, dies fremde Stück Leben recht zu sehen und recht zu verstehen...

Wenn ich in eine fremde, große Stadt komme, so suche ich sie immer zunächst von einer Höhe zu überschauen. Liegt sie in einer Ebene, so ersteig ich den nächstbesten Kirchturm, auch wenn's im August ist. Denn eine Vogelschau bringt auf einen Schlag Antwort auf eine ganze Reihe von Fragen: wo der Kern der Stadt zu suchen ist, wie sie wuchs, in welcher Richtung sie nun die Glieder streckt und wo die Reichen, wo die Armen wohnen. Aber noch mehr vermag hier ein Blick zu erkennen, oft klarer und gewiß anschaulicher, als es die Stadtchronik berichtet: was die Menschen hierher zog, warum auf diesem Boden eine große Stadt erwuchs und wie sie sich behauptete. In Erfurt läßt sich solche Überschau mühelos gewinnen; rings heben ja Hügel ihre dicht umlaubten Häupter; der stattlichste im Südwesten der Stadt, der Steiger, wie derlei einzelne Vorberge in Thüringen so oft heißen. Man kann bis dicht an den schönsten Aussichtspunkt fahren.

Das heißt, wenn man eine Droschke kriegt. Das ist in dieser Stadt von 90 000 Einwohnern nicht so leicht. Zu den Zügen finden sich am Bahnhof einige dieser schweren, plumpen Viersitzer ein, mit denen verglichen eine Berliner Droschke zweiter Güte wie das flügelbeschwingte Gefährt des Sonnengotts erscheint; sonst muß man lange nach ihnen suchen. Endlich kam mir auf dem Anger so ein ehrwürdiges Vehikel mit der Geschwindigkeit von einem halben Kilometer in der Stunde entgegengebraust; ich winkte dem Kutscher, er hielt an, ich stieg ein: »Zeitfahrt. Halb drei. Auf den Steiger.« Aber so rasch macht man derlei verwickelte Geschäfte in dieser Geschäftsstadt nicht ab. Langsam kletterte der kräftige Mann vom Kutschbock, öffnete und schloß den Schlag, gleichsam um symbolisch anzuzeigen, daß dies seine Sache und Selbsthilfe hier nicht gebräuchlich sei, zerrte seine Taschenuhr von Tellergröße sacht hervor, zog sie auf, stellte sie nach der meinen und fragte dann freundlich: »Also, lieber Herre, wo'ihn soll's denn giehn?« – »Ich sagte schon, nach dem Steiger!« – »Ei ja, das is gued. Da haben Sie sihre recht, lieber Herre. Da ward's sihre schiene sihn! Da sollt jeder hihn! Also zuerschte ins Restaurang unn dann zum Aussichtspuhnkte! Jaa, so wollen meu's maachen!« Die Nase das Mannes hatte einen sanften Rosenschein. »Lieber umgekehrt«, sagte ich. »Aaber das Restaurang is sihre gued!« – »Eben darum!« Er kletterte wieder auf den Bock und setzte sein Pferd in Trab; nun war's die Geschwindigkeit von einem ganzen Kilometer in der Stunde.

Wir fuhren eine breite Straße entlang, dann durch ein enges Gäßchen, über eine Holzbrücke auf einen winkeligen Platz, den große, altersgraue Häuser umstanden. »Wie heißt dieser Platz?« fragte ich und zog den Plan hervor. »Der Plan is nech gued! Da werds nech druuf stihn!« Aber da las ich selbst an der Ecke. »Hospitalsplatz«, und ein Blick auf den Plan orientierte mich, warum mein Kutscher diesem braven, klaren Kärtchen so unhold war. »Mann«, rief ich, »da kommen wir ja nie zum Steiger!« – es war, als wollte man vom Potsdamer Platz nach dem Zoologischen Garten über die Chausseestraße gelangen. »O doch!« beteuerte er. »Aber ech daachte, Sie määchten doch auf dem Weeche was siehn! Hier is doch Knappen sihne Sammlung, was als Generalgonsul die schwarz-weiß-rote Fahne gegen die nackichten Wilden in Samoa geschwungen hat, unn denn unsre städtischen Altertümer, lieber Herre, steinerne Messer unn Dohbackspfeifen aus die Steinzeit, was die Arforder vor dausend Jaahren gebraucht haben. Allens aus Stein, es heeßt auch dorum die Steinzeit. Unn jetzt fahre meu also –« – »Nach dem Steiger«, fiel ich ein, denn selbst durch die Tabakspfeifen aus der Steinzeit schien mir der Abstecher nicht ganz gerechtfertigt. Er gehorchte, brümmelte aber immer vor sich hin: »Der Plan is nech gued.« Ähnliche Erfahrungen habe ich mit Erfurter Droschkenkutschern immer wieder gemacht. Nicht bloß die Steine, auch die Droschken reden, und diese hier sagen: »Wenig Vergnügungsreisende; eine durchschnittlich arme Stadt von anspruchsloser Lebensführung, in der sich selbst der Wohlhabende selten das bescheidene – ach, wie bescheidene! – Vergnügen einer

Fahrt in solcher Droschke gönnt, und der Fremde darum ein sorglich ausgenutztes Geschenk des Himmels...«

Mehr und Erquicklicheres erzählt der Ausblick vom Steiger. Schon früher freute mich was: Das ganze Löberfeld, die weite Fläche im Süden der Stadt zwischen dem alten Erfurt und dem Steiger ist ein freilich derzeit noch zum geringsten Teil bebautes Villenviertel. Diese Villen sind freundlich, aber bescheiden, sichtlich Wohnhäuser von Leuten, die gleichermaßen vor Not wie vor Neid bewahrt sind, der einzige Schmuck der reiche Blumenflor in Fenstern und Vorgärten, und das ist nett – warum sollten nur reiche Leute in Villen wohnen? Auch an den Gassenna-men, die freilich zum großen Teil das einzige sind, was schon von der Gasse existiert, hatte ich meine Freude. Sie sind fast durchweg nach Komponisten und Dichtern getauft. Sonderbare Schwärmer, diese Erfurter, wissen sie denn nicht, daß solche Namen nur dann in Deutschland als kümmerliche Lückenbüßer angewendet werden dürfen, wenn kein General, kein Stadtrat und kein Nest der Nachbarschaft mehr unverewigt ist? Mein Kutscher kam meinem Interes-se an diesen Namen liebenswürdig entgegen, indem er mich nun kreuz und quer durch das ganze Viertel fuhr. Diesem Umstand verdanke ich die Erkenntnis, daß die braven Stadtverord-neten von Erfurt der deutschen Literatur gegenüber ihren besonderen Standpunkt einnehmen: Geibel hat eine Hauptstraße, während sich kleine Leute wie Lessing, Kant und Uhland eben mit Nebengäßchen begnügen müssen; mancher leuchtende Name ist vergessen, aber nicht Voß und Simrock. Gleichviel, brave Leute sind's doch. Als ich endlich den Kutscher an unser Ziel erinnerte, bat er: »Nor noch meine Gasse« – die Wielandgasse. »Eech heeße Wieland«, sagte er stolz. »Christoph Martin?« – »Christoph Martin Wieland.« Und dabei fährt der Mann »nor zur Aushülf in Arford Droschke«. – »Eech bin aachentlich bei Gudhe (Gotha) for Bierfässer ge-dingt.« Überhaupt geht's den Klassikern heut nicht gut. Johann Goethe war vor dreißig Jahren Schuster in Wien und flickte hauptsächlich studentische »Kanonen«; da er dadurch vollends ins Ideale gekommen war, so hieß sein Ältester Johann Wolfgang; dieser ist dann Zwiebelhändler in Kroatien geworden. Noch immer besser als Friedrich Schiller, der ein berüchtigter Wuche-rer in Graz war. In der relativ günstigsten Lage traf ich Heinrich Heine; als er mich zuletzt in Eisenach rasierte, entwickelte er mir seinen Plan, Zahntechniker in Wiesbaden zu werden.

Sacht wächst die bewaldete Anhöhe des Steiger aus dem wenigen Land empor und erstreckt sich dann weithin gegen Süden, meilenweit. Auch die der Stadt zugekehrte Nordseite ist so breit und mit so zahlreichen Aussichtspavillons besetzt, daß ich den Kutscher fragte, wo's denn den schönsten Ausblick gebe. »Vom Restaurang«, erwiderte Christoph Martin Wieland mit sol-cher Innigkeit, daß ich ihm glaubte; ich will auch nicht behaupten, daß er log, es war aber eine individuelle Ansicht; vorm »Steigerhaus« kann man wirklich nur gefüllte und leere Bier-krüge sehen. Ein stattliches Hotel, ein riesiger Biergarten, daneben andere große Wirtschaften, »Felsenkeller« genannt; die Keller so groß, daß man die Felsen nicht sieht; aber mindestens ebensoviel Zeichen gesunden Durstes weist jede deutsche Stadt auf. Nicht jede aber hat einen so schönen Park dicht am Weichbild; herrlicher, auch prächtig gehaltener Hochwald, Laub und Nadel in buntem Gemisch, namentlich Eichen und Edeltannen, wie man sie selten findet, auch viel wohlgepflegtes Gesträuch und vor allem entzückende Blumenbeete – der Steiger ist ein Park, wie er dieser Gartenstadt würdig ist. Von schattigen Wegen und Pfaden durchzogen, bietet er, eben weil der Hügel sanft, aber stetig zu ziemlicher Höhe ansteigt, eine Fülle leicht erreichbarer und schöner Ausblicke. An künstlerischem Schmuck ist nur eine Säule vorhanden, welche die Kaiserin Augusta in guter Absicht stiftete und die nun ein bescheidenes Denkmal der verewigten Fürstin ist – aber wie dekoriert hier die Natur!

Ich bin an jedem meiner Erfurter Tage einige Stunden im Steigerwald gewesen, habe täglich Neues gesehen und doch gewiß im ganzen nur weniges von all dem Schönen. Wie malerisch ist der Ausblick gegen Westen, auf das Hochheimer Tal; steigt man höher, so sieht man bei sinkender Sonne in der Ferne eine langgestreckte, rötlich schimmernde Wolkenwand den Ho-rizont begrenzen; sie liegt dem Aug bald näher, bald ferner, flammt auf und wird dunkler, zittert wohl auch in den Lüften und zerrinnt doch nie; es sind die Höhen um Friedrichroda bis Lie-benstein. Ähnlich wenn man bis zu dem »Waldhaus« im Süden geht; nur ist die Wand, von dort aus gesehen, weiter geschwungen und schimmert dunkler, vom satten Blau bis ins tiefe Schwarz, je nach dem Sonnenstand und der Trockenheit der Lüfte: das sind die Höhen des Thüringer Waldes von der Wartburg zur Linken bis an die Höhen des Saaletales zur Rechten. Aber am schönsten ist der Ausblick nach Norden, auf das Geratal und die Stadt Erfurt.

Um etwas zu erkennen, zu erfassen, hatte ich dies Bild gesucht, aber ich will's nur sagen: als ich's zuerst sah, grübelte ich über gar nichts, sondern da hatte ich nur eben meine helle Freude dran. Welche bunten, heiteren Farben: rot die Dächer, weiß die Häuser, grün die Gärten, golden die Äcker und blau die Flüsse, und welche Häufung anmutiger oder doch besonderer Formen, die vielen Hügel und die unzähligen Türme: Erfordia turrita, wie die Humanisten ihre stattliche Heimstätte nannten, das vieltürmige Erfurt... Was mir dann zunächst in die Augen stach, war ein Stück Feldes im Westen zwischen dem Cyriaks- und dem Petersberg, von dem ich lange nicht wußte, was es sein könnte; das schimmerte nur so von Farben, und selbst mit dem Feldstecher besehen, war's wie ein Regenbogen, der dort vom Himmel gesunken und nun festgebannt auf der Erde lag – so aus der Ferne ein phantastisches Bild, aber noch wundersamer aus der Nähe; es sind die Blumenfelder vor dem Brühler Tor... Dann der Dom; ich hatte ihn, ehe ich die Höhe des Steigers erreichte, schon vom Vesperplatz aus gesehen, sie haben dort eine Schneise ins Eichenlaub geschnitten, und in der steht nun, ähnlich wie man durch die Schneise bei der »Hohen Sonne« ob Eisenach die Wartburg sieht, scheinbar einsam aus tiefem Wald aufragend, das graue, gewaltige Münster; auch dies ein märchenhaftes Bild, aber schon von dieser Höhe noch schöner, wo man den Dom aus der alten Stadt zu seinen Füßen emporwachsen sieht, und am schönsten vom Domplatz.

Erst nun, nachdem ich das Gesamtbild und vieles einzelne betrachtet hatte, suchte ich mir Antwort auf meine Fragen. Was die Menschen an einen Ort gezogen hat, ist oft schwer, zuweilen unmöglich zu erkennen, weil es auch Städte gibt, die gleichsam gegen den Willen der Natur, nur durch die Kraft der Menschen und durch das Erblühen eines Staates groß geworden sind; das merkwürdigste Beispiel dafür ist Berlin. Anders Erfurt; hier war's der Wille der Natur, eine große Wohnstätte zu schaffen; vom Steiger aus läßt sich dies klar erkennen.

Vor allem, dieser Kessel zwischen Waldbergen ist überaus fruchtbar, es schimmert nur so von Obstgärten, Blumen- und Gemüsebeeten; nur im Norden, wo der Kessel in die Ebene übergeht, wogt ein Ährenmeer; sonst ist der Boden für Getreide zu kostbar. Gewiß hat der Fleiß der Menschen dazu mitgewirkt, aber »so prangt eine Flur«, um mit dem alten Gellert zu sprechen, »nur durch Gottes Odem«. Der Naturforscher drückt es eben nur anders aus, wenn er uns belehrt: dieser Kessel war einst ein Seebecken, der Boden ist Muschelkalk, von einer dicken Humusschicht überzogen; und in diesem ergiebigsten Boden, den man wünschen kann, finden sich zudem auch Salzlager eingesprengt. Dazu der Fluß, die Wälder. Also Holz, Wasser, Brot und Salz in reichster Fülle, wie sonst kaum irgendwo in Thüringen – schon darum muß hier früh eine Siedelung entstanden sein.

Aber noch mehr: dieser Kessel war eine der frühesten menschlichen Wohnstätten in Europa; und er ist, was fast ein Unikum bedeutet, immer besiedelt geblieben. Dies freilich erkannte ich erst in den Sammlungen am Hospitalplatz, die mir Christoph Martin Wieland mit feinem historischen Sinn vor allem zu besichtigen empfohlen hatte. Mit den Funden aus der Steinzeit fängt ja wirklich die Geschichte Erfurts an, nur haben diese »Arforder« nicht vor »dausend« Jahren gelebt, sondern vor zehn- oder zwanzig- oder dreißigtausend Jahren, bestimmt kann uns das der gelehrteste Anthropologe nicht sagen. Denn die ältere Steinzeit, dies wirkliche Altertum der Weltgeschichte, wagt niemand aufs Jahrtausend abzumessen, die Zeit, da der Mensch, fast selbst noch ein Tier, in den Pausen von einer Vergletscherung zur anderen im Kampf mit dem anderen Getier, mit Mammut, Höhlenlöwe und Hyäne, sein Dasein fristete, und zudem verständigen sich die Gelehrten eben erst mit wuchtigen Höflichkeiten darüber, welcher Epoche der Steinzeit die hiesigen Funde angehören. Ich habe so viel davon verstanden, daß es sich um die Patina dieser Schaber aus Feuerstein, um die Form dieser Beile aus Bärenkiefern handelt, aber warum die Herren gar so grob zueinander sind, ist mir nicht klar geworden; oft wußte ich beim Lesen ihrer Abhandlungen nicht, handelte es sich noch um den alten Höhlenbären, den ursus spelaeus, oder um den neuesten, den ursus academicus. In der neueren Steinzeit aber waren die Abhänge des Kessels sicherlich schon besiedelt; diese ältesten unzweifelhaft nachweisbaren Erfurter hatten bereits Pferd und Rind gezähmt, waren Jäger und Ackerbauer zugleich, schliffen ihr Stein- und brannten ihr Tongerät. Auf Funde dieser Art trifft man auch anderwärts, die hiesigen sind nur eben durch Zahl und Form merkwürdig; sie erweisen, daß die Siedelung ununterbrochen durch all die Jahrtausende dieser Ära des Mittelalters der Menschheit bestand; an der Keramik läßt sich das Wachsen der Kunst von der einfachen Schnur- zur reichen Bandverzierung, an den Gräbern die Veredlung der Bestattung von der Verscharrung im Erdboden bis zum Sarg und der gemauerten Gruft, von ihr zur Leichenverbrennung verfolgen; ja, so weit waren sie schon um 2 000 vor Christus, wir sind's noch heute nicht. Und dabei blieb's bis heute; als fast beispiellose Erscheinung, sagt ich schon, ist zu verzeichnen, daß die Menschen diesen Boden niemals mehr verließen. Alle Abschnitte des Mittelalters der Menschheit: der Bronze-, der Eisenbronze- (Hallstatt-) Kultur und der Höhepunkt derselben, die La-Tène-Kultur, sind hier vertreten; anderwärts folgen sich die Geschlechter wie Blätter im Sturmwind; wird eines durch den Anprall des Hungers oder den anderer Menschen von seiner Scholle weggefegt, so bleibt diese oft durch Jahrhunderte verödet; hier folgen sie sich wie im Meer Welle auf Welle – hier hungerte niemand; der Boden war zu fruchtbar, um ungenutzt zu bleiben. Mit der La-Tène-Periode, wo sie Waffen aus Eisen, Gerät aus Kupfer und Glas, Schmuck aus Gold und Edelsteinen formten, sind wir in die Zeit gelangt, die uns in der Schule als »Altertum« bezeichnet wurde; in Wahrheit ist's die neueste Zeit der Menschheit. Nun läßt sich auch aus den Skeletten der Typus der Bewohner feststellen: der »altthüringische«; vermutlich Kelten. Ihnen folgte das germanische Volk der Hermunduren; auf dem Petersberg erhob sich ihre Wallburg, und auf dem Marienberg, wo heut der Dom prangt, opferten sie ihren Göttern. Nach ihnen kommen die Warnen, die Thüringer und ihre harten Besieger, die Franken; aber sie alle ziehen auch aus diesem Kessel ihr Brot. So ist Erbesfort – der Name ist unaufgeklärt – bereits zur Zeit, da der Angelsachse Winfried, dann Bonifacius genannt, der frömmste und ehrgeizigste Priester seiner Zeit, nach Thüringen kommt, das Evangelium zu predigen, die stattlichste Stadt des Landes; hier gründet er darum 741 ein Bistum und baut, nachdem er den heiligen Hain auf dem Marienberg gefällt, an seiner Stelle ein Kirchlein. Eine »Stadt der Ackerbauer« nennt er Erfurt ausdrücklich, wie um es zu charakterisieren, und eine bessere Bezeichnung läßt sich auch nicht finden bis auf den heutigen Tag, denn »Stadt der Blumen« will ja im Grunde dasselbe sagen. Anderwärts verliert sich allmählich die Bedeutung. des Bodens für die Entwicklung einer Stadt; hier erhielt sie sich stets und sogar stets als das Wichtigste.

Aus der Fruchtbarkeit dieses Kessels, aus ihr allein kam Erfurt die Kraft, die unsäglichen Stürme zu überdauern, die es gleichfalls nicht bloß nach dem Willen der Menschen, sondern auch nach dem Willen der Natur ereilten. Denn sie hat Erfurt wie zur »Stadt der Ackerbauer«, zur »Stadt der Blumen«, so auch zur Festung gemacht.

Auch dies läßt sich vom Steiger aus leicht erkennen. Der Kessel ist im Süden, Westen und Osten von stattlichen, steilen, anfragenden Vorbergen des Thüringer Waldes umschlossen, nur nach Norden offen. Aber auch hier fehlt ihm der natürliche Schutzwall nicht: vom Westen her kommt die ungestüme Wilde Gera geströmt, durchbraust den Kessel in breitem, gegen Osten ausgeschwungenem Bogen und rollt dann in scharfer Biegung die weißlich-blauen Wogen gegen Norden. Der Mensch brauchte bloß den Kranz steiler Vorberge mit Zitadellen zu krönen, gegen Norden den schäumenden, reißenden Bergfluß auch durch Wälle zu befestigen. Und dies ist früh geschehen. Über ein Jahrtausend eine Stadt mit Wall und Graben, ist Erfurt nicht viel kürzer die bedeutendste Festung Mitteldeutschlands gewesen, »Schild und Pforte Thüringens«. Erst im geeinigten Reich konnte der Panzer fallen, vor einem Vierteljahrhundert erst. Ein Panzer schützt, aber er drückt die Glieder wund, den Schwertstreich wehrt er ab, den Blitz zieht er an. Einiges wenige Gute und viel großes Unheil hat diese Gabe der Natur über Erfurt gebracht.

Aber die dritte ihrer Gaben war der Stadt wieder nur zum Heil; auch zur Handelsstadt, zum Knotenpunkt der Verkehrswege hat die Natur und nicht der Wille der Menschen, nicht das Schicksal der Staaten Erfurt gemacht, und dies enthüllt sich gleichfalls vom Steiger aus mühelos dem Blick. Die Straße vom Westen nach Osten mußte durch diesen Kessel gelegt werden; jede andere wäre ein Umweg oder der Wegebaukunst des Mittelalters unmöglich gewesen. Und ebenso muß hier durch, wer von Süden nach Norden, vom Thüringer Wald nach dem Kyffhäuser und dem Harz will, aus Franken nach Sachsen. Die Bahnlinien, die sich hier oder im nahen Neudietendorf schneiden, folgen uralten Handelsstraßen, gewiß älter als unsere Zeitrechnung.

Noch mehr, auch die Gliederung der Stadt, ihr Werden und Wachsen läßt sich vom Steiger aus leicht erkennen. Was heut vor allem ins Auge sticht, die beiden kühn und schön geformten Berginseln im Westen, hat bereits vor Jahrtausenden die Menschen zuerst in Bann genommen. Darum weihten sie diese Felskuppen den beiden Gewalten, in deren Schutze sie hier wohnen wollten, den Göttern und der eigenen Kraft; auf dem Marienberg, der den Dom trägt, rauschte schon in uralten Tagen der Donarshain; den Petersberg krönte schon damals eine Wallburg wie heute die Zitadelle. Sie sind der Kern von Erfurt. Zu ihren Füßen, aber ehrfurchtsvoll durch einen großen Zwischenraum von ihnen geschieden, erwächst die Stadt und füllt allmählich den weiten Bogen der Wilden Gera voll, übervoll aus. Auf drei Seiten vom Fluß und dem ihn begleitenden Wall, auf der vierten von der Zitadelle geschützt, ist sie zugleich von ihnen umschnürt; wie dicht sind die hohen Häuser geschart, wie eng die Gäßchen, wie klein die Plätze. Um dieses alte Erfurt schießt nun von allen Seiten das neue empor: im Westen und Süden das Villenviertel, im Osten und Norden Fabriken, Arbeiter-, Schlacht-, Lager- und Krankenhäuser. Und endlich als Rahmen dieses Stadtbildes die Blumen- und Gemüsefelder.

In dieser Reihenfolge beschloß ich die Stadt zu besehen. Aber schwer war ich auf den Steiger gekommen, noch schwerer sollte ich hinunter. Als ich in den Biergarten kam, erkannte ich, daß mein Kutscher gleich seinem berühmten Namensvetter Anakreontiker war, aber in seiner Art; er war sternhagelvoll besoffen. »Das Bier is gar sihre gued«, sagte er zu seiner Entschuldigung und reichte mir freundlich sein Glas zum »Probiehren«...Ich äußerte meine Zweifel, ob er sich auf dem Kutschbock werde halten können. »Passiehren dhud nischt! Eech bin dooch von Gudhe her gewohnt, Bierfässer zu fahren!« Und in der Tat brachte er sich und mich heil auf den Friedrich-Wilhelm-Platz, wie der Domplatz offiziell heißt.

Die Erfurter gebrauchen keinen dieser Namen, ihnen heißt der Platz: »Vorm Grähden.« – »Warum?« fragte ich einen Barbier am Platze. »Ich find's in keinem Buch!«

Er sah mich erstaunt an. »Weil es so heeßt«, erwiderte er, und ein »Herr Doktor« titulierter Kunde lächelte ironisch über den seltsamen Fremden: »So was steht doch in keinem Buch!« Ich versuchte es nun mit einem Schuster; das sind ja die richtigen Grübler und Sinnierer. In der Tat traf ihn die Frage nicht unvorbereitet. »For gewiß«, sagte der wackere Meister bedächtig, »weeß man's nicht, aber hier duht man viel Fische äßen, besonders die Ghadolschen, und ghadolsch is ja die Girche, und Fische dhun viel Grähden ha'n; ob's nech dadervon kohmen dähte?« Es kommt nicht davon, sondern ist – ein seltener Fall in Mittel- und Norddeutschland, ein häufiger an Rhein und Mosel – die Verballhornung des einstigen lateinischen Namens: Forum ad gradus hieß der Platz im Mittelalter; es gibt also doch Bücher, in denen »so was« steht. Der »Platz an den Stufen«, denn eine mächtige Freitreppe führt von hier die Höhe des Marienbergs zum Dom empor. Der Platz ist wohl der größte Deutschlands – ich wenigstens kenne keinen größeren –, und des darf sich der Beschauer freuen; so ist ihm die richtige Perspektive für eines der herrlichsten Architekturbilder gegönnt, die wir in Deutschland haben, und das will gottlob was sagen. Als ein majestätisches Bauwerk wirkt der Dom, von wo immer gesehen, am schönsten erscheint er von der Ostseite dieses Platzes. Über riesigen steinernen Höhlungen steigt von hier aus dem Auge, alles andere deckend, das prächtige Chor empor; auch wer das Straßburger Münster oder St. Stefan zu Wien genau kennt, wird entzückt sein; dieser Teil des Doms gehört zu dem Edelsten und Feinsten, was die Gotik auf deutschem Boden geschaffen hat. Rechts vom Chor, über der Freitreppe, wird das reiche, edle Hauptportal sichtbar, und noch weiter zur Rechten schließen die drei spitzen, metallen schimmernden Türme der Severikirche das Bild ab. Wer es sieht, wird es nie vergessen.

Immer wieder, sooft ich den Dom oben genau besehen hatte, kehrte ich zu diesem Standort zurück, mir den vollen, reinen Eindruck wiederzugewinnen. Denn aus nächster Nähe sind nur einzelne Teile schön, aber andere nicht; weniges stimmt zusammen, und immer wieder drängt sich in die Freude des Genießenden eine Frage. Zwar welchen Zweck das Riesenwerk der »Gefahden«, wie die Erfurter sagen, der zyklopischen Steinbogen (cavatae) erfüllt, ist leicht einzusehen: der Hügel bot eben für ein großes Chor keinen Raum mehr, und so mußte der Boden künstlich erweitert werden; aber warum stößt das Chor in unschönem spitzen Winkel aufs Schiff? Das Chor (um 1350 erbaut) ist ja an sich herrlich, namentlich auch das Steinfiligran der Fenster von bewunderungswürdigem Reichtum der Phantasie, aber daß es, ohnehin viel breiter und höher als das Schiff, obendrein zu diesem schief steht! Auch die drei gewaltigen romanischen Türme aus dem 12. Jahrhundert, der älteste Teil der Kirche, wirken für sich betrachtet wuchtig genug, aber wer kann sie so betrachten? Sie erheben sich über der Stelle, wo Chor und Langhaus zusammentreffen, also gerade über dem spitzen Winkel, und recht sieht man sie nur von der Severikirche aus. Das Seltsamste aber, was man an der Außenseite des Domes gewahrt, ist zugleich ihr schönster Schmuck: das Hauptportal, das »Triangel«; an der Ostseite springt ein Dreieck hervor, in dem sich rechts und links eine Eingangstür öffnet. Beide Portale sind ganz herrlich, sie gehören zu dem Edelsten, was alte deutsche Bau- und Bildhauerkunst geschaffen hat, beide sind im Aufbau gleich; unter dem mit Rosenornamenten überkleideten Giebel die nach innen abgestuften Spitzgewölbe; verschieden sind nur die kleineren Ornamente und die Bildsäulen; am linken Portal die zwölf Apostel, am rechten die fünf klugen und die fünf törichten Jungfrauen und, um die Symmetrie zu wahren, die triumphierende Kirche und die besiegte Synagoge. In den kleinen Zieraten welche Fülle der Erfindung, in den Bildsäulen welche Kraft der Charakteristik; für die frühe Zeit, das 14. Jahrhundert, von wunderbarer Lebendigkeit des Ausdrucks; die Verzweiflung im Antlitz der törichten, der Jubel in dem der klugen Jungfrauen, der Stolz der Kirche, die dumpfe Trauer der Synagoge – wie hat der alte Meister dies alles verbildlicht! Aber es stört sehr, daß die beiden Portale zueinander und zum Schiff schief stehen, und sagt man sich, dieses Rätsel müsse sich eben aus dem beschränkten Raum, aus der Baugeschichte erklären, so hört doch die Empfindung nicht auf die Vernunft. Andere Rätsel wieder bleiben es auch für die Vernunft. Warum haben sie zwischen die alten Bildsäulen des Chors solche von gestern gestellt, warum wirkt von dem neuen Schmuck so weniges künstlerisch? Auch der Eindruck jenes riesigen Mosaikbildes, dessen goldiger Schein mir so unauslöschlich im Gedächtnis haftete, ist von hier aus kein reiner. Es schmückt den Westgiebel. Von tiefblauem Rahmen umgeben ein mächtiger Goldgrund, von dem sich in fünffacher Lebensgröße die Madonna in blaurotem Gewand, das Jesuskind auf dem Arm, abhebt. »Äächtes Gold«, sagen die Erfurter stolz, und daran zweifle ich nicht, aber mir war zumut, als müsse das grelle, gleißende Riesenbild dem feinen, altersgrauen Ornament des Giebels wehe tun. Offenbar eine Nachahmung des uralten Madonnenbildes an der Marienburg, aber derlei Experimente sind immer bedenklich; wir haben andere Nerven, andere Sinne. Ich denke, es ist nicht zu bedauern, daß kein anderer deutscher Dom sich neuerdings solchen Schmuck angetan hat.

Auch im Innern des Doms wird man die Fragen, die zwiespältige Empfindung nicht los. Der erste Eindruck bringt eine Enttäuschung; da ist nichts von der lichten Majestät des Straßburger, dem mystischen Zauber des Wiener Münsters. Ein recht freundlicher Raum, dem etwas Trivial-Behagliches anhaftet; das empfindet man sofort, aber es währt lange, bis man sich über die Gründe klar wird. Vor allem, der Raum ist fast quadratisch, nur winzig länger als breit; die beiden Seitenschiffe zudem viel breiter als das Mittelschiff; diese Form sind wir an Wohnräumen gewohnt, nicht an Kirchen. Auch stehen alle drei Schiffe unter einem Dache, und die Fenster sind in geringerer Höhe angebracht als sonst an Gotteshäusern; so fehlt das feierliche Licht von oben. Endlich aber, das im Winkel anstoßende Chor ist viel höher und heller; so hat man zunächst den Eindruck, als stände man in einem schief angebauten Vorraum des Chors. Erst allmählich überwindet man diesen Eindruck und kann das viele Schöne besehen, das hier zu finden ist.

Man kann es oder kann es nicht... Die Art, wie der Fremde hier behandelt wird, ist wirklich nicht nett und gottlob beispiellos. Es ist ein schöner, tiefsinniger Brauch der katholischen Kirche, die Gotteshäuser immer offen zu halten; am Erfurter Dom ist nur während der Messe ein

Pförtchen unverschlossen. Zufällig kam ich das erste Mal zu solcher Stunde, fand das Pförtchen und trat ein. Da stürzte mir ein Bediensteter der Kirche entgegen: Der Eintritt sei nur für
Erfurter frei; wenn ich etwa ein Fremder wäre, so hätte ich in der Küsterei eine Eintrittskarte
zu lösen; sie koste 60 Pfennige, dazu die »Beschreibung« 30 Pfennige, zusammen 90 Pfennige,
also sehr billig, fügte er bei, »anderswo kostet's eine Mark«. Ich ging und kaufte mir Karte und
»Beschreibung« (das wohlgemeinte Schriftchen eines enthusiastischen Archivars). Mir war seltsam dabei zumut und wahrlich nicht der 90 Pfennige wegen, sondern ich dachte: Du bist nur
hierhergekommen, um Schönes oder Merkwürdiges zu sehen, und bringst nur jene pietätvolle
Empfindung mit, die jedermann einer Stätte schuldet, die für Millionen seiner Mitmenschen
heilig ist, und du schon bist peinlich berührt. Wie erst mag's im Gemüt eines Fremden aussehen,
der diese Kirche betritt, um Trost zu suchen, sein Herz aus dem Staube zu Gott zu erheben,
und solchen Empfang findet?...

Die Begleitung einer langen, hageren Frauensperson war in den Preis inbegriffen. »Hier is«,
begann sie hastig, »die Gröhnung von Peter Vischern« – und kaum daß ich einen Blick auf den
herrlichen Erzguß geworfen hatte: »Bitte, Herre, nu aber weiter, mehr als zwanzig Minuten
kann ech nech bleiben.« Ich bot eine Mark, wenn sie mir Zeit ließe. »Unmaeglich, un wenn's
'n Dhaler wär. De Supp brennt mir sonsten an; d'r Herr Oberkirchner hält auf guedes Äßen.«
Da ging ich gleich, denn weitere neunzehn Minuten durch den Dom gepeitscht zu werden,
schien mir kein Vergnügen.

Die meisten wären nicht wiedergekommen, ich tat's und fing es diesmal sehr schlau an. Ich
kam am Nachmittag, wo der Gourmet bereits gespeist haben mußte, und umstrickte die kleine,
dicke Frau, die mir die Karte verkaufte, mit den raffiniertesten Verführungskünsten. Da sie ein
Mäulchen zog, weil ich die »Beschreibung« nicht nochmals kaufen wollte, so erwarb ich flugs ein
zweites Exemplar, »als Andenken an Sie!«, aber nun willfahrte sie auch meiner Bitte: »Sie wissen
gewiß am besten Bescheid und führen mich selbst.« Als sich das Portal hinter uns geschlossen
hatte und wir allein im Dom waren, da sank ich zwar vor der Holden nicht auf die Knie, aber
ich gab ihr eine Mark: »Sie lassen mir aber Zeit, erklären nichts und zeigen mir nur, wonach
ich frage.« Eine halbe Stunde hielt sie den Pakt ein, dann wurde sie ungeduldig: »Andere sind
in zehn Minuten fertig!«, und endlich erwiderte sie auf meine Fragen, wo dieses und jenes wäre:
»Das weeß ech nech!« oder: »Das wird nech gezeigt« oder gar: »Damit is nischt los!« Da ich aber
nicht glauben konnte, daß mit dem in jeder Kunstgeschichte gerühmten »Wolfram«, einem der
frühesten Erzeugnisse deutscher Gießkunst, »nischt los« sein sollte, so ließ ich eine zweite Mark
lockend an ihrem Horizont auftauchen. Aber diesmal versagte das Zaubermittel. »Nu müssen
meu Goffee drinken, lieber Herre, mei' Mann hält sihre druff.« O dieser Gourmet!...

Wenn ich all die Kunstschätze und Kuriositäten schließlich doch sehr gründlich sehen konnte,
so danke ich dies einem freundlichen Zufall. Auf einer Bank des Steigerparks kam ich mit einem
älteren Priester, einem Jesuiten vom Rhein , in ein langes, angeregtes Gespräch. Und wären zwei
Menschen durch noch so vieles getrennt, worüber jeder anders urteilt – wirklich trennend sind
nie Urteile, nur Vorurteile; und haben die beiden etwas gemeinsam, so finden sie sich ineinander;
hier war's die ehrliche Freude an der Kunst... In Begleitung dieses Mannes also habe ich den
Dom zum vierten Male betreten und zum ersten Male wirklich gesehen.

Es war der Mühe wert. Ich schreibe ja keinen Reiseführer noch will ich der famosen »Beschreibung« Konkurrenz machen, ich will persönliche Eindrücke wiedergeben und erzähle daher nur von dem, was im Guten oder minder Guten stark auf mich gewirkt hat. Das Schönste
scheint mir jener Erzguß des Peter Vischer – o Henning Göden, was warst du klug! Als Propst
rund, als Jurist spitz, hast du den Wittenberger Studenten vor 400 Jahren den Gaium und Ul-
pianum so fein ausgelegt, daß ihnen die ganze Welt wie ein Stachelgärtlein voll Paragraphen
erschien, und über die kleinsten Kontroversen hast du die dicksten Wälzer geschrieben und wä-
rest heute doch mit all deinen Büchern spurlos verschollen, wenn du nicht kurz vorm Sterben
den vortrefflichen Einfall gehabt hättest, um ein groß Stück Gold bei dem edlen Nürnberger Meister diese Votivtafel zu bestellen. Wer nun vor das herrliche Werk tritt, denkt freilich
zunächst nicht an dich und nicht einmal an den Meister, sondern läßt sich den Glanz dieser

stillen, schlichten Schönheit ins Auge leuchten – welche rührende Anmut umfließt die Gestalt und das in seliger Demut geneigte Haupt der Maria, während Gott Vater und Sohn die Krone über ihr halten; oben schwebt die Taube, und unten schalmeien die lieben Englein, und wie ein Widerklang ihrer feinen Musik tönt's uns durchs eigene schönheitsfreudige Gemüt. Schöneres hat selbst Peter Vischer selten gemacht als diese Tafel, nur das Sebaldusgrab und das Regensburger Christusrelief mögen noch herrlicher sein. Aber hat man sich dies alles gesagt, so gedenkt man auch deiner, Henning Göden, der du dich am Fußende mit deinem Schutzpatron, dem Evangelisten Johannes, hast abbilden lassen, und freut sich, wie klug du warst, doppelt klug, da du auch gleich eine Wiederholung für die Schloßkirche zu Wittenberg bestelltest.

Anders der zweite Donator, dem diese Kirche Herrliches dankt. Wir wissen nichts von ihm als den Namen: Wolfram Hilderich, und daß er ein starker Mensch war, stark an Körper, stark im Sündigen und stark im Büßen. So um 1100 mag der Hüne mit dem leidenschaftlichen Antlitz gelebt, genossen und gefehlt haben; es muß Schweres gewesen sein, womit er sich beladen, denn schwer war auch die Buße: er hat sich selbst als Büßer in Bronze formen lassen; die beiden flehend zur Madonna emporgehobenen Hände tragen je eine Kerze, aus dem demütig gesenkten Nacken steigt eine dritte hervor; auf dem Gürtel, der das härene Gewand zusammenhält, ist sein Name eingegraben und die Bitte, ihm flehen zu helfen, daß ihm die Gnade Gottes werde. Sie ist ihm geworden, denn seine Schuld ist vergessen, jedoch seine Buße erschüttert und erhebt noch heute die Herzen. Es muß ein begabter Künstler gewesen sein, der die Gestalt geformt hat, gleichwohl hätte er die Gestalt nicht so beseelen, mit so ergreifendem Ausdruck erfüllen können, wenn ihn nicht die unerhörte Aufgabe und sein unseliges Modell selbst ins tiefste Herz hinein bewegt hätten. Die Reliefs an der Hildesheimer Domtüre, das einzige ebenbürtige Werk aus den Anfängen deutscher Erzgießkunst, das sich mit dem »Wolfram« messen kann, sind ja in der Erfindung reicher, aber an beseeltem Leben steht der »Wolfram« auf einsamer Höhe.

Neben diesem Herrlichen enthält die Kirche viel Schönes. So Lucas Cranachs des Älteren »Vermählung der heiligen Katharina«, ein schönes Bild, das nur seine Vorzüge aufweist und namentlich von seinem schwersten Fehler, der Spießbürgerlichkeit, frei ist; das Holzrelief einer Grablegung Christi, das freilich weder von Adam Kraft noch von Veit Stoß, noch von Michael Wohlgemuth herrühren dürfte, denen es abwechselnd zugeschrieben wird, aber doch durch den edelschönen Kopf der Maria, das merkwürdig beseelte Antlitz der Magdalena diese Hypothesen begreiflich macht, während der Christus selbst durch seinen furchtbaren Naturalismus den Gedanken an diese Meister ausschließt; das Grabmal der 1576 ausgestorbenen Familie von der Weser in reichster und edelster Renaissance, rechts die Männer, links die Frauen, in der Mitte aber, ganz einsam, das schöne Kind, mit dem das Geschlecht ausstarb, ein rührendes Bild.

Schön und rührend ist auch ein Erzeugnis des Kunstgewerbes, ein Gemälde in Plattstich, das die heilige Jungfrau in Gestalt eines holden, anmutigen Bürgermädchens des 16. Jahrhunderts darstellt, und vor allem schön ist das Chorgestühl, soweit nicht daran herumrestauriert worden ist. Ernste und lustige, tolle und wehmütige Gesichter und Gestalten, die Tugenden und Laster der Menschen, dazwischen herrliche Arabesken, alles bis ins kleinste ausgestattet und individualisiert – eine ganze Welt im kleinen. Welch ein Künstler muß der Mann gewesen sein, der dies Gestühl im 15. Jahrhundert schnitzte, aber welch ein Stümper der Mann, der's im 19. restaurierte! Welch ein Stümper! – wo er sein Schnitzmesser ansetzte, ging die Schönheit zum Teufel. Wie war derlei möglich, fragt man sich, und nicht hier allein. Auf Schritt und Tritt begegnet man solchen Todsünden aus neuerer und neuester Zeit. Das größte und wohl ursprünglich beste Wandgemälde der Kirche, der »Christophorus«, einige Glasmalereien, dann ein alter mystischer hortus conclusus: »Die heilige Jungfrau, das Einhorn liebkosend« usw. usw. – sie alle mußten gerettet werden, und sollten sie darüber zugrunde gehen, und sie sind zugrunde gegangen! Restaurieren ist eine heikle Sache, ähnliches hat man auch anderwärts zu beklagen, nur nicht in solcher Fülle.

Auch Kuriosa, Werke, die immer nur seltsam, niemals schön gewesen sind, findet man hier öfter als in irgendeinem anderen der berühmten Dome Deutschlands. Die meisten Kapellchen, die den Raum einengen, das ohnehin nicht allzu harmonische Gesamtbild noch mehr trüben, sind nur eben solche Kuriosa; anderwärts hat man sie sacht hinweggeräumt, hier ist leider noch das meiste erhalten. Andere Kuriosa wieder müssen freilich bleiben, weil sie gleichsam Wahrzeichen der Kirche sind. So das Taufbecken von 1587. Der Deckel aus Holz, das Gefäß aus Sandstein, dessen symbolische Figuren fast den Eindruck machen, als ob sich der Meister einen Scherz hätte machen wollen; denn die »Weisheit« hat ein sehr albernes, der »Glaube«, der alles duldet und trägt, ein geradezu grinsendes, die »Hoffnung« ein düster verzweifeltes Gesicht, und die »Caritas« schleppt sich nutzlos an einem Bengel mit einem Riesenwanst ab, denn wird er noch weiter gepflegt, so erstickt er in seinem Fett...Nicht so drollig, sondern fast unheimlich wirken die Figuren an dem Sarkophag, der die Reliquien der Lokalheiligen Erfurts, Adelar und Eoban, umschließt. Die frommen Jünger des Bonifacius, von den Friesen erschlagen, als sie diesen ihre Donareichen fällten, haben nach dem Tode nicht minder zu leiden gehabt als zu ihren Lebzeiten. Auf rätselhaften Wegen, über welche die protestantischen Humanisten des 16. Jahrhunderts die verruchtesten Scherze machen, gelangten ihre Gebeine nach Erfurt und wurden unter dem Holzkirchlein, aus dem der Dom erwuchs, bestattet; durch einen seltsamen Zufall, den dieselben bösen Skribenten gleichfalls auf ihre Weise ausdeuten, wurden diese Gebeine dann nach Beginn des Dombaus in einem Augenblick (1154) aufgefunden, da die Geldmittel stockten; die Ausstellung der Reliquien zur öffentlichen Verehrung brachte so viel ein, daß der Bau fortgesetzt und für die Gebeine ein silberner Schrein hergestellt werden konnte, der wieder von einem steinernen umschlossen war. Fast vier Jahrhunderte ruhten sie da geborgen, bis 1525 der nun protestantisch gewordene Rat der Stadt den Silberschrein einschmelzen ließ, Münzen daraus zu schlagen. Dies steht fest und ebenso, daß der Steinsarg auseinandergenommen wurde, aber wo inzwischen die Reliquien blieben, weiß man nicht, welchen Umstand die lutherischen Spötter wieder weidlich ausnutzen. Gewiß aber ist, daß der Sarkophag längst wieder zusammengefügt und leider in neuester Zeit auch restauriert worden ist. Da sieht man in bunter Reihe eine Exorzisation, Krieger und Priester, Heerführer und Schwertträger, Mönche und Laienbrüder und Schalksnarren, eine schwer auszudeutende Reihe, und rätselhaft ist vor allem eine Gestalt: ein Bischof mit einem Schwert, auf das ein Buch gespießt ist. Alles arg restauriert, fratzenhafter geformt und greller koloriert, als es ursprünglich gewesen sein kann...Endlich das berühmteste Kuriosum der Kirche, das Grabdenkmal des Grafen von Gleichen mit seinen beiden Frauen; die Figuren aus bemaltem Sandstein; in der Mitte ein sehr kräftiger Ritter mit langem Haar, links eine blonde, rechts eine braune Frau, die blonde mit kurzer, die braune mit langer Nase; die Blonde hält ein Buch in der Rechten und die linke Hand auf dem Magen, die Braune deutet mit der Rechten auf ihr Herz und läßt gleichfalls die Linke auf dem Magen ruhen. Dazu erzählte mir meine dicke Gönnerin auf meine Bitte die Legende: »Der Herr in der Mitte hat sich Graf Ernst von Gleichen geschrieben und war ein tapferer Ritter, und die blonde Dame links hat sich Ottilia geschrieben, und beide haben in christkatholischem Ehebunde gelebt, und zehn Kinder haben sie gehabt, manche sagen, es waren nur fünf Kinder, aber es waren zehn. Da nehmen auf einmal die Türken Jerusalem weg, also natürlich muß die ganze Ritterschaft es ihnen wieder herausreißen, und wie der Graf die Zustellung bekommt, daß er mit muß, sagt er: ›Ottilia, bleib mir treu!‹, und sie weint und sagt: ›Ernst, wenn du nur mir treu bleibst.‹ Aber wie er in die Wüste kommt, fangen ihn die Türken wegen seiner Tapferkeit zuerst weg, und wie er in die Festung kommt, sieht ihn eine wunderschöne Türkin, welche sich Melechsala, Landgräfin vom Ägypterland, geschrieben hat, und kommt gleich zu ihm und sagt ihm: ›Ernst‹, sagt sie, ›wenn Sie mich heiraten wollen, so fliehe ich mit ihnen, und wenn Sie nicht wollen, werden Sie erschossen.‹ Da sagt er: ›Wie Gott will!‹ und erzählt ihr alles, so und so, ein Weib und zehn Kinder, ›und‹, sagt er, ›Ich bin ja ein Katholik, wie kann ich zwei Weiber haben, und dieses darf sogar kein Lutherischer oder Jüdischer tun.‹ Aber dann gibt er zum Glück nach, weil sie ihn nämlich sonst wirklich erschossen hätten, und fährt mit ihr nach Rom und erzählt dort dem Heiligen Vater alles, nämlich Lebensgefahr, so und so, und da sagt der Papst: ›Das is was anderes‹, sagt er und traut ihn mit ihr und sagt: ›Nun gehet heim, und wenn Ottilia böse ist, so gebt ihr diesen Brief.‹ Aber das war nicht nötig, denn sie war eine gute Frau und hat sich mit der Melechsala niemals nicht gezankt. In einem Bette haben alle drei geschlafen, und dieses Bett hat noch meine Großmutter gesehen; und auf der Wartburg ist die ganze Geschichte abgemalt. Dieses Bett hat auf der Gleichenburg gestanden, und wer einen Splitter davon bei sich getragen hat, ist niemals nicht eifersüchtig geworden, und das war gut, aber die Franzosen haben leider das Bett aus Bosheit verbrannt. Im Kloster am Petersberg waren die drei beerdigt, unter diesem Stein hier, aber wie aus dem Kloster ein Heumagazin geworden ist, hat man den Stein hergeschafft samt den drei Schädeln, aber der hochselige Herr Propst hat gesagt: ›Die Schädel tun wir weg, in geweihte Erde tun wir sie‹, sagt er, ›denn so gebietet es die Religion, und den Appetit verschlägt's einem auch.‹ Und so steht nur noch der Stein hier. Dieses, mein lieber Herr, ist die wahre historische Erfindung, auch wenn es im Buch anders steht.« Allerdings steht es »im Buch« anders. Das Grabdenkmal ist das eines Grafen von Gleichen, der zweimal kinderlos vermählt gewesen und nun mit beiden ihm gleich teuern Frauen vereint im Grabe ruhen wollte. Ein anderer des Geschlechts brachte ein sarazenisches Kebsweib aus dem Morgenlande heim; ein dritter endlich ließ aus zwingenden Gründen – er wie seine Gattin waren sehr dick – das ungewöhnlich breite Ehebett zimmern, dessen Splitter tatsächlich als Mittel gegen Eifersucht galten und das wirklich erst 1813 von den Franzosen als Heizmaterial verbraucht wurde. Aus diesen drei Tatsachen schuf sich der dichtende Volksgeist die »wahre historische Erfindung«...

Kein uraltes Gotteshaus, an dem unzählige Geschlechter der Menschen bauten und schmückten, jedes im heißen Drang, sein Bestes zu geben, aber jedes aus seinem Geschmack heraus, kann einen ganz einheitlichen Eindruck machen. Aber einen zwiespältigeren als der Dom zu Erfurt macht kaum eines. Darin stimmten mein geistlicher Begleiter und ich überein. Die Seltsamkeiten im Bau erklären sich leicht aus dem beschränkten Raum des Felsens und aus einer fast beispiellos bewegten Baugeschichte, die gleichermaßen auf den Willen der Elemente wie auf den Ehrgeiz der Priester zurückzuführen ist, und ähnlich erklärt sich die Buntheit der inneren Ausstattung. Das Holzkirchlein aus dem 8. Jahrhundert weicht bald einem größeren; der romanische Steinbau des 12. Jahrhunderts füllt bereits, dank jenem Reliquienfunde zu rechter Zeit, die ganze Felskuppe. Da schaffen die 1236 hier begangene Kanonisation der Landgräfin Elisabeth und ein sehr billiger Ablaßtarif neue große Mittel; so ersteht das herrliche Hauptportal, aber weil der Raum fehlt, nur eben als Triangel, der zugleich den Durchzug der riesigen Wallfahrerscharen gestattet; zur Türe links treten sie ein, legen ihre Gabe in den Opferstock und gehen schon nach drei Schritten durch die Türe rechts ab, aber für beide Teile ist der Zweck erfüllt: die Wallfahrer waren in dem Dom, und der Bauschatz hat sein Scherflein. So kann auch das Riesenwerk der »Cavaten« und das neue herrliche Chor errichtet werden, schon wird ein Neubau des Schiffs in gleicher Pracht geplant, da beginnt ein Hagel von Unglück: 1416 stiften berauschte Diener der Kirche einen Brand an, der das Obergeschoß der Türme vernichtet, bei dem Neubau wird das Gewölbe des Schiffs unvorsichtig belastet und stürzt 1452 zusammen, 1472 folgt eine zweite Verheerung durch Feuersbrunst. Abermals wird der Reliquienschatz gemehrt, eine selbst für jene Zeit unerhörte Verbilligung des Ablaßtarifs tritt ein; aber so riesige Summen wie bisher fließen nicht mehr ein; schon geht jenes dumpfe Murren durch Deutschland, dem dann der Bergmannssohn aus Eisleben glockentönige Worte leiht; selbst Tetzel, der geschickteste Ablaßkrämer des Domes – seine Kanzel wird noch heute pietätvoll die Tetzelkanzel genannt –, bringt nicht allzuviel ein, obwohl er schon für einen Groschen im vorhinein vom Ehebruch absolviert; sich selber absolvierte er ja davon bekanntlich noch billiger, nämlich ganz gratis. Mühsam wird so viel aufgebracht, um Türme und Schiff aufbauen zu können; aber für gute Meister reicht's nicht; lediglich Fehler im Bauplan verschulden zum Beispiel die schiefe Stellung des Langhauses zum Chor und die anderen Unregelmäßigkeiten, auch im Innern muß mehr auf Größe und Vergoldung als auf künstlerischen Wert des Zierats gesehen werden. Anderwärts greift in derlei Fällen der Landesherr, der Bischof, die Stadt hilfreich ein. Hier tun sie wenig. Geistlicher und weltlicher Fürst zugleich ist der Erzbischof von Mainz; der erste Bischof von Erfurt, der heilige Adelar, ist zugleich der letzte, weil die Nachfolger des heiligen Bonifacius auf dem Mainzer Erzstuhl die Neubesetzung zu verhindern wissen; sie wollen die kräftig aufblühende Stadt, das reiche Gebiet selbst behalten. Aber bald erobert sich die Stadt eine gewisse Selbständigkeit; auch um das Gebiet muß Mainz oft streiten; die Einkünfte sind schmaler als erhofft, obwohl noch immer groß genug, aber etwas davon abzugeben sind die Mainzer Herren nicht gewillt. Auch eine andere Erwägung läßt sich zwischen den Zeilen der alten Urkunden lesen, es ist den Mainzern schon recht, wenn die Kirche schön und groß ist, aber sie ist doch nur eben die Ecclesia Beatae Mariae Virginis, die Stadtkirche von Erfurt, der ein simpler Propst vorsteht, schöner und größer als der Mainzer Dom braucht sie nicht zu werden. Ist einmal allzugroße Ebbe in der Baukasse, so schafft der Erzbischof vom Papst ein neues Ablaßprivileg oder vermittelt eine Mehrung des Reliquienschatzes (so muß zum Beispiel einmal Fulda ein Teilchen vom Leichnam des heiligen Bonifacius abtreten, gibt aber nur ein unansehnliches Knöchelchen, über welchen Geiz der Fuldaer große Entrüstung herrscht) oder empfiehlt den braven Tetzel; Geld gibt er nicht. Und die Stadt wird auch immer karger; liegt sie doch mit dem Erzbischof immer heftiger im Streite. Kaum aber ist das Gotteshaus (um 1500) wieder leidlich fertig, als die »Pfaffenstürme« losbrechen; die Stadt wird vorwiegend protestantisch, mehr als einmal machen Bauern und Bürger »Anleihen« bei der Schatzkammer des Doms; 1631-33 ist er durch Gustav Adolfs Macht die protestantische Hauptkirche Thüringens. Bald freilich fällt Erfurt wieder an Kurmainz, schwer liegt die Hand des Erzbischofs über der Stadt, aber sie bleibt vorwiegend protestantisch, seit dem Dreißigjährigen Krieg ist höchstens ein Fünftel der Einwohner katholisch. Das erklärt manches: zwar an Geld fehlt's nun längst nicht mehr, es ist sogar seit Jahrzehnten überreich vorhanden, weil seit Jahrzehnten das ganze katholische Deutschland beisteuert, aber ein geistiges Zentrum des Katholizismus und damit auch eine Stätte feinen kirchlichen Kunstgeschmacks wie Köln oder Straßburg, Mainz oder Wien war Erfurt nie...

Geld ist nun da, sag ich, und darum könnten die Herren die Besuchsordnung ebenso würdig und praktisch regeln wie in Köln oder Straßburg. Und auch etwas anderes könnte würdiger geordnet sein; die Cavaten sind als Lagerräume für Porzellan, Eisen, Sämereien usw. vermietet. Das stört nicht, solange die Räume geschlossen sind. Aber sie sind selten geschlossen, und in jedem Raum steht die Geschäftstafel des Mieters, auch Verkäufer mit freundlich einladender Miene werden ab und zu sichtbar. Als der Pater an meiner Seite die Treppe des Doms hinabstieg und diese offenen Lagerräume am Gotteshause sah, blieb er stehen, und glühende Röte schlug über sein edles, durchgeistigtes Antlitz, dann wurde er sehr bleich. Wir gingen weiter, noch einmal blieb er stehen, setzte zum Reden an, schwieg dann aber. Es war auch nicht nötig. Ich verstand ohne Worte, was sein feines, frommes Gemüt dabei empfand...

Der Dom zu Erfurt ist sehenswert, aber seltsam und der Widersprüche voll. In noch weit höherem Maß gilt dies alles von dem Stadtbild. Und nun ich von diesem zu reden beginne, habe ich sowenig wie bei Zerbst und Wörlitz die Unterbrechung zu fürchten: »Aber das ist ja bekannt!« Denn auch Erfurt kennt man nicht, und es ist mir rätselhaft, daß von den Millionen Touristen, die alljährlich vorbeisausen oder ringsum den Sommer verbringen, so wenige herkommen.

Keine Fremdenstadt; man merkt's überall, nicht bloß an Christoph Martin Wieland und Genossen. Ich sehe davon ab, daß ich in den Sammlungen am Hospitalsplatz der einzige Besucher war, während ich im Museum am Anger leider ein einheimisches Liebespaar störte. Und wenn in Gretchens braunen Augen (so hieß sie; »Gretchen, schnell noch einen Kuß, da kommt der Kerl wieder!«) die bange Frage stand: »Wenn Erfurter junge Liebe sogar im Museum nicht mehr sicher ist, wohin soll sie noch flüchten?«, so antworte ich: »Getrost, Kinder, diese Stellen märchenhafter Einsamkeit bleiben euch erhalten!« Denn wissenschaftliche Sammlungen sind nicht jedermanns Sache, und im Museum kann man nur erfahren, daß auch in Erfurt mittelmäßige Maler geboren worden sind. Aber warum trifft man hier auch an interessanten Orten so wenig Fremde?

Die Antwort ist schwer. Bauernfeld erwiderte mir einmal auf eine ähnliche Frage – es war von Wien die Rede –: »Wer erwartet hier die Fremden?« Natürlich ist auch daran was, und in Erfurt erwartet sie niemand. Alles, was man Fremdenindustrie nennt, in argem Gegensatz zur Größe der Stadt; die Sehenswürdigkeiten schwer oder gar nicht zugänglich. Der katholische Dom hat doch mindestens eine, wenn auch recht eigentümliche Besuchsordnung; die evangelischen Kirchen aber – nach meinen Erfahrungen geht eher ein Kamel durchs Nadelöhr, ehe denn ein Fremder in ihr Inneres gelangt.

Hier einige dieser Erfahrungen. Die Barfüßerkirche, ein massiver, frühgotischer Bau, der Turm ein Prachtstück, das Innere angeblich ebenbürtig, die Türe verschlossen. Ich frage die Vorübergehenden, wo ich den Küster finden könne. Nummer eins, dicker Schlächter, mürrisch: »Weeß nich!« Nummer zwei, Gebildeter, belehrend: »Hier sieht man sich nur den Dom an!« Nummer drei, dünner Schneider, lächelnd: »Aber da is ja jetzt keene Katz drinne! Was wollen Sie da siehn?« Endlich Nummer vier, ein Kanzleirat, oder doch einer, der das Würdevolle an sich hat: »Aber, mein Herr! – Der Eintritt ist ja doch durch dies Gäßchen rechts rum, übern Hof!« Nun ja, die Fremden sind so unglaublich dumm, sie fragen nach Dingen, die jedes Kind in Erfurt weiß, aber dann muß man sie auch mitleidig zurechtweisen. Ich fand den Hof und da – ja, eine Tafel! – die Besuchsordnung! Aber auf der Tafel stand: »Unbefugten ist der Zutritt zum Schulhof untersagt. Der Magistrat.« Ich überlege: Das ist also ein Schulhof, diesen zu betreten bin ich unbefugt, aber da hier zugleich der Eintritt zu einem der schönsten Bauwerke dieser Stadt ist, so darf's der Kunstfreund wagen. Nur nützte es mir nichts; auch diese Pforte ist geschlossen; zehn Minuten dauert's, bis ich die Wohnung des Küsters erfrage, weitere zehn, bis ich sie finde – aber »där Häär schläääft seit Ains«, sagt sein Mädchen. Nach der Breite ihres Dialekts zu schließen schläft er behaglich. Küsterschlaf ist heilig, aber es ist fünf, ein Nachmittagsschläfchen von vier Stunden ist für Nicht-Küster genügend, so murmle ich was von gutem Trinkgeld, Kirche besehen usw. »Und darum soll äch ihn wääcken?« ruft sie entrüstet und wirft mir die Tür vor der Nase zu. So hatte ich ein halbes Stündchen ebenso nützlich wie angenehm verbracht.

Nicht besser erging's mir bei der Predigerkirche. Gleichfalls ein frühgotischer Bau, das Innere ein Juwel nach dem Urteil aller, die es gesehen; nachdem ich mit schwerer Mühe die Wohnung des Küsters erfragt, war er nicht zu Hause. Ich mochte wohl eine sehr betrübte Miene gemacht haben, denn die Frau tröstete: »Aber Sie können's ja uffschreiben! Is es än Junge oder än Mächen?« Sie hielt mich für einen glücklichen Vater, der ein Kind zur Taufe anzumelden kam. Schüchtern gestand ich ihr meinen Zweck. »So, so!« sagte sie. »Ja, das will bald alle Monate einer, aber merschtentels is es nischte dermit!« Auch bei mir war's »nischte dermit«. Was endlich die uralte Reglerkirche von 1135 betrifft, deren Inneres als wohlerhaltenes Muster romanischen Stils gerühmt wird, so mag sie vielleicht auch einen Küster haben, aber – das behaupte ich steif und fest – dieser Küster wohnt nicht, denn sonst hätt ich ihn gefunden; suchte ich ihn doch schließlich mit Hülfe eines mitleidigen Schutzmanns...

Aber, wird man fragen, gibt's keinen Spezialführer für Erfurt, der über derlei Dinge Auskunft gibt? Freilich gibt's einen, sogar einen offiziell von der Stadt geförderten, aber der Herr Verfasser feiert nur eben alles in und um Erfurt mit denselben überschwenglichen Phrasen und in demselben üblen Deutsch; der Mann hat seinen Beruf verfehlt, welch ein schlechter Lyriker hätte er werden können! Sein Führer enthält vielerlei, was kein anderes solches Büchlein bietet, zum Beispiel ein Verzeichnis der Wohltätigkeitsanstalten, die gemütvollen Verse eines geborenen Erfurters, der sich nun »im Sand der Marken« vergeblich nach seiner Heimatstadt sehnt, weil ihm »das Geschäft gebieterisch in die Zügel fällt«, auch eine Übersicht der Volks- und Bürgerschulen, kurz, was so der Fremde vor allem braucht, aber so nüchterne Angaben, wann und wie man etwas zu sehen kriegt, entstellen das empfehlenswerte, bei Orell Füßli in Zürich erschienene Buch nicht. Auch mit der alten Schablone, wonach den Nummern des Stadtplans immer eine arithmetisch geordnete Erklärung dieser Nummer beigefügt wird, so daß man, wenn man ein Gebäude sucht, seine Nummer finden oder, wenn man nach dem Plane geht, erfahren kann, was Nr. 172 bedeutet, ist hier gebrochen, ein solches Verzeichnis gibt es nicht, und der Plan selbst ist auch was ganz Neues. Sonst ist auf allen Karten und Plänen der Welt rechts Osten, links Westen, oben Norden, unten Süden; hier ist mal zur Abwechslung oben Westen, unten Osten, rechts Norden, links Süden, was für den Fremden, der gewohnt ist, sich gleichzeitig nach dem Plan und dem Sonnenstande zu richten, ein unfehlbares Mittel ist, binnen einer Viertelstunde vor Ärger aus der Haut zu fahren. Das aber wird nur der Choleriker tun; der Sanguiniker hingegen wird nach Baedekers kleinem, aber klaren Plänchen gehen und diesen großen, auf schönem

Papier gedruckten Plan einem anderen Zweck zuführen. Ich bin ein Sanguiniker... Noch eins, auch nichts Großes, aber wie bezeichnend! In allen guten, alten Städten gibt's aus den guten, alten Tagen gute, alte Steinbänke auf jedem Platz, auf jeder Stelle, von wo man einen hübschen Blick hat, und in neuester Zeit fügen die Städte mit Fremdenverkehr neue bequeme Holzbänke mit Rückenlehnen hinzu; der Wanderer dankt's ihnen im stillen, der Einheimische vielleicht nicht minder. Ohne Zweifel gab's auch in Erfurt einst viele solche alte Bänke; noch heut sieht man Reste davon, aber die meisten sind entfernt und neue nicht hinzugekommen. Wozu auch? Man läuft hier eben seinen Geschäften nach. Um mir auch einmal ein Superlativ zu gönnen: Erfurt ist die bankloseste Stadt Deutschlands.

Aber doch auch eine der sehenswertesten. Nein, daraus allein, daß sich hier niemand um den Fremden kümmert, ist der schwache Besuch nicht zu erklären. Es ist ja wahr: der Fremdenverkehr geht nur nach Orten, die Rücksicht auf die Gäste nehmen, aber noch viel wahrer ist, diese Rücksicht wird nur dort genommen, wohin der Strom geht. Ich glaube also, es hat einen anderen, sehr triftigen Grund; in vielem ist der aufrechte Zweibeiner, homo sapiens, ein Herdentier, aber am meisten in der Wahl seiner Reiseziele; nach Erfurt geht man nicht, weil man eben nicht hingeht. Und das ist schade. Die alte Erfordia ist keine lachende Schönheit, die jeden fesseln muß, aber ihr unschönes, leiddurchfurchtes und doch von unverwüstlicher Lebenskraft durchstrahltes Antlitz wird jedes erfahrene Auge fesseln. Und im Bilde zu bleiben: gerade den Frauenkenner wird das Weib anziehen... Welch ein Stadtbild! Alt und neu, schön und häßlich, Zeugnisse feiner, üppiger Kultur und öder Armseligkeit in buntem Gemisch, auf Schritt und Tritt. Ähnliches mag man, ehe wir wieder eine leidlich wohlhabende Nation geworden sind, zuweilen in Deutschland getroffen haben – ich denke zum Beispiel an Königsberg in Preußen –, aber in so scharfem Anprall der Gegensätze nicht, und für unsere Tage scheint mir das Stadtbild von Erfurt nach dieser Hinsicht vollends einzig. So einzig, daß es zu schildern schwer ist. Und ganz unmöglich wäre die Aufgabe zu lösen, wenn ich gleich mit dem Nebeneinander beginnen wollte. Erst will ich's mit dem Nacheinander versuchen und andeuten, was alles da vorging und was alles man da noch sehen kann, und dann erst, in welchem Gemisch hier die Steine, wirr durcheinander, die wild bewegte Geschichte von mehr als einem Jahrtausend erzählen.

Eine ur-, uralte Stadt – das ist, wie der erste, so der bleibende Eindruck –, eine Stadt, über der ungeheure Schicksale gewaltet haben. Während anderwärts die Geschicke sich sacht abspannen, abwechselnd trüb und heiter, wie nun einmal Menschenlos ist, wechseln hier volles Glück und schlimmstes Verderben. Und beide kommen aus derselben Quelle, dem Willen der Natur. Sie hat – sahen wir schon – Erfurt zur »Stadt der Ackerbauer«, zu einem Knotenpunkt des Verkehrs gemacht, und darum bestimmt sie der heilige Bonifacius zum Mittelpunkt seiner Tätigkeit für die Christianisierung Mitteldeutschlands, zum Bischofssitz. Aber weil Stadt und Gebiet Erfurt ein so lockender Besitz sind, reißt sie Mainz an sich und legt ihnen dadurch eine furchtbare, ein Jahrtausend währende Fessel auf. Hier laufen – sahen wir ferner – die Handelswege von Ost und West, Nord und Süd zusammen; die Natur bestimmt Erfurt zum Handelsplatz, zur reichen Stadt, aber Reichtum weckt Habsucht; nach der »Henne, die die güldenen Eier legt«, strecken sich immer wieder begehrliche Fäuste und drehen ihr schier den Hals um; und was das schlimmste ist: auch den Sinn und die Kraft der eigenen Bürger verwirrt und entnervt in mehr als einem entscheidenden Augenblick das rote Gold. So ist hier alles Fluch und Segen zugleich, zumeist natürlich jenes dritte, dessen gleichfalls bereits gedacht ist: der Kranz von Felsen und wildem Gewässer, der Erfurt zur Festung macht. Ist's nicht die Üppigkeit des Bodens, so ist's der Reichtum des Stapelplatzes und zwischendurch die Bedeutung der Festung, die Erfurt immer wieder zerstören und aufbauen. Eine richtige Schicksalsstätte.

Große Menschen haben immer auch, oft nur kraft ihres genialen Instinkts, den Sinn für eine solche Stätte; sie drücken gleichsam ihr Siegel auf die Schrift der Natur. Dem heiligen Bonifacius, der erkennt, daß diese Stadt kraft der Fruchtbarkeit ihres Bodens ein unverwüstliches Leben hat, gesellt sich Karl der Große, der ihre Bedeutung als Stapelplatz erfaßt, den Marktverkehr regelt, einen eigenen Vogt zu ihrem Schutz bestellt. Die Stadt erblüht wie Baum und Blume auf ihrer Flur, in üppiger Kraft, mit einer unter deutschem Himmel seltenen Raschheit. Dem Mainzer Erzbistum untertan, wird sie zugleich Königspfalz; hierher beruft schon Ludwig der Deutsche einen wichtigen Reichstag, hier läßt Heinrich I. seinen Sohn Otto zum König wählen. Unter Umständen läßt sich zweien Herren besser dienen als einem: die Macht des Königs und die des Erzbischofs, beide nicht scharf abgegrenzt, lassen Raum für die Entwicklung eines Bürgertums, in dem sich Trotz und Kraft der alten Thüringer fortzuerben scheinen. Aber Otto III., in seiner Mischung von Herrschsucht und Askese wahrlich ein »Wunder der Welt«, tritt seine Rechte an Kurmainz ab, und Heinrich IV. leiht dem Erzbischof den gewappneten Arm, die Stadt dem Zehnten zu unterwerfen. Es geschieht nicht kampflos; Erfurt verjagt 1074 den Erzbischof und wird dann niedergeworfen und gezüchtigt. Nun ist der Mainzer sein Herr, aber auch der Landgraf von Thüringen will sein Teil an den »güldenen Eiern«, reißt die weltliche Gerichtsbarkeit an sich und setzt den Grafen von Gleichen als Stadtvogt ein. Das ist gleichermaßen ein Unglück wie ein Glück für die Stadt; denn natürlich kommen Landgraf und Erzbischof bald über die Henne in Streit; der Landgraf zerstört die Erfurter Stadtmauer, der Erzbischof baut sie mit Hülfe der Bürger wieder auf; ein andermal jagen die Bürger mit Hülfe des Landgrafen die Mainzer zur Stadt hinaus, und wieder einmal stehen Vogt und Stadt gegen den Landgrafen zusammen. So nehmen Kampf und Wirrnis kein Ende, aber weder der Mainzer noch der Thüringer, noch der Vogt können die Hülfe der Bürger missen; das ist das Glück dabei. So kommen die Bürger im 12. Jahrhundert zu immer größerer Bedeutung; nach jeder Fehde blüht Erfurt kräftiger auf; 1177 durch ein grimmes Ringen mit dem Landgrafen verwüstet und geschwächt, steht es vier Jahre später, 1181, so stolz da, daß es Friedrich Barbarossa zum Platz eines Schauspiels wählt, für das er eine besonders glänzende Folie braucht: hier muß sich Heinrich der Löwe vor ihm beugen. Dieses jähe Aufblühen nach jeder noch so harten Prüfung kommt einem Wunder gleich.

Aber es war kein Wunder, und wir wissen bereits die Erklärung. Rings um die Stadt wogte schon damals nicht Weizen oder Gerste, sondern das Blaugrün des Waids und das Goldgelb der Rapsblüte. Der Waid (Isatis tinctoria L.), im Mittelalter der einzige blaue Farbstoff, war bis ins 17. Jahrhundert hinein, wo ihn der Indigo totschlug, die Hauptquelle von Erfurts Macht und Reichtum; nicht aller Waid wurde hier gebaut, aber fast aller hier gehandelt; drei Tonnen Goldes, sagen die Chronisten, habe er jährlich der Stadt eingebracht; nicht Tausende, Zehntausende lebten als Waidjunker und -bauern, als Fuhrleute und Färber von der Blattrosette der unscheinbaren Pflanze. Auch Hopfen bauten sie und brauten früh vortreffliches Bier; dabei bogen sich in jener gesegneten Zeit die Spaliere auf den sonnigen Hängen um Erfurt von schweren Reben – die Weinkultur gehört zu dem wenigen Guten, was den Erfurtern von Mainz her wurde, der Erzbischof sandte Winzer und Schößlinge vom Rhein. Daneben bauten sie Anis und Koriander, vor allem aber das beste Gemüse in Deutschland; Blumen, wie man sie sonst kaum wo sah: »des Heiligen Römischen Reichs Gärtner« hießen die Erfurter erst später, aber sie waren es schon im 12. Jahrhundert. Gerühmt wird auch die Bienen-, als Wichtigeres aber die Rinderzucht; so große Wiesen wie andere Ackerbürger hatten die von Erfurt nicht, dazu war der Boden zu kostbar, aber um so üppiger schoß hier auf den kleinen Weideflächen das Gras empor. »Ein Kanaan, wo Milch und Honig fließt«, erschien jenes alte Erfurt seinen Dichtern und Chronisten.

Man sieht, die »Stadt der Ackerbauer« war Erfurt geblieben, aber daneben war es schon längst zu einer Stätte blühenden Gewerbefleißes geworden. Was immer deutsche Bürger vor 700 Jahren zustande brachten, konnten die Erfurter auch, und einiges besser als andere; die Schwertfeger, die Löwer (Gerber), die Schegener (Flachsweber) und die Tuchmacher waren weithin berühmte Gilden; die berühmteste von Erfurt war nur hier zu finden, die der Weiter, der Färber und Händler mit Wald. Gleich viel Geld aber brachte der Handel in die Stadt, »die Erfurter Bürger durften sich rühmen, daß ihre Stadt im Warenvertrieb einem Herzen gleiche, von und nach dem das Adernsystem das ganze deutsche Vaterland durchziehe« (A. Kirchhoff, »Die ältesten Weistümer der Stadt Erfurt«). Von Norden kamen Heringe und Eisen, von Süden Nüsse, Gewürze und Seide, von Osten der Bernstein und die Salben des Morgenlandes, von Westen Juwelen und kostbare Stoffe. Die Natur hatte Erfurt die günstige Lage beschieden; die Menschen aber schufen gute Straßen und kluge Gesetze. Wer nur durch Erfurt fuhr, mußte

Zoll erlegen; wer hier stapelte, blieb von Abgaben frei. So ernährte auch der Handel Tausende; in Erfurt hungerte niemand. Wohl aber anderwärts in dieser harten, dunklen Zeit. Daher wirkte Erfurt wie ein Magnet, und jede Lücke, die Feuer und Schwert in die Reihen rissen, fand zehnfachen Ersatz.

Nicht bloß die Bücher erzählen von diesem Erfurt um 1200; man sieht noch heute seine Spuren, nur muß man die Augen recht gebrauchen. Freilich, eine Waid habe ich nicht gesehen, sooft ich auch bei meinen Gängen durch Felder und Gärten nach dem schlanken Stengel mit pfeilartig aufsitzenden Blättern ausspähte. Und doch wurde sie zuletzt noch vor 90 Jahren, während der Kontinentalsperre, wo der Indigo nicht ins Land konnte, im großen angebaut und selbst vor 40 Jahren noch zeitweilig als Hackfrucht gezogen. Heut bin ich ihr zwar anderwärts in Thüringen begegnet, bei Arnstadt zum Beispiel, in Erfurt nicht. Selbst in den riesigen Gewächshäusern und Plantagen von J. C. Schmidt und Benary suchte ich diese größte Wohltäterin Erfurts vergeblich. »Waid?« antwortete mir beim Blumenschmidt ein höchst eleganter Verkäufer. »Unbekannt! Selbst geborener Erfurter! Nie gehört!« Man darf von einem Herrn, der zu beschäftigt ist, um in ganzen Sätzen zu sprechen, nicht verlangen, daß er die Geschichte seiner Vaterstadt kenne, aber daß heute kein Erfurter Kind erfahren kann, wie die Pflanze ausgesehen hat, ohne die es vielleicht jetzt kein Erfurt mehr gäbe, hat mich doch gewundert. Freilich, wir Menschen sind selbst gegen Menschen nicht dankbar – und sollten es gegen Pflanzen sein? Auch daß es noch eine Weitergasse in Erfurt gibt, spricht nicht dagegen; sie zweigt vom Anger ab, wo die Waidmärkte abgehalten wurden. Allerdings mögen nicht alle Erfurter wissen, warum sie so heißt; mein feuchter Gönner Christoph Martin Wieland zum Beispiel, dessen Droschke ich aus Verehrung für den »Oberon« noch oft benützte, wußte es nicht. Ich erklärte es ihm, als wir hindurchfuhren, und meinte, damals hätten wohl viele Erfurter so schön himmelblaue Nasen gehabt wie er. »Määglich«, erwiderte er ernst, »daß ich's dadervon habe, meu' sind alde Aarforder.« Diese Anwendung der Vererbungstheorie ist noch immer plausibler als die Antwort, die mir meines Vaters Kutscher zu geben pflegte, wenn ich ihn fragte, warum er immer nach Schnaps rieche. »Jungherr«, sagte der alte Fedko gekränkt, »mit eines Menschen Unglück spaßt man nicht. Ich bin als Kind von einem Birnbaum gefallen, und seitdem gebe ich diesen Geruch von mir.«

Mit der Farbpflanze aus dem Mittelalter war es also nichts, hingegen habe ich bei einem Spaziergang gegen Hochheim hin noch selber Rebstöcke gesehen und die dürftigen grünen Trauben mitleidsvoll gestreichelt. Ob heute noch aus ihnen Wein gekeltert wird, weiß ich nicht, mein Hotelwirt verneinte es: »Kein Bedarf, lieber Herr, wir haben hier billigen Essig.« Und doch verzeichnet Olearius als die drei W, auf die Thüringens Hauptstadt stolz sein dürfe, »Wein et Wolle et Waid«, und der alte Eobanus Hessus, der hier 1517 Professor wurde, schätzt in einer seiner Idyllen den Erfurter Wein höher als alle Weine des Rheins. Und da Hessus sich als fahrender Scholar weit umgetan hat und da Luther ihn den »rex poetarum« nennt, was er nicht getan hätte, wenn er ein Dichter ohne Trinkverstand gewesen wäre, so habe ich von vornherein vermutet, daß die Schuld nicht an dem braven Hessus liege, sondern an der Entartung des Erfurter Weins, und in einem der dicken alten Schmöker, die ich in meinen Erfurter Tagen durchsah, weil mir eine Stadt um so mehr Spaß macht, je mehr ich von ihr weiß, fand ich meine Vermutung bestätigt. Die endlosen Belagerungen, sagt der gelehrte Verfasser, hätten verschuldet, daß die Reben, jahrelang ohne Pflege, schließlich ganz verwilderten. Da wäre denn der Wein von Erfurt eine der vielen Gaben, die der ewige Kriegssturm der Stadt geraubt hat.

Pflanzen vergehen, Steine bestehen. Dicht am Anger, hinter dem Lutherdenkmal, ragt inmitten uralter Bäume der düstere Bau der Kaufmannskirche empor, der älteste Teil neun, aber selbst der jüngste schon sieben Jahrhunderte alt. Wer aus dem Gewühl des Marktes unter diese rauschenden Bäume tritt, in deren Schatten es ewig feucht, kühl und dämmrig ist, und zu dem gewaltigen Bau emporblickt, müßte sehr stumpf sein, um nicht Ehrfurcht vor dem starken Geschlecht zu empfinden, das ihn so derb und kunstvoll zugleich emporgetürmt hat, vor fast einem Jahrtausend und für Jahrtausende. Nur an wenigen Orten Deutschlands, so namentlich am Hildesheimer Domplatz, schlägt einem so der Hauch uralten deutschen Wesens, der dämmerigen Morgenzeit unserer nationalen Kultur entgegen wie unter diesen Bäumen. Das Innere aber blieb mir verschlossen wie das aller evangelischen Kirchen Erfurts; hier war der Küster zur Abwechslung zwar zu Hause, aber, wie er mir aus einer Tabakswolke entgegenrief, »zu beschäftigt«, vermutlich muß er täglich eine bestimmte Anzahl Pfeifen rauchen. Nun, in sein Schicksal muß sich der Mensch finden. Den starken Eindruck des Äußeren konnte mir mein Mißgeschick hier ebensowenig trüben wie bei der Barfüßer-, Prediger- und Reglerkirche, die sämtlich auch aus dem 12. Jahrhundert stammen, also gleichfalls Wahrzeichen des jungen, unter tausend Fährlichkeiten emporgediehenen Gemeinwesens sind. Ein anderes solches Wahrzeichen, die St. Laurentiikirche in der alten Schlösserstraße, zu der ich eben deshalb pilgerte, ist vor zwölf Jahren von Grund aus so schrecklich schön umgebaut worden, daß sich der Gast mit Grausen wendet; hingegen ragt die in gleicher Zeit erbaute Schottenkirche mit ihren riesigen Pfeilern und winzigen Bogenfenstern noch fast unverändert empor. Als ich vor dem ehrwürdigen, altersgrauen Gemäuer stand, trat ein zierliches, rosenwangiges Männchen mit geöltem Haar, eine schwere Goldkette über dem Spitzbäuchlein, ein Spazierstöckchen in der beringten Hand, gleichfalls heran. »Schgandahl!« sagte er entrüstet. »Verwahrlost gönnde man fast sachen! Ne Girche muß appedidlich sein wie 'ne Apodheke!« Der Vergleich fiel mir auf; das freundliche Wesen, das geölte Haar – kein Zweifel, ein Pillenherr von der Elbe oder Pleiße. »Sie sind wohl Apotheker?« fragte ich. »Ei ja – Sie wohl ooch?« Nun habe ich seit dreißig Jahren allerdings ein kleines Laboratorium, in welchem ich ehrlichen Herzens, wenn auch mit schwacher Kraft allerlei Tränklein gegen die Krankheiten der Zeit braue, aber einen Apotheker darf ich mich deshalb doch nicht nennen. Ich verneinte also und empfahl dem Freunde »appedidlicher« Kirchen die St. Laurentiikirche. Sie ist geeignet, ihm Freude zu machen.

Einen noch stärkeren Eindruck aber als von irgendeiner, selbst von der Kaufmannskirche habe ich von einem anderen Überrest des uralten Erfurt empfangen, von der Krämerbrücke. Von einem gewaltigen, viereckigen, mit spitz zulaufendem Helm gekrönten Kirchlein, St. Ägidien, als Brückenkopf geschützt, öffnet sich auf einer Steinbrücke über der Gera eine enge Gasse alter, mit Kaufläden versehener Häuser; trotz des Gewühls hört man unten den wilden Fluß rauschen, aber man sieht ihn nirgendwo, nur vom Ufer kann man sehen, wie die Häuser auf dem Brückenbogen ruhen, in deren Wölbungen ihre Keller wie Schwalbennester kleben. Es ist kaum zu sagen, wie seltsam, wie so recht mittelalterlich dies Gäßlein anmutet; wer hindurchgeht wird versucht, mit offenen Augen zu träumen, obwohl von den Häusern der größte Teil erst aus dem 17. Jahrhundert stammen dürfte und obwohl sie heute unter anderem auch Maggi und Van Houtens Kakao dort feilbieten. Aber die Phantasie wird rege und setzt an die Stelle der Männer von heute Ritter in stählernem Waffenrock, Bürger in buntem Tuchwams, Bauern in härenem Flaus; dazu Frauen im faltigen Gewand in allen Farben des Regenbogens und Jungfrauen in knappem, blauem Mieder über dem dunklen Tuchrock, den Blumenkranz oder das Schappel im blonden Haar, und Beginen in langem, grauem Sack und mit niedergeschlagenen Augen. Aber freilich, nicht alle diese Büßerinnen schlugen die Augen nieder, wenn man dem bösen Erfurter Dichter Nikolaus von Bibera trauen darf, der so Erbauliches von den metrischen Arbeiten der Beginen zu berichten weiß, immer in Daktylen oder anderen Dreifüßlern, aber man frage mich nicht, warum. An diese Art von Beginen wird man sogar auf der Krämerbrücke sehr oft erinnert; koketter können sie nicht gewesen sein als die unzähligen Näherinnen, die jetzt hier herumlaufen, gibt es doch zur Zeit in Erfurt fünfzehn Mäntelfabriken… Wer hier einst wandelte, das habe ich mir so annähernd ausmalen können, aber nicht entfernt, was alles hier verkauft wurde. »Hier die fremden Tuchstoffe«, berichtet der bereits zitierte Geschichtsschreiber Erfurts, »Samt und Seide, dort duftige Spezereien, Wachs, süßer Kandit, Zuckermehl und Muschetin, Büchsen mit Pfeffer, Safran und Ingwer… Ist es doch hie und da, als wenn des Orients Schätze aus dem Füllhorn eines Zauberers ausgeschüttet wären… Schöne Verkäuferinnen versetzen uns durch ihre phantastische Kleidung auf die Basare der fernsten Lande…« Ich sag's ehrlich: was immer mir die Phantasie, von ihren stärksten Helfern, Auge und Nase, gefördert, auf der Krämerbrücke vorgaukelte, schöne Verkäuferinnen nicht und duftige Spezereien womöglich noch weniger… Aber trotzdem rat ich jedem, der in Erfurt verweilt, sich dies Stück

Mittelalter anzusehen. Namentlich in der Dämmerung, wenn die modischen Gewänder und die neuen Ladenschilder verschwimmen und der Fluß stärker unter der engen Häuserzeile rauscht, wird einem wie verzaubert zumute...

Hier war Kraft und Geld und hochgemuter Sinn, und darum kam Erfurt auf und schwang sich lange nach jedem Schicksalsschlag kräftiger empor. Aber Mut bleibt ja die größte Weisheit auf Erden, und vielleicht glückte ihnen deshalb mehr, weil sie mehr einsetzten. Schon was wir bisher von den Wagnissen der Bürger vernommen, grenzt ans Kühnste, was im deutschen Mittelalter versucht wurde, und nun gar die Rolle, die sich Erfurt im 13. Jahrhundert herausnahm! In den Kämpfen, die nach Heinrichs IV. Tode hereinbrachen, war Erfurt, obwohl doch halb dem welfischen Landgrafen Hermann von Thüringen, halb dem welfischen Mainzer Erzbischof Siegfried II. untertan, gut ghibellinisch, huldigte dem Sohne des großen Barbarossa, Philipp von Schwaben, und öffnete seinem Anhänger, Luitpold von Worms, den die Ghibellinen auf den Mainzer Stuhl setzen wollten, die Tore. Nicht zum ersten Male wurde in den furchtbaren Kämpfen, die nun folgten, Erfurt belagert, sein Gebiet verwüstet, aber zum ersten Male griff es als eine Macht in die deutschen Händel ein, der städtische Kernpunkt der Waiblinger wie Köln der Welfen. Die Erfurter wagten's, ob nun aus demselben deutschen Gefühl heraus, das die Edelsten jener Zeit unter Philipps Fahnen führte, ob nur, weil ihnen alles paßte, was gegen ihren Mainzer Zwingherrn ging – genug, sie taten's, und wie schweren Preis sie auch dafür bezahlen mußten, ihr Ziel ward erreicht: nun wußte Deutschland, was Erfurts Bürgerkraft bedeute. Immer gegen Mainz, öffnete dann die Stadt dem vom Papst gebannten Otto IV. ihre Tore und wehrte sich später gegen den gewalttätigen Erzbischof Siegfried III. auf das äußerste; ihre Hoffnung war der Kaiser. Aber Friedrich II., der Städtefreiheit abhold, schützte sie nicht, sondern fügte sogar, als sie dem Mainzer Heerfolge und Steuer verweigerten, dem Bann der Kirche die kaiserliche Acht hinzu. Ihr Geld kaufte die Bürger von beidem los, aber da fast gleichzeitig auch die weltliche Gerichtsbarkeit an Mainz fiel, so waren sie nun scheinbar völlig dem Erzstuhl untertan. Nur scheinbar; die innere Machtfülle Erfurts war eine Tatsache, die ihr Recht forderte. Und so kam es 1255 zu einer in ihrer Art einzigen Verfassung: dem Bischof blieb zwar dem Namen nach die Souveränität, aber er hatte, Ehrengaben geringen Wertes abgerechnet, nichts zu fordern und, wo ihm nicht etwa das Interdikt als Waffe diente, von Rechts wegen nichts zu befehlen. Der eigentliche Regent der Stadt war der Rat der Vierzehn, der frei über fast allem schaltete, was sonst dem Landesherrn zusteht, und nicht allein im Innern: hatte er doch sogar das Recht, auswärtigen Mächten den Krieg zu erklären, Frieden zu schließen und Bündnisse einzugehen. Man sieht, so gut wie die Häupter irgendeiner freien Reichsstadt hatten die Erfurter Ratsmeister das Recht auf den stolzen Titel, den sie führten: Consules. Das Leben ist immer unendlich vielgestaltiger als alle Theorie; kein Terminus des Staatsrechts umreißt das Verhältnis zwischen Mainz und Erfurt; es ging in vielem über die Suzeränität hinaus, blieb in anderem hinter ihr zurück; so wurden zum Beispiel die Urteile vom Grafen-Vogt im Namen des Erzstifts verkündet, hingegen Lehen vom Reich und den Nachbarfürsten im eigenen Namen erworben. Ob Erfurt recht daran tat, sich mit dieser Stellung zu begnügen, statt die volle Souveränität als Reichsstadt zu erringen, warum es dies unterließ, soll später angedeutet sein. Jedenfalls hatte es durch zwei Jahrhunderte keinen zwingenden Grund, eine Änderung anzustreben, es kam unter der Herrschaft seiner Ratsmeister, die dem Mainzer und seinem Lehensmann, dem Grafen-Vogt von Gleichen, den Treueid leisten mußten, so hoch oder noch höher empor als irgendeine Reichsstadt vom 12. bis zum 15. Jahrhundert.

Ohne schwere, harte Kämpfe ging auch dies nicht ab; Ströme Bluts bezeichnen den Weg von dem kleinen, wenn auch blühenden Acker- und Handelsstädtchen zur Großstadt Mitteldeutschlands, von dem bischöflichen Eigen zur Beherrscherin eines stattlichen Gebiets. Immer wieder weht das weiße Rad im roten Feld über der gewaffneten Schar der Bürger und ihrer Söldner, bald zur Erhaltung des Besitzes, bald zur Eroberung. Der Chronist mag die zahllosen Kriegszüge in Trutz- und Schutzfehden zu scheiden suchen, unserem Auge fließen sie in eins zusammen; wer unablässig immer mehr Gut und Macht begehrt, ist auch dann ein Eroberer, wenn er das Erraffte zeitweise mit dem Schwert verteidigen muß. Selbst die »kaiserlose, die schreckliche Zeit«

schlug den Erfurtern gut an; noch besser die Regierung Rudolfs von Habsburg; hier hielt er fast ein Jahr (1290) Hof; das Peterskloster, wo er residierte, war der Schauplatz stolzer Feste, deren Ruf bis über die Alpen drang; ein Volksfest der Erfurter, der »grüne Montag«, erinnert noch heute an diese fröhlichen Zeiten. Erfurts Bürgerschaft war Rudolfs Arm, als er die Thüringer Raubburgen brach, und ihr Säckel der des armen Schweizer Grafen; freilich schenkten sie ihm nichts. Ihm nicht und keinem der ewig geldbedürftigen Herren im Lande. Die Art, wie sie zu einzelnen Dörfern, dann zu ganzen Grafschaften kamen, war fast immer dieselbe: es waren zunächst Pfänder für Darlehen. So kam die Grafschaft an der Schmalen Gera, so die von Kapellendorf an Erfurt; Vargula, Sömmerda, die Landschaft um die Drei Gleichen wuchsen seinem Gebiet zu, das an Größe und Zahl der Bewohner manches Fürstentum überstrahlte. Kein Wunder, daß die Landgrafen von Thüringen, die Kurfürsten von Sachsen, von geringeren Herren zu schweigen, immer wieder ihre Hand nach der reichen Stadt streckten; auch mit seinen Mainzer Schutzherren geriet Erfurt je nach dem Zeitenlauf und namentlich je nach der Sinnesart dieser Kirchenfürsten auch wieder in Kämpfe; war einer von ihnen kriegerisch und herrschsüchtig, so suchte er »des Erzstuhls getreue Magd«, die in Wahrheit selbst eine Herrin war, zur Sklavin zu machen; es gelang nicht. Wieviel Einwohner Erfurt zur Zeit seiner höchsten Blüte, um 1420, zählte, ist noch heute ein Gegenstand des Streits seiner Geschichtsschreiber, der an Heftigkeit an die Fehden jener Zeit erinnert: die höchste Schätzung geht auf 80 000 Seelen, aber selbst die geringste auf die Hälfte; auch dies noch doppelt soviel, als Nürnberg im Mittelalter hatte. Also eine der volkreichsten Städte Deutschlands und sicherlich die geldreichste. Aber noch mehr, die geistig strebsamsten die gebildetste. Nur so erklärt es sich, daß diese damals formal einem Gebieter unterworfene Handelsstadt eine Kulturtat vollbrachte, deren sich in Europa keine andere berühmen darf: aus eigenen Mitteln schuf Erfurt, von keinem Fürsten gefördert, von vielen behindert, 1378 eine Universität, nächst Prag und Wien die älteste in Deutschland, zugleich die erste, die alle vier Fakultäten aufwies. Eine Hochburg des aufstrebenden Humanismus, hatte sie in ihrer Blütezeit an 900 Studenten, eine für jene Zeit ungeheure Zahl, und einer von diesen Erfurter Studenten hat seiner Alma mater nachgerühmt, daß alle anderen Hohen Schulen Deutschlands, Wien und Prag, Heidelberg und Leipzig, »dagegen wie kleine Schützenschulen gelten«. Auf dies Zeugnis ist was zu halten, denn der Student hieß Martin Luther aus Eisleben.

Freilich, die Erfurter hatten's dazu. Die Quellen dieses Wohlstandes waren dieselben wie früher, nur immer planvoller und reicher entwickelt. Der Bau und Vertrieb von Waid und Gewürzen mehrte sich mit dem steigenden Bedarf von Jahrzehnt zu Jahrzehnt zu einer Höhe, die der sonst armen Zeit wie ein Wunder erschien, auch ein anderer Farbstoff, der Kermes, die Eier der Kermesschildlaus, die von den Stengeln der Stecheiche gesammelt und zu einem roten Pulver zerrieben wurden, brachte den Erfurtern Goldbarren ein. Beträchtlich war aber auch der Ertrag der Obst- und Gemüsezucht; hier gediehen die Riesenäpfel und -birnen, die dem derben Geschmack der Zeit zusagten; die kolossalen Erfurter Rettiche, das Stück zwanzig Pfund und darüber schwer, wurden weit über Deutschland hinaus verfrachtet. Als Friedrich der Freidige 1311 bei einer Belagerung der Stadt alle Obstbäume fällen ließ, klagten mit den Bürgern alle Feinschmecker Mitteleuropas; nach zehn Jahren war der Schade völlig verwunden; viel langsamer erholte sich fünf Jahrhunderte später das geschwächte, gedemütigte Erfurt, als die Franzosen (1813) den gleichen Frevel verübten. Aber nicht bloß die fette Erdschicht über dem Kalkboden, auch Wasser und Gestein machten Erfurt reich: die Gera trieb unzählige Mühlen und wimmelte von Fischen; das Erfurter Salz würzte allen Westdeutschen das Mahl.

Höher und höher kamen auch Gewerbe und Handel empor. Es war ja kein Verdienst der vierzehn Gefrunden (Patrizier), die die Stadt in dieser frühesten Blütezeit regierten, daß die meistbefahrene Handelsstraße Mitteldeutschlands, die Oberstraße, aus dem Hessischen über Erfurt nach Leipzig führte, daß von Erfurt die Straße nach Dresden abzweigte, von hier die nach Norden, und noch weniger ihr Verdienst, daß Thüringen das Herz Deutschlands war und Erfurt das Herz Thüringens, also die »Mitte der Mitte«. Aber ihr Verdienst, wie sie diese natürliche Lage durch Arbeit und Klugheit ausnutzten und festigten. Das Straßennetz um Erfurt war das besterhaltene des Mittelalters; unablässig wurde es weiter ausgebaut; jede Nebenstraße, jede

Fähre war auf Erfurt gerichtet. Und nirgendwo waren die Straßen sicherer; um Erfurt gab es keine Raubburgen, in seinem Gebiet keine Wegelagerer; ein Heer von Söldnern, ein Kranz fester Schlösser schützte den Verkehr. Mit der Hansa und den süddeutschen und sächsischen Städten verbündet, war Erfurt der Brennpunkt des mitteldeutschen Geleitswesens; seine Bedeutung als Stapelplatz habe ich bereits angedeutet. Aus all diesen Gründen, vielleicht ebensosehr aber aus der Kühnheit und dem Unternehmungsgeist der Bürger erklärt sich die Bedeutung der Stadt als deutsche Handelsmetropole des Mittelalters. Von allen Richtungen der Windrose kamen hierher die hochgetürmten Lastwagen gezogen; die aus Rhein- und Niederland durchs Brühler Tor, an der Cyriaksburg vorbei, wo sich heute riesige Gärtnereien dehnen; die Niedersachsen und Engländer um den Petersberg herum durchs Andreastor; die Lübecker und Hamburger über das weite Feld, wo nun ein Arbeiterviertel entstanden ist, durchs Johannistor; die Sachsen und Lausitzer über die Gera und durchs düstere Krämpfer Tor; die Vogtländer und Böhmen die Straße entlang, wo auch heute der Schienenstrang aus Weimar heranführt, durchs Schmidtstedter Tor; die Süddeutschen und Welschen über das Gefild, wo jetzt das Villenviertel ersteht, durchs Löbertor; nur da, wo in unseren Tagen der Fremde vom Bahnhof her eintritt, öffnete sich in der Stadtmauer kein gastliches Tor. Erfurt war ein Handelsplatz wie später Leipzig oder heute Hamburg; nur daß damals nicht bloß die Warenballen sich hier zusammendrängten, sondern auch die Scharen der Käufer und Verkäufer. Und weil hier mit allem gehandelt wurde, darum auch natürlich mit Geld; die Erfurter dünnen Silberpfennige mit dem Bischofsbild galten in jener Zeit unerhörter Münzfrevel als ehrliche, vollwichtige Ware sehr viel. Die Münze stand nie still; Erfurt war der Wechsler und Bankier für Mitteldeutschland wie Nürnberg für den Süden. Aus den Schatullen der Erfurter Gefrunden floß das Geld für Bankette, Turniere und Mätressen deutscher Kaiser, Fürsten und Bischöfe, freilich um dann mit gutem Zins zurückzufluten. Und zu diesen größten Formen des Handels gesellten sich die kleinsten; auch dies war eine Quelle von Erfurts Reichtum und sicherte namentlich neben dem blühenden Handwerk den Bürgern die Wohlhabenheit, daß es zugleich der Hauptmarkt für alle Bedürfnisse Thüringens war. Aus Erfurt ging Salz, Bier, Wein, Mehl und Obst, aus Erfurt Tuch und Hausgerät in die ganze Landschaft zwischen Hessen und Brandenburg, dem Harz und Franken. »Ganz Thüringen nährt und wärmt sich aus Erfurt«, sagt Nikolaus von Siegen.

Hier war Reichtum und darum auch Kultur. Arm waren die größten Menschen, die über die Erde geschritten sind, und ein einzelner Großer kann, auch wenn sein Weg immer durch Kälte und Dunkel geht, in seinem Hirn unsterbliche Gedanken tragen, aber der Durchschnitt der Menschen gelangt nur in der Wohlhabenheit zur Erkenntnis, was Bildung und was Schönheit ist. Die Erfurter konnten es wissen, sie hatten das Geld dazu, und alles, was das Leben jener Zeiten schmückte, was es warm und licht machte, war ihnen zugänglich. Aber zu dem Geld kam auch Stolz, Streben, der Weitblick des Großstädters. Doch nicht daran allein, wenn auch daran vornehmlich, lag es, daß die Erfurter des Mittelalters die Schule pflegten, die Dichter und Gelehrten in Ehren hielten, sondern auch daran, daß mindestens in einigen ihrer Klöster ein guter Geist waltete. Namentlich die Predigermönche, die ersten, die vor Luther den Deutschen das Wort Gottes in der Muttersprache verkündeten, haben unleugbar dem Leben der Stadt einen geistigen Hauch mitgeteilt, unter ihnen als Gewaltigster Meister Eckhart, der Begründer der deutschen Mystik, der vor sechs Jahrhunderten verkündete: »Die Seele, wenn sie vom Leibe ist geschieden, hat weder Vernunft noch Willen ... Soviel ein Mensch in diesem Leben mit seiner Erkenntnis näher kommt dem Wesen der Seele, je näher ist er der Erkenntnis Gottes.« Und ihm auch war schon klar, daß »die Wollust der Kreaturen vermenget ist mit Bitterkeit« ... Ohne ihre Predigermönche, ohne die des Petersklosters, welche die getreuen Freunde und Chronisten der Stadt waren, wären die Erfurter doch wohl nicht dazu gekommen, durch die Schaffung der ersten vollständigen Universität in Deutschland ihrer Stadt einen unvergleichlichen Ruhmestitel zu schaffen.

Freilich, warum dachte keine andere deutsche Stadt daran? An gebildeten Priestern fehlte es nicht. Die Kulturtat von 1378 bleibt das Herrlichste von allem Herrlichen, was aus Erfurts Blütezeit zu berichten ist.

Man weiß, die Universität besteht seit fast hundert Jahren nicht mehr; sie ist 1816 auch offiziell aufgehoben worden, nachdem sie bereits seit Jahrhunderten nur noch ein Scheinleben geführt hatte. Nur ihr Schößling, die 1758 gegründete Erfurter Akademie gemeinnütziger Wissenschaften, die jetzt das Prädikat »königlich« führt, lebt noch; sie wäre die beste in Deutschland, wenn von den Akademien gelten würde, was von den Frauen ein Wahrwort ist; man spricht nicht von ihr. Das soll nicht ihren Mitgliedern zum Hohn gesagt sein; eine gelehrte Akademie in einer Handelsstadt ohne Universität ist wie eine Fassade, der das Haus, eine Wachskerze, der das Wachs fehlt. Ein anderes Überbleibsel ist die Universitäts-, nun Königliche Bibliothek, die jetzt in demselben Rokokohaus am Anger, dem alten Packhof, untergebracht ist, der auch das bereits seiner ungewöhnlichen Einsamkeit und seiner gewöhnlichen Bilder wegen gewürdigte Bildermuseum, daneben aber – das Steueramt birgt. Die Bibliothek enthält viele alte Drucke und über tausend Handschriften; ich suchte sie vergeblich zu sehen; diese Abteilung war eben geschlossen. Andere Bibliotheken sorgen dafür, daß gerade zur Sommerszeit der Reisende mit wissenschaftlichen Interessen ihre Türen offen findet; hier scheint dies nicht Brauch; vielleicht kommen auch zu wenige. Und so mahnt im Weichbild Erfurts nur noch ein Bau an die alte akademische Herrlichkeit, das Universitätsgebäude nahe der Studentengasse.

Ein langgestreckter Bau; auf einem hohen, alten Erdgeschoß mit gotischen Spitzbogenfenstern ein niedriges, in einer nüchterneren und ärmeren Zeit aufgesetztes Stockwerk; nur das Portal – unter dem geschmückten Giebel ein in schönen Verhältnissen nach innen abgestuftes Spitzgewölbe – zeugt von Künstlerhand, aber das altersgraue Haus macht doch Eindruck auf den Beschauer. Freilich »verwahrlost gönnte man fast sachen«, aber das Haus hat manchen Sturm erlebt, von dem großen Auflauf von 1510, da sich die Studenten hier gegen Bürger und Söldner verschanzten, bis zu dem kleinen Unfug, den heute die Realschüler beim Kommen und Gehen an dem bröckelnden Gestein verüben. Ein anderer Inwohner des Hauses zieht um so weniger Besucher herbei: das Thüringerwald-Museum, obwohl es ganz hübsche Kuriosa und Volkstrachten enthält. Das ist das Schicksal der Erfurter Sehenswürdigkeiten, nicht besehen zu werden, und darum ist es einigen nicht zu verübeln, daß sie streiken und sich überhaupt nicht besehen lassen. So zum Beispiel war die, wie es in den Reisebüchern heißt, gut erhaltene Aula zur Zeit nicht zugänglich. »Da müssen Sie in einigen Wochen wiederkommen«, sagte mir ein sehr würdevoller Herr, der eben aus dem Portal trat. Ich bemerkte bescheiden, ich sei ein Fremder. »Das ist nicht logisch«, war die Antwort. »Deshalb könnten Sie doch in einigen Wochen wiederkommen.« Ich blickte bestürzt an mir hinunter, ob mich der liebe Gott nicht etwa plötzlich in einen Realschüler verwandelt hätte, und erwiderte dann mit der Bescheidenheit, die man Männern der Wissenschaft schuldet: ich würde gern wiederkommen, wenn nur die Aula genügend sehenswert sei. Worauf der Gelehrte mit vernichtendem Lächeln: »Was denken Sie sich denn unter einer Aula? Das ist kein Frauenzimmer: Aula heißt, wie schon bei den Griechen so bei uns, der Festsaal einer Universität.« Worauf ich: ich sei bisher der Meinung gewesen, die Griechen hätten noch gar keine Universitäten gehabt, ebenso der Meinung, das Wort sei lateinisch und habe bei den Römern den Hofraum des Hauses bedeutet. Er zuckte zusammen: »Sind Sie Philologe?« – »Nein, Schriftsteller.« Da erschien flugs wieder jenes Lächeln um seine Lippen: »Das ist alles falsch! Übrigens kümmert sich kein Gebildeter heute um verstaubten Kram!« Und er schritt erhobenen Haupts, ohne Gruß, von dannen. Ich sah ihm nicht nach; ich trat an die Mauer der Michaelskirche, der Universität gegenüber, prägte mir die Umrisse des ehrwürdigen Baues ein und gedachte der Männer, die einst täglich durch dies Portal geschritten.

Eine lange, lange Reihe. Alle in langem, dunklem Talar, die einen mit herabwallendem Haar, die anderen in der Allongeperücke, dazwischen Mönche und Männer im lutherischen Priestergewand, die einen das sichere Lächeln des Alleswissers um die Lippen, die anderen mit dem milden Blick und den feinen Runen um den Mund, die die schmerzvolle Erkenntnis des »Ignorabimus« dem Antlitz des Forschers eingräbt. Weise und Toren, Gelehrte und Silbenstecher, kleine Lichtlein der Wissenschaft, die ausgeglommen waren, als sie noch lebten, und andere, die fortleuchten bis in unsere Tage hinein. Da wandeln Eobanus Hessus, der trinkfeste »König der Dichter«, und Konrad Celtes, der dann auch leibhaftig als Dichter gekrönt ward; da Crotus Rubianus, der große Begründer klassischer Studien an dieser Hochschule; da Luderus und Rufus, die welschen Dichter-Gelehrten, die hier eine Heimstätte gefunden; Justus Jonas und Joachim Camerarius; da Adam Riese, der 1525 hier sein berühmtes Rechenbuch herausgab, da, wie es sich für die Stadt der Blumen geziemt, zwei berühmte Vertreter der »scientia amabilis«, der Botanik, Valerius Cordus und Johannes Thal. Das sind Persönlichkeiten, die wert sind, daß man ihren Namen nenne. Andere wieder in diesem langen Zug haben nur als Schar Bedeutung; so die Erfurter Theologen, die einst neben ihren Kollegen zu Paris und Löwen gegen den edlen Reuchlin für die Kölner Dominikaner entschieden. Sie kniffen die Augen vor der aufleuchtenden Flamme des Humanismus zu, die anderen aber begrüßten sie freudig und halfen ihr Licht mehren; Erfurt war die beste und stärkste Stütze des Humanismus in Deutschland. Von hier aus ward der »verstaubte Kram« ein Erwecker der Bildung und der geistigen Freiheit, des Sinns für Schönheit und für Menschlichkeit. Welche Bedeutung Homer und Horaz für unsere Zeit haben, darüber mag man verschiedener Meinung sein; ich meinerseits, meiner Zeit ein treuer Sohn, aber nicht ihr Knecht, glaube mit Jean Paul, daß die Menschheit unergründlich tief versänke, wenn unsere Jugend nicht mehr durch die Tempel der Alten den Weg auf den Markt des Lebens nähme; aber auch wer anders denkt, beuge doch sein Haupt vor dieser altersgrauen Burg des Humanismus auf deutschem Boden. Denn all unsere Kultur und alle Größe deutschen Namens in Wissenschaft und Dichtung erhebt sich auf dieser Grundlage. Berühmt waren die Lehrer, die einst durch dies Portal schritten, aber einen Ruf, wie sich zwei ihrer Schüler errungen, hat keiner von ihnen. Denn so unendlich verschieden diese beiden waren, gemeinsam ist ihnen, daß ihre Namen auf Erden nie ersterben werden: Martin Luther und Johannes Faust.

Man weiß, Erfurt darf sich mit Recht eine Lutherstadt nennen wie Eisleben, Wittenberg oder Worms. Er hat nur sieben Jahre seines Lebens hier verbracht (1501-1508), aber es waren die, wo er sich zu der »tapferen, frommen, ehrlichen Innerlichkeit« durchrang, ohne die er vermutlich nur ein begabter Richter oder Advokat geworden wäre wie viele andere. Hier studierte er die Rechte und ward Magister der Jurisprudenz, hier erschloß sich ihm durch Crotus Rubianus und Johannes Lang die Welt der Alten, hier traf ihn durch ein Gewitter jener »Schrecken vom Himmel«, der ihn als Mönch zu den Augustinern trieb; in einer Erfurter Zelle durchlebte er jene Qualen des Zweifelns und Verzweifelns, aus denen ihn das Studium der Schrift emporhob. Dann ist er noch zweimal hier gewesen, 1521 auf der Reise nach Worms, dann das Jahr darauf, wo er in der Kaufmannskirche predigte.

Neben diese Kirche, unter den Schatten ihrer alten Bäume, haben die Erfurter darum auch ihr Lutherdenkmal gesetzt. Es ist ein tüchtiges Werk von Fritz Schaper, 1889 errichtet; auf einem hohen Granitsockel steht ernst und ruhig die hochaufgerichtete Gestalt; die beiden Hände halten die aufgeschlagene, an die Brust gedrückte Bibel: »Ich werde nicht sterben, sondern leben und des Herrn Werk verkündigen«; es hätte der Inschrift auf dem Sockel kaum bedurft, die Gestalt spricht es aus. Rietschels Lutherstandbild in Worms ist ja zweifellos ungleich gewaltiger; es hat in der leidenschaftlichen Bewegung, im kämpfenden Antlitz, in der geballten Faust, die auf der geschlossenen Bibel liegt, etwas Hinreißendes; aber auch Schapers Arbeit ist ein gutes Werk. Die vier Reliefs wirken gleichfalls erfreulich; der Magister der Rechte vergnügt sich zum letzten Mal mit den Freunden bei Sang und Saitenspiel; sein Eintritt ins Kloster, von dem die Freunde abmahnen; seine Tröstung durch den ehrwürdigen Staupitz; sein Empfang in Erfurt auf der Reise nach Worms. Besonders zu rühmen scheint mir das zweite Relief; ich zähle es den besten bei, die ich von modernen Meistern gesehen habe. Das gute Werk ist den Erfurtern zu gönnen; gar so viel Freude können sie, glaube ich, an ihren anderen Denkmälern nicht haben, auch nicht am Kaiser-Wilhelm-Denkmal, obwohl der Erfurter Herr, der mir sagte: »Alles ist gut, aber was gar das Pferd betrifft, so ist so was sonst selten zu sehen«, wenigstens teilweise recht hatte. So ein Pferd ist wirklich in der Natur nie und auch auf Denkmälern nicht oft zu sehen, aber Gestalt und Sockel sind nicht gut. Ich gebe zu, ein Denkmal dieses Fürsten ist eine schwere Aufgabe; es ist kein Zufall, daß fast alle Lutherdenkmäler gut, fast alle Kaiser-Wilhelm-Denkmäler mißlungen sind. Der Grund leuchtet ein: es ist ein natürlicher Gegensatz zwischen der ungemeinen Schlichtheit der Erscheinung und der Größe der Aufgabe, die das Schicksal den greisen Fürsten hat lösen lassen. Nur ein Genie könnte beides vereint zum Ausdruck bringen; die Talente, die sich bisher daran versucht haben, vermögen es nicht; entweder sie geben eine stilisierte oder gar posierende Imperatorengestalt, und das ist dann nicht der greise Fürst, wie er im deutschen Volksgemüt lebt, oder einen freundlichen alten General, und das ist nicht der Einiger Deutschlands. Nicht daß der Schöpfer des Erfurter Denkmals den Kaiser in »anspruchsloser Interimsuniform« dargestellt hat, stört den Beschauer, wohl aber die ungemeine Nüchternheit der Auffassung. Auch daß der romanische Sockel aus rotem Granit so hoch und schmal ausgefallen ist, stört ernstlich; freilich tröstet es andererseits, daß man bei dem vierbeinigen Wesen, auf dem der Kaiser sitzt, nicht eben an ein wirkliches Pferd denkt, das ausschreiten könnte. Das Antlitz des Kaisers ist dem, das mir in der Erinnerung lebt, ähnlicher, als ich es auf anderen Denkmälern gesehen habe, aber das gilt nur von dem Schnitt der Züge, nicht von ihrem Ausdruck. Hier sehe ich nur eben einen freundlichen, alten General, aber in Kaiser Wilhelms Zügen war neben der Freundlichkeit das Bewußtsein, ein zu Größtem erlesenes Werkzeug der Vorsehung zu sein, und der stille Stolz großer und treu erfüllter Pflichten. Von den anderen Denkmälern der Stadt ist nicht viel zu sagen. In den Anlagen am Flutgraben nahe der Pförtchenbrücke steht das Sandsteindenkmal des braven Ratmeisters Christian Reichardt, im Kostüm der Zopfzeit, eine freundliche, mittelmäßige Arbeit. »Der hat schiene Baime und gude Flumen (Pflaumen) gepflanzt«, erwiderte mir ein ganz kleiner Erfurter auf die Frage, wer der Mann wäre; die Pflaumen abgerechnet, die sein Lieblingsobst sein mochten, wußte also der Junge Bescheid, denn Reichardt hat sich um den Gartenbau der Stadt große Verdienste erworben. Hingegen wußte mir von den Knaben, die sich am Hermannsbrunnen mit vieler Ausdauer bespritzten, nur einer zu sagen, wem der Brunnen gelte: »Das war ein General gegen die Römer«, und der sagte es falsch; der gotische Brunnen ist nicht Hermann dem Cherusker, sondern nur einem Stadtrat Hermann gewidmet, könnte aber deshalb doch hübscher sein. Erfreulicher ist das Kriegerdenkmal im Hirschgarten, eine hohe, von einem vergoldeten Adler gekrönte Steinsäule, nur ist das Beiwerk an Emblemen und Reliefs etwas zu reich und zu zierlich ausgefallen. Ringsum aber schlägt nicht Mars, sondern Amor seine Schlachten; ich habe selten auf einem bewohnten Flecken Erde so viele verliebte Pärchen gesehen wie in diesen Anlagen zur Dämmerstunde; das ist ja kein Hirschgarten mehr, sondern schon fast ein Hirschpark. Das relativ beste unter den kleinen Erfurter Werken ist Hoffmeisters Brunnen am Anger. Freilich eine Allegorie; die Dame ist, nach dem Blümchen in ihrer Hand zu schließen, eine Flora, hingegen habe ich nicht herausgebracht, wer der bärtige Herr ist; im Reisebuch steht, es sei der Herr Gewerbefleiß; das kann ich glauben oder nicht. Aber die Figuren sind hübsch modelliert, und das getriebene Kupfer hat im Sonnenschein einen warmen Ton.

Doch zurück zu Luther. Auch vom Kloster, in dem er drei Jahre verweilte, sind in der Augustinerstraße noch Reste zu sehen, freilich so verwandelt und modernisiert, daß man zu keinem rechten Eindruck kommt. Die Kirche, seit 1521 evangelisch, hat 1850 das Unionsparlament beherbergt; wer heute das helle, geräumige Schiff betritt, denkt an Radowitz, der hier den glänzenden Scheinerfolg seiner Politik erlebte, oder an Bismarck, der ihn bekämpfte; an Luther zu denken hat er keine Veranlassung. Im Martinsstift, einer Anstalt für verwahrloste Knaben, und im Waisenhause werden noch einzelne Erinnerungen an Luther gezeigt, eine Reihe von Kammern, die von dem Bau des Klosters eine Anschauung geben, seine Zelle, 1872 ausgebrannt und seither mit neuem Gerät im Stil seiner Zeit ausgestattet usw. Der Atem der Persönlichkeit schlägt einem aus diesen Spielereien nicht entgegen.

Luther bedeutet für Erfurt unendlich viel; es gab Zeiten in der Geschichte dieser Stadt, wo nur sein Wort die Gemüter aufrechterhielt. Und darum ist er hier auch noch im Volksbrauch lebendig, der ja nur eine Verkörperung dessen ist, was die Volksseele bewegt; ist dieser Hauch der Seele verflogen, so stirbt auch sacht der Brauch ab. Der Geburtstag Luthers ist auch heute noch ein bewußt begangenes Fest der Erfurter. Außer der Martinsgans gibt's am 10. November auch Martinshörnchen und Martinskringel. Wenn abends um sechs die Glocken läuten, strömen die Kinder auf die Gasse. Die evangelischen singen:

Martin! Martin! Martin war ein braver Mann!
Steckt hier unten Lichter an,
Daß er oben sehen kann,
Was er unten hat getan!

Der Vers scheint mir nicht recht volkstümlich, doch verzeichnen ihn verläßliche Quellen in diesem Wortlaut. Viel echter, aber auch minder gemütvoll klingt, was die katholischen Kinder singen:

Krik! krak! Schnupt doch ab!
Schneidet auch der Gans das Bein ab!
Laßt doch aber einen Stumpf noch dran,
Daß sie recht noch zappeln kann.

Gemeinsam ist den Kindern beider Bekenntnisse ein Brauch und Vers, der nichts mit Luther zu tun hat, sondern auf den heiligen Martin deutet, der ja bekanntlich Wasser in Wein verwandelte. Die Kinder stellen am Vorabend ein Krüglein mit Wasser vor ihre Kammertür und singen dazu:

Martine, Martine,
Mach das Wasser zu Wine!

Natürlich denken sie dabei nur an Luther, wie ihre Vorfahren, nachdem ihnen das Christentum in Fleisch und Blut übergegangen, nur an den heiligen Petrus dachten, wenn sie Sprüche sagten und Bräuche übten, die dem Donar galten. Neue Götter beerben die alten; das ist der Welt Lauf.

Neben der herrlichen Gestalt, in der sich ein Grundzug der deutschen Volksseele, der starke, aus heißer Sehnsucht geborene Glaube verkörpert, wandelt durchs Portal der alten Universität gegenüber der Michaelskirche und durch das enge, graue Viertel um die Schlösserstraße jene zweite, die einen anderen tiefsten Zug dieser Volksseele verbildlicht, den starken trotzigen Zweifel, der die Hölle anruft, wenn sich die Himmel seinem Pochen nicht öffnen wollen, und der doch derselben heißen Sehnsucht entstammt. Auch Faust ist eine Erfurter Gestalt, freilich nicht der Heinrich Faust Goethes, in dessen Gemüt alles Hellste und Dunkelste menschlichen Empfindens widerklingt, aber der Georg Johannes Faust der Geschichte, der landfahrende, gelehrte Abenteurer, Betrogener und Betrüger zugleich, der Bildung seiner Zeit ebenso mächtig wie ihrer niedrigsten Künste und Ränke, ein geistvoller Ausleger der Alten und ein Lüderjan und Trunkenbold. Über diesen Erfurter Faust ist unendlich viel Tinte vergossen worden, wohl noch mehr, als er in seinem Leben an Wein durch die Gurgel gejagt hat; hier nur nach den neuesten Schriften von S. Szamatolski und A. Pick das Wichtigste, was Geschichte und Sage von ihm zu erzählen wissen.

Nicht erwiesen ist die Angabe des ältesten Faustbuchs von 1587, wonach er »eines Bauren Sohn gewesen zu Rod bei Weimar gebürtig«, also ein Thüringer und in der Nachbarschaft Erfurts geboren; die Heidelberger Matrikel bezeichnet ihn vielmehr als »ex Simern«, also aus dem Fürstentum Pfalz-Simmern. Sicherlich aber hat die Angabe des Faustbuchs ihre tiefere Bedeutung; auch Faust sollte ein Thüringer sein, wie es die Reformatoren waren; ihnen rückte der dichtende Volksgeist den fahrenden Zauberer nahe, und zwar aus einer richtigen Empfindung heraus. So wie Luther ist auch Faust das echte Kind der großen, nach Befreiung ringenden Kampfzeit, die nach neuen Wundern und Wahrheiten dürstet; der Schwarmgeist glänzt neben dem Gottesmann nur wie der Komet neben dem Fixstern, aber Licht geben beide! Daneben mag die Sage, Faust sei ein Thüringer gewesen, durch die Tatsache gestützt worden sein, daß er nach historischen Zeugnissen mindestens 1513 in Erfurt war; freilich nannte er sich hier Georg, nicht Johannes, doch scheint seine Identität mit diesem festzustehen. Auch war sein

Aufenthalt sicherlich ein längerer und an Abenteuern reicher, sonst hätte er sich nicht gerade hier dem Volksgemüt so tief eingeprägt; wie in Maulbronn sprießt auch in Erfurt die Faustsage; wie dort eine Faustküche und einen Faustturm, gibt es hier ein Faustgäßchen.

Die Erfurter Sage, schon vor dem ältesten Faustbuch in der Chronik des Wolf Wambach aufgezeichnet, nimmt im Kreise der Faustsagen eine besondere Stellung ein; im Kern nicht völlig erfunden, sondern nur eben übertrieben und ausgeschmückt, also den Zeugnissen über den historischen Faust beizuzählen, läßt sie den Abenteurer in edlerem Lichte erscheinen als die anderen geschichtlichen Quellen; hier ist er nicht bloß ein Saufaus, Schürzenjäger und Betrüger, sondern zugleich ein gelehrter Magister und Disputator, der auch Zaubereien höherer Art zustande bringt. So schlagen die Erfurter Mären die Brücke zwischen dem abenteuernden Prahlhans der Geschichte und dem dämonischen Zauberer der Sage und Dichtung.

In der einen dieser Sagen erklärt Faust den Erfurter Studenten den Homer und beschreibt ihnen das Aussehen der Helden; die »vorwitzigen Pursche« verlangen diese leibhaftig zu sehen, um zu vergleichen, ob Faust sie richtig geschildert habe. Faust erfüllt ihren Wunsch, läßt sie Hektor und Agamemnon sehen, zuletzt aber den furchtbaren Polyphem »mit einem langen füerroten Bart«, der Miene macht, die »Pursche« zu fressen, die nun durch den Schrecken von allem Fürwitz geheilt sind. Man sieht, hier ist Faust noch nicht von dem heißen Drang erfüllt, die Helena zu sehen, sondern benützt als Lehrer die Zauberkraft nur dazu, seinen Hörern zu beweisen, daß er ihnen das Richtige gesagt, und sie zugleich von frevelhaften Wünschen abzuschrecken. Da die Chronik erwähnt, Faust habe nahe dem »großen Collegio« gewohnt, so wurde lange ein altes Haus, Michaelsstraße 38, als Fausts Haus gezeigt; es findet sich auch oft abgebildet. Vollends nur als Gelehrter tritt Faust in einer anderen Erfurter Sage auf. In einem gelehrten Kreise wird über die »verlorenen Komödien« des Plautus und Terenz »diskurrieret und geklagt«. Faust zitiert aus denselben einige Stellen und erbietet sich, »wo es ihm ohne Gefahr und den Herrn Theologen nicht zuwider sein sollte, die verlorenen Komödien alle wieder an das Licht zu bringen und vorzulegen auf etliche Stunden lang, da sie von vielen Studenten oder Schreibern geschwinde müßten abgeschrieben werden, wenn man sie haben wollte und nachfolgens möchte man ihrer nutzen wie man wollte«. Die Theologen sind aber dagegen, weil sie fürchten, »der Teufel möchte in solche neuerfundenen Komödien allerlei ärgerliche Sachen mit einschieben« –, daß Faust die Texte zur Stelle bringen könnte, bezweifeln sie also nicht. Hier ist die Sage wohl größtenteils Wahrheit, denn ähnliche großsprecherische Anerbietungen erzählt Trithemius von Sponheim vom historischen Faust.

Eine dritte Sage berichtet: Faust pflegt im Haus »Zum Anker« in der Schlösserstraße beim Junker von Dennstedt fröhlich mitzuzechen; als er einmal in Prag ist, will ihn die Gesellschaft bei sich haben und ruft seinen Namen; flugs ist er zur Stelle. »Drauf trinken sie ihm einen guten Rausch zu, und wie er sie fragt, ob sie auch gern einen fremden Wein mögen trinken, sagen sie ja. Er fragt, ob es Rheinfall-, Malvasier-, Spanischer- oder Franzwein sein solle? Da spricht einer, sie sind alle gut, bald fordert er einen Böhrl, macht damit in das Tischblatt vier Löcher, stopft sie alle mit Pflöcklein zu, nimmt frische Gläser und zapft aus dem Tischblatt jenerlei Wein hinein, welchen er nennet, und trinkt mit ihnen daran lustig fort.« Inzwischen frißt sein unersättliches Pferd einen Scheffel Haber nach dem andern und tut gegen Mitternacht einen »hellen Schrei«, worauf Faust Abschied nimmt und die Schlösserstraße aufwärts reitet. »Das Pferd aber schwingt sich zusehens eilens in die Höhe und führt ihn durch die Luft gen Prag wieder zu.« Was der Volksgeist in dem uralten, freilich sichtlich wiederholt umgebauten Hause zu Erfurt (Nr. 19 der Schlösserstraße) geschehen läßt, hat Goethe in Auerbachs Keller verlegt, während Lessing eine vierte Erfurter Sage benützte. Faust lädt seine Kumpane nach seiner Wohnung in der Michaelsstraße ein; das Mahl fehlt noch. Da zitiert er dienende Geister und frägt nach ihrer Schnelligkeit. Der erste ist schnell wie ein Pfeil, der zweite wie der Wind, der dritte wie der Menschen Gedanke. Diesen läßt Faust das Mahl rüsten.

Einer fünften Sage liegt wie der zweiten eine historische Tatsache zugrunde. Neben dem Beichtstuhl im Dom zu Erfurt ist der wohlerhaltene Renaissancegrabstein eines tapferen, streitbaren Mannes aufgerichtet, der auch in Luthers Leben eine Rolle spielte. Konrad Klinge hieß er und war Guardian des Barfüßerklosters; einer der wenigen Mönche, die damals katholisch blieben. Daß Luther vergeblich mit ihm disputierte, steht fest, aber wahrscheinlich ist, daß Klinge wieder sich vergeblich mühte, den Faust dem Teufel abwendig zu machen. Die Sage verzeichnet das Gespräch beider knapp und kraftvoll; der Schluß fällt ab: Klinge zeigt Faust, der erklärt, als ehrlicher Mann müsse er selbst dem Teufel sein Wort halten, dem Rektor an, worauf der Zauberer Erfurt verlassen muß. So zahm und prosaisch läßt der dichtende Volksgeist sonst den Zusammenprall zweier Gewaltigen nicht enden; dies war wohl in Wahrheit der Ausgang der Sache.

Diese Sagen, sämtlich wohl schon um die Mitte des 16. Jahrhunderts in Erfurt entstanden, kaum zwanzig oder dreißig Jahre, nachdem Faust hier leibhaftig seinen Hokuspokus geübt, zeigen ihn, wie man sieht, im Bund mit dem Bösen, aber als einen Mann von tiefer Gelehrsamkeit und nicht ohne adligen Sinn. Nicht so zwei andere, weit später hier entstandene Sagen. Nur sie sind im Volksmund lebendig, wenigstens wußte weder Christoph Martin Wieland noch der Hausknecht meines Hotels, noch die Hökerfrau auf dem Platze »vorm Grähden«, bei der ich in meinen Erfurter Tagen mein Obst einkaufte, etwas von der Tischplatte, die plötzlich Wein gab; nach der Geschichte vom Polyphem oder den Komödien des Plautus und Terenz habe ich sie natürlich gar nicht erst gefragt. Aber wie Faust »ein armes Määdechen nackendig gemacht hat«, wußten sie alle. Als Faust – »er war ja aach ein Aarforder«, meinte Wieland – einmal über den Platz »vorm Grähden« mit seinen Studenten spazierengeht, bitten ihn einige Bürger: »Machen Sie uns nu mal 'nen neuen schienen Spaß vor!« Darauf zaubert Faust zwei Hähne herbei, deren jeder im Schnabel eine mächtige Mühlradwelle trägt. »Da laifd vom Andreasdhor ein hiebsches Määdechen daher, die war'n Sonntagskind und schon zwanzig Jahr, aber noch Jumpfer – das ist Sie nämlich schon über hundert Jahre her, lieber Herre, damals war das noch hiere määglich – und wie sie die Hähne sieht, lacht sie: ›Die tragen ja nur Strohhälme im Maule.‹ Denn als Jumpfer und Sonndagskind hat sie das gesiehn.« Da aber läßt Faust, sie zu strafen, über den Platz eine Wasserflut hereinbrechen, allen unsichtbar und nur ihr sichtbar. »Da fercht sie sich for ihre Kleider und hebt sie uf, bis man die Schdrompe (Strümpfe) sehen dhut, und dann noch höher, un alle lachen das arme Määdechen aus.« Ähnlich, wenn auch nicht in so plastischer Ausmalung wie mein Wieland, der Anakreontiker, erzählen gelehrte Bücher die sehr unlogische Sage – denn durchschaut das Mädchen als Sonntagskind allen Spuk, der andere täuscht, so kann auch die Flut sie nicht schrecken – und deuten sie mythologisch aus, denn

Was man nicht leicht erklären kann,
Sieht man als einen Mythus an,

was ihnen auch mit der zweiten Geschichte glückt. Nahe dem Haus »Zum Anker«, zwischen den Häusern Nr. 14 und 15 der Schlösserstraße öffnet sich ein winzig schmales Gäßchen, das Faustgäßchen. Hier jagte Faust einmal seine schnaubenden Rosse mit einem mächtigen Fuder Heu durch, denn die Mauern wichen auf sein Geheiß. Da aber kam Martin Luther daher, sprach einen kräftigen Bannfluch, und die Pferde wurden zu Hähnen, das Fuder zu einem Strohhalm, und sie verschwanden unter üblem Geruch. Ich möchte die Erklärung weniger in Spuren des Donarglaubens als vielmehr in der Enge des Gäßchens suchen – ein dicker Mensch kommt hier buchstäblich nur mühsam durch –, ferner in der Tatsache, daß die beiden Häuser, zwischen denen es sich öffnet, demselben Junker von Dennstedt gehörten, dessen Gast der historische Faust war, vor allem aber darin, daß Luther und Faust hier in der Phantasie wie im Gemüt des Volkes leben.

Gewissenhaft genug, mir nichts Sehenswertes zu schenken, hab ich mich durchs Faustgäßchen bis zur Kleinen Borngasse durchgezwängt, aber zu sehen war da nicht viel, wohl aber zu riechen; man konnte wahrhaftig glauben, ein besonders hinterlistiger Teufel habe erst vor wenigen Minuten vor Luthers Bannwort Reißaus genommen. Hingegen habe ich ein anderes ehrwürdiges Wahrzeichen zum Kapitel »Faust in Erfurt« unbesichtigt gelassen. Im Haus »Zum Anker« ist im Dach ein Loch; hier ist der Teufel mit Faust in die Lüfte gefahren;

das Loch läßt sich nicht zudecken; sooft es versucht worden ist, haben die Arbeiter davon ablassen müssen, weil sie der Teufel darin störte. Mir gefiel das vom Teufel; eine solche Pietät für das Denkzeichen seiner einstigen Freuden hätte ich ihm nicht zugetraut. Und darum würde ich das Loch im Dach besichtigt haben, wenn mir nicht ein Zigarrenhändler in der Schlösserstraße die Freude daran verdorben hätte. »Mein Herr«, sagte er mit überlegenem Lächeln, »im Dach, verstehen Sie, sind mehrere Löcher. Durch welches der Teufel, verstehen Sie, den Faust esgimodiert hat, weeß niemand, verstehen Sie, auch der Wirt nich. Und so spart er sich, verstehen Sie, die Repradur for alle Löcher! Übrigens ist ja der ganze Faust, verstehen Sie, 'n Schwindel! Oder nich? Faffenschwindel, verstehen Sie!« So, nun wußt ich's. Es ist merkwürdig, aber wahr, die meisten Zigarrenhändler sind so aufgeklärte Leute.

Die alte Universität, die Luther- und Fauststätten sind die geistig bedeutsamsten Überbleibsel des gewaltigen Erfurt von einst, nicht die sinnfälligsten. Sie muß man suchen, andere drängen sich selbst dem stumpfen Blick auf. Das Erfurt von heute ist kein Nürnberg oder Rothenburg, nicht einmal ein Zerbst; denn die Einheitlichkeit fehlt; es ist hier gar zu viel verwüstet und verhäßlicht worden. Aber an einzelnen uralten Kirchen, Häusern und Brücken ist Erfurt überreich. Die Kirchen und die Krämerbrücke aus dem frühen Mittelalter habe ich schon genannt; aus der Blütezeit Erfurts erfreuen aber auch noch Profanbauten das Auge. So das schöne Renaissancewohnhaus »Zum Stockfisch«, das Erbhaus des Gefrunden-Geschlechts von Ziegler in der Johannesstraße, gewiß nicht so herrlich wie etwa das Pellerhaus zu Nürnberg, und doch stundenlangen Bestaunens wert. Ich habe hier immer haltgemacht, sooft mich mein Weg in diesen Tagen vorbeiführte; nicht bloß der Gesamteindruck ist erquicklich – das Haus, namentlich aber der Erker, haben die schönsten Verhältnisse –, sondern auch die Vertiefung in die Einzelheiten. Bewunderungswürdig ist der Reichtum der Phantasie in den Verzierungen des Gesteins; jede einzelne kleine Fläche ist anders dekoriert; dieser namenlose Steinmetz war ein Künstler, wie ihrer Deutschland auch in jener fröhlichen Zeit nicht zu viele hatte. Gleiche Freude kann man an den Patrizierhäusern auf dem Fischmarkt haben, namentlich den beiden »Zum breiten Herd« und »Zum roten Ochsen«; auch hier ist der Schmuck ein überaus reicher und schöner, nur darf man sie nicht im einzelnen unmittelbar nacheinander besehen; der »Breite Herd« ist dem »Roten Ochsen« sichtlich nachgebildet, denn das erstere Haus ist offenbar später entstanden; schon wird hier der Schmuck so üppig, daß er ans Barock streift. Hier ragt auch ein plumper, grauer, ehrwürdiger Roland auf. Ein anderes merkwürdiges Haus ist die »Hohe Lilie«, der uralte Gasthof am Domplatz, wo einst Luther und Gustav Adolf gehaust, dazu eine Anzahl von Herren, die nur eben Fürsten von Gottes Gnaden gewesen; man kann ihre Namen auf den Tafeln am Hause lesen. Ein Gasthof ist das Haus noch heut, aber wenn sich auch hoffentlich alle Gäste ins Fremdenbuch einschreiben, so wird man doch ihre Namen nicht auf Marmortafeln meißeln. All diese Häuser nennt auch Baedeker, aber wer immer lieber dem eigenen Stern vertraut als denen des Reisehandbuchs, gehe bedächtig und andächtig einige graue Straßen, namentlich die Johannes-, die Allerheiligen- oder die Schlösserstraße, entlang und gucke nach rechts und links; er wird da mitten zwischen nüchternen Nutzbauten auch Perlen alter deutscher Baukunst finden, die ihm das Auge erquicken und – wenn er nicht gar zu nüchtern ist – leicht machen werden, zu erkennen, wie Erfurt in seinen stolzen Tagen war. Und wem's weniger auf einzelnes als auf den Gesamteindruck ankommt, durchwandle die Straßen zwischen der Johannesstraße und dem Breitstrom bis zum Stadtteil, den sie Venedig nennen, weil die Gera hier einige Inseln bildet, und lasse den Blick über diese engen Reihen hoher, aber dürftiger Giebelhäuser, die niedrigen Türen und Fenster schweifen. Scheinbar ist hier die Zeit seit vier Jahrhunderten stillgestanden, und wenn auch nicht stolz und lieblich, echt ist das Bild, das sich ihm einprägt. Lauter »Gefrunden« lebten ja in Erfurt nicht, und nicht bloß ihre Paläste, auch die Wohnhäuser, wo Gevatter Schwertfeger und Weiter hausten, gehören zum alten Erfurt. Wie anschaulich die Krämerbrücke die entschwundene Zeit zurückführt, habe ich bereits gerühmt; nicht gleich stark, aber ähnlich wirkt der Anblick von den anderen Brücklein des Breitstroms auf die alten Häuser am Flusse, über denen die Kirchen und Türme aufragen. Freilich soll man nicht überall flußauf- und -abwärts blicken, zum Beispiel auf der Schlösserbrücke nicht. Denn auf der einen Seite bietet sich ein Anblick, der an Nürnberg erinnert, und auf der anderen ragt einem dicht vor der Nase eine häßliche Fabrikswand auf: »Neue Mühle. C. Kohler.« Ich gönne Herrn Kohler seine Mühle und den Erfurtern das gewiß gute Mehl, aber ich habe doch immer nach der anderen, schöneren Seite gesehen, sooft ich über das Brücklein ging.

Natürlich fehlt es auch an Kirchen und Türmen aus dieser Glanzzeit nicht; man trifft sie auf Schritt und Tritt, häßliche und schöne, sorglich gehütete und verfallene, ihrem Zweck erhaltene und profanierte Kirchen. »Erfordia turrita« oder, wie der andere Beinamen lautet, die »Pfaffenstadt«; hier gab's vierzehn Klöster und dreißig Pfarrkirchen, deren vielen freilich schon die »Pfaffenstürme« nach Einführung der Reformation die Weihe nahmen, bei anderen tat's die Zeit.

Gotteshäuser sind noch heut: Die bereits erwähnte Michaelskirche gegenüber der Universität, ein Bau, so unregelmäßig und der Widersprüche voll, als hätte ein Haufe Baumeister, jeder nach seinem eigenen Plan, gleichzeitig daran geschaffen, einst die Kanzel der strengsten Scholastik, aber dann schon seit den Tagen, da aus der nahen Drachengasse die »Epistolae virorum obscurorum« ihr schneidendes, blitzendes Licht in die Welt warfen, evangelisch. Die katholisch gebliebene Allerheiligenkirche, 1125 erbaut, aber dann immer wieder umgestaltet, mit hohem Turm. »Wer da ruff stiegt«, sagte mir mein Wieland, »sieht ganz Aarford und gann sich freuen, wenn ihn nech vorher bei die Hitze uff die enge Treppe der Schlach trifft«, und dann mit einem prüfenden Blick auf die Leibspositur, die der liebe Gott mir beschert: »Sie gönnte wohl der Schlach treffen«; ich bin aber der Lockung widerstanden, weil mir ja der Ausblick vom Steiger einen schönen, wohlunterrichtenden Rundblick bot. Die Severikirche nah dem Dom, ursprünglich ein dem Mönchshaus auf dem Marienhügel dicht angebautes Nonnenkloster – »honni soit qui mal y pense«, aber die Erfurter Skribenten jener Zeit waren böse Leute und machten in ihrem mittelalterlichen Latein, das sich so gut für witzige Zweideutigkeiten eignet wie sonst nur das Französische, arge Scherze darüber –, heut mit ihren schlanken, kupfergedeckten Türmen und dem lichtdurchfluteten, mit Marmorbildern geschmückten Innern die freundlichste Kirche Erfurts. Die gleichfalls katholische, an der Außenseite mit Statuen geschmückte St. Wigbertikirche, die Grabstätte einiger Mainzer Statthalter, die bis in unsere Tage durch neuen, freilich künstlerisch nicht immer erfreulichen Schmuck bereichert wird, während sich im Wigbertikloster heut zwar nicht minder streitbare, vielleicht auch nicht minder weltfreudige, aber doch wesentlich bunter und adretter gekleidete Männer verlustieren – es ist das Militärkasino. Endlich die graue, düstere, kahle Andreaskirche, in deren Wände, je nach dem Bedürfnis der Zeit, zuweilen neue Fensterhöhlen gerissen wurden, während man dann wieder andere vermauerte.

Andere Kirchen und Klöster sind heute weltlichen, oft genug schnöden Zwecken gewidmet. Das uralte Benediktinerkloster auf dem Petersberg, einer der frühesten und angesehensten Sitze gelehrter Bildung in Thüringen, ist nun Kaserne, die Kirche Heumagazin. Sie ist ein stattlicher romanischer Bau mit vier Türmen, noch halten die mächtigen Quadern wie vor sieben Jahrhunderten, da Heinrich der Löwe sich hier vor dem Rotbart beugte, obwohl die Kirche seither bei jeder Belagerung Erfurts ihr Teil wegbekam, das schlimmste 1813, als Erfurt den Franzosen wieder entrissen wurde; dicht daneben ragt ja die Zitadelle auf. Als ich hier oben stand, ließ ich den Blick über die roten Dächer und grauen Giebel hinweg ins Geratal und auf die grünen Höhen des Steiger schweifen und hatte nur Freude am Ausblick und keinerlei Gedanken. Dann sucht ich mir auszumalen, welches Leben einst diese Steingänge, in denen nun Gras wächst, diese kühnen, stolzen Gewölbe, unter denen heute nur Mäuse durch Heu und Gerste streichen, erfüllt, von den Tagen Barbarossas und des ersten Habsburgers durch das kirchliche Stilleben des Mittelalters hindurch bis in die Sturmtage des Dreißigjährigen Krieges und das Lärmen der Franzosenzeit; auch dies gelang mir so weit, als für mein stilles Träumen nötig; es erhöhte mir die Freude an der Stunde; weiter hatte es ja keinen Zweck. Ein anderes aber, worüber ich hier oben grübelte, als ich auf der geborstenen Schwelle der Kirche im Kühlen saß und in den heißen, schwelenden Sommerglast hinausblickte, wollte mir nicht klar werden. Als Preußen 1816 Kirche, Kloster und Zitadelle von seinen eigenen Kugeln beschädigt und geborsten übernahm, wurde ein Arbeitsplan entworfen, der diesem Zustand ein Ende machen sollte. Die Zitadelle restaurierte man, denn Erfurt sollte Festung bleiben, das Kloster auch, denn neben der Zitadelle war eine große Kaserne nötig, und die Kirche sollte niedergerissen werden, denn die brauchte man nicht. Das war mir verständlich, denn es war ganz im Sinne jener Zeit, als deren Typus der wackere General von Müffling gelten kann, der damals die herrlich erhaltene Gleichenburg, die ihm Friedrich Wilhelm III. geschenkt hatte, abreißen ließ, um sich aus dem Gestein einen soliden Schafstall zu bauen. Verständlich ist mir ferner, daß es mit dem Niederreißen langsam ging, denn damals ging auch in Preußen alles langsam, und begreiflich ferner, daß Friedrich Wilhelm IV, damals noch Kronprinz, um 1830 dem Vandalismus steuerte und die Kirche wieder zurechtflicken ließ. Aber unverständlich blieb mir und wird mir immer bleiben, daß diese um schweres Geld wiederhergestellte Kirche seit sechzig Jahren nur eben als Heumagazin und Vergnügungsort für Mäuse benützt wird.

Ein freundlicheres Bild bietet heute der andere Hügel südwestlich vom Petersberg, der einst gleichfalls ein Kloster und dann eine Zitadelle trug, der Cyriaksberg. Hier stand bis 1480 ein Nonnenkloster, dessen Bewohnerinnen sich still der herrlichen Aussicht auf die Thüringerwaldberge und daneben, wie die Chronisten übereinstimmend berichten, auch anderer Genüsse des Lebens erfreuten. Dies wäre, weil es ebenso menschlich ist wie die Verdammung junger blühender Menschen zur Enthaltsamkeit unmenschlich, gar nicht weiter zu betonen, wenn es nicht den Erfurter »Gefrunden« den Vorwand geboten hätte, das Kloster aufzuheben und mit großem Aufwand eine Burg daraus zu machen, die dann die Schweden zu einer großen Zitadelle umschufen. Heute bewahrt da der preußische Fiskus Patronen auf; die Glacis aber sind hübsche Spazierwege und Ruhepunkte geworden. Am Fuße des Hügels steht eine Sandsteinsäule, die eine Gräfin von Kävernberg zum Gedächtnis ihres Bräutigams, der hier ermordet wurde, errichtet hat; sie selbst blieb unvermählt. Mein gefühlvoller Wieland bestand darauf, daß ich mir das »Sybille-Türmche« ansehe, und so tat ich's. »Das war Sie so in die alden Zeiten«, sagte dieser feuchte »laudator temporis acti«, »heut würde sie sich fors Geld 'nen Brautkleid kaufen und 'nen andern heiradhen.« Nicht alle, meine ich, täten es, aber daß es viele täten, kann man gerade in diesen Anlagen nicht bezweifeln, denn wie im Hirschgarten wimmelt es auch hier an schönen Sommerabenden von zärtlichen Pärchen, die sämtlich sehr, sehr ungetraut aussehen. Überhaupt ist Erfurt noch heut wie zu Nikolaus von Biberas Zeiten eine »verliebte Stadt«, vermutlich noch weit mehr als damals, wo es noch keine Fabriken, keine großen Nähereien, keine Infanterie, Artillerie und Gewehrfabrik hier gab. Man erblickte in den Straßen Erfurts, da die Kasernen zumeist außerhalb des Weichbilds liegen, nicht viel Soldaten, aber wer Augen hat, sieht die Erfurter Garnison von dem Antlitz der Mägde und »kleinen Mädchen« strahlen. Auf dem Cyriaksberg aber scheinen sich die Herzen besonders leicht zu finden, und so herrscht hier wieder, wie bis 1480, das Leben und die Liebe. Ein Narr, den's verdrießen würde.

Ein Militärkasino ist das eine Kloster geworden, ein Fouragemagazin das andere, eine Patronenkammer das dritte, und so kann's nicht wundern, daß das vierte, das Kartäuserkloster, heut eine große Bierwirtschaft ist. Der Bau aus dem 14. Jahrhundert ist innen bis zur Unkenntlichkeit umgestaltet, aber die 1713 hinzugefügte Fassade im italienischen Barock ist noch wohlerhalten. Gewiß die kunstgeschichtlich merkwürdigste Fassade, die ein Bierhaus in deutschen Landen aufzuweisen hat, aber selbst ein Griesgram würde nicht über Profanation klagen: in dem üppigen fröhlichen Stil liegt etwas, was eigentlich für ein Wirtshaus besser paßt als für eine Kirche. Übrigens hat sich nach einer Erfurter Volkstradition dadurch der Charakter des Hauses nicht wesentlich geändert. Mein Wieland wenigstens sagte mir: »Die Gardäuser, das waren Sie gemiedliche Brüder. Reden durften se nich, aber saufen durften se. Und das haben se gedhan. Die freuen sich noch im Himmel oben, daß ihr Haus nu 'ne Kneipe is!«

Auch einzelne Türme, die heute vereinzelt mitten im Häusergewirr stehen, erinnern an die alte, reiche »Pfaffenstadt«, die sich an Kloster- und Kirchenbauten gar nicht genug tun konnte. So der Johannisturm, der nur erhalten blieb, weil er gar zu solid gemauert war, so daß der Abbruch mehr gekostet hätte, als das Gestein wert war; die Kirche ist 1811 vom französischen Präfekten öffentlich versteigert worden. So der Bartholomäusturm, der nun plump und trotzig mitten unter den modernen Geschäftshäusern des Anger steht. Kurz – wer immer diese Stadt durchwandelt, muß erkennen, daß sie einst mächtiger und stolzer gewesen als heute.

Warum ist Erfurt vom Beginn des 16. Jahrhunderts immer tiefer von dieser Höhe herabgeglitten, tief bis in den Staub? Auf Erden kommt alles, wie es kommen muß, unabwendbar, unzerreißbar fügt sich die Kette der Ursachen und Wirkungen Glied an Glied zusammen, aber auch Menschenschuld und Verblendung sind Glieder dieser Kette. Die schlimmsten Schädiger ihrer Blüte waren die Erfurter selbst. Freilich handelten auch sie, wie nun einmal Menschenlos ist, nicht wie sie wollten, sondern wie sie mußten – aus ihrer Art heraus, wie sie ihnen angeboren und durch ihr Geschick anerzogen war. Aus derselben Art heraus, kraft deren sie es zu ihrer Höhe gebracht; was sie schädigte, war nur der Schatten, den ihr Licht warf.

Wer all seine Kraft auf den Erwerb wirft, dem wird das Geld der Herr; es macht ihn scharfsichtig und blind zugleich. Die Erfurter waren damals wohl die besten Kaufleute in Deutschland, aber eben zu gute; so ließen sie aus Sparsamkeit die Gelegenheit ungenutzt, sich die volle Selbständigkeit zu erringen. Kein Zweifel, es wäre Erfurt im 15. Jahrhundert möglich gewesen, Freie Reichsstadt zu werden; ab und zu dachte auch einer der Consules daran, tat sogar den und jenen Schritt, aber nie ernstlich. Die Alltagsklugheit sprach dagegen; es hätte eben sehr viel Geld gekostet und scheinbar nichts genützt. Die ewig geldbedürftigen Habsburger, Sigismund oder Friedrich III., gaben ohne große Sporteln keiner Stadt den Freibrief; hier, wo der Einfluß der Mainzer zu brechen gewesen wäre, hätte es erst recht viel Geld gekostet. Aber mit der Souveränität waren ja zudem dauernde schwere Lasten verknüpft. Als Mainzer Eigen hatte die Stadt zu Reichsheer und Reichskosten keine Zubuße zu leisten; als Reichsstadt hätte sie schwere Blut- und Geldsteuer entrichten müssen. Und so sagten sich die Erfurter Obervierherrn, wie der seltsame Amtstitel der regierenden Ratsherren lautete: »Haben wir uns trotz und unter Mainz eine Machtfülle geschaffen wie nur irgendeine freie Stadt, so werden wir sie erhalten, ohne die Opfer, welche andere tragen.« Es war Alltagsklugheit, weit abstehend von jener echten Weisheit, die im tiefsten Kern auch immer ethisch ist. Rechte ohne Pflichten sind kein rechter Wall, sondern immer Flugsand; der Wind bläst ihn zusammen, der Wind kann ihn wieder auseinandertragen. Solange Erfurt mächtig war, mußte sich Mainz mit dem Schein der Herrschaft begnügen, wie aber, wenn Tage des Unglücks über die Stadt kamen?

Derselbe Dämon, die »auri sacra fames«, der die rechtliche Sicherung der äußeren Unabhängigkeit verhinderte, zertrümmerte auch im Innern den Frieden und damit die Kraft. Wie in jeder Stadt jener Zeiten standen sich auch in Erfurt Patrizier und Plebejer, Regierung und Volk gegenüber, aber in keiner schroffer als hier. Gegenüber der Zahl der Hinzugewanderten war hier die der alten Geschlechter eine winzige; einige Dutzend Familien waren im Vollbesitz der politischen Macht; die große Masse hatte zu steuern, Kriegsdienste zu tun und schweigend zu gehorchen; nicht einmal zum Schein hatte sie hier mitzureden, was die Geschlechter anderwärts aus Klugheit gestatteten. Nun lag hier zudem in den Händen dieser wenigen, der Bedeutung der Stadt und ihres Gebiets, der ihrer Einnahmen und Ausgaben entsprechend, eine ungeheure Macht, in deren Ausnutzung sie im Grunde niemand beschränken, sogar niemand beaufsichtigen konnte. Es wäre ein Wunder gewesen, wenn die Verwaltung immer ehrlich oder auch nur immer sparsam geblieben wäre, und Wunder geschehen eben nicht auf Erden. Kostspielige Fehden verschlangen viel Geld, glanzvolle Bauten und Feste, zum Beispiel das Turnier der Erfurter Patrizier von 1496, die durch ihren unerhörten Aufwand in ähnlicher Weise von sich reden machten wie etwa in jüngster Vergangenheit die Schlösser und Separatvorstellungen Ludwig II., kosteten noch mehr, und der Unterschleif einzelner ungetreuer Verwalter beschleunigte den Verfall. Freilich, ohne solche Machtfülle in den Händen weniger hätte Erfurt nicht so rasch den steilen Pfad zur Höhe emporklimmen können; nun ward ihm dieselbe Einrichtung zum Verderben. Die Stadt, die durch Jahrhunderte der Bankier aller geldbedürftigen Fürsten Deutschlands gewesen, war nun selbst in Schulden; die Bürger sollten das Doppelte, das Dreifache steuern, den Ausfall zu decken. Das wollten und konnten sie nicht; die Erregung wuchs immer mehr; der Kampf zwischen Herrschern und Beherrschten, lange nur mit Worten und Schriften geführt, wurde schließlich in den Straßen Erfurts durch Schwert und Axt entschieden. Der regierende

Ratsherr, Heinrich Kellner, weigerte jede Rechnungslage, nicht eigene Sünden zu verbergen, sondern weil er sie der misera plebs nach dem Buchstaben der Verfassung nicht schuldig war. »Ich bin die Gemeinde!« rief er den Bürgern entgegen. Das hat ihn den Hals gekostet, aber entschieden war der Streit schon in dem Augenblick, wo sich die Bürger erhoben, denn bei ihnen war das Menschenrecht, bei ihnen die Zahl der Arme, beim Rat nur die ererbte Satzung und ein Haufe schlecht bezahlter, darum unzuverlässiger Söldner. Der Rat wurde gestürzt, Kellner eingekerkert und 1510 hingerichtet; das »tolle Jahr« heißt es in Erfurts Geschichte. Es brach die Kraft der Patrizier, aber auch die Kraft der Stadt. Viele der »Gefrunden« verließen Erfurt; die Regierung kam in plumpe, schwielige Hände, die auch nicht immer rein blieben und zudem nur daran gewöhnt waren, den Hammer oder die Nadel zu führen, nicht das Steuer eines Staatsschiffs.

Das war die entscheidende Wendung in Erfurts Geschichte; die schlimmste Wunde hat ihm der Bürgerzwist geschlagen. Aber Schweres ist auch durch das Schicksal über die Stadt gekommen; furchtbare Brände verheerten sie; ihre Fehden und Prozesse endeten nun fast alle unglücklich. Die Reformation trennte die Bürger in zwei Haufen von Todfeinden; nirgendwo war die Erbitterung heftiger, denn Erfurt war ja mainzisch, eine »Pfaffenstadt«, die Hauptkanzel Tetzels, und doch wehte andererseits hier der lebendige Atem Luthers. Gewiß hatten die Bürger recht, wenn sie sich der neuen Lehre zuwandten, aber recht hatten auch die Mainzer, wenn sie dies in ihrer Stadt nicht dulden wollten, die Jesuiten zu Hilfe riefen, bei Kaiser und Reich Klage führten, jeden Angriff der Bürger auf Kirchen und Klöster durch Angriffe auf die Stadt vergalten, ihre Hoheitsrechte, die sie ja nie aufgegeben hatten, nun voll geltend zu machen suchten. Das ganze 16. Jahrhundert ist von diesem Streit zwischen Stadt und Schutzherren erfüllt; immer grimmiger spitzte er sich zu. Es war keine Rechts-, sondern eine Machtfrage; sobald Erfurt an Kraft verlor, Mainz an Kraft gewann, mußte die Stadt in Wahrheit seine Magd werden.

Da kam den Erzbischöfen, freilich ihnen selbst so unerwartet und unerwünscht wie den Erfurtern, ein Bundesgenosse: die Entwicklung des Welthandels, die Entdeckung der neuen Seewege. Aus Java und Bengalien kam der Indigo und schlug die Waid tot, aus Mexiko und Westindien die Koschenille und verdrängte die Kermes. Das vollzog sich nicht jählings, aber sichtlich. Auch der Binnenhandel schlug neue Wege ein; durch Meßprivilegien und eine kluge Politik seiner Kurfürsten gefördert, blühte Leipzig auf und wurde zunächst der Rivale und dann der Besieger Erfurts als Stapelplatz Mitteldeutschlands. Die Stadt begann sich zu entvölkern und hatte an der Schwelle des Jahrhunderts, das den Dreißigjährigen Krieg bringen sollte, kaum noch 20 000 Einwohner; auch die Hörsäle begannen zu veröden. Erfurt jammerte, Mainz aber jauchzte nicht; es war ihm recht, daß die Stadt herabkam, aber wenn die Henne keine güldenen Eier mehr trug – war sie dann noch des Kampfes wert?

Der furchtbarste Krieg, den Deutschland je gesehen, der es für Jahrhunderte zu einem armen Lande machte, brachte auch diesem Kampf nach unerhörten Zwischenfällen die Entscheidung. Auf und nieder schwankte die Waagschale, in der Gustav Adolfs Schwert lag, und mit ihr das Schicksal Erfurts; durch neun Jahre von den Schweden besetzt und ein Stützpunkt ihrer Macht, fiel es endlich in die Hände der Kaiserlichen und hatte schwerste Drangsale zu erdulden. Hier statt jeder Schilderung zwei Ziffern: als die Schweden 1640 abzogen, hatte die Stadt noch 16 000, als die Katholischen acht Jahre später gingen, kaum 9 000 Einwohner. Der Westfälische Friede hatte Kurmainz die Herrschaft über Erfurt bestätigt; noch einmal, zum letztenmal wehrten sich die Bürger dagegen; nur der Geldmangel, der Kurmainz hinderte, ein Exekutionsheer aufzubringen, gab ihnen noch einige Jahre Galgenfrist. Endlich, 1664, mietete der Kurfürst französische Truppen, die aus Ungarn nach der Heimat heimkehrten, für den kurzen, im vorhinein entschiedenen Kampf. Von der Zitadelle auf dem Petersberg drohten die Kanonen auf die Stadt nieder, im »Mainzer Hof«, wo heute die Gewehrfabrik ist, residierten die kurfürstlichen Statthalter, und die Consules von Erfurt waren die demütigen Häupter einer armen, ihrem Fürsten gehorsamen Stadt. Als 1683 von den rund 13 000 Menschen etwa 10 000 – kein Schreibfehler, so verzeichnen es die Chronisten – an der Pest dahinstarben, da waren viele der Meinung, Erfurt werde eine Ruinenstadt bleiben, ein trauriges Überbleibsel einstiger sagenhafter Größe, wie es etwa heute Bardowiek ist, das ja einst die mächtigste Handelsstadt Norddeutschlands war, bis es Heinrich der Löwe für immer zertrat.

Wenn es mit Erfurt anders und besser kam, so ist dies zum geringsten Teil das Verdienst der kurmainzischen Koadjutoren. Daß die einst so trotzige Stadt ruhig blieb, dafür brauchten sie kaum zu sorgen; das bewirkten die Kanonen der Zitadelle und die starke Besatzung. Wohl aber mühten sie sich, daß Erfurt wieder katholisch werde; freilich war der Stadt die Religionsfreiheit zugesagt, aber alle Stellen mit Katholiken zu besetzen, die Zahl der evangelischen Kirchen zu verringern, die Mönchs- und Nonnenklöster neu zu bevölkern, die Bekehrung durch Jesuitenmissionen besorgen zu lassen, schien ihnen nicht dagegen zu sprechen. Auch die Universität wurde, so gut es ging, im Sinne der herrschenden Kirche verwaltet, was freilich mit dazu beitrug, ihre Bedeutung immer tiefer hinabzudrücken. In dies Stilleben mit Glockenklang und Weihrauchduft klangen zeitweilig während des Siebenjährigen Krieges die preußischen Kanonen (1759); dann ging diese Verwaltung denselben schleichenden, trägen Schlenderschritt wie vordem und wie damals überall im katholischen Deutschland.

Nein, nicht der Fürsorge ihrer geistlichen Fürsten, nur der eigenen Kraft hatten es die Erfurter zu danken, wenn sachte das Gras aus ihren Straßen wich und die verödeten Häuser wieder Bewohner erhielten; freilich nützten sie nur das Geschenk der Natur, ihren fruchtbaren Boden. Der Handel ging andere Bahnen, und selbst für Thüringen war Erfurt nicht mehr der Mittelpunkt des Verkehrs; Gotha im Westen, Halle im Osten lenkten vieles ihren Märkten zu, die Hochschule gab wenig Verdienst und wenig Glanz, der Festungswall schnürte die Stadt ein, aber Erfurt war noch immer die »Stadt der Ackerbauer« und seine Bewohner des »Römischen Reichs Gärtner«. Mit der Waid ging's nicht mehr, der Wein wurde immer saurer, aber einen Ersatz bot die Kresse, die hier (im tiefen, wasserreichen Dreienbrunnen zwischen Steiger und Cyriaksberg) zuerst planmäßig gezogen, von hier aus der Lieblingssalat der Zopfzeit wurde. Der Handel mit Obst, mit Blumen und Sämereien brachte keine Reichtümer ein, aber er erhielt die Stadt bei Kräften, und gegen Ende des Jahrhunderts galt sie wieder als mäßig wohlhabend.

Natürlich fehlt's im Erfurt von heute auch nicht an Überbleibseln dieser Zeit. Da stehen noch mitten zwischen uralten Renaissancefassaden und modernen, nicht eben schönen, aber hellen und freundlichen Häusern die häßlichen, öden Nutzbauten der Zopfzeit, einzelne mit einem Barockschmücklein am Dachsims oder unter den Fenstern, wie Philister, die sich was Besonderes ungeschickt an den Rock heften und dann erst recht als nüchterne Philister erscheinen. Auch einzelne Klöster, zum Beispiel das der Ursulinerinnen, scheinen aus dieser Zeit zu stammen; im Inneren aller katholischen Kirchen vollends – nicht bloß im Dom, bei dem ich bereits darauf hingewiesen habe – merkt man deutlich, daß Erfurt lange unter geistlicher Verwaltung stand, und zwar leider eben in den anderthalb Jahrhunderten des tiefsten Standes kirchlicher Kunst. Auch der bereits erwähnte Packhof von 1705 ist trotz seiner geschmückten Fassade oder gerade ihretwegen kein Musterbau jener Zeit, und ebenso das weit stattlichere Regierungsgebäude von 1710, das neben passablen Barockfiguren und Simsen auch einige andere aufweist, die selbst Freunden des Stils – und ein Gegner bin ich selber nicht – sehr geringe Freude machen können. Hier haben die Koadjutoren residiert, nachdem ihnen der alte »Mainzer Hof« zu unwohnlich geworden, als letzter Karl Theodor von Dalberg.

Dreißig Jahre (1772-1802) hat der liebenswürdigste aller Dilettanten der an solchen Erscheinungen so reichen Zeit in Erfurt residiert und immerhin einiges für die Stadt getan. Zwar arbeitete er sich fast ganz vergeblich ab, der Universität neuen Aufschwung zu geben, sie siechte nur eben langsamer dahin als vor ihm – aber er mühte sich im Sinne seiner Weltanschauung, einer nicht tiefen, aber milden und redlichen Aufklärung, nicht fruchtlos, die Rechts- und Armenpflege zu verbessern, Protestanten und Katholiken fast gleich gerecht zu regieren, Stadt und Land materiell zu heben. Mit allen freien Geistern seiner Zeit befreundet, sah er in seinem Palaste auch Schiller, Wieland und Goethe als Gäste. Daß die Fauststadt Erfurt sich auch gern ihr Teil an Goethes Gedicht sichern möchte, ist begreiflich, und angesichts der Bedeutung, die gerade der Erfurter Sagenkreis für die Ausgestaltung des »Faust« hatte, läßt es sich ihr ja auch wahrlich nicht bestreiten. Darüber hinaus freilich können die Erfurter Patrioten nicht viel erweisen. Es

ist sehr unwahrscheinlich, daß Goethe den Namen Heinrich, der sich sonst nirgendwo über-
liefert findet, tatsächlich der Erfurter Universitätsmatrikel entnommen habe, die 1522 einen
Henricus Faust des Gronenberg, der übrigens nichts mit dem historischen Faust zu tun hat,
als Hörer verzeichnet, und gleich unwahrscheinlich ist, daß Goethe bei der Schilderung des
Spaziergangs am Ostermorgen (»Aus dem hohlen, finsteren Tor« usw.) an den Platz vor dem
Erfurter »Pförtchen« gedacht habe.

Goethe war oft in Erfurt; allbekannt ist sein Aufenthalt vom Herbst 1808, die Begegnung mit
Napoleon. Was alles hatte sich in den Jahren, seit er Dalberg hier zuletzt besucht, gewandelt!
Es gab kein Erzbistum Mainz mehr; Erfurt war 1803 an Preußen gekommen, 1806, nach Jena,
ohne Schuß und Schwertstreich an Napoleon. Den Vorschlag seines Staatsrats, die neue Erwer-
bung dem Königreich Westfalen anzugliedern, lehnte der Kaiser ab; er stellte das »Fürstentum
Erfurt« unter seine eigene Herrschaft, weil ihn der alte Ruhm der Stadt lockte, der Gedanke,
an derselben Stätte hofzuhalten wie die Salier, Friedrich der Rotbart und Rudolf von Habsburg.
Und darum ward hier im Regierungsgebäude der Erfurter Kongreß abgehalten, spielte Talma
hier »vor einem Parterre von Königen«. Goethe ist leider nie dazu gekommen, sein Gespräch mit
Napoleon (2. Oktober 1808) aufzuzeichnen, wie er es Riemer versprach; »er hat mir gleichsam
das Tipfelchen auf das i gesetzt«, sagte er diesem Vertrauten. So wissen wir wenigstens von diesem Gespräch der beiden größten Männer ihrer Zeit; es genügt freilich, um Goethes Ausspruch
zu verstehen. Napoleons Kritik von »Werthers Leiden« geht ins tiefste; seine Auffassung von
der Bedeutung des historischen Trauerspiels ist eine großartige, und ebenso trifft sein Wort
gegen die Schicksalstragödie ins Schwarze. »Voilà un homme!« sagte er bekanntlich nach der
Unterredung zu seinem Gefolge, während Goethe vollends helle Bewunderung war und der
Einladung des Kaisers nach Paris folgen wollte. Nicht anders urteilten ja damals die meisten
Deutschen über den Kaiser und namentlich auch alle Erfurter. Die französische Verwaltung
war auch hier, mit ihren Vorgängerinnen verglichen, ein großer Fortschritt. Mit einem Schlage
wurde die volle Gleichberechtigung der Konfessionen – unter den Koadjutoren zugunsten der
Katholiken, in den drei kurzen Jahren preußischer Herrschaft zugunsten der Evangelischen
beeinträchtigt – zur Tat; Gesetzgebung und Rechtspflege wurden vereinfacht und trefflich geordnet, Armen- und Krankenpflege zeitgemäß ausgestattet, die Reinlichkeit der Straßen und
Häuser mit weiser Strenge durchgeführt und überwacht. Die vielen Behörden, die Napoleon
hierher legte, seine glänzende Hofhaltung brachte Geld unter die Leute. Auch schuf die Zugehörigkeit zu einem Riesenstaat neue Absatzquellen für Blumen, Obst und Gemüse. Aber
die französischen Behörden, an Tatkraft und Initiative gewohnt, ermöglichten es den Erfurtern
nicht bloß, ihre Erzeugnisse besser zu verkaufen, sondern auch Besseres zu erzeugen; sie er-
munterten zur Einführung neuer Blumen- und Obstkulturen und lieferten das Material dazu,
wie sie andererseits alles, was den Erfurtern trefflich gelang, anderwärts einzubürgern suchten.
Um die Verbreitung der Erfurter Kresse war sogar Napoleon persönlich bedacht; er ließ zu
Fontainebleau durch Erfurter Gärtner eine Kressekultur anlegen.

Alles in allem, es war keine unverdiente Huldigung, daß die Erfurter zur Feier der Geburt
des Königs von Rom einen siebzig Fuß hohen Obelisk errichteten. Aber war's verdient, daß sie
wenige Jahre später (1814) diesen Obelisk zerstörten? Ähnliches ist damals gottlob selten in
Deutschland geschehen, und eine Heldentat war's gewiß nicht. Freilich hatte die Stadt beim
Durchzug der geschlagenen Franzosen viel gelitten, noch mehr, weil sie die Festung sehr tapfer
verteidigten bei der Belagerung durch die Preußen, und was die Hauptsache ist: die nationale
Empfindung ist eben auch wie jede andere, welche die Natur selbst gebietet, etwas Elementares.
Gleichwohl haben die Stadtväter des neuen Erfurt nicht richtig gehandelt, indem sie als Gegen-
stand des letzten der sechs Freskobilder, die den Festsaal ihres neuen Rathauses schmücken, die
Zerstörung dieses Obelisken bestimmten. Die anderen fünf Bilder führen ruhmvolle oder doch
wichtige Ereignisse aus Erfurts Geschichte vor (der heilige Bonifacius bekehrt die heidnischen
Ackerbauer; Heinrichs des Löwen Fußfall vor Friedrich Barbarossa; Rudolf von Habsburg in Erfurt; das »tolle Jahr«; die Übergabe Erfurts an Mainz); dieses ist weder ruhmvoll noch wichtig.

Der Wiener Kongreß gab Erfurt an Preußen zurück; es ist zunächst von den Geschicken der Stadt nicht viel zu berichten. Die Universität wurde nun auch formell aufgehoben; Hauptstadt der neuen Provinz Sachsen wurde Magdeburg, Sitz des Provinziallandtags Merseburg; Erfurt war damals für Preußen vornehmlich als Festung wichtig, was jede Ausdehnung der Stadt hinderte. So war die Zunahme an Seelenzahl und Wohlhabenheit eine langsame; freilich war sie eine stetige, weil mit der wachsenden Kultur Blumen ein immer begehrterer Artikel wurden. Die Erfurter galten in Magdeburg und Berlin als unzufrieden; man schickte ihnen darum die schneidigsten Beamten, was sie seltsamerweise nicht glücklicher machte. Kein Wunder, daß es 1848 hier (24. November) zu einem blutigen Aufstand und Straßenkampf kam; fast ein Jahr währte dann der Belagerungszustand. So tagte 1850 das Unionsparlament in einer Stadt, die genauer als andere erfahren hatte, daß Deutschland einer Verfassung bedürfe. Freilich war sie nicht deshalb dazu erkoren, sondern weil Radowitz Erfurt liebte. Er ist auch hier begraben. Wollte die Grabschrift seinen bleibendsten Ruhmestitel verzeichnen, sie könnte nur lauten: »Es war der verdienstvollste Autographensammler Deutschlands« – die Handschriften, die er mit unermüdlichem Eifer zusammentrug, sind eine reiche Quelle unserer literarischen und politischen Geschichte. Er aber wollte ja Deutschlands größter Staatsmann sein. Mit Josef von Radowitz ist viel Talent und noch mehr Willensschwäche, viel redlicher Wille und noch mehr Unvermögen der Tat ins Grab gesunken.

Seit fünfzig Jahren geht's in Erfurt sichtbar aufwärts; nun ist's, sagt ich schon, eine aufblühende Handels- und Industriestadt. Mit Leipzig oder Halle kann es nicht in Wettbewerb treten, aber doch behaglich leben und sich entwickeln. Das gilt freilich vom Materiellen mehr als vom Geistigen; große Zeitungen oder Verlagshandlungen hat Erfurt nicht; das Theater soll nicht auf Rosen gebettet sein, so viele es ihrer auch hier gibt. Immerhin erweisen Rathaus und Denkmäler sowie die Sammlungen der Stadt ein gewisses Interesse auch für jene Dinge, die »viel kosten und nichts einbringen« – nichts als ein menschenwürdiges Dasein... Aber es sind andere Produkte, die heute Erfurts Ruhm in die Welt hinaustragen. Die meisten Hosenträger, die in Deutschland verbraucht werden, sind hier gefertigt, daneben sehr viele Damenmäntel und Milliarden Schuhe; jeder zwanzigste Mensch in Erfurt ist ein Schuster. Und jeder zehnte ein Gärtner oder Blumenzüchter. Und die Frau Flora – um wieder an den Brunnen am Anger zu erinnern – ist üppiger als der Herr Gewerbefleiß; dieser Handel ist auch jetzt noch der einträglichste.

Recht gut geht's nun den Erfurtern; man sieht's überall: an den gefüllten Restaurants und Konzertgärten, den stattlichen Läden, den neuen Häusern. Sie sind geräumig, scheinen solid gebaut; daß die Fassaden im Durchschnitt etwas nüchterner sind als in anderen deutschen Mittelstädten, hat auch sein Gutes: man sieht darum hier weniger Kuriosa... Auch die neuen Kirchen und Monumentalbauten vermögen einem nicht Schrecken noch Entzücken einzuflößen. Nur drei nehme ich aus. Die neue Thomaskirche verspricht ein hübscher gotischer Bau zu werden, und das Rathaus ist ein schönes, ansehnliches Werk desselben Stils, der Stadt, wo einst Bürgersinn so Großes geleistet, nicht unwert; auch die neuen Fresken sind gut, neben den historischen namentlich die aus der Faustsage. In anderem Sinn bemerkenswert ist leider die Post; sie mutet an wie der phantastische Traum eines schlechten Künstlers, aber schon eines sehr schlechten. Ein Friseur in der Barfüßerstraße freilich sagte mir enthusiastisch: »In so 'ner Post 'nen Brief aufzugeben ist'n Hochgenuß!«, aber dem Kunstgeschmacke dieses Mannes traue ich nicht recht. Er hat in seine Auslage einen netten jüngeren Herrn mit roten Bäcklein gestellt und darunter geschrieben: »Wir Deutsche fürchten Gott, sonst nichts auf der Welt.« Wer so einen Bismarck hinstellt, verdient keine schönere Post. Übrigens habe ich den Spruch auch in zwei anderen Friseurläden Erfurts gefunden, und das hat mir wenig gefallen. Mir steht die Stunde vor Augen, da dies Wort fiel: am 6. Februar 1888; mein Lebtag bin ich froh, daß ich dabei war. Ein grauer Tag; im alten Hause in der Leipziger Straße herrschte Zwielicht, als sich der Große erhob, und mühsam durchklangen zuerst seine Sätze den Raum. Als er sich aber in Glut geredet, da klangen sie dröhnend ins Ohr und ins tiefste Gemüt hinein, und bei jenen Worten richtete er sich zur vollen Höhe auf; wie eine Gloriole umwob das durchbrechende Sonnenlicht den gewaltigen Schädel. Die Stunde hatte das Wort geboren; für die Stunde war es der beste Ausdruck dessen, was ein ganzes Volk erfüllte, und darum verdient es unvergessen zu bleiben. Aber eben darum, weil ich mit dabei war, als es erklang und für mein Ohr auch noch den persönlichen Klang der hohen, vibrierenden Stimme hat, sehe ich es ungern in Friseurläden und Wirtshäusern, auch scheint es mir aus anderen Gründen nicht recht zum dauernden Wahlspruch geeignet. Zur Zeit, da es Bismarck sprach, drohte der Konflikt mit Rußland; in Friedenszeiten brauchen wir nicht zu versichern, daß wir niemand fürchten. Wir haben uns 1870 das Recht erworben, daß uns Europa dies ohne weiteres für Kriegs- und Friedenszeiten glaube.

Doch zurück zum Stadtbild von Erfurt. Was man hier an Bauten und Denkmälern aus elf Jahrhunderten beisammen findet, habe ich nun, so weit mir Kraft und Wissen reichte, nacheinander zu schildern versucht. Aber dies Gemisch von Uraltem und Neuem, von Herrlichstem und Häßlichem, von feiner, schwelgerischer Kultur und armseliger Nüchternheit, kurz, das Nebeneinander ist, glaub ich, überhaupt nicht recht in Worten zu malen, geschweige denn, daß ich mir's zutraute. Gerade dies Gemisch, sagt ich schon, läßt mir das Stadtbild von Erfurt so einzig erscheinen. Anderwärts scheidet sich alt und neu fast ganz oder doch weit mehr als hier. Freilich gibt's auch in Erfurt ganz neue Stadtteile, wie das Villenviertel auf dem Löberfeld oder das Arbeiterviertel auf dem Johannisfeld, und ganz alte, wie das Viertel um die Universität oder das um die Augustinerkirche, aber das sind Ausnahmen; die meisten Stadtteile sind ein Gemisch, und zwar ein beispiellos buntes; was anderwärts eine Ausnahme ist, ist hier die Regel. Die Kamera des Photographen, der Pinsel des Malers und nun gar das eigene Auge kann dies weit besser verdeutlichen als das Wort des Schilderers. Ich gebe nur einige Andeutungen aus der Fülle dessen, was den Beschauer zunächst wie ein Rätsel anmutet, ihn dann aber ergreift, wenn er sich dessen bewußt wird, daß die Lösung dieses Rätsels lautet: »Hier ist eine Schicksalsstätte!...«

Man suche sich ein beschauliches Plätzchen auf dem Anger und blicke um sich. Ich empfehle zu diesem Zwecke das aus drei kränklichen Oleanderbüschen und einem grün angestrichenen Staket bestehende Gärtchen vor dem »Wiener Café«; hier stört einen niemand. Denn Erfurt ist großstädtisch genug, ein solches Etablissement zu besitzen, und kleinstädtisch genug, den armen Inhaber, natürlich einen Ungar – die Wiener Cafétiers in Deutschland sind alle Ungarn, wenn sie nicht Tschechen sind –, nur so langsam einen Krösus werden zu lassen, daß mich's nicht wundern würde, wenn ich ihn bei meinem nächsten Besuch in Erfurt samt dem Café nicht wiederfände. Mir tät's leid, denn was alles faßt von diesem »Garten« aus ein einziger Blick! Zur Rechten ein Haus aus dem 17. Jahrhundert, der Römische Kaiser, dahinter der dumpfe, düstere Riese aus dem 11. Jahrhundert: die Kaufmannskirche, dann dicht vor dem Beschauer ein häßliches, dürftiges Haus aus dem 18., ein reiches und lustiges aus dem 16. und ein prunkend geschmackloses aus dem 19. Jahrhundert, eben die Post. Ähnliches gewahrt er, so weit sein Blick die Breite Straße hinabreicht, bis an den Hoffmeisterschen Brunnen, dessen Erz und Springquell, im Sonnenlicht wundersam schimmernd, das Bild abschließt: zu beiden Seiten Häuser, von denen auch nicht eines dem andern gleicht; modernste Basarbauten, armselige wacklige Überreste aus der Zopfzeit, nüchterne Nutzbauten des letzten Jahrhunderts, daneben schöne, stattliche Patrizierhäuser der Renaissance, die auf diese Nachbarn herabblicken wie ein wohlerhaltener, vornehmer Greis auf ein junges, entnervtes Geschlecht. Zur Rechten ragt dicht vor dem Beschauer der Rokokobau des Packhofes auf. Kurz, kaum zwei Häuser nebeneinander, zwischen denen nicht ein ungeheurer Abstand der Erbauungszeit und des Stils läge – Bauten so stattlich und reich und schön, wie man sie eben nur in einer Mittelstadt finden kann, die vor vierhundert Jahren eine Großstadt war, und andere so dürftig und erbärmlich, daß man ihr Vorhandensein in dieser Hauptstraße nur versteht, wenn man sich erinnert, daß Erfurt vor zweihundert Jahren eine scheinbar dem sicheren Untergang geweihte Kleinstadt war.

Ähnliches sieht man hier überall: die Reihe der herrlichen Renaissancehäuser der Johannes- oder Allerheiligenstraße wird immer wieder von Zinshäusern aus der Zeit um 1850 unterbrochen, neben dem Patrizier im Festgewand steht der armselige Philister der neuesten Zeit. Oder man lasse den Blick über den Domplatz schweifen; hier die herrliche gotische Stiftskirche, vor ihr ein Obelisk aus der Zopfzeit, ringsum aber Häuser, als dienten sie dem Zweck, lehrreich zu vorbildlichen, wie schön und wie häßlich, wie reich und wie armselig man in der Zeit von

1500-1900 abwechselnd in Deutschland gebaut hat. Oder man stelle sich neben jenen Brunnen am Anger: ein Blick umfaßt die ehrwürdige Barfüßerkirche, das schöne Renaissancehaus, wo Wilhelm von Humboldt um Karoline von Dachröden freite, einige Wohnhäuser, wie man sie in Posemuckel nicht auf den Hauptplatz stellt, einige Geschäftshäuser, die an lärmendem Stil den Bauten in einem Berliner Geschäftsviertel nicht nachstehen, und als Zugabe einen prächtigen Barockbau. Oder man sehe sich an, welche bunte Gesellschaft den Roland auf dem Fischmarkt umstellt, neben dem schönen Rathaus, dem herrlichen »Breiten Herd« und dem »Roten Ochsen« auch Häuser, von denen man sich verwundert fragt: »Ist hier der Boden so billig, daß man derlei stehen läßt?...«

Aber habe ich bisher kein anschauliches Bild von diesem Gemisch geben können, so nützt alle Häufung von Einzelheiten nichts. Ich kann nur wiederholen: schön ist diese Stadt nicht, wahrlich nein, und wen nur die Harmonie eines Gesamteindrucks lockt, der lasse sie unbesehen. Aber wer Augen hat, das Besondere zu sehen, wer historischen Sinn hat, wird gleich mir seine Erfurter Tage zu den anregenden seines Lebens rechnen und niemals vergessen.

Ich sage dies fast wie einer, der eine Entdeckung gemacht hat und dies nun andern mitteilen will. Ganz so ist's ja nicht, aber – fast so. Den meisten geht's so wie anfangs mir: was sie nach Erfurt zieht, ist nur der Dom und die Blumenzucht. Nun, das ist freilich auch schon Freude genug. Vom Dom habe ich bereits erzählt, von den Blumen will ich's nun tun. Das ist das Schönste, was ich hier gesehen habe, und darum habe ich's mir für den Schluß aufgespart. Das Marienbild, dessen Goldglanz mir all die Jahre in der Erinnerung geleuchtet, hat in der Nähe von seinem Zauber eingebüßt; es war eben zuviel Gold... Die Blumenfelder um Erfurt aber – die waren schöner als mein Traum von ihnen.

Zunächst freilich muß noch von Nüchternem die Rede sein, der Blume als Handelsartikel. Daß Erfurt eine Gartenstadt ist, in der so an die zehntausend Menschen von der Blumen- und Gemüsezucht leben, merkt man natürlich schon mitten in der Stadt. So auf den Marktplätzen. Schönere Blumen, prächtigeres Obst bietet man nirgendwo in Deutschland feil. Den Marktplatz besuche ich auch sonst in jeder mir fremden Stadt und sehe mir alles gründlich an. Es hat sich mir immer gelohnt; hier erfährt man, wovon die Leute leben und ob sie gut oder schlecht leben; hier kann man über den Typus der Bevölkerung zwanglos und angenehm ins klare kommen; daß es zumeist der schönere und – freilich nur unter den Käuferinnen – der jüngere Teil der Menschheit ist, an dem man seine Beobachtungen machen kann, hat mir wenigstens meinen Studieneifer nie abgekühlt. So eifrig aber wie in Erfurt habe ich nirgendwo studiert, was jedoch wirklich nur an den herrlichen Birnen und Rosen lag. Damit soll freilich nichts gegen die Erfurterinnen gesagt sein. Sie sind blond und im Durchschnitt zierlich und hübsch; die Katholischen aus dem Eichsfeld, das ein starkes Kontingent an Mägden, Arbeiterinnen und Handwerkerfrauen stellt, sind auch blond, auch hübsch, aber nicht eben zierlich; das macht, weil ihnen der liebe Gott in seinem unerforschlichen Ratschluß sehr, sehr große Füße hat wachsen lassen. Schon an diesen Füßen kann man die Eichsfelderinnen erkennen, noch mehr an dem breiten, schweren Dialekt; es ist auch sonst vieles an ihnen ungewöhnlich breit. Mit Staunen habe ich in einem gelehrten Buche gelesen, daß in Erfurt auf zehn blonde drei braune Menschen kommen; ich hätte mir die Zahl der braunen nach meinen Beobachtungen noch geringer gedacht. Ist aber eine braun, so ist sie's sehr, und mehr als einmal erinnerte mich dieser brünette Schlag an meine Wanderungen unter den Nordslawen; in der Tat ist ja in Thüringen viel wendisches Blut zu finden. Sogar ein slawisches Wort habe ich einmal gehört: »I du Bojen!« (Ei du mein Gott); die Frau stammte aus Ruhla; dort, meinte sie, sagten es alle Leute. Im übrigen pflegen die Erfurter Hökerinnen nur deutsch zu sprechen, und zwar ein ebenso kräftiges und undiplomatisches Deutsch wie alle Hökerinnen im Reich. Als eine Bereicherung meiner zoologischen Kenntnisse habe ich mir das Kosewort aufgezeichnet, das eine dieser Damen ihrer Nachbarin zurief: »Du Ogsekuh«; eine andere erwiderte einer Magd, die »Flume-Kluesse« (Pflaumenklöße) kochen wollte, aber die Pflaumen zu teuer fand: »Backfife (Backpfeifen) kannst bill'cher haben.« Übrigens scheint unter diesen Frauen doch ein gewisses Maß von literarischer Bildung vorhanden; wenigstens habe ich eine Stelle aus dem »Götz von

Berlichingen« nirgendwo häufiger zitieren hören als auf dem Marktplatz zu Erfurt. Dies alles aber nur zum Beweise, daß mir auch hier das Menschliche interessant war, freilich nicht das Interessanteste. Die Dimensionen dieser Äpfel, Birnen, Pflaumen und Rettiche sind keine ungewöhnlichen mehr wie im Mittelalter, wohl aber ihr Wohlgeschmack und ihr appetitliches Aussehen; so feines Weiß und Rot, eine so zarte Haut habe ich kaum irgendwo gesehen; die Erfurter Früchte sind die Schönheiten unter ihresgleichen. Und im schönen Körper wohnt eine schöne Seele; neben allem anderen Guten fiel mir namentlich der feine Duft auf. Dazu Salate, daß man versucht wäre, auf seine alten Tage ein Vegetarier zu werden. Aber nun gar die Blumen! Anderwärts trifft man auf dem Markte immer nur die Blumen der Jahreszeit, den Flieder, die Rose oder die Aster – hier sitzt jede Hökerin hinter einem blühenden Wall der verschiedensten Blumen, weil die vielen Handelsgärtnereien ihre geringeren Sorten hier verkaufen lassen. Levkojen und Reseden, Stiefmütterchen und Balsaminen, Rosen aller Art, und nun gar ein Heer verschiedenster Nelken, denn die Nelke ist heute die Modeblume von Erfurt wie einst die Georgine. Da es hier auch eine Fülle von hübschem, billigem Ton und Porzellan gibt, so ist der Freund des Zimmergartens in Erfurt trefflich dran.

Trifft man schon auf den Märkten Zehntausende von Blumen, so in den Gärtnereien Milliarden. Es gibt solcher Anlagen hier einige Dutzend; die kleinste eine gewaltige Plantage, die größten mit ihrem Gewirr von Beeten, Feldern und Gewächshäusern unübersehbar und die Sinne verwirrend. Es spricht oder schreibt sich leicht hin, daß eines dieser Geschäfte zweihundert Gewächshäuser unterhält, aber nun mache man sich ein klares Bild davon. Ich gewann es nicht, auch als ich's sah; es war eben eine ungeheure Fülle von Farben, Formen und Düften, und jeder neue Eindruck schlug die früheren tot, bis mir schließlich – ehrlich gesagt – wenig anderes davon übrigblieb als Augenflimmern und leises Kopfweh. Vielleicht ist's auch zum Teil meine Schuld. Ich bin ein Landkind, in Garten und Feld aufgewachsen, habe auch gern auf dem Gymnasium Botanik getrieben, aber ich weiß nur eben das Wichtigste. Wer bessere Kenntnisse und ein geübteres Auge für feine Verschiedenheiten der Form und Farbe hat, wird auch mehr Freude daran haben und mehr davon behalten. Etwas Sehenswertes und Ungewöhnliches blieb's freilich auch für mich, und die Erfahrung, daß starke Eindrücke das Tiefste aus dem Menschen hervorlocken, konnte ich hier gleichfalls machen, nicht an mir, sondern an anderen. »Was is nu das?« fragte mich eine dicke Berlinerin mit dünner Tochter beim Blumenschmidt. »Azaleen.« – »Azáljen!« berichtigte sie und dann zur Tochter: »Wunderscheen! Das könnte Tante Trudchen nich scheener malen!« Ein Herr aus Frankfurt, der gleichzeitig mit mir die Gewächshäuser von Benary besichtigte, war dann mein Nachbar an der Table d'hôte. »Großartig!« rief er. »Aber wissen möcht ich, was so 'n Mann jährlich verdient!«

Man weiß, die Handelsgärtner von Erfurt verdienen recht gut, weil sie ihr Geschäft in jeder Hinsicht trefflich verstehen, auch in der weisen Vermeidung überflüssiger Konkurrenz. Rosen und Nelken, Palmen und Orchideen trifft man freilich fast überall, aber daneben hat jeder seine Spezialität: der eine züchtet Veilchen, der andere Begonien, der dritte Levkojen, beim vierten findet man nur Kakteen, aber in Hunderten von Spielarten, so daß die eine Pflanze der andern nur gleicht wie ein Lappländer einem Neger, der fünfte beschränkt sich auf Koniferen und der sechste gar nur auf Fuchsien. Sie alle handeln auch – und dies ist sogar die Hauptsache – mit Sämereien; daneben mit getrockneten Blumen. Es tut mir bei meiner Vorliebe für Erfurt leid, sagen zu müssen, daß die entsetzlichen Makart-Bouquets, als Staubsammler wie durch ihre Geschmacklosigkeit gleich berüchtigt, zumeist von hier in die Welt gehen. Kurz, auch auf diesem Gebiet gibt's schaffende Künstler und mühselige Tüftler, Talente und Nachahmer, produktive Köpfe, die vor der Natur Respekt haben, und unproduktive, die ihr Zwang antun. Fast noch sichtlicher ist diese individuelle Prägung, die Begabung und Geschmack des Besitzers der Plantage geben, an den Baumschulen, und selbst die Gemüsefelder gleichen einander nicht ganz.

Die jährliche Umsatzziffer dieser Produktion Erfurts vermag ich leider nicht mitzuteilen; eine offizielle Angabe scheint es nicht zu geben, und was ich an Schätzungen hörte, ging gleich um mehrere Millionen auseinander. Gewiß ist, gewaltige Summen werden aus diesen Plantagen gezogen, und gewaltige Summen stecken in ihnen. Nicht bloß Summen von Geld, sondern auch von Talent, Verstand, Fleiß und Zähigkeit. Die Natur hat Erfurt zur Gartenstadt gemacht, indem sie ihm diesen unübertrefflichen Boden gab, aber das Klima ist kein besonders günstiges. Die Blüte der Haselnuß tritt frühestens am 2. März, die des Apfels am 1. Mai, die des Weizens am 19. Juni ein; Erfurt ist also nach dieser Hinsicht später daran als andere Orte des Hügellandes, was mit der auffallend kühlen Witterung zusammenhängt. Die Fröste hören selten schon Mitte April, zuweilen erst Ende Mai auf, um dann oft Ende September wieder zu beginnen. Im Durchschnitt hat Erfurt jährlich, mit dem Fachausdruck des Meteorologen gesprochen, nur 25 Sommertage (wo das Maximum 25° Celsius erreicht), hingegen 14 Frosttage (wo das Thermometer unter den Gefrierpunkt sinkt) und 45 Eistage (wo auch das Maximum unter Null liegt). In der Zeit von 1882 bis 1887 (eine spätere Tabelle war mir nicht zugänglich) hat der Inselberg, die höchste Erhebung Thüringens, im Durchschnitt wärmere Winter gehabt als Erfurt. Man muß kein Fachmann sein, um zu erkennen, was diese klimatischen Verhältnisse für eine Gartenstadt bedeuten, welchen ungeheuren Aufwands an Mühe und Umsicht es bedarf, um sie auszugleichen und unschädlich zu machen. Denn hier wie überall, und hier noch mehr als anderwärts, ist die Natur nicht bloß gütig, sondern auch grausam, eine Wohltäterin und eine Feindin zugleich, und es gilt immer wieder, ihrem Willen in dem einen zu gehorchen, ihn in dem andern zu besiegen. Es kommt trotz all der Gewächshäuser einem Wunder gleich, daß die Erfurter so viele Pflanzen des Südens hier heimisch gemacht haben, und die meisten Pflanzen haben dabei nicht an Kraft, nicht viele an Farbe, allerdings mehrere an Duft verloren. Mehr noch als mit der Kälte haben die Erfurter mit dem Gewitter zu kämpfen. Dies Becken an der Grenze zwischen Gebirg und Flachland, wo das aus der Ebene heranziehende Wolkenheer zuerst auf Berge trifft und sich an ihnen ballt, ist naturgemäß ein Wetterwinkel. Ein Erfurter Gewitter ist kein Spaß; ich habe hier selbst vor einigen Tagen eins erlebt; von Westen her über das Andreasfeld kam das schwarze, düstere Wolkenheer gezogen, und wie's auf den Petersberg traf, brachen Blitz und Donner los; dann wälzte es sich weiter über den Domplatz hin; das Licht war wie ausgelöscht; im grellen Scheine der Blitze leuchtete die Doppelkirche auf dem Hügel in die fahle Dämmerung hinein; immer rascher folgten sich Blitz und Donner; es wurde immer dunkler und schwüler, bis endlich der Regen niederprasselte, endlos und gewaltig wie eine Sintflut. Man kann das hier oft erleben; auch der Hagel ist ein häufiger Gast; Erfurt wird mehr von ihm heimgesucht als die meisten Orte Thüringens, zum Beispiel viermal öfter als Meiningen. Auch ist der Himmel häufig bewölkt; eine leichte Wolkenschicht fehlt selbst an den sonnigsten Tagen selten. Man weiß, Mensch und Pflanze lieben die Sonne und brauchen sie; es ist ein Gesetz, von dem es wenige Ausnahmen gibt, daß Besiedelung und Pflanzenwuchs dort am dichtesten sind, wo der Himmel am lichtesten ist; Erfurt gehört zu diesen wenigen Ausnahmen. Die günstige Lage, die Fruchtbarkeit des Bodens waren stärker als die Sehnsucht nach der Sonne.

Und darum gedeihen unter diesem bewölkten Himmel die größten Blumenfelder auf deutscher Erde. Den Süden der Stadt abgerechnet, findet man überall einzelne solche Felder, die meisten im Westen vor dem Brühler Tor. Wie des Vormittags auf dem Steiger bin ich bei sinkender Sonne all diese Tage dort gewesen, nur das erste Mal zu Wagen, dann immer zu Fuß, den Eindruck nicht länger, aber besser zu genießen, denn auch zu Wagen kann man stundenlang fahren und den gleichen Anblick haben. Der Eindruck war immer gleich stark, noch mehr, er wuchs, je vertrauter mir das einzelne wurde, aber die Empfindung, etwas Einziges, ja Märchenhaftes sehen zu dürfen, verließ mich nie. Schon durch wogende Getreidefelder zu gehen ist ja dem Stadtmenschen Freude genug, und nun denke man sich statt des eintönigen, duftlosen Ährenmeers ein Meer von berauschend duftenden, in allen Farben leuchtenden Blüten: Rosen und Veilchen, Reseden, Levkojen und Tulpen, Balsaminen, und zwischen diesen schimmernden Feldern ganze Wäldchen blühenden Gesträuchs. Wer eine empfindliche Nase hat wie ich, hat hier endlich Grund, der Natur für diese Gabe zu danken, die dem Wanderer sonst nicht eitel Freude bringt. Freilich, in der Sommerglut und bei unbewegter Luft ist der Duft fast betäubend; anders gegen Abend, wo von den Hügeln her ein kühlerer Lufthauch weht. Aber gleiche Freude genießt auch das Auge, wenn es über ein Feld von Tulpen oder Levkojen schweift. Es ist auch in der Nähe, wie es mir in der Ferne schien: als wäre ein Regenbogen auf die Erde gesunken und da in tausend bunte Stücklein zerstäubt. Und wie schön sind die Formen dieser zarten Pflanzen: jede dem flüchtigen Blick der andern gleich und in Wahrheit jede nicht minder verschieden als etwa wir Menschen untereinander. So wandelte ich dahin, selig und wunschlos wie selten im Leben, trunken von Farben und Düften.

Mindestens diese Blumenfelder sollte jeder besehen, den sein Weg durch Thüringen führt. Sie sind in ihrer Art einzig und übertreffen alle ähnlichen Anlagen, die ich kenne. Zwar in den Rosengärten von Schiras bin ich nie gewesen, aber die bulgarischen kenne ich; sie sind gewiß herrlich, auch durch ihre Ausdehnung imponierend, aber das sind eben nur Rosenfelder; ihnen fehlt die Symphonie der Farben und Düfte, die hier entzückt. Auch in Haarlem werden nicht entfernt so viele Blumenarten gezogen, und die Quedlinburger Felder wieder werden von denen Erfurts an Ausdehnung übertroffen.

Gestern war ich zum Abschied draußen, natürlich mit Christoph Martin Wieland. Da ich ihm sagte, daß dies das letzte Mal sei, so nahm er vom Anger, wo er mir mit glühender Nase und schimmernden Äuglein entgegenkam, die Richtung zum Brühler Tor durch die Michaelsstraße und um den Petersberg herum, was einen Umweg von einer halben Stunde bedeutete. Wenigstens versicherte er mir, daß ihn nur der Abschied von mir »ganz plöde im Kope« mache, aber noch mehr, auch angetrunken war er nur aus dieser schmerzlichen Veranlassung, denn: »Ech daachte alleweil, Sie maachen fort!« Draußen aber wurde er leidlich nüchtern, schwieg auch und hatte erst auf dem Heimwege einen poetischen Gedanken: »Oh!« seufzte er, »wenn jedes dieser Blümechen 'n Pfennig wäre und mir gehörte!« – »Aber, Wieland«, wandte ich ein, »so viel Schnaps können auch Sie nicht vertragen!« Worauf dieser Anakreontiker: »Denn tät ich eben Win saufen!« Zum Schluß aber wurde er wieder elegisch und beruhigte sich nicht eher, bis ich eine Mark und das Versprechen gab, wiederzukommen: »Tun Sie's, Herre, denn wie mein Kamerad Knieschke sagte: ›In Erfurt is gut wohnen.‹«

Es war, wie man weiß, nicht der Droschkenkutscher Knieschke, sondern der Koadjutor Dalberg, der das Wort prägte. Ein Wahrwort jedoch ist's, und darum will ich auch gerne wiederkehren.

Heut aber geh ich in die Berge, die mir vom Steiger her so lockend winkten: nach Oberhof. Erfurt, im August 1901

Im Schwarzatal

Mein Schicksal auf dieser Reise bleibt immer dasselbe; ich komme stets an einen andern Ort, als ich geplant habe. Weil ich von Wittenberg nach Oberhof wollte, saß ich eine Woche in Erfurt fest und bin nun ebensolang in Schwarzburg. Natürlich schüttle ich darüber selbst den Kopf, lasse ihn aber nicht hängen. Denn das müßte schon ein arger Ort sein, der mir in meiner Reiselaune nicht für einige Tage als der schönste der Welt erschiene. Jetzt ist mir Schwarzburg dieser schönste Ort.

Grundlos habe ich übrigens nicht auf Oberhof verzichtet. Zwei Tage vor meiner Abreise aus Erfurt war ich Zeuge der Verzweiflung zweier Menschenseelen, denen sämtliche Oberhofer Gastwirte auf ihre telegraphische Anfrage geantwortet hatten: »Alles besetzt.« Es waren Mutter und Tochter, die eine so fett und die andere so mager, als stammten sie aus Pharaos Traum; übrigens war die Tochter schon lange ein junges Mädchen. Ein sehr verheirateter Mann in meinen Jahren erwirbt sich leicht das Vertrauen alter Damen; so hatte mir die Mutter gestanden, daß sie um der Tochter willen nach Oberhof wolle, weil sie gehört habe, daß sich dort »leicht etwas knüpfe«. Ich begriff ihre Verzweiflung über die Absage und riet ihr dann, nach Friedrichroda zu gehen, denn, dachte ich, in diesem Falle kann sich nur noch durch ein Wunder Gottes etwas knüpfen, und will er dies, so kann er's in Friedrichroda ebenso machen wie in Oberhof. Sie folgte diesem Rate; nun aber machte ich mich ans Telegraphieren. Zwei Antworten lauteten ablehnend, die dritte aber: »Provisorisches Zimmer reserviert.« Das war ein mir neuer Terminus, ich wollt es versuchen und nahm meine Karte nach Oberhof.

Sicherlich wäre ich auch hingelangt, wenn die Sonne geschienen hätte. Ist's draußen hübsch, so guckt man eben zum Fenster hinaus und denkt nicht nach. Aber nun begann es zu regnen, kaum daß der Zug bei Neudietendorf in die Berge lenkte. Da kam mir der Gedanke, daß der Begriff des provisorischen Zimmers doch eigentlich auch ohne Erfahrung zu ergründen sei: ein Zimmer, in dem man keinem Menschen zumuten kann, länger als eine Nacht zu bleiben – und ich blätterte im Baedeker nach einer anderen Sommerfrische. Dabei fiel mir Schwarzburg in die Augen: »Weißer Hirsch, mit prächtiger Aussicht auf Wald und Wiese, wo allabendlich ein 70 bis 80 Stück zählendes Rudel von Hirschen zur Tränke im Schwarzabach erscheint« – und ich griff nach dem Kursbuch; in Arnstadt mußte ich aussteigen. Aber halt – wenn es da nicht einmal ein »provisorisches« Zimmer gab? Ich sah mir meine Fahrtgenossen an; mir gegenüber saß ein altes, rundliches Ehepaar aus Berlin, das immerzu lachte; das sah mir wohlgenährt und spießbürgerlich genug aus, in Thüringer Sommerfrischen genau Bescheid zu wissen. Aber sie wußten's nicht; »wir gehen ja zu Fuß nach Kissingen!« sagten sie und lachten hell auf. Ein Witz also, aber was steckte dahinter? »Zu Fuß nach Kissingen«, wiederholten sie, und erst, nachdem sie sich Tränen über die Backen gelacht hatten, kam die Aufklärung: sie hatten bei einem Herrn Fuß in Kissingen Zimmer gemietet. In einer Ecke saß ein düster dreinschauender Herr mit einer Aktenmappe; er lachte nicht, sagte aber herablassend: »Dieses ist ein guter Witz!« und fragte auch, was ich zu wissen wünschte. »Der ›Weiße Hirsch‹ ist nicht voll!« versicherte er dann. Woher er dies wisse? »Dieses weiß jedermann.« Diese Bestimmtheit des Ausdrucks und die ungemeine Würde fiel mir auf; das war kein Richter oder Rechtsanwalt, sondern vielleicht sogar ein Gerichtsvollzieher. Und dem war auch so.

In Begleitung des düstern Würdenträgers, der nach Stadtilm wollte, kletterte ich im Arnstädter Bahnhof einige Treppen auf und nieder, bis das Perronchen erreicht war, von dem das Züglein ins Schwarzatal abgeht: alles klein und niedlich. Der Himmel begann sich aufzuklären, der Blick ins Geratal, das die Bahn auf einem Viadukt überschreitet, war hübsch, aber mich lockte die Gelegenheit, Näheres über die Weltanschauung eines Gerichtsvollziehers zu erfahren. Es kam jedoch nicht viel dabei heraus. »Einige zahlen«, sagte er gewichtig, »aber die meisten muß man pfänden.« Da er in Arnstadt geboren war, so fragte ich ihn, ob er die Marlitt persönlich gekannt habe. »Marlitt?« fragte er langgedehnt. »War das eine Geschäftsfrau?« Das konnte ich mit gutem Gewissen bejahen, ließ dann aber auch dies Thema fallen.

In Stadtilm bekam ich einen weit netteren Reisekumpan. Gleich wie er einstieg, gefiel mir der angegraute Herr mit dem freundlichen Ausdruck und den klaren, wohlwollend und doch forschend blickenden Augen ausnehmend gut. Kein Wunder, er erinnerte mich an den mir teuersten Menschen, meinen Vater, nicht im Schnitt der Züge, aber in ihrem Ausdruck und diesem Blick der Augen. Das muß ein Arzt sein, dachte ich, ein Landarzt, wie mein Vater war, und sprach ihn kurzweg »Herr Doktor« an. Da er zudem meinen Namen kannte, so gab das bis Oberrottenbach, wohin er zu einer jungen Mutter fuhr, eine vergnügte Plauderei zwischen zwei alten Knaben, denen das Leben die Freude an Welt und Menschen nicht hat vergällen können. Auf jeden Fels und Baum am Wege, der ihm gefiel, machte er mich aufmerksam und erzählte von den Gräberfunden am Singer Berg, als die Bahn gebaut wurde: Trinkgefäße und Frauentand; »die Männlein und Weiblein waren nicht viel anders als heute«. Dann fragte er mich nach meinem Ziel, und als ich's nannte, beruhigte er mich zunächst mit der selben Bestimmtheit wie der Herr Gerichtsvollzieher, daß es im »Weißen Hirsch« ganz gewiß Platz gebe, und fragte dann tiefernst, ob im deutschen Volke plötzlich die Bücherkaufwut ausgebrochen sei. Als ich erwiderte, daß derzeit noch keinerlei Anzeichen einer so bedenklichen Wandlung des Volkscharakters vorlägen, riet er mir, anderswohin zu gehen, und nannte gleich ein paar Orte, die freilich nicht an der Bahn lagen. »Da sitzen Sie mitten im Volk«, meinte er, »der ›Weiße Hirsch‹ taugt besser für holländische Königinnen und dito Bankiers.« Zum Schluß erzählte er von der jungen, reichen Bauersfrau, zu der er fahre. »Sie hat ja alles getan, sich und das Kind gesund zu erhalten. Eine Schwangere darf kein Wasser schöpfen, über kein Beet steigen, keine schadhafte Tanne ansehen, weil sonst das Kind eine Hasenscharte bekommt, keine Leiche ansehen, weil es sonst blaß bleibt; das hat die Hanne vermieden. Auch hat sie bis heute allnächtlich Licht gebrannt, weil die Kobolde ihr sonst einen Wechselbalg untergeschoben hätten; und weil der Rottenbach nah ihrem Haus vorbeifließt, so hat sie sich hingeschleppt, sobald sie konnte, hat ein Pfennig-, ein Fünfpfennig- und ein Zehnpfennigstück hineingeworfen und dazu gesagt: ›Da hast du das Deine, laß mir das Meine‹, das stimmt nämlich den bösen Wassermann sanft. Auch ist das Kind am Donnerstag zur Welt gekommen, nicht etwa am Freitag, sonst hätte es kein Glück, auch nicht am Sonnabend, sonst müßte es von den Juden Geld leihen; wäre es gar am Dreifaltigkeitstag geboren, so müßte es am Galgen sterben. Selbstverständlich hat sie auch den Säugling nie in den Keller tragen lassen, sonst käme er ins Zuchthaus, sich ihn nie durchs Fenster reichen lassen, sonst bliebe er klein, und damit er einst fein singe, hat er ein Lerchenei verschlucken müssen. Bei solcher Fürsorge für sich und das Kind begreift sie gar nicht, warum sie seit acht Tagen so elend ist und auch ihre Milch nichts taugt. Und da unbegreiflicherweise das Besprechen, eine Latwerge und sogar ein Aderlaß nichts genützt hat, so hat sie mich vorgestern endlich holen lassen. Diagnose: gründlich verdorbener Magen infolge unmenschlichen Überfressens bei der Taufe. Natürlich glaubt sie mir nicht, hat aber hoffentlich meine Medizin genommen; gewiß weiß man das nie.« – »Es ist noch viel Aberglauben hier?« – »Wo nicht im Volke? Aber daneben viel Liebe und Hunger, viel Poesie, Sagen und Lieder, daß die Berge widerhallen. ›Thuringia cantat!‹ Und darum: ins Volk, lieber Herr!« Das wiederholte er, als wir auf dem Bahnsteig in Oberrottenbach schieden. Denn unser Züglein dampfte nun nach Blankenburg weiter, ich aber bestieg ein anderes, noch zierlicheres, das hier ins Schwarzatal abzweigt.

Ich war nun allein im Coupé, und während mein Blick (die Wolken ballten sich wieder, aber noch schien die Sonne) über das Bergland hinschweifte, in das wir sachte emporklommen, über die triefenden Tannen des Buchbergs zur Rechten, des Kesselbergs zur Linken, über die grauen raschen Wellen der Rinne und die Hütten von Köditz, da erwog ich in meinem Gemüte, wohin es mich mehr ziehe, in ein Luxushotel im Tal oder in einen alten, behaglichen Gasthof oben, wo ich »ins Volk« konnte, und war damit in einer Sekunde fertig. Bis Sitzendorf also wollte ich im Zuge bleiben und dann in einem Wägelchen nach Oberweißbach fahren. Aber da öffnete, als das Lokomotivchen immer langsamer, immer schwerer keuchend nicht mehr talaufwärts, sondern durch tiefe Einschnitte gegen Bechstein emporklomm, zur Wasserscheide zwischen Rinne und Schwarza, der Himmel alle Schleusen, daß ich vor lauter Plätschern, Prasseln und Gurgeln der Wasser kaum noch hören konnte, was die Waggonräder sagten. So ein Bergbähnchen hat keinen

Sturmtakt wie ein Schnellzug im Flachland; das geht ganz behaglich: »Langsam, langsam, ich hab Zeit.« Aber was riet mir dies Orakel nun? Ich schwankte. Bald hörte ich ganz deutlich: »Königinnen, Banker – nein!« und dann wieder: »Nässe, Nässe, geh doch hin!« Und als bei der Einfahrt in den Schwarzburger Bahnhof der Regen wie eine Wand vor dem Coupéfenster stand, flüchtete ich unter aufgespanntem Schirm auf den Bahnsteig.

Er war ganz menschenleer; nur der junge Stationschef mit roter Mütze, dem man sofort den ehemaligen Offizier ansah, ging händereibend auf und nieder, denn für einen Augusttag war's recht empfindlich kühl. Das Züglein glitt weiter, der Beamte wollte in seinem Büro verschwinden, da fragte ich ihn, ob es hier keine Omnibusse gebe. »Freilich«, erwiderte er, »aber wo stecken die Kerrels? Die sind in diesem sojenannten Sommer Jäste jar nich mehr jewohnt!…He, Wirtschaft!« Und darauf erschienen wie auf einen Zauberruf zwei Kutscher in triefenden Mänteln, der eine lang und dünn, der andere kurz und dick, und erhoben bei meinem Anblick ein betäubendes Gebrülle. »Thüringer Hof!« schrie der Dicke, »Weißer Hirsch!« der Dünne. Dem übergab ich meinen Koffer und fragte, ob ein Zimmer mit der Aussicht auf die Hirschwiese frei sei. Er bejahte, und die Konkurrenz bestätigte liebenswürdig. »Fünfzig solche Zimmer können Sie dort haben, aber Hirsche – hehe!« Es war ein wahrhaft diabolisches Lachen, das aber der »Weiße Hirsch« durch eine vernichtende Äußerung über die Kost des »Thüringer Hofs« in ein Wutgeheul verwandelte, worauf wir als Sieger abfuhren.

Es ist ein langer Weg, denn der Bahnhof liegt hoch oben auf einer Berghalde, das Hotel aber auf dem Schloßberg, und so führt die Straße in Windungen hinunter und dann wieder empor. Da rechts und links nichts zu sehen war als die nassen Schutzdecken des Omnibus, so knüpfte ich ein Gespräch mit dem Kutscher an. Ob die Saison gut sei? Sehr gut, versicherte er, obwohl diesmal die Stammgäste fast ganz fehlten, »denn die Leipz'ger haben noch mit deme Krach z'schaffen und die Holländer tun alles Geld dene Buren geben. Aber wir sind ja 's feinste Haus in Thüringen, da darf's nimmer voll sein. Ja, wenn wir jeden nehmen täten wie der ›Thüringer Hof‹ – die nehmen sogar Engländer!« – »Ihr nicht?« – »Wenn sie kommen täten«, erwiderte er stolz, »würden wir sie abweisen tun, aber der ›Weiße Hirsch‹ is für die Buren, das weiß die ganze Welt, seit die Königin Wilhelmina hier war, und da fragen sie nich erst an!« Dann erzählte er von dem Aufenthalt der jungen Fürstin; die Wahrheit zu sagen, hatte ihm nicht so sehr ihr Trinkgeld als ihr Wuchs imponiert: »Rundere Mädelchen gibt's nich mal in Rudolstadt!« Ich fragte, warum der »Thüringer Hof« die Hirsche angezweifelt habe, sie stünden sogar im Baedeker. Er zuckte die Achseln. »So 'n Volk! Dem ist nichts heilig, auch der Bädéker (Paroxytonon) nich.« Aber während er so loslegte, verstummte er plötzlich, hielt die Pferde an und zog den Hut: uns überholte eben ein reitendes Paar, der Fürst und die Fürstin von Schwarzburg-Rudolstadt. Da sie auf Schloß Schwarzburg hausen, so bin ich ihnen seither fast täglich begegnet; er ein stattlicher, freundlicher Herr, immer in derselben Uniform, sie eine schlanke Dame, immer im selben Reitkleid. Man kann sich ein schlichteres Auftreten kaum denken.

Kurz, nachdem ich den Herrscher des Ländchens zuerst gesehen, wurde ich von dem Gebieter des »Weißen Hirsch« in seinem Audienzsaal, dem Vestibül des Gasthofs, empfangen. Ich bat um ein Zimmer mit Aussicht; »Sie bekommen eines nach vorn heraus«, lautete die Entschließung. Als ich nun dies Zimmer in Begleitung eines Adjutanten des Gebieters betrat, konnte ich mich überzeugen, daß es wirklich eine Aussicht hatte: trunken schweifte mein Blick über den Biergarten des »Thüringer Hof«; das Postgebäude im Hintergrunde war auch recht malerisch. Ich wandelte den Korridor auf und nieder; dabei konnte ich, da die Zimmertüren offen standen, eine Reihe hübsch möblierter Zimmer sehen, aus deren Fenstern sich ein prächtiges Waldbild bot. »Die Zimmer sind wohl alle besetzt?« fragte ich eine würdige Greisin, die eben mit Staubtuch und Besen herankam, worauf diese Seniorin aller mitteleuropäischen Stubenmädchen seufzend erwiderte: »I du meine Güte – merschtentels nich! Sie müssen nor natürlich feste druf drucken, denn sie geben doch natierlich lieber zuerscht nor die Stuben nach vorn naus wech!« Da suchte ich nochmals um eine Audienz nach, drückte aber nicht feste, sondern erklärte nur: »Wenn ich das Postgebäude allein bewundern darf, so will ich's doch wenigstens in seinem ganzen Reiz genießen; ich glaube, vom ›Thüringer Hof‹ macht es sich noch malerischer«, worauf ich ein

Zimmer nach hinten hinaus bekam, etwas hoch zwar, aber ein schönes Zimmer mit Balkon und herrlicher Aussicht auf Wald und Wiese.

Diese Aussicht hat mich die acht Tage hier festgehalten, wenn ich minder angenehmer Dinge wegen gehen wollte, und ich werde sie nie vergessen, aber das Bild zu beschreiben wird mir schwerlich glücken, obwohl ich es ja nun noch vor mir sehe. Ich sitze hier wie im Mittelpunkt eines riesigen Halbrunds, vor mir eine weite, smaragden schimmernde Wiese, die sich in sanfter Neigung zu einem blaugrünen, rauschend und blinkend über Geröll und Felsen hinschäumenden Flüßchen hinabsenkt; rings um die Wiese aber Wald und Wald und Wald, immer höher emporsteigend, immer ferner und blauer dem Auge, bis dies Blau der hohen Forste mit dem des Himmels verschmitzt; mit unbewaffnetem Auge kann ich ihre Grenzlinie kaum erkennen. Das ist alles; nur im Vordergrund zur Linken erhebt sich auf einem Felsvorsprung ein mächtiges, graues Mauerwerk, das Schloß. Also ein eintöniges Bild, wird man denken. Eintönig? – ich habe in diesen Tagen oft die Empfindung gehabt, als hätte ich noch keine belebtere Landschaft gesehen, keine an Farben und Formen reichere. Schon wie sich die Hügel hintereinander aufbauen, dieser sanft und jener schroff, dieser breit und jener schlank, höher und höher, alle wie Stufen einer Riesentreppe aufwachsend bis in den Himmel hinein und so dem Blick zu einer Einheit gebunden und doch keiner dem andern gleich oder ähnlich, schon dies kann wahrlich das Auge beschäftigen und ergötzen. Auch die Bäume sehen selbst aus dieser Entfernung verschieden genug aus: die Tannen hoch, spitz und schlank, die Kronen der jungen stolz nach oben strebend wie eine Flamme, die der alten abgeplattet und verwachsen, als trügen sie ein Nest; die borkigen Föhren, dort, wo sie dicht zusammenstehen, mit dünner, wo sie unter Laubholz stehen, mit weit ausgreifender, kuppelförmiger Krone, als wäre ihnen auferlegt, unter ihresgleichen nicht recht gedeihen zu können, und – ich nenne nur eben die häufigsten Baumarten, aus denen diese ungeheuren Forste bestehen – die Buchen mit dem platten, starken Stamm und dem Gewirr länglicher Blätter. Aber nun erst die Farben: wie hebt sich das satte, leuchtende Grün des Wiesengrases von dem ernsten, fast schwärzlichen Farbenton der Tannen ab; dazwischen stehen die grauen Föhren mit braunrotem Stamm und die lieben Buchen mit den rötlich-weißen Ästen und den hellen glänzenden Blättern. Es ist wahr, das tiefere Grün herrscht immer vor und gibt dem Bilde etwas Ernstes und Erquickliches zugleich; aber selbst bei bedecktem Himmel ist's zwar kein buntes, aber ein farbiges Bild, und nun erst, wenn die Sonne alles Rot und Weiß aufleuchten und das Grün in hundert verschiedenen Farbtönen schimmern läßt. So lebendig wie das Meer ist der Wald nie, schon weil sich das Licht im Gezweig nicht so märchenhaft verschieden brechen kann wie in den Wassern, aber das Auge, dem er tot und einförmig erscheint, ist auch für alle andere Schönheit dieser Erde stumpf. Der Wald lebt und spricht mit tausend Stimmen. Zwar das Zwitschern seiner Vögel kann man hier zumeist nicht vernehmen, es ist zu weit; nur zuweilen trägt mir ein jäher Windstoß etwas von dem feinen Konzert zu, das fortwährt vom Morgengrauen bis gegen Mitternacht. Aber der helle Ruf des Falken wird oft hörbar, noch öfter läßt sich der Kuckuck vernehmen, und nicht selten hört man schon jetzt das seltsame, aufregende, dem Stiergebrüll ähnliche, aber stürmischere »Orgeln« des Hirsches. Zuweilen auch fällt ein Schuß, hoffentlich auf Wild, vielleicht auch auf einen Menschen; es wird hier viel gewildert. Nie aber erstirbt ein zwiefaches Rauschen, das hellere des Bachs, das dumpfere des Laubs und der Nadeln. Es ist, als wüchse ihnen mit dem schwindenden Licht die Kraft des Tons; in der dunklen Nacht klingt es gewaltiger, sanfter im Mondschein. Wir haben jetzt Vollmond; wie so das silberne Licht die Dünste des Abends niederkämpft und dann sein Netz über die dunklen, leise rauschenden Forste spannt, ist märchenhaft anzusehen...

Ja, es war der Mühe wert, daß ich mir die Aussicht auf die Hirschwiese erkämpft habe, obwohl man da nie einen einzigen Hirsch sehen kann. Am ersten Tage – dem regnerischen Wetter war ein herrlicher Abend gefolgt – stand ich mit sinkender Sonne auf meinem Balkon und spähte erwartungsvoll hinab. Ich habe einst, in meiner frühen Jugend, im wald- und wildreichen Vorgebirg der Karpaten das schöne Bild oft genug gesehen; wie gegen Abend aus dem Dunkel des Waldes zuerst das starke Leittier mit gestrecktem bärtigem Hals und spähenden klugen Augen hervortritt, dann sein kleineres Weibchen und endlich das ganze Rudel der edlen Tiere mit breiter Brust, schlanken Beinen und feinem Kopf, zu äsen und zwischendurch aus dem Bach zu trinken. Und diesmal sollten's gar 70 oder 80 sein! Aber die Zeit verstrich, die Sonne ging rotglühend hinter dem Lieberholz nieder, und sie kamen nicht. Ich ging zum Abendessen ins Restaurant und fragte den Kellner, warum denn heute die Hirsche ausgeblieben wären. »Unmöglich«, sagte er kaltblütig, »Sie werden's übersehen haben!« Am nächsten Tage erwiderte er auf die gleiche Frage: »So? Ja, man hört jetzt oft darüber klagen, die Hirsche sind in letzter Zeit nicht pünktlich.« Kein Wunder, dachte ich, das machen sie ihren Nachbarn, den Kellnern, nach. Am dritten Tage aber begann ich zu ahnen, daß das diabolische Lachen des »Thüringer Hofs« trotz Baedeker seine Berechtigung gehabt, und so war es auch. »Es ist eine Entrikuhe unserer Feinde«, gestand mir derselbe Jüngling. Es ist aber, obwohl der »Weiße Hirsch« dadurch ein hübsches Schaustück verloren hat, doch keine Intrige seiner Feinde, sondern eine sehr berechtigte Maßregel des fürstlichen Oberforstamts, wenn es den Tieren den Weg zu dieser Wiese verrammelt und zu einer anderen ganz abgelegenen geöffnet hat. Die edlen Tiere wurden hier von bösen Buben wiederholt durch Geschrei und Steinwürfe behelligt. Wer die Missetäter waren, ob, wie die einen sagen, alte holländische, oder, wie die andern meinen, junge thüringische Buben, weiß ich nicht.

Trotzdem habe ich in den acht Tagen wohl ein Dutzend Hirsche gesehen, weil ich den Wald nicht bloß von meinem Fenster aus genoß. Aber auch das Nächste und Nahe habe ich mir genau angeguckt, worüber freilich nicht viel zu sagen ist.

Das Schloß abgerechnet, das für sich eine ganze Siedelung mit allem Zubehör ist, besteht der Ort aus zwei Teilen, dem Hotelviertel auf dem Schloßberg, dem Dorf Talschwarzburg an seinem Abhang und im Flußtal. Das Hotelviertel besteht aus fünf stattlichen Häusern, von denen dem Gebieter des »Weißen Hirsch« drei zugehören, lebt schlecht und recht oder vielmehr, da Friedrichroda und Oberhof zu seinen Ungunsten emporgekommen sind, mehr schlecht als recht vom Taler des Fremden und wird im Durchschnitt nicht besser noch schlechter verwaltet als das Thüringer Gasthofwesen überhaupt. Die herrliche Waldlandschaft, die günstige Lage im Herzen Deutschlands sorgt für Zuspruch; der Mensch tut nicht viel dazu. Gründliche Wandlung könnte nur ein Gesetz bewirken: »Jeder Thüringer Wirtssohn muß, eh er das väterliche Geschäft übernimmt, ein Jahr im Schwarzwald, zwei am Rhein und drei in der Schweiz Kellner sein und bei Übernahme des Geschäfts seine Eltern ins Ausgedinge setzen. Dreinzureden haben sie nichts, namentlich nicht bezüglich der Betten, der Küche und der Notwendigkeit des Staubwedels.« Wer in Thüringer Gasthöfen Bescheid weiß, wird diesen Gesetzentwurf nicht allzu drakonisch finden, auch hier nicht die Stimme eines Feindes, sondern die eines Freundes des schönen Landes heraushören.

Das Dorf Schwarzburg gleicht hundert anderen in Thüringen, höchstens daß es der vielen neuen, für die Sommergäste in städtischem Stil aufgeführten Häuser wegen noch etwas unhistorischer, man möchte sagen künstlicher aussieht als viele seinesgleichen; selbst die Kirche ist ein Neubau und nur die Barockkanzel von 1712. Und doch ist es eine uralte Wohnstätte; zwar erst 1072 in Urkunden genannt (»Swartzinburc«), aber zweifellos noch Jahrhunderte älter. Gleichwohl trügt der erste Eindruck nicht; es ist ein Ort, der gleichsam nie um seiner selbst willen bestand, und solche Orte haben keine charakteristische Prägung, weil sie keine eigene Geschichte haben. Lange war »Swarsburg villa« nur um des »castrum Swarsburg« willen da, der Wohnsitz der Dienstleute, Tagelöhner und Handwerker, die im Schloß nötig waren, und jetzt ist's daneben auch gleichsam die Arbeitsstube des Hotelviertels: hier wird für die Fremden gebacken, geschlachtet, die Wäsche gewaschen. Daneben ist's eine bescheidene Konkurrenz dieses Viertels: an jedem Haus ein Aushang: »Möblierte Zimmer mit Frühstück« und fast an jedem das Schild eines Handwerkers. In einem der Häuser am Bergabhang zu hausen mag nicht übel sein; der Blick auf dies Tal ist zwar nicht mit der Waldaussicht zu vergleichen, aber doch hübsch; auch ist die Luft rein. Warum aber die Leute, die unten im schwülen Tal bei Schuster und Gerber, Tischler und Fleischer ihre Sommerfrische halten, nicht lieber – es sind viele Berliner – in ihren Wohnungen bleiben, verstehe ich nicht; denn wenn sie etwa in Berlin C hausen, so haben sie im August auch dort ähnliche Düfte. Übrigens sieht man auch in Talschwarzburg viele elegante Toiletten und hübsche Gesichter; gestern, als ich auf einem Bänkchen am Schwarzaufer saß, sah ich sogar ein traumhaft schönes. Es war ein herrlich erblühtes blondes Mädchen mit einem Antlitz, in dem jede Linie »Reiz und Geist und Leben« war; sie saß auf dem nächsten Bänkchen neben ihrer Mutter und sah träumend in die Wellen; ihr Antlitz hatte dabei einen Ausdruck so heißer Sehnsucht, daß er mich ergriff und rührte. Was das arme schöne Kind so bewegen mag, dachte ich. Da rührten sich die Lippen, und sie flüsterte: »Mama, gelbe Schuhe muß ich haben!«

Das interessanteste Bauwerk Schwarzburgs ist natürlich das Schloß. Es ist an sich nicht schön, aber es hat eine herrliche, unter allen Fürstensitzen Deutschlands vielleicht die herrlichste Lage, und vor allem: es hat Charakter. Etwas nüchtern, aber gediegen und heiter, nach Zweck und Emblemen ein riesiges Jagdschloß, paßt es zu dem gesunden, frohgemuten, nie hervorragenden, aber im Durchschnitt pflichttreuen Geschlecht der Wald- und Jagdgrafen, deren Wohnstätte es seit grauen Tagen ist, der einstigen Erbjägermeister Deutschlands. Mit den Schwarzburgern verglichen sind, was ihren Stammbaum betrifft, die meisten deutschen Fürstenhäuser Empor-kömmlinge; zwar ihr Ahnherr Günther, der von Bonifacius getaufte heidnische Thüringer, ist in Wahrheit nicht von trotzigen Helden, sondern von devoten Christen erzeugt worden, von Hof-genealogen des 16. Jahrhunderts, aber wenn nicht schon vor 1 300, so saßen doch die Schwarz-burger sicherlich bereits vor 1 000 Jahren auf dieser Burg und waren die Beherrscher dieser Jagdgründe, anfangs als Dynasten, dann als Reichsgrafen. Ihre Geschichte war immer die ihres Gaus; ihr Tun, ob nun weise oder töricht, nutzlos oder erfolgreich, immer nur auf dies Waldland gerichtet und in seine Grenzen gebannt; einen einzigen abgerechnet, haben sie sich nicht um die Welt gekümmert und die Welt nicht um sie. Auch diesen einzigen hat nicht sein eigener Wille, sondern das Drängen anderer zu kurzem, ihm verhängnisvollen Glanz erhoben; Günther XXI. war schön und stark, tapfer und ritterlich, aber weder klug noch ehrgeizig; 1349 von den Gegnern des Papstes und der Luxemburger zum deutschen König gewählt, wurde er wenige Monate später durch Gift hinweggeräumt. Zur Erinnerung nahmen seine Nachkommen den Reichsadler zum Wappen an, aber hervorgetan hat sich seither keiner von ihnen, durch Gutes so wenig wie durch Schlimmes. Die Herren taten immer wie ihre Nachbarn, sie fügten sich der thüringischen, dann der sächsischen Oberhoheit, so lang es sein mußte, und schüttelten sie ab, so bald es sein konnte, sie rafften an Land und Rechten zusammen, was erreichbar war, teilten es, als dieser verhängnisvolle Brauch unter die deutschen Fürsten kam, in die winzigsten Parzellen und suchten sie dann, als er aufhörte, wieder zu vereinigen, mit Güte, noch öfter mit Gewalt. Gleich den anderen wurden sie im 16. Jahrhundert evangelisch, kauften sich im 17. Jahrhundert einen höheren Stand (die Reichsfürstenwürde) und die damals gleichfalls allgemein üblichen Mätressen, trieben im 18. die Soldatenspielerei und wurden im 19. konstitutionell, um es mit kleinen Seitensprüngen ins Reaktionäre zu bleiben. Viel Geld hatten sie nie, aber auch nie viel Schulden. Und dies sieht man auch ihrem Hause an; es ist stattlich und wohnlich, aber nicht prunkvoll.

Die Erbauung des Schlosses wird von der Sage auf Karl den Großen zurückgeführt; kein Wun-der, im frühen Mittelalter wurde ihm fast alles zugeschrieben, was den Menschen verdienstvoll erschien. Denn es ist auf Erden mit dem Ruhm genauso bestellt wie mit dem Gelde; der Besitz des Reichen wächst ohne sein Zutun immer mehr, der des Ärmeren zersplittert sich und geht auf den Reichen über. Vielleicht auch stand hier schon zur Frankenzeit ein Kastell gegen die Sorben; die Lage spricht dafür, denn die Grenze war nahe und der Schloßberg ist an sich eine natürliche Festung: steil ragt er aus dem tiefgerissenen Tal empor, auf drei Seiten von der wilden, raschen Schwarza umschlossen. Dann, als die Slawen verdrängt waren, wurde es das Jagd- und Sommerhaus des Geschlechts, bis nicht der freie Wille, sondern die harte Notwendigkeit es vom 16. Jahrhundert ab auch zum Wintersitz machte: die Erbteilungen hatten den Besitz so zersplit-tert, daß wer Schloß und Dorf Schwarzburg bekam, kein anderes Obdach hatte. Aber damit nicht genug; als die Teilungen noch immer weiter gingen, wurde es Residenz und wichtigster Besitz zweier souveräner Grafen, die nun natürlich mittelst Vertrags ihr »Reich« gegeneinander abgrenzten, so gut es gehen wollte. Es sind zwei solche Urkunden erhalten, die Hesse in seinem Buch »Thüringen und der Harz« mitgeteilt hat; da ich den Schmöker hier auftreiben konnte und diese Grenzverträge eine köstliche Illustration der mittelalterlichen Zwergstaaterei sind, so teile ich einiges daraus mit. Als 1371 Johann II. von Wachsenburg-Schwarzburg und Günther XXII. von Schwarzburg-Schwarzburg die Burg teilten, bekam Johann ein Haus für sich und eins für seine Jäger; nicht größer war die Grafschaft Günthers, obwohl er der Sohn des deutschen Königs war; die Türme und Ringmauern, das Back- und Hundehaus sowie ein gewisser unscheinbarer, nicht gern zu nennender, aber unbedingt nötiger Raum waren gemeinsamer Besitz, was immerhin auf gutes Einvernehmen zwischen den beiden Souveränen schließen läßt. Achtzig Jahre später (1450) teilten Heinrich XXVI. von Schwarzburg-Arnstadt und Heinrich XXV. von Schwarzburg-Leutenberg das Schloß; das Reich des Sechsundzwanzigsten begann »am Pfeiler rechts vom Eingang« und ging »bis an die Mauer der Vogtei, wo selbige einen Riß zeigt«; dort begann die Monarchie des Fünfundzwanzigsten und endete am Pfeiler links. Gemeinsamer Besitz waren auch diesmal die oben genannten oder zart angedeuteten Lokalitäten. Wie man sieht, wurde der Riß in der Mauer wie etwas Unabänderliches, ja Heiliges betrachtet; ein Überstreichen mit Kalk hätte die Grenze verwischt und leicht einen Krach zwischen beiden Staaten verursacht, der angesichts des Umstandes, daß unentbehrliche Räumlichkeiten gemeinsamer Besitz waren, gewiß zu schlimmen Dingen, ja zu Katastrophen hätte führen können. Erwägt man, daß sowohl der Fünfundzwanzigste als der Sechsundzwanzigste sonst nur karges Gut ihr eigen nannten, so wird man sich von dem Glanz ihrer Hofhaltung leicht ein Bild machen können; der notleidendste Agrarier der Gegenwart ist dagegen ein Krösus. Gut, daß es dabei blieb und nicht oben noch ein drittes Reich gegründet wurde, sonst hätte sein armer Herrscher wohl gar nur über den gemeinsamen Besitz verfügt. Es kam anders; bald wurde Schloß Schwarzburg wieder nur ein Reich und, seit es 1584 an die Linie Schwarzburg-Rudolstadt kam, nur Sommerresidenz wie im frühen Mittelalter; des Winters hausten die Herren lieber in Rudolstadt, dem lustigen Nest an der Saale. Nur einer, Friedrich Anton, ein Zeitgenosse Friedrich Wilhelm I., kam auf den schrulligen, sein langes Leben lang hartnäckig festgehaltenen Einfall, das Schloß zum Sitz der Landesverwaltung zu machen; ein Land müsse regiert werden, gab er zu, aber ob dies von einer »Hauptstadt« oder von einem »Hauptschloß« geschehe, sei gleichgiltig. Nur der Brand des Schlosses (1726) verzögerte die Ausführung, und als es wieder aufgebaut war, war Friedrich Anton tot.

Es ist also in seiner heutigen Gestalt ein Bau aus der Zeit, wo noch das Rokoko in Deutschland herrschte, wirkt aber in seiner Nüchternheit und Steifheit wie ein Vorläufer des Zopfstils; einige Partien, die später hinzukamen, namentlich der Mittelbau des westlichen Flügels mit seinen ionischen Säulen und korinthischen Pilastern zeigen diesen Stil in scharfer Ausprägung, namentlich auch in der rein äußerlichen Anfügung antikisierenden Schmucks an ungegliederte Kasernenwände. Der Bau ist natürlich von allen Höhen um Schwarzburg sichtbar, und das weißgraue gewaltige Gemäuer wirkt durch seine Lage, durch den Gegensatz zum Grün ringsum dem Auge immer freundlich; in der Nähe hat es wohl noch niemand schön gefunden. Aber gediegen und stattlich, sagt ich schon, ist es, und er auf dem Schloßhof steht, übersieht ein Städtchen im kleinen: eine Kapelle, ein Palais, ein Zeughaus, eine Schloßwache, Wohnhäuser der Beamten, Dienerhäuser, Ställe und Schuppen, alles praktisch und sauber und ebenso solid wie nüchtern.

Selbst die offenbar kürzlich restaurierte Kapelle macht diesen Eindruck; im Innern ist sie mit schwarzen Marmor- und weißen Alabasterplatten geschmückt. Als ich eintrat, waren zwei Damen in der Kapelle. »Herrlich schön!« sagte die eine. »Und sieh nur: die preußischen Farben!« fügte die andere begeistert hinzu. Das letztere finde ich richtig, das erstere nicht. Unter der Kapelle ist eine Gruft, in der Schwarzburger Fürsten des 17. und 18. Jahrhunderts beigesetzt sind. Sie ist nicht zugänglich, aber ein Kaufmann aus Bremen erzählte mir an der Table d'hôte stolz, er habe sich durch Geld und gute Worte den Eingang verschafft. »Ordentlich appetitlich sieht's da aus«, versicherte er, »wie in einer Küche! Und wenn man so denkt: das waren einst Fürsten« – er hob den Zeigefinger – »regierende Fürsten, und jetzt sind sie tot! Denken Sie mal darüber nach: wie vergänglich ist irdische Größe!« Der Mann hat überhaupt viel für meine innere Vertiefung getan, einige andere Proben davon werde ich noch mitteilen.

Das Innere des Schlosses habe ich gesehen. Das Schönste daran ist die herrliche Aussicht, fast aus jedem Raum ein anderes Landschaftsbild und jedes gleich entzückend, aber hübsch ist auch die Einrichtung mehrerer Gemächer, einheitlich in Rokoko oder Zopf, nichts Besonderes, aber geschmackvoll. Nur von den Bildern ist bei bestem Willen wenig Gutes zu sagen; viele sind nur Kuriosa. So enthält zum Beispiel das Pferdezimmer 246 (kein Schreibfehler!) kleine Porträts von Pferden und Reitern; die meisten hat Fürst Ludwig Günther IV. (1767-1790) eigenhändig gemalt. Wie die Gemälde Friedrich Wilhelm I. im Potsdamer Stadtschloß eine kleine Eigentümlichkeit aufweisen – die Menschen haben zwei linke Beine –, so auch diese eines kleineren Potentaten: die Köpfe der Pferde und Reiter sind zu klein, hingegen die Hälse zu lang und dick und die Hinterteile von Mensch und Tier geradezu gigantisch. Anders als in anderen Köpfen malte sich in diesem der allerdings unentbehrliche Körperteil. Mein Bremer war entzückt. »Dritthalb hundert Bilder – und dabei hat er immerzu regiert! Wenn das ein Künstler tut, so tut er's für Brot; er hat's für die Kunst getan. Und die rechte Schulung fehlt, sagen Sie? Nun also! Denken Sie mal darüber nach: jedes Talent ist angeboren!«

Weniger verschieden urteilten der Kaufmann und ich über den Kaisersaal; wir hatten beide was auszusetzen, nur eben jeder anderes. Das ist in seiner Bauart wohl der seltsamste Raum, den ich je im Leben gesehen habe: er geht durch zwei hohe Stockwerke, aber die Wände sind nur etwa von doppelter Mannshöhe, darüber beginnt bereits in drei Absätzen die Decke. Der erste Absatz ist – derlei Schätzungen mit den Augen sind ja allerdings unsicher – etwa drei Meter hoch, sacht abgeschrägt und gewölbt, darüber erhebt sich senkrecht aufstehend, etwa acht Meter hoch, der zweite Absatz; ein spitzes, steiles Spiegelgewölbe bildet hoch oben den Abschluß. Wer unten steht, hat gar nicht den Eindruck, als stünde er in einem Saal, sondern im Unterbau eines gewaltigen Kamins, der eigentlich die Hauptsache ist. Auch die gleich unerhörte Lichtverteilung erhöht den Eindruck, als ob das Ganze um jenes Riesenschlots willen geschaffen wäre; in ihn flutet durch breite hohe Fenster an der Decke von allen Seiten Licht herein, während der eigentliche Saal überall da, wohin nicht das Licht von oben dringen kann, fast dämmrig ist, denn er hat nur kleine Fenster, deren Scheiben zudem bunt bemalt sind. Der Kaisersaal, vermutlich um 1600 erbaut, ist bei dem Brande von 1726 verschont geblieben; weniger glimpflich hat die Restaurierung von 1869 mit ihm verfahren. Hier war, glaub ich, jede Modernisierung von vornherein ein bedenkliches Beginnen; es handelte sich ja um ein Kuriosum, eine historische Reliquie, die gewiß nur der individuellen Laune des Erbauers ihr Dasein verdankt; derlei kann man wegtun, wenn das künstlerische Empfinden die Pietät überwiegt, oder erhalten, wenn das Gegenteil der Fall ist, aber modernisieren darf man's nicht; »sint, ut sunt, aut non sint«. Zudem war hier die Renovierung keine glückliche; der untere Saal macht durch die bunt bemalten Fensterscheiben, die kleinen, durch Spruchbänder unterbrochenen Friese mit Tuschbildchen aus der Geschichte des Geschlechts und Landes, die modernen, alten Mustern kümmerlich nachgeahmten Kamine einen schielenden Eindruck: Pseudorenaissance; so was macht man für einen Bankier, der sich ein Nürnberger Zimmer bestellt hat. Dem untersten, dem schrägen Absatz der Decke waren einst Medaillons eingefügt, welche die Brustbilder römischer Kaiser von Julius Cäsar bis auf Karl VI. enthielten; die Rahmen sind erhalten, aber die Porträts mit hellgelber Farbe übertüncht. Die Bilder mögen nicht schön gewesen sein, das glaube ich gerne; sie waren eben kurios wie der ganze Raum und ihm angepaßt; heute machen die getünchten Flächen innerhalb des erhaltenen Rahmens nicht bloß den Eindruck des Unbegreiflichen, sondern auch der Leere und Öde. Nicht viel besser ist bei der Umgestaltung der hohe, helle Schlot fortgekommen. Auch er war einst mit Kaiserbildern bedeckt, heute hat man darüber helle Rahmen gespannt und auf diese Rahmen je ein Bild eines deutschen Kaisers gehängt: so baumeln da oben Karl der Große, Heinrich I., Friedrich Barbarossa und Günther von Schwarzburg ganz verloren im grellen Licht auf den großen kahlen Flächen; einige winzige Putten, die man außerdem angebracht hat, machen die Kahlheit dem Auge noch empfindlicher. Der Bremer nun war in allem anderer Meinung; ihm schien der Kaisersaal »einfach erhaben – erhaben, verstehen Sie – wie das ganze Schloß«. Vielleicht war's ehrlicher Enthusiasmus, vielleicht auch hatte ein Tischnachbar aus Rudolstadt recht, der mir sagte: »Hätte ich ihm nur nicht er-

zählt, daß Schwarzburg-Rudolstadt ein so hübsches Ehrenkreuz am blaugelben Bande verleiht!«
Eins aber, was mir begreiflich schien, tadelte der Republikaner: daß keines der vier Kaiserbilder
von 1869 den Kaiser Wilhelm darstellte. Als ich ihn auf die Jahreszahl aufmerksam machte,
stutzte er einen Augenblick und rief dann: »Nun gut, aber jetzt müßte einer von ihnen 'runter
und Kaiser Wilhelm 'rauf!« – »Ja, aber welcher?« Er dachte nach. »Mein Liebling Günther von
Schwarzburg muß natürlich bleiben, aber von den drei anderen hat keiner solche Verdienste wie
Kaiser Wilhelm. Denn« – der Zeigefinger hob sich – »denken Sie mal darüber nach: die Eini-
gung Deutschlands war ein wichtiges Ereignis!« Gewiß, es wirft mir sogar ein Licht aufs ganze
Leben, daß ich dies »wichtige Ereignis« bereits als denkender, fühlender Mensch mit erleben
durfte – aber hm! das mit dem Ehrenkreuz war doch wohl richtig. Hätten die Karolinger, die
Nachkommen Heinrich I. und die Staufen, dachte ich, auch noch Orden zu vergeben, dann
wäre am Ende gar nicht Günther von Schwarzburg sein »Liebling«!

Besser als die Kunst ist im Schwarzburger Schlosse das alte Kunstgewerbe vertreten, namentlich im Zeughause, der Bau ist dürftig, der Inhalt wertvoll, in mancher Hinsicht einzig. Schönere Jagdgeräte aus dem 15. und 16. Jahrhundert habe ich nirgendwo gesehen; schönere Ge-
wehre und Schwerter aus derselben Zeit selten. Sehr merkwürdig sind die Männerhüte, Filz
mit Silberstickerei; nicht bloß dies, sondern auch wunderschön die Rokokoschlitten, einer, der
Drachenschlitten, offenbar das Werk eines wirklichen Künstlers voll überschäumender Phantasie. Auch die Kummetgeschirre mit reichster Holzschnitzerei mag man sich genau ansehen,
um zu erkennen, wie reich selbst eine vergleichsweise öde Zeit – das 17. Jahrhundert – noch an
guten Traditionen und künstlerischen Talenten war. Zu loben ist auch, daß die bedenklichen
Kuriosa nun ausgemerzt sind; so gab es hier auch das breite Ehebett des Grafen von Gleichen;
nun ist es verschwunden.

Auch im Schloß selbst findet sich manches hübsche Schnitz- und Gießwerk. Da ist – auf
einem der Kamine des Kaisersaals aufgestellt – ein aus Holz geschnitzter Löwe, mit Pergament
überzogen, mit Reliefs geschmückt; sicherlich uralte, etwa aus dem 13. Jahrhundert stammen-
de oder nicht viel später einem Meister jener Zeit nachgebildete Arbeit. Der Löwe ist ein Kasten; ein anderes Schaustück, die »güldene Henne« (eine Auerhenne aus vergoldetem Silber),
ein Trinkgefäß. Aus der Henne tranken im 16. Jahrhundert die Gäste, die zum ersten Mal an
der fürstlichen Tafel erschienen, den Willkomm und bekamen dabei das »Geschmeide«, einen
schweren Holzklotz, an einer Kette um den Hals gelegt. Das war ein Spaß im Stil jener Zeit,
aber daß er noch heute geübt wird, hörte ich mit Staunen. Der Bremer aber mit Entzücken:
»Das muß 'n Hochgenuß sein!« – »Der Klotz um den Hals?« – »Aber als Gast eines Fürsten!
Und der Klotz muß wohl ein Symbol sein!« Wieder hob sich der Zeigefinger. »Denken Sie mal
darüber nach: Symbole haben oft ihre Bedeutung.«

Weit früher als das Schloß habe ich das Juwel Schwarzburgs, den Trippstein, besucht und bin
seither noch zwei Male dagewesen; der Eindruck wurde nur immer stärker; das ist ja der Prüf-
stein alles wirklich Schönen, daß es um so mehr entzückt, je vertrauter es uns wird. Vielleicht
auch lag es daran, daß ich die beiden letzten Male allein hinging und wenige Leute oben fand,
während der Gipfel des Hügels das erste Mal von Menschen wimmelte und ich auch schon in
Gesellschaft emporstieg.

Mein Wille war's nicht. Als ich an das Rondell gekommen war, wo der Fußsteig von der
Blankenburger Chaussee abzweigt, standen dort drei Damen unschlüssig da. Sie repräsentierten
gleichsam das Altertum, das Mittelalter und die Neuzeit; am nettesten war noch das Altertum,
weil es zwar unablässig schwatzte, aber doch ein gutes, ehrwürdiges Gesicht hatte, wogegen das
Mittelalter überstark war und unfreundlich dreinsah; die Neuzeit war noch in jeder Hinsicht
grasgrün und lachte aus Verlegenheit immerzu. Das Altertum sprach mich an; man hätte ihm
gesagt, am Rondell zweige der Fußsteig ab und auf einem Steine stehe auch »Zum Trippstein«;
nun sei hier das Rondell, aber auf dem Stein stehe »Fürst Günther«; ob das etwa gleichbedeutend
sei? Ich mußte dies verneinen; auf diesem Fels am Rondell da stehe »Fürst Günther«, weil das ein
Denkmal des Herrschers sei, der das Ländchen durch sechzig Jahre (1807-1867) regiert habe,
und auf diesem weit kleineren Stein gegenüber stehe als Wegweiser »Zum Trippstein«. Nachdem

ich mich durch diese Mitteilung, deren historischen Teil ich von der Ehrentafel ablas, als ein geschichts- und ortskundiger Mann erwiesen hatte, fragte mich das Altertum, ob ich ihnen gestatten wollte, mit mir zu gehen, denn im Walde sei es mit einem Herrn für Damen immer heimlicher. So wandelten wir zu viert unter herrlichen Buchen und Tannen empor, und ich erfuhr, daß ich die Ehre hatte, die Mutter, Gattin und Tochter eines Zeitungsverlegers in einer sächsischen Mittelstadt geleiten zu dürfen. »Wir sind bardheilos!« sagte das Großmütterchen, und als ich meinte, dafür hätte ich immer Bewunderung gehabt, denn es gehöre eine fast göttliche Unbefangenheit und Gerechtigkeit dazu, nickte das Mütterchen. »Mein Sohn is werklich ein sehr dichtiger Mensch, er hat auf Buchdrucker gelernt, aber nu ghann er ooch die Zeitung machen und werklich bardheilos!« Das unfreundliche Mittelalter aber sagte: »Das is nich so schwer; man schneid't merschtendhels aus'm ›Dräs'ner Journal‹ und aus der ›Leib'zer Zeitung‹, bringt nichts gegen den Herrn Ghreisdiregder und den Herrn Bergermeester und is natierlich gegen die Freisinnigen, die Juden und die Sozialdemagraden!« Daß ich mich notgedrungen – die Damen fragten darnach – als Schriftsteller aus Berlin vorstellen mußte, verschlechterte meine anfangs so günstige Position, und als ich auf die weitere Frage, bei welcher Zeitung ich angestellt sei, antworten mußte: »Bei keiner!«, war ich gar unten durch. »Ach Herr Jeses!« sagte das Mütterchen mitleidsvoll, und das dicke Mittelalter meinte höhnisch lächelnd: »Weeßte, Mamma, wie bei uns der Herr Köhler!« Dieser mein Kollege und Schicksalsgenosse war, wie ich dann erfuhr, Schreiber beim Herrn Justizrat und berichtete sowohl für die »Bardheilose« wie für die »Ghongurrenz« über Unglücksfälle und Vereine, wofür er monatlich »ä Bauschal« bekam. Wie hoch dies Pauschale war, erfuhr ich nicht; als Optimist schätzte ich es auf einen Taler. Da das Mittelalter wissen wollte, wie derlei in Berlin bezahlt werde, so mußte ich gestehen, daß ich das nicht wüßte, ich schriebe größere Sachen, Feuilletons, auch Romane. »Da ghönnten Se mal auch uns was schicken«, sagte das gutherzige Altertum, aber das harte Mittelalter zertrat mit der Bemerkung: »Wir sind versorgt, wir drucken merschtendhels Übersetzungen« die Saat meiner Hoffnungen. »Die von die Dehdegdiffen sind noch die besten«, fügte sie bei; sie meinte Detektive-Romane. Unter diesen Gesprächen waren wir dem Gipfel nahe gekommen, und da sich hier der Weg gabelte, zog ich Meyers »Thüringen« hervor, orientierte mich und las dann den drei Damen den Rat vor: »Will man sich eine angenehme Überraschung bereiten, so wende man die Augen, sobald man zwischen den Bäumen bemerkt, daß man dem Borkenhäuschen, welches die Spitze des Trippstein krönt, nahe kommt, so lange nach links, bis man hinter das Häuschen, welches die Aussicht ins Tal verbirgt, zu stehen kommt.« Der Stil ist ja bedenklich, aber der Rat gut – und warum sollten wir uns nicht eine angenehme Überraschung bereiten? So wanderten wir denn, Augen links, im Gänsemarsch weiter, die Neuzeit, die nun unablässig laut meckerte, an der Spitze. Plötzlich verstummte sie verlegen, und auch wir andern wurden still. Wir standen auf einer Waldblöße, rings von dicht verwachsenen Bäumen umschlossen; auf einen Gipfel, eine Aussicht deutete nichts: vor uns aber stand, noch keine zehn Schritt entfernt, ein niedriger Holzschuppen mit zwei Türen, in deren jeder ein Schlüssel steckte. »Nee!« sagte das undiplomatische Altertum, »das ist keen Aussichtsbungd, das is was anderes!« – und auch ich begann zu zweifeln, es war wirklich das Borkenhäuschen und die Aussicht aus seinem Fenster wirklich schön. Sie hat mir, sagt ich schon, die anderen Male, wo ich oben nicht so viel albernes Zeug anhören mußte, besser gefallen, aber auch diesmal fesselte sie mich so, daß ich die Damen trotz der anbrechenden Dämmerung allein hinuntergehen ließ, denn meiner Menschenpflicht hatte ich genügt, und mit der Geschäftsverbindung war's ja doch nichts.

Die Aussicht vom Trippstein ist eine der hübschesten Deutschlands und wohl die malerischste Thüringens. Während in den andern Teilen des Thüringer Waldes die benachbarten Hügelrücken fast gleich hoch sind, auch sacht aus seichten Tälern oder Hochebenen emporsteigen, streben sie hier jäh und in den verschiedensten Formen aus dem tief gerissenen Tal der Schwarza wie zum Himmel auf. Denn eben weil das Tal so tief ist, so täuscht sich das Auge über die an sich sehr bescheidene Höhe des Gipfels (noch nicht 500 Meter über dem Meeresspiegel), und die Weite des Gesichtskreises, die sich aus der Breite des Tals und dem Einmünden einiger Nebentäler ergibt, vermehrt diese Täuschung. Ähnlich ist der Eindruck, den man auf anderen Höhen dieses schönen Tals empfängt, zum Beispiel auf der etwas höheren Schapsheide, die dem Trippstein gegenüber am rechten Schwarzaufer liegt; was aber die Aussicht vom Trippstein vor den anderen auszeichnet, ist die Geschlossenheit des Bildes, die Mannigfaltigkeit und Schönheit der Farben und Formen. Die junge Frau Oberlehrer, die ich gestern hier oben sagen hörte: »Das ist wie das Bild eines großen Malers!« hat nichts Dummes gesagt und die hochmütige Reprimande des Herrn Gemahls: »Das ist ein kurioses Kompliment für die Natur« nicht verdient. Denn der große Landschaftsmaler tut ja der Natur keinen Zwang an, er gibt sie getreulich wieder, nur ist er kein Photograph, auf dessen Platte auch alles Störende und Zufällige erscheint, sondern läßt dies weg oder ändert es im sonstigen Charakter der Landschaft. Hier nun hätte er dies fast gar nicht nötig; die Natur hat gleichsam selbst das Kunstwerk gestaltet. Die Komposition ist unübertrefflich: zu Füßen des Beschauers, im Mittelpunkte des Gemäldes, das Schönste an dem Bilde: auf dem steilen Vorhügel das Schloß, hier dem Aug so ferne, daß die plumpen Formen nicht stören, wohl aber die Lage entzückt; zu seinen Füßen das Dorf mit dem Schwarz und Rot seiner Dächer; zur Rechten und Linken das breite, von Felsen und Matten, Hütten und Palästen (freilich sind's nur Fabriken) erfüllte Tal; im Vordergrund der waldige Abhang des Trippstein, im Hintergrund Berge und ringsum, das Bild umschließend, die tiefgrünen Wälder, die sich auch hier dem Blick wie ins Unendliche dehnen. Dazu der Reichtum an malerischen Formen: man kann nicht oft Reizvolleres sehen als die Linie, in der, von hier gesehen, der Schloßhügel ins Tal abfällt, die Schwarza durch die Matten und Forste strömt, die Waldberge, namentlich die Cursdorfer Kuppe, emporsteigen. An Farben aber fehlt's hier, wo das Weiß der Häuser, das glänzende Schwarz der Schiefer- und das Rot der Ziegeldächer hinzutritt, noch weniger als bei dem Blick auf die Hirschwiese, und die Landschaft erscheint, eben weil das Auge weiter reicht, noch ungleich belebter; die Beleuchtung ändert das Bild, macht es heiter oder ernst oder düster. Am schönsten ist es bei sinkender Sonne, wenn unten schon die feinen blauen Schleier der Dämmerung weben, während oben der Kranz der Wälder noch in tiefem flammendem Rot leuchtet.

Auf den Wänden des Häuschens wimmelt es natürlich von Namen, Sprüchen und Versen. Am schönsten sind die eines Lyrikers, der Macheleidt heißt; er tut, was ihm sein Name befiehlt. Außer Poesie und Landschaft kann man aber auf dem Trippstein nichts genießen; der Fürst ist geschmackvoll genug, dort oben keine Wirtschaft zu dulden. Hingegen kann man sich nicht allzuweit davon in einem fürstlichen Jagdschloß, der Fasanerie, erquicken. Es werden dort namentlich zwei hellbraune Flüssigkeiten geschenkt, die in ihrer Art einzig sind; mich wenigstens haben sie im Geschmack an nichts erinnert, was ich vorher im Leben getrunken habe. Die eine Flüssigkeit wird lauwarm in Gläsern gereicht und heißt dort Bier, die andere, die etwas heißer in Tassen geschenkt wird, nennt man dort Kaffee. Im Hause sind einige Zimmer mit Hirschhornmöbeln ausgestattet; sie schön und geschmackvoll zu finden hat nicht einmal unser Republikaner gewagt. Unter den Eichen der Fasanerie pflegten viele Schwarzburger Sommergäste den Nachmittag zu verbringen; die Damen stricken und erörtern die sozialpolitischen Aufgaben der deutschen Hausfrau gegenüber ihrem Mädchen für alles; die Herren spielen Skat; es soll dort sehr anregend sein.

Das weiß ich aber lediglich vom Hörensagen. Ich bin nur einmal dort gewesen, habe zuerst das Braune im Glas, hierauf, da dies nicht ging, das Braune in der Tasse verkostet und bin dann gegangen. Denn meine Zeit ist hier kostbar, ich muß ja das ganze Schwarzatal ablaufen.

Befohlen habe ich mir dies freilich nur selber, aber es war ein weiser Befehl, denn das Tal ist, den Unterlauf abgerechnet, sehr schön. Das letzte Stück freilich, von Blankenburg bis Dorf Schwarza, wo der Fluß in die Saale mündet, ist nüchtern: eine breite, fruchtbare Ebene, durch die das früher so wilde Gewässer nun zahm dahinschleicht, wie das so bei allem Lebenden gegen das Ende Brauch ist. Was aber nun den schönen Teil des Flußtals betrifft, so zerfällt er, selbst dem stumpfen Blick erkennbar, wieder in zwei verschiedene Teile, einen längeren vom Ursprung des Schwarzabachs bei Scheibe bis Schwarzburg und einen kürzeren von hier bis Blankenburg. Da nun aber dies Mittelstück der weitaus schönere Teil ist, so läßt sich leider kein Vergleich mit dem Menschenleben daran knüpfen. Denn der Mensch ist in der Jugend am schönsten, äußerlich immer und innerlich – das ist die traurigste Erfahrung, die uns das Leben lehrt, aber es lehrt sie – innerlich fast immer...

Womit ich nun hier beginnen soll, kann scheinbar nicht zweifelhaft sein; mit der Schilderung des oberen Teils von Scheibe bis Schwarzburg, denn das Schönste muß man sich für den Schluß aufsparen. Ich mach's aber umgekehrt, denn zwischen Schwarzburg und Blankenburg bin ich wie jedermann fast nur unter Touristen gewandelt, im oberen Tal aber unter Köhlern und Hirten, Balsamträgern und Arbeitern. Und das dunkelste Leben, wenn man's recht zu erfassen bemüht ist, ist fesselnder als die schönste Natur.

Der Weg von Schwarzburg nach Blankenburg geht immer durch Wald, fast immer zwischen Felsen und die rauschende Schwarza entlang; und wenn es nicht die hübschesten zehn Kilometer deutscher Erde sind, so gehören sie doch mit zu den hübschesten. Eine breite, wohlgepflegte Chaussee führt hindurch, auf der viele Wagen und Omnibusse hin und her rollen, und schon dies verträgt sich mit dem Charakter dieses wilden, tief und eng gerissenen Waldtals nicht recht. Daß aber hier keine Bahn pfeift und qualmt, tut wirklich nur den Wirten beider Orte weh, hingegen nicht bloß den Kutschern im Schwarzatal, sondern auch allen Naturfreunden wohl. Der Fürst duldet's nicht und hat sehr recht daran; es wäre nicht hübsch und selbst die Dividende fraglich. Denn wer sich begnügte, hier in fünfzehn Minuten hindurchzusausen, wäre so dumm, daß man sich's höflicherweise gar nicht denken kann.

Schon im Omnibus hat man wenig von der Fahrt, denn das Bild ist, so betrachtet, scheinbar immer dasselbe, Bäume, Felsen und der Fluß; zudem sieht man aus dem Fensterrahmen nur immer das Nächste und hat keinen Überblick. Sonst kein Freund solcher Vehikel, ließ ich mich in den ersten Tagen verleiten, in den Kasten des »Thüringer Hofs« zu klettern, weil ich mir Blankenburg und die Höhen ringsum ansehen und frisch hinkommen wollte. Auch lockte es mich, daß drinnen nur zwei Ehepaare saßen, die beide schwiegen. Aber kaum, daß der Kasten knarrend dahinzog, begannen sie beide rastlos ihre Gedanken auszutauschen, obwohl doch keines von ihnen dabei gewann. Der eine Herr war Dampfwäscher aus Berlin, der andere, gleichfalls ein Berliner, hatte einen freien Beruf, der sich bald schrecklich offenbaren sollte; die Damen aber waren zweifellos ihre Gattinnen, das bewies ihr Äußeres. Nun, Dampfwäscher muß es geben, aber einen Beruf, wie ihn jener andere Berliner und seine Gattin übten, sollte es nicht geben. Sie reisten nämlich nur zu ihrem Ärger und führten daher eine Liste sämtlicher verdorbenen Fische und unreinlichen Betten in Mitteldeutschland. Das wirkte auf das andere Paar so wie etwa ein Magnet auf gewöhnliches Eisen, sie hingen zunächst an den Lippen der Ärger-Reisenden, wurden dann aber selber magnetisch und erzählten ähnliches. So ging das lange zwei Stunden fort; nur einmal unterbrach der Dampfwäscher die Schilderung seiner Gattin von einem Rudolstädter Milchkaffee mit Fliegen durch den Hinweis auf die Aussicht, aber die Ärger-Reisende wies ihn scharf zurecht: »Lassen Sie man, das is interessant!« Mir wird immer bei derlei Gesprächen, die man so oft hören kann, ganz traurig zumut. Da ziehen diese Leute, als ob sie fühlende, empfindende Menschen wären, nach harter Arbeit für einige Wochen zur Erholung in die Welt, wo sie am schönsten ist, und wenn sie mittendrin sind, so gucken sie sie gar nicht an, sondern wühlen sich nur in dieselben kleinen Erbärmlichkeiten hinein wie daheim. Als ich den Omnibus zur Heimkehr bestieg, da saßen wieder zwei Ehepaare drin, und auch sie schwiegen. Aber ich traute dem Landfrieden nicht mehr und setzte mich lieber neben den Kutscher. Das war ein frischer, treuherziger Mensch, der an jeden Fels am Wege eine Sage hing und an jede Schürze ein harmloses Neckwort; dazu trank er bei jedem Wirtshaus, an dem wir vorbeikamen, ein Glas Bier auf meine Gesundheit. Drinnen aber hörte ich nach kurzem Schweigen bereits die regste Unterhaltung: »Licht besonders berechnet... täglich Kalbfleisch... fünf Mark das Zimmer...« So mag Daniel in die Löwengrube hinabgelauscht haben, nachdem er draußen war.

Recht habe ich dies schöne Stück Erde erst kennengelernt, als ich es zu Fuß durchschritt. Es ist der Mühe wert, obwohl man dabei weniger Überraschungen erlebt als in anderen kürzeren, weniger berühmten Tälern, namentlich der Alpen. Immer geht's zwischen Fels und Wald an der Schwarza dahin, und das Bild ist wohl hier heiterer, dort düsterer, aber stets wild und anmutig zugleich; Unheimliches oder auch nur Gewaltiges ist hier nicht zu sehen, so wenig wie Zahmes und Artiges. Darum kann man wohl auch von Menschen mit übersatten Sinnen, denen Fackeln ins Auge stechen müssen, damit sie Licht sehen, oder von der Legion anderer, die vortreffliche Augen haben und doch nicht sehen, die Äußerung hören, für einen Kilometer reiche der einförmige Reiz aus, aber nicht für zehn. Mir aber war die Wegstrecke für die Beine gerade lang genug, aber den Augen wäre die dreifache zu kurz gewesen. Denn in Wahrheit ist kein Streckchen dem andern gleich, und jedes hat seinen besonderen Reiz. Freilich, die Schwarza gibt's auf dem ganzen Wege und Wald und Felsen auch, aber wie verschieden sind sie!

Wer von Schwarzburg auszieht, kommt zuerst durch hellen, heitern Buchenwald, und auch die Felsen, deren einer die Aufschrift »Fürst Günther« trägt, sehen nicht finster drein. Dann weicht die Buche der Tanne, ohne sich doch ganz verdrängen zu lassen, und während der Wanderer so den schattigen Fußsteig dahinschreitet, dicht zur Rechten die Schwarza, zur Linken aber in respektvoller Entfernung die Chaussee, kann er seine Freude dran haben, in wie unsäglicher Fülle der Variationen das glänzende Hellgrün des Laubs und das stumpfe Tiefgrün der Nadeln gegeneinander spielen; bald sind dem Tannenmeer die Buchen nur eingesprengt wie leuchtende Inseln, bald den Buchen die Tannen wie ragende Hügel, und an anderen Hängen schlingen sie sich ineinander.

Verschieden ist auch die Schwarza anzusehen. Bald fließt sie in tiefer, breiter, schattiger Schlucht dahin; man hört sie nur leise murmeln, und tritt man ans Ufer, dann schießt unten die Flut glatt, rasch und dunkel dahin. Aber nun senkt sich das Ufer, die Bäume treten zurück, da schimmert die Flut blaugrün in der Sonne und schäumt über die Steine im Bette. Die Steine werden zu kleinen Felsen, rings um sie bahnt sich der Fluß im schmalen Bette den Weg talab, daß sein Grollen das Gezwitscher der Vögel, selbst das mächtige Rauschen und Klingen im Geäst übertönt und der Gischt emporspritzt; scheint die Sonne hinein, so zittert ein Stücklein Regenbogen über den Wassern. Dann wieder weichen die Ufer zurück, und der Fluß spielt seicht und kristallen über den Sand am Grunde, die flachen Steinchen und das Wurzelwerk der Tannen; an solchen Stellen sieht man erst, wie fischreich er ist; Hunderte von Fischlein durchschlängeln wohlig die warme Flut und schnellen sich mit den Wellen um die Wette ans Licht empor und bergen sich dann wieder im Dunkel. Das ist ein Blitzen, das einen blendet, als schimmerten tausend Goldkörnchen in der Sonne. Und vielleicht ist auch wirklich ein Körnchen darunter, die Schwarza ist ja goldhaltig. Freilich in so geringem Maß, daß der »Schwarzahort« immer mehr einen Fluch als einen Segen für die Talleute bedeutet hat. Um 1500, da das Goldfieber die Menschen noch stärker als gewöhnlich schüttelte, zudem der Preis des Metalls ein ungewöhnlich hoher war, wurden hier die ersten Seifen (Goldwäschen) eingerichtet; sie arbeiteten mit Verlust, aber etwas fanden sie wirklich, just so viel, daß andere glaubten, an tieferen Stellen und mit besserem Gerät glücklicher zu sein; dreißig Jahre später gab's zwanzig solche Gewerkschaften im Tal; sie gingen alle zugrunde, Hunderte von Talern gewann man, und Zehntausende verschlang der Betrieb. Aber die Opfer schreckten nicht, immer wieder fanden sich Unternehmer, und als 1800 zufällig ein größerer Fund glückte – man fand beim Graben eines Wehrs ob Schwarzburg auf Quarz aufsitzend ein Goldklümpchen von drei Dukaten Wert –, da verlockte der Golddurst zu neuen Mühen und neuen Verlusten.

Heute läßt man hier dem Fluß sein Gold wie im oberen Tal dem Quarz der Felsen. Nur wenn eine Verlobung im fürstlichen Haus stattgefunden hat, jagt man wieder den winzigen Goldplättchen im Geröll des Flusses nach; die Schwarzburger Fürsten haben immer Trauringe aus Schwarzagold getragen. Teure Ringe, denn mehr als um vier Groschen täglich kann man nirgendwo »seifen«. So erzählte mir ein altes Schusterlein, das die Gasthöfe im Tal ablief, ob's nirgendwo was zu flicken gebe, und ein Stück Weges mit mir ging. Mit Schustern rede ich immer gern, es sind nachdenkliche Leute, auch dieser da war's. »Ja, wie soll man sich das nu erklären dhun?« sagte er bedächtig. »Grad so viel Gold is drin, daß es lockt, und zu wenig, daß es langt. Und grad uns alleine auf der ganzen Welt is so 'n Fluß bescheret.« Das sei nicht so, meinte ich; in meiner Heimat, sehr weit von hier, sei auch so ein Fluß, die goldene Bistrizza. Die Talleute dort erklärten sich die Sache so, daß der liebe Gott das Gold hineingetan und der Teufel es verkrümelt hätte. Der Alte lächelte schalkhaft: »Das müssen Se den frommen Damens in Blankenburg erzählen, lieber Herre, die glauben rechtschaffen an den Teufel und freuen sich, von ihm zu hören. Ich aber möchte glauben dhun: das is einfach eine Naduhrsache, und darüber zerbricht man sich umsunsten den Kopp... Solche merkwierdige Naduhrsachen gibt's gar viele«, fuhr er fort. »Zum Beispiel, was Cordobang is, werden Se wohl wissen, dieses ist das feinste Leder. Und da liegt nu – hören Se! – ein Viertelstündchen hinterm Schweizerhaus, gegen Fröbitz zu, ein armseliges Dorf, und dieses Dorf, wo die Leute nich mal am Sonntag Stiebeln tragen, sondern barfuß loofen, heißt – hören Se! – ooch Cordobang! Können Sie mir das erklären dhun?« Das hätte ich wohl gekonnt; das Leder heißt Corduan nach der Stadt Cordova und der Weiler Cordobang, nach irgendeinem verstümmelten deutschen Eigennamen. Aber was hätte es genützt, wenn ich dem Manne diese eine »Naduhrsache« aufgeklärt hätte – es gibt so viele andere, mit denen wir beide zusammen nie hätten fertig werden können.

Das »Schweizerhaus«, wo der Weg nach diesem Rätsel abzweigt, ist die Wohnung eines Wildwärters, der durch eine stattliche Magd auch Bier und Milch ausschenken läßt, und diese Magd heißt – die Ästhetiker mahnen uns immer, in unsere Schilderungen durch Einzelheiten Farbe zu bringen, und ich sehe gar nicht ein, warum ich hier die Farbe sparen sollte, da ich sie zufällig auf der Palette habe – die dicke Kathrin. Als ich sie zuerst sah – der Omnibuskutscher hatte auch hier auf meine Gesundheit getrunken –, war sie sehr lustig, jetzt aber blickte sie ordentlich düster drein. Den Grund wollte sie mir nicht sagen, aber ehe ich aufbrach, fragte sie scheinbar unbefangen, ob ich denn schon die große Neuigkeit gehört hätte, von der alle Welt im Tal rede, der Kutscher habe sich mit dem Zimmermädchen vom »Chrysopras« bei Blankenburg verlobt. Ich wußte es noch nicht, aber nun verstand ich alles.

Bis zum »Schweizerhaus« sorgen eigentlich nur Fluß und Wald für die Abwechslung, Berg und Felsen bleiben sich an Höhe und Form ziemlich gleich. Hier aber beginnen sie jählings emporzuwachsen, und auch ihre Form und Farbe wechseln von Schritt zu Schritt. Das ist keine Übertreibung, denn es ist Tonschiefer, und man weiß, wie seltsam, scharf und zackig sich dies Gestein unter dem Einfluß der Sonne und des Wassers formt. Dazu die unzähligen schroffen Windungen des Tals; hundert Schritte lang drängt das Gestein links vor und dann wieder das rechts; so geht's immer im Zickzack, immer in kurzen tiefen Schluchten dahin, und immer hat man die Empfindung: dies ist die letzte, und es geht nicht weiter – aber da rauscht ja neben dem Wanderer fröhlich der tapfere Genoß und Pfadgräber, die Schwarza. Ihr ist auch die erst ein Jahrhundert alte Chaussee gefolgt; französische Schule: man trotzt der Natur nicht, sondern sucht sich ihr anzuschmiegen. Wer eine der steilen, aber unschwer zu erklimmenden Kuppen besteigt, den Griesbachfelsen zum Beispiel – auch die Teufelstreppe, die zu ihm emporführt, ist das Werk eines braven, vorsorglichen Teufels –, und nun hinabblickt, hat die Empfindung, als wäre das Gestein von launischer Kinderhand wie mit der Laubsäge entzweigeteilt; so abenteuerlich sind die Krümmungen des Flußtals. Darum wechselt auch so oft die Beleuchtung, immerzu hüpft der Sonnenschein von der linken zur rechten Bergwand und umgekehrt. Auch diese Wände zeigen alle Spielarten der Farbe und Form. Rot, braun, schwarz erscheint der Schiefer, je nach dem Grad der Verwitterung, dazwischen steht das Grau des Sandsteins; von hellgrünen Büschen durchwachsenes Geröll bedeckt die Abhänge, mittendrin leuchtet das Rot wilder Rosen, droben stehen schwarzgrüne uralte Tannen, deren Wurzeln wie mächtige Bogen die Luft durchschneiden, denn das Geröll, durch das sie sich einst wanden, den Felsboden zu erreichen, ist zur Tiefe gestürzt; über ihnen aber blinkt in sonnengetränktem Blau das schmale Band des Himmels. Auch an verschiedener Musik fehlt's nie: Wald und Fluß rauschen, Vögel singen, der Specht klopft. Freilich singen auch die Ausflügler »Wer hat dich, du schöner Wald« und andere Lieder dazwischen...

Und wieviel Abwechslung gibt erst die Form der Felsen! Einer sieht wie ein Riesenbecher aus, ein anderer wie eine Lyra, und damit zu Wein und Gesang das Weib nicht fehle, steht drüben ein dritter, der wie eine Dame aussieht; freilich hat sie eine gewaltige Krinoline und gar keinen Busen, aber das erste war doch einmal Mode, und das letzte kann man auch heute noch sehen. Mitten zwischen den Felsen gewahrt man die gewaltige Ruine eines gotischen

Doms, ganz deutlich sind die beiden wohlerhaltenen Giebel zu sehen – aber wer hätte da oben auf die steile Höhe einen Dom gebaut? – es ist auch nur ein Witz der Natur, der Kirchfelsen. Der alte Fürst Günther hatte solche Freude daran, daß er den Felsen dekorierte; er gab ihm die Auszeichnung der blaugelben Flagge, und die weht noch heute droben. Dann sieht man weiter zur Rechten auf schattigem Felsvorsprung einen Turm; mißtrauisch guckte ich zu ihm empor, aber eine Respektsperson, der Kutscher eines fürstlichen Fouragewagens, der hier seine Pferde ausschnaufen ließ, bestätigte mir: »Dieses ist ein gemauerter Turm; er schreibt sich Eberstein. Denn dort ist der Saupark, und der Mann von der Wildsau schreibt sich auf hochdeutsch Eber.« Da war ich ja an der rechten Schmiede und fragte, wie der Berg heiße, der sich über dem Turm erhebt. »Dieses ist die Hünenkuppe«, war die Antwort. »Hünen haben Se nämlich einst die langen Männer geheißen, die vor dem hochfürstlichen Schloß in Schwarzburg Wache gestanden haben. Auf dieser Kuppe ist Se vor fünfzig Jahren ein alter Mann gesessen, der hat die ganze Gegend abgeschrieben.« – »Steht oben ein Haus?« fragte ich. »Nee!« lachte er. »So im Wald is der Alte gesessen und hat immerzu geschrieben und geschrieben, und davon ist die ganze Gegend sehr beriehmt geworden. Wie er hieß – warten Se mal, ein Wochentag – Dienstag – nee, Freitag!« Nun wußte ich Bescheid; auf der Hünenkuppe beginnt Freytags »Ingo«, aber er hat ihn nicht dort geschrieben, sondern in seinem behaglichen Arbeitszimmer in Siebleben diktiert, »einem blitzdummen Kerl«, wie er mir im selben Arbeitszimmer erzählte, »denn vor einem denkenden Schreiber bewahr den Dichter der Himmel…« – »Drüben steht auch 'n Boom«, fuhr mein Cicerone fort, »der heißt nach ihm Freytagsboom.« Ich zog mein Reisebüchlein hervor. »Ja«, sagte ich, »und dann muß doch hier die Ingoklippe sein, die auch an Freytag erinnert.« – »I bewahre!« lachte der Kutscher. »Die Inchoklippe – das is richtig, die sehn Se gleich links oben! Aber mit deme Herrn Freytag hat das nichts zu dhun! Der Incho war Se nämlich ooch so 'n alter Hüne von der hochfürstlichen Schloßwache, ein braver deutscher Mann – jaa!« Dann gab er dem Gespräch eine praktische Wendung, indem er seinen leeren Tabaksbeutel hervorzog. Ich verstand den Wink, und er fuhr vergnügt davon.

Mit dem Denkmal des braven Schloßwachmanns Ingo, einer steilen Klippe, endet die Romantik des Schwarzatals, dann folgt die Reihe der großen Gasthöfe vor Blankenburg. Der ansehnlichste ist der »Chrysopras«, der kuriose Name erinnert an einen kuriosen Menschen. Danz hieß er und war um 1760 in Blankenburg Schneider, sogar ein ganz verdrehter Schneider, wie seine Mitbürger glaubten, denn statt auf seinem Arbeitstisch zu hocken, lief er die Berge ab und sammelte Steine; namentlich auf den Chrysopras, den zartgrünen Schmuckstein, war er wie versessen. Freilich teilte er diese Vorliebe mit einem berühmten Zeitgenossen, Friedrich dem Großen, der sein Sanssouci und das Potsdamer Stadtschloß überreich mit diesem milden, feinen Stein geschmückt hat; aber auch sonst wurde den Blankenburgern bald klar, daß ihr Meister Zwirn eigentlich ganz schlau war, nur eben mit einem Stich ins Närrische. Denn die Mineralien, die er sammelte, verhandelte er weiter, wurde allmählich ein wohlhabender und, da er unablässig mineralogische Studien trieb, in seiner Art gelehrter Mann, schließlich königlich-preußischer Bergrat und Besitzer dieses Hauses. In allem war er vernünftig, nur von Chrysoprasen konnte er nie genug haben und häufte ihrer eine schwere Menge auf, was aber dann seinen Erben recht angenehm war. Und so tauften sie das Haus pietätvoll nach seiner einträglichen Marotte, und es heißt bis heute so. Aber nur der Name ist ungewöhnlich, der Gasthof und seine Führung sind ganz landesüblich.

In diesen Gasthöfen des Schwarzatals und in denen des Städtchens halten viele Leute ihre Sommerfrische und tun recht daran; es wimmelt nur so von hübschen Anlagen nach allen Seiten. Und was mich an Blankenburg enttäuschte, stört nicht viele Menschen. Es ist ein uraltes Nest mit reich bewegter Geschichte, so rund tausend Jahre alt, vom 12. bis ins 14. Jahrhundert Residenz der Schwarzburg-Blankenburger Linie, aber noch bis ins 17. Jahrhundert hinein ein Mittelpunkt der Kultur dieser Landschaft. Davon müßte wohl doch noch was zu sehen sein, dacht ich, und mir wässerte der Mund, als ich einmarschierte; sogar auf Mauer und Graben wagte ich hier noch zu hoffen. Nun, sie sind seit einem Jahrhundert beseitigt, und auch nach alten Häusern guckte ich lange aus, bis ich zum mindesten ihrer zwei fand, das eine gegenüber der Kirche, das andere nah der Post, beide brave Steinhäuser mit Rundbogenportal aus dem 16. Jahrhundert und hübschem Zierat von Rosetten, Nischchen und dergleichen. Das Rathaus ist ein dürftiger Bau aus öder Zeit (um 1750); älter sind nur zwei Tafeln rechts und links der Türe. Die zur Rechten zeigt das Blankenburger Stadtwappen, den aufsteigenden Löwen, von 1434, die zur Linken die Figur eines Bürgers aus gleicher Zeit, die als Wahrzeichen der Gerichtsbarkeit gedeutet wird. Also eine Art bürgerlichen Rolands. Das ist alles. Denn auch die Kirche ist modern restauriert, und selbst auf dem alten Kirchhof findet man nur Grabsteine aus dem 18. Jahrhundert; wohin mögen sie nur die älteren getan haben?

An die einstige Bedeutung Blankenburgs mahnt nur eine Ruine, allerdings eine der größten Deutschlands, der Greifenstein, auf einem steilen Hügel nördlich der Stadt. Wie ich so sacht emporschritt und mir das bröckelnde Mauerwerk immer gewaltiger entgegenwuchs, hatte ich einen starken Eindruck: als nahte ich einer zerstörten Stadt. Aber als ich nun oben zwischen Gestrüpp und Ginster umherkletterte, da sprach nur noch die Natur zu mir, der Ausblick ins helle breite Saaletal im Nordwesten, ins ernste zerklüftete Schwarzatal im Süden wirken jeder an sich und zudem durch den Gegensatz, aber das Mauerwerk sagte mir wenig. Es ist alles gar zu verwüstet; einen einzigen Bau abgerechnet, stehen eben, auch nur mit großen Lücken, die kahlen Mauern da, an manchen Stellen unter Mannshöhe, an anderen höchstens bis zum Doppelten und Dreifachen, und wie die Burg einst war, kann man sich nicht klar vorstellen, selbst den Zug der Umfassungsmauer nur mühsam erkennen. Es waren eigentlich drei Burgen, an denen fünf Jahrhunderte geschaffen haben; mit dem Verwüsten ging's ungleich rascher. Der älteste Teil ist die Burg, die man durch einen Spitzbogen zuerst betritt; die Quadern aus dem 13. Jahrhundert halten noch; was spätere Zeiten aus Muschelkalk und Ziegeln hinzufügten, ist fast verschwunden. Gegen West und Ost reihen sich, von dieser Burg durch tiefe Gräben geschieden, zwei andere an, von der westlichen sieht man wenig mehr, die östliche hingegen ist der besterhaltene Teil. Hier steht, von Buchen, Eichen und Flieder umwachsen, der frühgotische Chorbogen der Kapelle, hier, neu unter Dach gebracht, der Bau, in dem nun eine Wirtschaft betrieben wird. Auch aus der obersten Stube kann man die beiden Täler übersehen und das liebliche Rinnetal dazu; das sah ich mir, obwohl zwei Damen am nächsten Tisch geräuschvoll Leipziger Stadtklatsch breittreten, lange, lange an und ging dann mit wachen Sinnen und unbewegten Herzens zu Tal. Denn ins Träumen oder zu seelischer Anteilnahme bringen einen derlei Trümmerstätten nur, wenn sie an sich sehr schön sind oder Erinnerungen an große Schicksale wecken. Hier trifft beides nicht zu. König Günther ist auf dem Greifenstein geboren, hat oft hier verweilt – aber was ist uns der arme Schattenkönig? Die Namen der andern, die hier herrschten, meldet »kein Lied, kein Heldenbuch«, und die Beherrschten gar sind still und stumm ins Grab gesunken, wie sie still und stumm gelebt und gelitten haben. Denn Blut und Tränen sind auch hier geflossen, viel Blut und viel Tränen, aber nur im Kampf um Mein und Dein, um ein Dorf oder, wenn's hoch ging, um eine Geviertmeile. Wer auf dem Greifenstein steht, begreift sehr wohl, daß hier, an der Grenze zwischen Wald- und Ackerland, an der Mündung dreier Täler früh ein Flecken entstand, und ebenso, daß dieser Berg sehr bald zur Feste wurde. Sie beherrschte die Täler und war zur Zeit, da die Geschosse noch nicht weit trugen, fast uneinnehmbar. Kein Wunder auch, daß es andere danach gelüstete; mit wem immer die Schwarzburger in Fehde gerieten, um Stadt und Schloß Blankenburg ging's zunächst. Daher die rastlose Arbeit durch fünfzehn oder mehr Menschenalter, den Greifenstein zu festigen; immer neue Gräben wurden gezogen, immer neue Mauern getürmt; im Frieden aber weilten die Herren lieber anderswo als in der düstern, riesigen Burg. So erklärt sich's, daß der Palas, das Wohn- und Festhaus, sowie der Frauengaden hier bereits 1548 ein »Aufenthalt von Eidechslein und Nachtraben« waren, zu einer Zeit also, da noch neue Ringmauern angelegt wurden. Die Erfindung und Verbesserung der Kanonen nötigte dazu; der Kesselberg im Norden ist höher als der Schloßhügel. Als auch dies nicht mehr fruchtete, räumten die Herren den Greifenstein und verkauften das Gemäuer an die Bürger unten. Die bauten sich davon ihre Häuser, trieben auch Handel mit dem Gestein und Eisenwerk; widerstanden die Quadern, so wurde fleißig gesprengt. Daneben trieben hier Schatzgräber ihr Wesen, heimlich oder offen; es gab sogar im 18. Jahrhundert ordentliche Genossenschaften zu diesem Zweck, die auch emsig Gewölbe sprengten und Stollen trieben. Denn in der Thüringer Sage ist der Greifenstein eine einzige große Schatzkammer, was begreiflich ist; hier wurde ja tatsächlich in Kriegszeiten durch Jahrhunderte alles Gut und Geld des ganzen Gaus geborgen. Auch heute noch versuchen oben Schatzgräber ihr Glück, und ein alter Krämer nah dem Markt, bei dem ich um fünf Pfennige Zündhölzchen kaufte, teilte mir – bar Geld lockt, und hier hat man Zeit – ganz genau mit, wie man das mit Erfolg anstellen kann. Man muß am 1. Mai, dem Tag, wo die Hexen tanzen, oder am Johannistag, der in Thüringen den Toten gehört, oder zu Silvester, wo man in die Zukunft sehen kann, geboren sein, sich vor nichts fürchten, auch nicht vor der blassen Frau, die oben allnächtlich ein Grab für ihr Kind schaufelt, das sie im Burggraben ersäuft hat, und drittens muß man ein von einer reinen Jungfrau gewebtes Hemde durch drei Mondmonate, also zwölf Wochen tragen, ohne es zu wechseln. Harte Sachen, besonders die letzte; da wird man ja zuerst ein Kammerjäger und dann erst ein Schatzgräber.

Die Zeiten wandeln sich; einst hat der Greifenstein die Blankenburger zugleich geschützt und geplündert, und nun tun sie ihm das gleiche; er ist ihr Steinbruch, aber vor allzu argem Verfall wahren sie ihn doch – der Fremden wegen, von denen nun die halbe Stadt lebt (die andere Hälfte von allerlei Fabriken); den Sommergästen muß der romantische Aussichtspunkt erhalten bleiben. Daß der Greifenstein wie die schönste so die älteste Ruine Deutschlands ist, darauf schwört jeder Blankenburger; sie wissen auch ganz genau, wer die Burg erbaut hat, »ein Herr Greif vor zweitausend Jahren«, wie mir die Kellnerin in der Burgwirtschaft sagte und der Krämer stolz bestätigte. Dieser Herr Greif ist aber keine Erfindung der neuen Zeit, sondern des 17. Jahrhunderts; damals fand's ein Historiker: Greif war ein Sohn Karl Martells und erbaute die Burg 748; den Tag hätte der Mann auf Verlangen auch festgestellt; heute haben's die armen Geschichtsschreiber viel schwerer. Noch stolzer aber als auf den Herrn Greif sind die Blankenburger auf einen Mann, der nur acht Jahre (1837-1845) ihr Mitbürger war; sein Wohnhaus, dann seine Arbeitsstätte sind mit Gedenktafeln geschmückt, und zu seinem hundertsten Geburtstag (1882) haben sie ihm sogar ein Denkmal errichtet. Alles nicht zu viel, denn der Mann hat mehr für die Menschheit getan als alle regierenden Heinriche und Günther zusammengenommen und hat dem kleinen Nest einen unvergänglichen Ruhmestitel geschaffen; hinter der Kirche, im Kellerhaus – jetzt ist die Mädchenschule drin – entstand 1840 der erste Kindergarten der Welt. Nun weiß man, daß ich von Friedrich Fröbel spreche; im nahen Oberweißbach geboren, ließ er sich als Fünfziger hier nieder, um endlich seine Idee – die Erziehung des Kindes als »Gliedganzes« – praktisch durchzuführen; nachdem sie sich bewährt hatte, übersiedelte er nach Schloß Marienthal bei Liebenstein, wo ihm größere Räume und Mittel zur Verfügung standen. Kein Geringer im Geist, war er ein Großer im Gemüt, und die haben's immer noch etwas härter als andere Große; man versteht heut, welcher todernste Kampf um sein Ideal sein Leben war, versteht, daß man ihn verkannte und verhöhnte, selbst das Verbot der Kindergärten in Preußen (1851), das dem alternden Manne das Herz brach, ist verständlich; es ist immer dieselbe Geschichte, solang Menschen auf Erden leben, aber sie kreuzigen doch immer nur den Körper, nicht den Geist. Man hört jetzt oft die Mahnung, Fröbel nicht zu überschätzen, das steht mir fern; auch ich weiß, wie abhängig er von Pestalozzi war; der Mensch wie der Schriftsteller sind von Schrullen nicht frei; und neben Tiefsinnigem findet sich (wie freilich gerade bei Pädagogen nicht selten, die sich immer zum Kinde bücken müssen) auch Läppisches; zudem weiß ich, durch wieviel Arbeit anderer der Kindergarten von 1840 zu dem wurde, was er heut ist. Aber ohne Fröbel hätten wir ihn nicht, und darum ist weit mehr die Mahnung am Platze, ihn nicht zu unterschätzen. Durch ihn sind Milliarden Menschenkinder ein wenig besser, ein wenig gesunder geworden, als sie sonst gewesen wären – wessen Ruhm wäre schöner?

Am kleinen Fröbeldenkmal vorbei – unweit davon steht ein viel stattlicheres für den Fürsten Georg von Rudolstadt – geht's in die hübschen Anlagen am rechten Schwarzaufer, den Gasthöfen gegenüber. Schöne Buchen und Eichen, wohlgehaltene, sanft ansteigende Pfade, bequeme Bänke und kaum eine frei. Fast immer dieselbe Idylle: vier Frauen stricken, und eine fünfte liest ihnen einen Romanstrumpf vor, den eine sechste gestrickt hat. Schon hier mußte ich an des Schusterleins Wort von den »frommen Damens« denken, denn die »Gartenlaube« war wirklich noch das frivolste Blatt, das ich da sah, andere Kränzchen lauschten dem »Pfarrhaus« und labten sich am »Quellwasser fürs deutsche Haus«. Auch die Herren schienen mir nicht gottlos, wenn auch keine Asketen; auf dem Weg empor überholte ich nicht weniger als sechs dicke Männer, die schweißtriefend dahinschritten und nach den Markierungen am Wege schielten, denn Blankenburg ist ein Terrainkurort nach Örtels System, und zwei von diesen dicken Männern lasen dabei im »Reichsboten«. Da wunderte mich's weiter nicht, daß mir auf dem Weg ins Werretal eine schwarzgekleidete Dame begegnete, die mir ein Traktätlein reichte, und hundert Schritte weiter eine andere. Neben dem Aufgang zum Katzenstein steht ein Schutzhüttchen; gerührt las ich die Inschrift: »Mit höchster Genehmigung SERENISSIMI zum Andenken des 25jährigen Badejubiläums des Herrn C. T. Böhmer, Jena.« Daneben aber saß eine dritte Dame in feierlichem Schwarz, von der ich ein drittes Traktätlein erhielt. Ich ging weiter, zur Rechten die Abhänge der Hünenkuppe, zur Linken das schöne Waldtal der Werre, bis zum Werresitz, wo sich das Tal teilt. Wald, so weit das Auge trägt, nur Wald – es ist sehr schön hier und sehr einsam. Dann kehrte ich zurück und kletterte die Felstreppe des Katzenstein empor, eine Art natürlichen Erkers, von dem man weithin ins Schwarzatal sehen kann. Es war ein heißer Tag, und wie ich oben zwischen den Felsen stand, die eine dumpfe Glut ausströmten, befiel mich ein Schwindel; auch war ich sehr müde und hungrig. Mit wankenden Knien kletterte ich wieder hinab und sank fast ohnmächtig auf das Bänkchen, auf dem auch die Dame mit den Traktätlein saß. Und da begegnete mir etwas, was mich sehr, sehr traurig machte, denn ein langes Leben hat mich gelehrt, zu erkennen, daß die Religion für die meisten Menschen der einzige Quell idealer Gesinnung ist, und darum tut's mir in der Seele weh, wenn ich sehe, daß gerade sie einzelne hart und roh macht. Die Dame, sie war noch jung und offenbar gebildet, sah mich scharf an: »Sie sind ja totenblaß? Sie scheinen sehr unwohl!« Ich dankte mühsam, es würde bald vorbeigehen. Darauf sie hart und schroff: »Woher wissen Sie das? Lesen Sie lieber dies Blatt und beherzigen Sie es.« Es war ein Traktätlein der Barmener Mission, das in derben Worten mahnte, die letzte Stunde sei nahe. Stumm las ich das Blatt und ging zu Tal…

Im kühlen Speisesaal des »Chrysopras« fühlte ich mich bald wieder wohl. Ich saß an der Table d'hôte der Leipziger Dame gegenüber, die auf dem Greifenstein ihrer Freundin die Beiträge zur Sittengeschichte ihrer Stadt mitgeteilt hatte, und konnte leicht bemerken, daß mich da der Zufall sehr begnadet hatte, sie war sichtlich die Königin dieses Kreises, von allen verehrt, aber auch gegen jedermann huldvoll. Auch mich fragte sie leutselig, wie es mir oben gefallen hätte. »Ja«, sagte sie, »ä boetisches Blätzchen, aber fer Leide von Gefiehl doch ooch sehr wehmiedhig! Der arme Keenigk Gündher! So frieh sterben, und ä wiestes Weib hatte er ooch!« Das fiel mir auf, denn von Günthers Gemahlin weiß die Geschichte nichts zu sagen, als daß sie lebte. Ich fragte also. Sie zuckte die Achseln. »Hibsch war se ja un stark, aber eben ä brudale Berson! Wenn er nich barierte, gab's uff 'n Fleck Hiebe! Nur wenn ihm sein Schwager half, brachte er ihr Räsong bei; da bassierde viel, man gann als Dame nich alles erzählen…« Ehrfurchtsvoll lauschte die Runde, ich aber fragte schüchtern, woher sie das wüßte. »Aus der Liddraduhr«, war die stolze Antwort, »ooch in Ferschen.« In Versen? Da durchzuckte mich die Erkenntnis, sie meinte Gunther, Brunhilde und Siegfried.

So hatte mir das Schicksal gegönnt, binnen einer Stunde eine wahrhaft fromme und eine wahrhaft gebildete Dame kennenzulernen. –

Das obere Schwarzatal, von Schwarzburg aufwärts bis zur Quelle bei Scheibe, ist ein breites, heiteres Tal, durch das die Schwarza sanft ihre klaren Wellen rollt wie durch eine Ebene, denn Scheibe liegt nur 300 Meter höher als Schwarzburg und die Entfernung zwischen beiden Orten beträgt 34 Kilometer. Wenig Felsen, nur zahme, mäßig ansteigende Waldberge. Das Schönste, was dieses Tal bietet, sind die Wälder und das Merkwürdigste die Art, wie die Menschen hier ihr Brot erringen. Beides darf man nicht auf der Landstraße suchen. Und so bin ich nur ab und zu von einem Dorf zum andern gegangen, meist aber gefahren und lieber durch die Wälder gelaufen.

Das ist das richtige Waldland; wie der schönste Schmuck der Landschaft ist der Wald auch der beste Freund, der Schützer und Ernährer dieser armen, hart ringenden Menschen. Sein bescheidener Segen ist ihnen geblieben; andere, lockendere Gaben hat ihnen die Natur nur wie zum Hohn gespendet und wieder entzogen. Wie es den Leuten mit dem Gold der Schwarza ging, habe ich bereits erzählt; nichts Besseres erlebten sie mit dem Gold der Felsen. Verfallene Schachte trifft man hier oft; auf dem Tännig ob Schwarzburg, bei Glasbach, Goldisthal, Reichmannsdorf usw. Ein unheimlicher Anblick: wie Riesengräber, die noch ihres Inhalts harren, starren einem die Schlünde entgegen, aber sie haben ihn längst erhalten – wieviel Hoffnungen sind hier versenkt und wieviel Goldbarren; hundertmal mehr als je herauszuholen wären. Denn goldhaltig ist ja zweifellos der Quarz des Schwarzatals, nur eben in so winzigem Maße, daß er den Bergbau nicht lohnt. Durch fünf Jahrhunderte ist's immer wieder versucht worden, zuweilen mit gewaltigen Mitteln, so 1596 von Nürnberger Kaufleuten auf dem Tännig, dann 1770 von einem österreichischen Oberstleutnant von Domnitz in Goldisthal. Er baute hier einen stattlichen Herrensitz; fremde und heimische Arbeiter hatten reichen Verdienst, bis nach vier Jahren das Kartenhaus zusammenbrach. An die einstigen Träume von Gold und Reichtum mahnen nur die Namen der Dörfer: Goldisthal, Reichmannsdorf, und sie klingen heut wie Hohn, denn es sind die ärmsten im Tal. Man wird hier sonst nie von Einheimischen angebettelt, nur von fahrenden Leuten: in Goldisthal allein streckte mir zuweilen ein blasses Kind das Händchen entgegen, und auch für diejenigen, die's nicht taten, bettelten die abgezehrten Glieder und die hungrigen Augen. Vielleicht ergriff mich das Schicksal des Dorfes deshalb doppelt, weil es mich an das gleiche erinnerte, das eine mir sehr teure Landschaft getroffen hat; im südwestlichen Winkel der Bukowina habe ich einst schöne Monate verbracht. Hier wie dort ein goldhaltiger Fluß – ich habe ihn bereits genannt: die Bistrizza – und Gold im Quarz und beide zu wenig und nach kurzem Rausch Armut ohne Ende. Das Schicksal liebt oft solche Parallelen bis zum äußersten zuzuspitzen; hier wie dort war's ein ehemaliger österreichischer Offizier, und auch sein Herrensitz ist, wie der von Goldisthal, nun ein armseliges Gasthaus. Armselig ist alles in Goldisthal, nur die kürzlich erbaute gotische Kirche nicht. Sie ist hübsch, das Werk desselben, vielleicht nicht allzu begabten, aber grundtüchtigen Mannes, der seit Jahrzehnten das meiste im Fürstentum gebaut hat, aber anderswo hätte sie mir besser gefallen. Ich bin kein Feind von Gotteshäusern – wahrlich nein; und gerade arme, von der Sorge erdrückte Menschen bedürfen am meisten einer Stätte, wo ihnen Trost und Hoffnung quillt; aber es wäre doch vielleicht besser gewesen, das alte Kirchlein zu restaurieren und statt des Neubaus eine Fabrik zu bauen, etwa eine Holzwarenfabrik, wie sie nun in Glasbach, das vom gleichen Schicksal getroffen war, den Leuten Brot gibt. Besser und – wie soll ich's nur ausdrücken? – zweckdienlicher; denn Menschen, die ohne ihr Verschulden ihre Kinder hungern sehen, werden nicht so leicht an die Allgüte und Allgerechtigkeit Gottes glauben, und predigtet ihr sie ihnen mit Engelszungen...

Tauchte der Goldglanz bloß wie Irrlichtschein auf, so war ein anderer Segen nur eben zu früh erschöpft. Seit grauen Tagen bis ins 17. Jahrhundert hinein lohten hier die Rennfeuer; sie gewannen aus dem Erz direkt schmiedbares Eisen wie etwa heute die Völker Innerafrikas. Dann bauten sie Blauöfen, dann regelrechte Hämmer, aber der Eisengehalt war für lohnenden Betrieb zu gering; das Eisen Westfalens, um die Hälfte billiger herzustellen, schlug das thüringische tot. Und Tausende waren brotlos.

Anders, sagt ich schon, der Wald; er bleibt stetig wie das Grün seiner Tannen, und was er den Ahnen spendete, gewährt er nun den Enkeln. Wer die Forste in der Nähe der Dörfer durchstreift, trifft immer auf Leute, die hier dem Erwerb nachgehen, und vieles ist noch so wie vor Jahrhunderten.

Wie im Mittelalter ziehen auch nun im Morgengrauen des Montags die Köhler in den Hochwald, meist ihrer drei, den Sack auf dem Rücken, in dem sich für sechs Tage Proviant findet, ein schwerer Packen, denn es sind nur Kartoffeln drin und etwas Mehl. Die Arbeit beginnt mit dem Fällen der Stämme; es folgt das Stockmachen, das Zerkleinern in möglichst regelmäßige Scheite, dann werden diese zum halbkegelförmigen Meiler geformt, mit Erde und Kohlenschutt bedeckt und angezündet. Nicht dem Auge, aber der Nase verrät sich der rauchende Meiler weithin, oft auf eine Stunde Weges. Einmal bin ich ihm nachgegangen. Die Leute waren eben beim Essen, guckten mich mit erstaunten Augen aus den abenteuerlich berußten Gesichtern an und gaben Bescheid, nicht unfreundlich, aber spärlich. Ob das schwere Arbeit sei? Leichte nicht, namentlich das Stockmachen. Aber dann brenne es doch von selber? Ja, wenn man den Luftzug recht geregelt habe, nicht zu viel und nicht zu wenig. Wieviel Taglohn sie hätten? Sie sahen einander an und schwiegen, endlich sagte der Älteste: »Nicht zu viel!« – die Summe nennt kein Arbeiter in der ganzen Welt gern. Was sie da äßen? Darauf die freundliche Einladung zu kosten. Einer wischte seinen Holzlöffel manierlich an einer Handvoll Gras ab und reichte ihn mir hin. Ich holte mir aus dem Napf eine Probe; es war eine dünne Mehlsuppe mit Schwämmchen, die höllisch scharf schmeckte. Als ich den Mund verzog, lachten sie unbändig: »Das ist ja aber was Guts.« Es war Brennesselsuppe. Dann gab's als zweiten Gang gebratene Kartoffeln ohne Salz und Schmalz, und zum Nachtisch zog einer ein Stückchen harten Kornbrots hervor und teilte es mit den Genossen, dabei leuchteten ihre Augen auf; das war der Leckerbissen. Ob sie nie Schmalz und Salz zu den Kartoffeln täten? Schmalz nie, Salz wohl, aber heut sei Sonnabend, sie hätten sich's nicht gut eingeteilt; »wenn du praßt – du nichts hast!« verstand ich den Spruch, bin aber dessen nicht gewiß, denn der Dialekt der einsamen Waldleute war mir schwer verständlich. Ob sie Fleisch äßen? Ja, aber nur daheim an den höchsten Festtagen, da gäbe es Schweinefleisch. Zum Schluß erlebte ich mit den armen, rohen Menschen etwas, was mich ordentlich rührte. Ich fragte, ob sie auch rauchten. Freilich, wenn sie Tobak hätten. Ich zog meine Zigarrentasche hervor, es waren noch zwei Stück drin, die reichte ich ihnen. Aber davon wollten sie nichts wissen; bis ins Tal sei ein weiter Weg, und da ich's gewohnt sei, so würde ich's entbehren; ich möge die eine behalten und die andere »mit ihnen rauchen«. Wie das gemeint war, sollte ich bald erfahren. Sie baten mich, anzurauchen, ich ließ aber dem Ältesten die Blume. Nachdem er eine Minute wohlig aus der Zigarre gepafft, gab er sie dem zweiten, dieser dem Jüngsten, und der wieder wollte sie mir reichen. Da empfahl ich mich, meine Zeit sei um. Nun ja, feine Formen haben die Köhler im Schwarzatal nicht, aber ein gutes Gemüt.

Ein ähnliches hartes Leben führen die Holzfäller, aber nur anscheinend das gleiche wie einst; in Wahrheit ist's mit der geregelten Forstkultur nur immer beschwerlicher geworden. Einst durften sie die Stämme am Waldrand oder in der Nähe der Bergbäche schlagen, seit zweihundert Jahren schon sucht der Förster die Bäume aus. Denn Thüringen hat die älteste Forstkultur in Deutschland, eine ältere als Preußen, wo sie erst Friedrich der Große begründete, und im Fürstentum, wo der Wald etwa die halbe Bodenfläche bedeckt, wird sie besonders gepflegt. Das Fällen ist die geringere Arbeit als der Transport ins Tal. Vom November bis zum März sausen sie in Schlitten hinunter, im Frühling und Herbst müssen die Wildbäche, durch Schleusen gestaut und geregelt, die Arbeit tun. Unglücksfälle, wird mir gesagt, kommen nicht häufiger vor als in anderen Berufen; der Wäldler weiß mit seinem Wald Bescheid.

Auch Pechhütten gibt's noch im Schwarzatal, aber weniger als einst, denn das Lachten (Schälen), den Harz zu gewinnen, schadet der Tanne; es ist ja gleichsam das Blut, das ihren Wunden entquillt. Hier habe ich keine Pechhütte gesehen wie vor zehn Jahren um Ilmenau so viele. Hingegen mehr Holzleserinnen als anderswo. In den Morgenstunden ist der Wald oft wie besät mit roten, blauen und schwarzen Punkten; das sind die Kittel der jungen Mädchen und der Großmütterchen, welche die abgefallenen Äste in die Tragkörbe tun. Die Lese ist jetzt nur an zwei bestimmten Wochentagen gestattet, aber es kommt vor, daß so ein junges Ding sich den Tag nicht merkt. Auch darf man natürlich nur Äste lesen, die bereits herabgefallen sind, aber es kommt vor, daß man ihnen zum Abfallen verhilft. Vollends besteht bezüglich der Dicke der Äste, die man mitnehmen darf, zwischen den Förstern und den Leserinnen große Meinungsverschiedenheit. Es ist ja in Zentimetern vorgeschrieben, aber das kann man sich nicht merken; so hält man sich daran, daß ein Ast höchstens so dick sein darf wie ein Arm oder eine Wade, und die sind doch von verschiedener Dicke. Nur daraus ist es auch zu erklären, daß die Förster die Äste junger Leserinnen viel seltener ob ihrer Dicke bemängeln wie die der alten. Es wird eben der mitgebrachte Maßstab billig berücksichtigt.

Auch an Tagen, wo kein Holz gelesen wird, trifft man im Wald solche buntröckige Vögel, die zuweilen ein Liedchen piepsen, immer aber, wenn es ihrer zwei sind, schwatzen. Denn die Sommerfrischler, die in fast allen Dörfern des Tals sitzen, wollen Waldblumen und zahlen dafür.

Das also ist, wie überall so auch hier, ein neuer Segen des Waldes, aber er wird hier verständnisvoller aufgenommen als anderwärts. Denn diese Leute lieben ihren Wald samt allem, was drin blüht, und wundern sich nicht wie zum Beispiel die im Salzkammergut über die närrischen Fremden, die Blumen hübsch finden; das tun sie selber. Freilich die Topfpflanzen gefallen ihnen viel besser; selten ein Haus, das nicht sein blühendes Fensterbrett hätte: »Origele und Nägele« (Aurikeln und Nelken), daneben Rosmarin, der getreue Geleiter des Wäldlers von der Wiege bis zum Grabe. Ein Zweiglein der stillen Blume liegt auf dem Polster des Täuflings, wenn er zur Kirche getragen wird; es wird ebenso ängstlich darauf geachtet, wie es vermieden wird, daß an dem Tage ein Grab in der Gemarkung offen stehe. Aus Rosmarin (und Preiselbeerenkraut) ist der Kranz gewunden, mit dem die Schwiegereltern die Braut schmücken, wo ihn nicht die neumodische Myrthe verdrängt hat; uralte Mode aber, die ewig jung bleibt, ist, daß viele ohne grünes Kränzlein im Haar zur Kirche gehen. Der Bräutigam hingegen – o Björnson, wo ist dein Handschuh? – trägt auch in solchen Fällen den Rosmarinstengel am Rock, ebenso die Brautführer. Auf dem Sterbekissen aber liegt wieder ein Rosmarinstengel, und auch das Geleit trägt diese Blume. Mit dem Hausgarten steht's lange nicht so gut wie mit dem Fensterbrett, aber selbst der dürftigste hat einen Strauch Rosen. Sie sind unentbehrlich, schon als Orakel. Will das Mädchen erfahren, ob's der Geliebte ernst meint, so setzt sie zwei Blättchen als Kähne in den Bach, das erste ist sie selber und das zweite er. Ist er nun eifrig hinter ihr her, »wie der Mönch hinter der Nonne« (so sagen die Slawen, und, seltsam genug, sagen sie's auch hier, obwohl sie nun seit vier Jahrhunderten keine Klöster mehr haben), so ist's gut; wo nicht, so läßt sie – zwei andere Rosenblättchen auf dem Bach schwimmen.

Ein neuer Erwerbszweig ist auch das Sammeln von Beeren: Erd- und Himbeeren, Heidel- und Preiselbeeren. Es ist vergnügliche Arbeit für die rotbackigen Dinger; wie die Bachstelzen hüpfen sie auf nackten Sohlen schwatzend durch den Wald und bergen den Fund zum Teil im Mund, zum Teil im Korb. So kann man ihnen schon an den frischen Lippen ansehen, welche Gattung von Vaccinium sie gelesen haben, die schwarze Heidel- oder die rote Preiselbeere. Um über die volkswirtschaftliche Seite der Sache ins klare zu kommen, habe ich die Hübschen unter ihnen darnach gefragt; die Häßlichen hätten's mir ja vielleicht auch sagen können, aber man muß sich das Studium möglichst angenehm machen. Die Hübschesten waren zwei blutjunge Dinger, die ich bei Katzhütte traf; sie sahen so verschieden aus, wie Kaukasier überhaupt untereinander sein können. Die eine schlank, blondhaarig, blauäugig, mit einem schmalen Gesicht, die andere klein, Aug und Haare schwarz, das Gesicht rundlich und breit wie die Gestalt. So verbildlichten sie mir zugleich sehr angenehm die beiden Menschentypen des Tals, deren Grenzlinie etwa der Katzebach ist; von dort bis über Goldisthal hinauf sitzt der kleinere schwarze, abwärts aber bis zur Mündung der längere blonde Schlag. Mischlinge zwischen Deutschen und Slawen sind sicherlich beide, nur schlägt bei den Blonden das germanische, bei den Schwarzen das slawische Blut mehr durch; es stimmt dazu, daß diese ihre Friedhöfe mit lebendigem Fichtenzaun umhegen, wie man's zuweilen am Balkan trifft; es sieht anmutig und tröstlich aus. Mit diesen beiden nun, weil sie die Hübschesten waren, veranstaltete ich die gründlichste Enquete; sie waren blutrot, lachten, steckten auch die Pfötchen in den Mund, gaben aber Bescheid. Die Ergebnisse meiner Forschung sind die folgenden: Erdbeeren waren bis zum vorigen Sommer nur für die Fremden zum Essen da; dies Jahr sind, ohne daß diese wichtigste Verwendung aufgehört hätte – »sie fressen's immerzu gar gern«–, zwei neue Sachen aufgekommen durch eine Berliner Familie. Die Köchin, Auguste heißt sie – »kennen Se se 'leicht, 'ne Dicke, Blonde?«–, macht Erdbeeren ein; sie hat's auch der Frau vom »Wurzelberg«-Wirt gezeigt, wie man's macht, und diese anderen; das wird man nun nachtun und ein kleines Versandgeschäft beginnen wie schon früher mit eingemachten Himbeeren. Die zweite neue Sache hat Augustens Fräulein aufgebracht – aber da platzten sie los, und es währte fünf Minuten, bis ich's endlich erfuhr: das Fräulein also macht aus den Erdbeeren einen Brei und schmiert sich ihn vorm Schlafengehen übers Gesicht. Warum sie das täte, fragte ich. »Weil sie geel (gelb) is un gar gerne rodhe Backen kriegen dhäte.« Ob sie das auch nachtun wollten? Und da sagten die beiden Dingerchen wie aus einem Munde, indem sie mich aus blauen und schwarzen Augen gleich schalkhaft anblitzten:

»Wenn Se glauben, daß mer's nötig haben dhäten!« Ja, so sind sie – und wenn's nur sechzehnjährige Beerenleserinnen sind und vor ihnen steht ein angegrauter Mann, der im Schweiße seines Angesichts die wirtschaftlichen Verhältnisse des Schwarzatals ergründet, kokettieren müssen sie. Was aber die Himbeeren betrifft, so werden sie nicht bloß den Fremden frisch verkauft und als Eingemachtes versendet, sondern man macht seit zwei Jahren auch Himbeersaft daraus; der Krämer hat eine Presse, verlangt aber für die Benutzung »ein Sündgeld«, und daher baut jetzt der Knöpfchehannes selbst eine Maschine; der will's billig tun. Die Heidelbeeren wieder werden nicht eingemacht, nicht gepreßt, sondern teils essen's die Fremden, teils verkauft man sie in Körben »wie 'n Häusche« an die Weinhändler; »dadervon wird der Win sehre guet!« sagten diese ahnungslosen Geschöpfe. Schließlich die Preiselbeeren, die würden meist eingemacht gegessen; dann verkaufe man sie auch an die Branntweinbrenner, die machten den feinsten Schnaps daraus; ob ich noch kein Beerenwasser getrunken hätte. Ich mußte verneinen; in Likören bin ich überhaupt erbarmungswürdig schwach. Nun das Letzte: wieviel sie wöchentlich verdienten, da haperte es; »acht Groschen«, sagte die Hanne, »zwanzig« die Marie, beide ganz gedankenlos; das Geld bekam eben Mutter. Damit war der Kursus beendet; das ehrlich verdiente Honorar nahmen sie nur nach langem Zureden, obwohl sie doch sichtlich sehr arm waren; das erwiesen die geflickten Kittelchen. Für den Sonntag hatten sie wohl ganze; auch Schuhe, ein Schnürmieder und ein Halstuch, aber sicherlich nichts mehr von der alten Tracht. Die sieht man nur noch selten und dann an betagten, wohlhabenden Bauern. Außer im Erfurter Museum habe ich in den zwei Wochen, wo ich hier bin – denn nun sind's sachte so viel geworden –, diese Tracht ein einziges Mal gesehen, an einem behäbigen Paare in Mellenbach, sonntags beim Kirchgang. Er trug einen langen schwarzen Mantelrock, auf dem Kopf einen Dreimaster, im Haar den Bleikamm, der's zusammenhielt; sie einen schweren dunkelblauen Rundmantel über bauschigen Röcken; das greise Haar deckte eine schwarzseidene Mütze, deren Bänder unter dem Kinn gebunden waren. Nur diese sehr kleidsam Bandmütze sieht man noch oft, ab und zu auch das gestickte Mieder, aber die sieben Röcke übereinander – wie im Museum – sind vernünftigerweise verschwunden. Das war ja auch eine Tracht, die namentlich zur Sommerszeit außer dem Auge mindestens noch einen der vier anderen Sinne gröblich beleidigen mußte. Heute tragen die Frauen Blusen und Röcke, die sich nur durch die grellen Farben und den plumpen Schnitt von der städtischen Tracht unterscheiden; die Männer blaue Kittel und Mütze am Wochentag, sonntags Jägerrock und Hut oder Rock und Hose wie die Handwerker in den Marktflecken. Nur Zylinder habe ich noch nicht gesehen.

»Es ist anscheinend seltsam, in Wahrheit wohl begreiflich«, hat ein bekannter englischer Romandichter vor einigen Jahren nach zweitägigem Aufenthalt in Berlin an die »Times« berichtet, »daß die Berliner Droschkenkutscher zweiter Klasse dünne, die erster dicke Männer sind; diese verdienen eben mehr.« Ich würde vermutlich einen Ausspruch von derselben Richtigkeit leisten, wenn ich behaupten würde: »Die Beerenleserinnen im Schwarzatal sind jung, die Schwämmeleserinnen alt, denn dazu gehört mehr Erfahrung.« Die Wahrheit ist, daß die Frauen, die ich Schwämme sammeln sah, zufällig sämtlich alt waren. Die Ausbeute war groß, denn so reich an eßbaren Pilzen aller Art sind wenige Wälder Deutschlands; es ist eben der richtige Boden: sandig, mit Moos bedeckt, mit Nadelholz bestanden. Ganze Butten voll Morcheln, wilden Champignons, Steinpilzen und Pfefferlingen schleppten die alten Weiblein zu Tal. Ob sie so viel brauchen könne, fragte ich eine besonders eifrige Sammlerin. Du lieber Himmel, wenn's nur so viel wäre, das wäre schlimm! Jetzt, im Hochsommer, komme sie täglich dreimal. Was sie damit anfinge, fragte ich. Nun wollte sie sich gar ausschütten vor Lachen. »Man machet Feuer dadermit an«, neckte sie, »und stopfet's in die Bettpfühl, oh, da lieget man gut und drocken!« Dann aber, ob ich nicht wüßte, daß das »zum Fräßen« wäre, »zum Äßen« verbesserte sie sich manierlich, aber auch nicht ohne Ironie. Einiges verkaufe man an die Fremden, einiges esse man selber, das andere werde gedörrt oder eingemacht, das verkaufe man an die Händler oder bewahre es zum eigenen Gebrauch auf; das sei ein rechtes Labsal beim »äwigen Kartoffelfräßen; da därf man schon Fräßen sachen, das därfen Se glauben.« Ich glaubte es gern; die Schwämme sind den armen Leuten die einzige Würze ihrer dürftigen Alltagskost; von Kartoffeln allein werden sie ja satt, und das kann einem so ein langes Leben durch wirklich zuviel werden, auch wenn man's – und das ist freilich das Beste dran – nicht anders gewohnt ist und trotz aller Künste der Zubereitung. Die Kartoffeln werden abwechselnd gebraten, gekocht und geschmort, dann wieder gibt's Kartoffelbrei, zuweilen auch Zämpe (geschnittene, in Schweinefett gekochte Kartoffelstückchen) oder gar Pfannkuchen aus Kartoffeln (Scharbs), aber Kartoffel bleibt schließlich Kartoffel. Abwechselung in diese Alltagskost kommt nur am Sonntag, da gibt's bei den Wohlhabenden Bratwurst oder Hering, bei den Ärmeren zum mindesten Heringslake; auch bringt der Sonntag immer frisches Kornbrot, zumeist mit Fenchel oder Würze wie in Tirol, aber wie dort so geht es auch hier in der Woche häufig genug aus. »Fleisch mag ech nech«, sagte die muntere Alte auf meine Frage, »denn wenn ech's mächt, hätt ech's do nech!« Rindfleisch habe sie zuletzt vor zwei Jahren bei einer Hochzeit gegessen, Lammfleisch in den letzten Ostern bei einer Taufe, aber Schweinefleisch habe sie zu den höchsten Festtagen auch im eigenen Hause; ihr Sohn sei in der Fabrik und ein guter Mensch, und sie selbst verdiene durch das Schwämmelesen auch was. Sei's damit nichts, so sammle sie die »geele Blume«, die gebe, mit Branntwein aufgesetzt, das beste Heilmittel für Wunden. Sie meinte – ich ersah's dann aus Regels »Thüringen«, nebenbei bemerkt, einem so trefflichen Buche, wie wir es über wenige deutsche Landschaften haben – die Arnica montana, die der Älpler Mutterwurz nennt und ebenso verwendet. Auch für Tannensamen gäbe es ab und zu einen Groschen, freilich fielen selten brauchbare Zapfen herab, und wie ein Zapfensteiger könne sie's nicht machen; die kletterten auf die Tannen. Ich meinte, obwohl ich Widerspruch voraussah, das Leben müsse doch jetzt leichter sein als in ihrer Jugend; die Fabriken gäben guten Lohn, aber auch die Fremden brächten etwas Geld ins Land. Da kam ich aber schön an. Wer denn was von den paar Fremden hätte? Die Wirte und die Fleischer, und die wären auch früher schon in ihrem Fett erstickt. Und die Fabrikanten? Man schinde sich für sie das Mark aus den Knochen, und da sollten sie nicht zahlen? Sie wolle nicht so weit gehen wie ihr Sohn, der sage geradezu, das wären – mit Verlaub zu sagen – »Borschiss«, aber gute Menschen wären die Fabrikanten gewiß nicht. Nach einigen Hin- und Herreden wurde mir klar, daß sie »Bourgeois« meinte und damit allerdings einen üblen Begriff verband; ihr war's ein deutsches Wort und das entschuldigende »mit Verlaub« nicht überflüssig. Im Gegenteil, fuhr sie fort, in früheren Zeiten sei das Leben leichter und schöner gewesen, man habe vielleicht weniger verdient, aber das Geld sei mehr wert gewesen, ein Groschen soviel wie heut eine Mark. Und wieviel leichter, schöner Verdienst habe in dieser neuen, harten Zeit ganz und gar aufgehört. Ihre Mutter habe noch manchen guten Groschen für Zündschwamm eingenommen, jetzt sei er alle geworden, und wenn er noch aufzutreiben wäre, so gebrauche doch jeder die verdammten Zündhölzchen. Und dann der Handel mit Haaren! Sie selbst habe ihr Haar einem wandernden Friseur um zwei Taler verkauft, allerdings sei es »geel g'wesen wie Gold und lang wie drei Kuhschwänz« – die Frau erzählte davon, als wäre dieser Handel der Glanzpunkt ihres Lebens. Jetzt aber, seufzte sie, böte sich armen Mädchen kein solches Glück mehr. »Warum nicht?« fragte ich. Weil die Welt immer schlechter werde, war die Antwort; früher hätten die Stadtfrauen doch mindestens falsches Menschenhaar getragen, jetzt aber Wolle und Werg, und darüber zögen sie ihre eigenen »armselige Ratteschwänzchen«. Zum Schluß aber bewies das scharfzüngige Weiblein doch sein gutes Gemüt. Wenn ich mich irgendwo im Wald setzte, möge ich ja darauf achten, daß mich keine Otter beiße, deren gebe es hier gar viele. Ich fragte, ob sie nie gebissen worden sei. »Nee«, sagte sie, »ech hab doch den Spruch!« Und weil sie gutherzig war, teilte sie ihn auch mir mit. Wenn man an eine Stelle kommt, wo man Ottern vermutet, so sagt man vor sich hin:

Otter, Otter, beiß mech nech,
Ech breng der o viel Beeren met.

Das muß man dann aber auch tun und einige Beeren für sie hinlegen. Ich dankte und fragte dann möglichst ernst, ob die Ottern diese Beeren auch äßen, denn meines Wissens seien sie sonst mehr für Mäuse und ähnliches Getier. Worauf das Weiblein mit schlauem Augenzwinkern: »Aber 's is ja o (auch) nur so 'n Zooberspruch!«

Ob ich auch einem Zapfensteiger begegnet bin oder nicht, weiß ich nicht; ein junger Mensch, mit dem ich vor einigen Tagen einen Waldweg ging, sagte es von sich, aber ich glaubte ihm nur anfangs. Da erzählte er anschaulich, auch in fast dialektfreiem Deutsch, was das für ein lustiges Handwerk sei, man schwinge sich, den Sack für die Tannenzapfen auf dem Rücken, von einem Baum zum andern, Stunde um Stunde, und dünke sich in der luftigen Höhe wie ein Vogel. Nun kam uns aber ein Forstwart entgegen, und mir fiel der finstere Blick auf, mit dem er meinen Begleiter maß; der wieder vergalt's redlich, während eine dunkle Röte über sein hübsches, keckes, scharfgeschnittenes Gesicht flog – recht wie Todfeinde sahen sich die beiden an, und ich dachte mir mein Teil. Er sagte aber nichts darüber, sondern erzählte nur von seiner Dienstzeit als Soldat; das sei er gern, herzlich gern gewesen. Dabei kamen wir an eine Stelle, wo sich im Moos die Fährte eines Wildes zeigte. Der junge Mensch fragte, ob ich wüßte, was das wäre. So weit reichte noch von den Karpaten her mein Wissen; es war eine Hirschfährte. »Ja, aber was für ein Hirsch?« examinierte er weiter, und das wußte ich nicht. »So ein Siebenender«, sagte er dann, »ein feistes Stück, und ganz gemächlich ist's hier spaziert!« – »Das wissen Sie so genau?« – »Freilich, wie jeder im Wald.« Nun fragte ich harmlos, ob es hier Wilderer gebe. »Ja«, sagte er lächelnd, »die gibt's hier. Diese dummen Leute glauben nämlich, daß der liebe Gott zuerst die Hirsche und die Rehe erschaffen hat und dann erst bedeutend später das hochfürstliche Oberforstamt. Und darum meinen sie, man weiß nicht ganz genau, ob der liebe Gott bei der Erschaffung der Welt schon ans Oberforstamt gedacht hat oder nicht. Wenn nicht, so wäre ja das Wildern keine Sünde.« – »Aber jedenfalls«, meinte ich, »verboten und darum gefährlich.« Er zuckte die Achseln und hieb mit der leichten Gerte, die er trug, durch die Luft. »Verboten? Es ist gar viel ohne Recht verboten und gar viel erlaubt, wofür Zuchthaus gebührt. Und gefährlich? – was ist nicht gefährlich? Da müßte man sein Leben lang fein im Bett liegen und stürbe schließlich doch.« Kurz darauf empfahl er sich. Nach fünf Minuten hörte ich im Wald hastige Schritte, da kam er wieder, aber nicht auf dem Pfad, sondern seitab, so hundert Schritte von mir, daß ich die Gestalt zwischen den Stämmen kaum erkannte, aber daß er nun keine Gerte mehr trug, sondern einen auffallend dicken Stock, sah ich doch. Wieder nach einer Weile setzte ich mich hin und ruhte ein wenig aus; da fiel ein Schuß in der Richtung, wo er verschwunden war. Wildfrevel kommen alle Tage vor, und es ist auch hier wie überall im Waldland: zwischen dem Förster und dem Wilderer ist ewiger Krieg, und alle Strafen schaffen das Wildern nicht hinweg. Auch Menschenblut fließt zuweilen, aber der Krieg wird doch minder grausam und erbarmungslos geführt als anderwärts, zum Beispiel in Oberbayern. Der Volkscharakter ist eben, ich will nicht sagen gutmütiger, aber zahmer. Auch ist der Waldreichtum dieser Forste ein so enormer, daß der Wilderer weder dem Vergnügen noch dem Geldsack des Jagdherrn erheblich Abbruch tut. Zudem hört man von häßlichem Massenmord der Tiere aus Blutdurst oder Tücke, wie sie anderwärts vorkommen, hier niemals. Die Wildsau abgerechnet, liebt der Wäldler alles Lebende, namentlich Hirsche und Rehe, und wenn er von ihnen erzählt oder den Fremden auf ein solches Tier aufmerksam macht, klingt seine Stimme fast zärtlich. Genaue Kenner des Wildes haben mich versichert, daß der Hirsch nirgendwo so zahm ist wie im Schwarzatal; das wäre er nicht, wenn ihm die Menschen gar zu übel mitspielten. In strengen Wintern flüchtet das hungernde Wild bis hart an die Dörfer, und dann hilft der arme Wäldler seine Not stillen und denkt nicht daran, daß es fürstlich ist. Das mag ein wenig mit der Tatsache versöhnen, daß er zur Jagdzeit auch nicht daran denkt.

Bedenklicher als das Wildern und Wildfischen ist ein anderer Erwerbszweig in diesem Tal, der auch mit dem Wald zusammenhängt, wenngleich nur locker: das Laborantenwesen. Volksmedizin gibt's ja überall auf Erden, unter den Eskimos und den Kamerunern, den amerikanischen Rothäuten und den Rixdorfern; in abgelegenen Winkeln der Erde – wie dieser hier – wuchert sie nur eben stärker. Gegen alles Siechtum des Körpers, alle Grausamkeit der Natur, alle Tücken der Menschen versucht man's hier wie überall vor allem mit dem Besprechen. Die uralten Feuer- und Wassersegen gehen noch von Mund zu Mund; da in neuester Zeit auch freiwillige Feuerwehren gebildet und Dämme gebaut wurden, so ist dies unschädlich; auch die Schutzsprüche gegen den bösen Blick, gegen wütende Hunde oder die Sperlinge, welche die Saat aus der frischen

Furche picken, haben noch niemand geschadet. Schlimmer ist es schon, wenn die Leute ihr bißchen Vieh, statt es bei der Viehassekuranz anzumelden und in Krankheitsfällen den Tierarzt zu rufen, dadurch geborgen glauben, daß sie ihm den Segen, auf Papier geschrieben, zu fressen geben. Die beliebteste Formel dieser Art, die vor Jahrhunderten in ganz Deutschland üblich war, jetzt aber nur noch abseits der großen Heerstraße der Kultur angewendet wird, ist bekanntlich: »Sator arepo teret opera rotas«, was von vorn und hinten gelesen denselben Unsinn gibt. Das Schlimmste aber ist natürlich, daß sie es bei Krankheiten der Menschen genau ebenso halten. Zuerst das Besprechen, dann, wenn dies nichts hilft, Purganzen, daß ein Ochse davon zusammenbräche, Blutegel oder ein Aderlaß, dazu allerlei zum Teil recht bedenkliche Pflanzensäfte aus dem Wald; die harmlosesten Mittel sind noch die für Wunden: Arnika und Fichtennadelöl. Wie's nun geht: »Bauernmagen kann viel vertragen«; die Leute werden alt dabei, und daß im Wald tiefgeheime Kräfte wirken, ist uralter deutscher Volksglaube. Darum mühten sich schon im Mittelalter die Leute des Flachlands um die Heilmittel des Schwarzatals, bis sich ein findiger Kopf fand, der den Handel organisierte. J. G. Mylius hieß er und stammte aus Oberweißbach; seine Boten, die Öle, Fichten- und Schwefelbalsam vertrieben, nannte er Balsamträger; er starb um 1680 als schwerreicher Mann. An seine Stelle traten viele andere »Laboranten«, die dieselbe Ware erzeugten und bald durch Hunderte von Balsamträgern vertreiben ließen. Im 18. Jahrhundert florierte das Geschäft in kaum zu schildernder Weise; die Königsseer (so genannt, weil das Amt Königssee ihnen die Pässe ausstellte) überschwemmten ganz Mittel- und Osteuropa bis tief nach Polen hinein. Die harmlosen Pflanzenöle und die Kuriositäten, die sie feilboten (zum Beispiel Zigarren, die Harzwaldgeruch verbreiteten!), machten ihren Erfolg nicht; sie verkauften eben Mittel, die der Arzt nicht verschreiben wollte oder durfte: Aloe, Opium, Krotonöl, Arsenik, Quecksilber, Gummigutt usw. Die wachsende Fürsorge der Medizinalpolizei legte ihnen Hindernisse in den Weg; auch die heimische Regierung mußte schließlich, so ungern sie dies aus wirtschaftlichen Gründen in dem armen Lande tat, zum mindesten dem gröbsten Unwesen steuern, es blieb aber noch genug übrig. Um 1860 nahm der brave Keil in der »Gartenlaube« den Kampf gegen die Laboranten auf; da griff auch die Regierung nochmals ein; nun deckt aber die Gewerbefreiheit das Unwesen. Aus eigener Anschauung weiß ich da nichts; in ein Laborantenhaus Zutritt zu erlangen ist mir nicht gelungen; die Balsamträger aber, die einem in den Weg laufen, beteuern, sie hätten nur harmlose Sachen: Tannenpomade, Wacholdersaft, daneben Kindertropfen, Flußtinktur, Morrisonpillen usw. »Das hat schon vielen lieben guten kranken Nebenmenschen genützt«, sagte mir so ein Händler scheinheilig, aber da die Flußtinktur Aloe, die Kindertropfen Opium und die Morrisonpillen Krotonöl enthalten, so hätte ich diesem lieben guten gesunden Nebenmenschen gern eine Tracht Berichtigungen a posteriori gegönnt. Mit alledem ist aber noch das Schlimmste nicht gesagt. »Jedes Laborantenhaus«, berichtet ein so unbedingt verläßlicher Gewährsmann wie Fritz Regel, »hat seinen Giftschrank, aus welchem Arsenik, rotes und weißes Quecksilberpräzipitat pfundweise, Strychnin lotweise in unbekannte Hände wandert.« Ja, ja, der verwegene junge Mensch hatte nicht so unrecht: »Es ist gar viel erlaubt, wofür Zuchthaus gebührt.«

Auch eine andere, aber ehrliche und gesunde Industrie, die nun Brot ins Tal bringt, ist dem Wald zu danken: die Holzwarenfabrikation. Angefertigt werden Holzgeräte, Spielsachen für Kinder, als Wichtigstes aber Kisten und Schachteln. Die kleinsten Schächtelchen, die Safranschachteln, sind kaum einen Pfennig groß, die Pillenschachteln wie ein Zweipfennigstück, die Pomadeschachteln wie ein Zehnpfennigstück und größer, die Wichseschachteln wie ein Markstück usw. Das Sägen der Brettchen, das Ausmeißeln der Deckel besorgt die Maschine, das Zusammenfügen Knabenhand. Die Jungen sahen mit hellen Augen drein und förderten hurtig die Arbeit. Auch das Brot, das die Holzsägen ins Tal bringen, ist dem Wald zu danken. Zum guten Teil stammen die massiven Gebäude aus alter Zeit und waren einst Hüttenwerke. Als ich jüngst mit sinkender Sonne von Sitzendorf talaufwärts ging, die Station zu erreichen, überholte ich einen älteren Mann, der mich um Feuer bat; seines feierlichen schwarzen Rocks und seiner umständlichen Redeweise wegen hielt ich ihn für einen Küster; es war aber ein Schneider aus Oberrottenbach, der mit der Bahn heimkehren wollte, nachdem er in Sitzendorf Pate gestanden.

»Gern ist's nimmer geschehen«, gestand er, »denn solches kostet zu Weihnachten ein Spielzeug oder ein Tüchlein, zu Ostern einen Wecken und zur Konfirmation gar ein Gewand, und es wäre eine falsche Philosophie zu glauben, daß der Schneider dieses umsonst hat.« Er habe es aber nicht abschlagen können, weil er diese Ehe gestiftet habe. Der junge Mann sei ein sehr tüchtiger Arbeiter in der Sitzendorfer Porzellanfabrik, sie eines wohlhabenden Bauern Tochter aus Rottenbach. »Darum haben sie füreinander gepaßt, aber ich habe viel reden müssen, bis sie es eingesehen haben, denn junge Leute haben eine falsche Philosophie und glauben, daß man von der Liebe satt wird. Nun, jetzt haben sie das dritte Kind und sind aneinander gewöhnt.« Da ich bereits gehört hatte, daß Schuster und Schneider im Tal die Heiratsvermittler seien, so war es pure Heuchelei von mir, als ich fragte, warum er so eifrig zugeredet habe. Er aber war kein Heuchler, denn wohl begann er: »Weil solches Gott wohlgefällig ist«, fuhr dann aber fort: »und weil man von der Schneiderei alleine schwer leben dhun dhäte. Auch ist dieses nur ein Geschäft für feine Hände, die den Zwirn einzufädeln verstehen; die Schuster pfuschen freilich drein, aber bei denen ist immer Pech dabei.« Nachdem er seinen Witz genügend belacht, kam jene Äußerung, um derentwillen ich die Begegnung an dieser Stelle erwähne: »Auch dhue ich es jetzunder als Agent für Versicherungen versuchen, denn so ist es in diesem Tale: immerzu muß sich der Mensch drehen und wenden, sein Leben zu fristen, und solches müssen hier sogar die Häuser dhun, wenn sie lebig bleiben wollen, also, zum Beispiele und Exempel, wofür halten Sie das Haus dort?« Er deutete auf einen großen grauen Kasten, auf den wir zuschritten. »Eine Fabrik?« riet ich. – »Nee«, lachte er. »Erst war's ein Blechhammer und dann eine Mühle und jetzt eine ›Bansionk‹ (Pension); da werden nun die Fremden gehämmert und gemahlen, aber alles in Ehren. Und Blechhammer heißt's noch heute. Ja, so ist es hier im Tale!«

Es wäre aber eine falsche Philosophie, zu glauben, daß es anderwärts nicht so ist, nur sieht man's hier deutlicher. Als Gold und Eisen versagten, schufen sie eben alle diejenigen Industrien, die Wald, Boden und Fluß ermöglichten. Im Quarz der Felsen war neben den winzigen Goldäderchen ein anderer größerer Reichtum verborgen: er gab gutes Material für feines, kalkreiches Glas; nun sind einige Glashütten im Tal. Noch Besseres barg die Tonerde; vortreffliches Kaolin; die Schwarza aber gab die Wasserkraft zum Reinigen und Zerkleinern. So entstand hier eine Reihe von Porzellanfabriken; die älteste von ihnen, die von Sitzendorf, ist noch heute die berühmteste. Ihr Begründer war ein seltsamer Mensch; Macheleidt hieß er, wie so viele im Tal. Er war ein Laborantensohn und sollte selber Laborant werden. Das aber mißfiel ihm; sein Sinn stand nach einem höheren, vor allem jedoch nach einem reineren Leben, er wurde Theolog. Daneben trieb er, wie er's von Kindesbeinen gewohnt war, allerlei chemische Allotria, studierte auch Chemie. Theologie und Naturwissenschaften vertragen sich selten; über den Mann kamen schwere Stunden; er predigte wohl zuweilen, konnte sich aber zum Pfarramt nicht entschließen und wurde so ein armer alter Kandidat. Bei der Heimkehr von einer Probepredigt, wo er recht erkannt hatte, daß ihm der Glaube fehle, warf er sich verzweifelt am Wege nieder und starrte das Erdreich an. Dann prüfte er es mit Augen, Hand und Zunge und schnellte plötzlich trunken vor Freude empor, ein neuer Mensch, der ein neues Lebensziel hatte. So wenigstens pflegte er selbst die Art zu erzählen, wie er den Reichtum dieses Bodens an Kaolin entdeckt habe. Nun baute er 1760 einen kleinen Brennofen in Sitzendorf und machte seine Versuche; sie gelangen über alle Erwartung; so glückte es ihm leicht, Teilhaber mit reichen Mitteln zu finden. Damals gab's ja noch keine Patente; so suchte er sich dadurch zu schützen, daß er das Geheimnis der Fabrikation auch vor seinen Teilhabern hehlte. Sein Mißtrauen war nicht grundlos, denn nach einigen Jahren erkundeten die feinen Herren Sozien durch Bestechung der Arbeiter das Verfahren und setzten ihn vor die Türe. Die Fabrik aber blühte nun ohne ihn empor, und was sie heute leistet, beweist ein Blick in ihre pompösen Schaufenster zu Sitzendorf, die sich von den ärmlichen Häusern ringsum seltsam abheben. Auch in Katzhütte und Scheibe wie in anderen Orten Thüringens entstanden bald Porzellanfabriken, die Macheleidts Entdeckung ausnutzten; heute wird weit über die Hälfte allen deutschen Porzellans in Thüringen erzeugt. Man sieht, die Schicksalsstunde im Leben des armen Kandidaten ist Hunderttausenden zum Segen geworden. Übrigens hat Macheleidt das traurige Los der meisten Erfinder nicht geteilt; ihm blieb so viel, daß er in Schwarzburg bequem leben konnte. Dort errichtete er das erste Aussichtshäuschen auf dem Trippstein, »um den Menschen den Tempel der Natur zu erschließen«.

Als Letztes, aber vielleicht auch als Geringstes ist unter den Erwerbszweigen des Gaus die Fremdenindustrie zu nennen. Sommergäste sitzen nun freilich in mehreren Orten des oberen Tals, in Blechhammer und Mellenbach, Katzhütte und Scheibe, aber allzuviel wird ihnen nicht geboten, und allzuviel Geld lassen sie nicht hier. Die meisten kommen her, weil ihnen der Luxus im unteren Tal verhaßt ist, was ins Deutsche übersetzt bedeutet, daß ihnen Schwarzburg oder Blankenburg zu teuer sind. Dagegen ist wahrlich nichts zu sagen; billige Sommerfrischen sind sehr nötig, denn der Ärmere ist einer Erholung erst recht bedürftig. Aber mir mißfiel das Geschimpfe auf den Wirt, das bei Tische der einzige Gesprächsstoff war; erkundigte man sich dann nach dem Pensionspreis, so wunderte man sich, daß er's überhaupt leisten konnte. Leute, die den Wald lieben und verstehen, habe ich freilich auch gefunden, aber die meisten klagten, die Spaziergänge seien zu einförmig, auch gehe man so ohne rechtes Ziel, denn Kaffeepunkte seien selten. Die heftigsten Anklägerinnen des Tals waren zwei Berliner Damen, Mutter und Tochter, die in Begleitung eines Herrn im »Wurzelberg« zu Katzhütte, dem Dorf, in dessen Nähe ich einige Stunden zuvor meine Enquete über das Beerenlesen abgehalten hatte, Kaffee tranken. Er bat sich meine Zeitung aus; so kamen wir ins Gespräch. Ich meinte, den Wald abgerechnet, seien doch auch die Dörfer ganz hübsch und das Leben in ihnen lustig und interessant, worauf die junge, oder sagen wir lieber, die jüngere Dame spitz meinte, es käme darauf an, wieviel man sonst von der Welt gesehen habe; sie seien schon im Harz gewesen, an der Ostsee und im Riesengebirge. Sie sah dabei noch gelber aus als sonst, das konnte leicht die mit dem Erdbeerteig sein, und so hätte ich sie gern gefragt, ob ihre Köchin nicht Auguste heiße. Aber das hätte mich ja bei so gebildeten und weitgereisten Leuten in Mißkredit gebracht.

Ich bleibe aber dabei: die Dörfer sind an sich hübsch und das Leben in ihnen lustig und interessant. Die meisten liegen an der Mündung von Nebentälern; bei Sitzendorf fließt die Sorbitz, unweit Blechhammer die Lichte, bei Glasbach, Mellenbach und Oelze der gleichnamige Bach, bei Katzhütte die Katze in die Schwarza, also überall zwei Täler und zwei Gewässer, was das Bild belebt. Einen malerischen Anblick gewährt nur Glasbach, weil hier die Bergwände eng zusammenrücken, aber einen hübschen jedes Dorf. Merkwürdige Bauten darf man in Walddörfern nicht suchen; Katzhütte hat eine stattliche Kirche aus der Zopfzeit, Mellenbach eine moderne Fachwerkkirche in gotischem Stil, die hübsch und eigenartig aussieht. Nur in diesem Dorf sieht man auch einige alte Häuser, etwa um 1600 erbaut; sie sind die einzigen Überreste des stattlichen Fleckens, den die Schweden der Erde gleichmachten; auch das alte Franziskanerkloster zerstörten sie, obwohl es längst eine evangelische Kirche war. So die Verteidiger der Lutherlehre; milder waren, sagen die Chronisten, die katholischen Kroaten, die nach ihnen kamen. Die alten Mellenbacher Häuser abgerechnet, ist im Tal schwerlich ein Wohnhaus mehr als hundert Jahre alt; die älteren sind aus Schiefer erbaut, der mit Brettern verkleidet ist, die neueren sind Fachwerk mit Kalk überstrichen. Hinter dem Haus ist nicht immer ein Garten, aber vor demselben fast immer ein Düngerhaufen und ein Holzstoß; dafür fehlen auch die Blumen und das Vogelbauer am Fenster selten. Das einzige Geschoß enthält außer dem Flur meist eine Stube und Kammer; in der Kammer stehen die Schränke, in denen Kleider und Wäsche aufbewahrt werden – einen schönen alten Schrank habe ich nirgendwo gesehen –, die Stube wird durch den Kachelofen mit Bank und das Bette fast ganz ausgefüllt. Je wohlhabender der Bauer, desto höher der Bettenberg, der zuweilen bis an die Decke reicht, aber auch in der Hütte des Armen stattlicher ist als in einem großstädtischen Bürgerhaus. Sonst gibt's nur Tisch und Stühle, eine lange Bank und an der Wand das »Tresorchen«, wo Porzellanteller, plumper Schmuck aus Halbedelsteinen, silberne Löffel und dergleichen aufbewahrt werden. Vom Flur führt eine Leiter zum Dachboden empor, wo Kinder und Gesinde schlafen. Viel Unterschied in der Einrichtung bedeutet es nicht, ob da ein Wald- oder Fabrikarbeiter haust; auch diese sind zum größten Teil Eingeborene, bestellen daneben ihr Kartoffelfeld und halten ein paar Tauben und eine Ziege oder gar eine Kuh. Richtige Bauern, die nur von ihrem Acker leben, gibt's hier wohl kaum; wichtiger als der Ackerbau ist die Viehzucht. Man sieht wenig Pferde, nie einen Esel, aber viel Schweine und Hornvieh. Die Rinder des Schwarzatals sind ein schwerer, kräftiger Schlag; das gute Futter auf den Bergmatten rundet ihnen die Flanken. Da sie hoch hinauf getrieben werden, so haben sie Schellen um, daß man sie weithin hört; gegen Abend aber vernimmt man in der Nähe der Herden ein anderes Getön: es klingt wie das Tuten einer Kindertrompete, nur etwas lauter. Es ist aber in der Regel eine ausrangierte Militärtrompete, auf der der Hirt seine Herde zusammenbläst, so gut er's eben gelernt hat.

Lustig ist das Leben in diesen Dörfern, weil es die Leute sind. Ein munterer, beweglicher, anstelliger, allzeit zum Scherzen und Necken bereiter Menschenschlag; das gilt von den beiden Typen, von denen ich schon gesprochen habe, den Blonden tiefer unten, den Schwarzen oben. Auch dies trifft bei beiden zu, daß die Männer, wie so oft auf dem Lande, dem flüchtigen Blick als die schönere Hälfte erscheinen. In Wahrheit sind sie's auch hier so wenig wie irgendwo; die Frauen haben immer den feineren Gesichtsschnitt, die besseren Farben; von den Formen zu schweigen, die auch der objektivste Mann doch immer nur mit Männeraugen sieht. Die Frauen im Schwarzatal erscheinen uns deshalb minder hübsch als die Männer, weil sie durch ihre hier allerdings nicht zu harte Arbeit doch mehr angegriffen werden als die Männer durch die härtere und die frühen Bündnisse sowie der durchschnittlich große Kinderreichtum die Blüte rascher zum Welken bringen. Ein gesunder Menschenschlag; wenig Fett, nicht viel Fleisch, aber kräftige Sehnen trotz der Kartoffelkost; Jammergestalten, wie zum Beispiel im Riesengebirge so oft, trifft man hier selten und dann eben nur in den ärmsten Dörfern. »Die Leut hier sind vor dem Ach und Pfui bewahrt«, meinte eine Gastwirtin, die in Erfurt, sogar in Berlin gedient hatte, also Vergleichungen anstellen konnte; die kluge Frau hatte recht; das »Ach, wie schön!« nötigt dieser Menschenschlag einem ebenso selten ab wie das »Pfui, wie häßlich!«

Das Beste sind die hellen klaren Augen, der muntere, treuherzige Ausdruck der Züge, die ein getreues Spiegelbild des Innern sind. Selbst während der Arbeit zeigen die Gesichter nicht jenen dumpfen, stumpfen, traurigen Ausdruck des Zugtiers, der einen an Landarbeitern des norddeutschen Flachlands oder gar in slawischen Gegenden so betrübt; in den Pausen gar wird unablässig geschwatzt, geneckt und gelacht. Bei Tage ist die Dorfstraße natürlich wenig belebt; die Männer sind im Wald, auf dem Acker oder in der Fabrik, die Frauen schaffen im Hause; aber begegnen zwei Leute einander, so reicht ihre Zeit, auch wenn sie noch so eilig sind, zu einem Gruß und einem Spaß, und wenn's auch nur das Zurufen des Spitznamens wäre. Solche Namen wachsen ja naturgemäß in jedem Dorf wie die Brombeeren; beim Familiennamen ruft man sich da niemals, sondern bezeichnet einander nach dem Hof, dem Gewerbe oder hervorstechenden Eigenschaften. Die Spitznamen sind also anderwärts keineswegs zugleich immer Necknamen; hier oben, soweit ich's erkunden konnte, fast immer. Viele sind harmlos, wie zum Beispiel Scharbsheiner, Veigelemarie; der Heinrich liebt eben Pfannkuchen und die Marie Veilchen; auch Linsenschlingerfritz bedeutet keine ehrenrührige Gewohnheit. Noch weniger Stöckelmartin; der alte Mann, der so hieß, hatte sich eben einst im Stöckelnspiel (was die Schweizer Pflöcklispiel nennen) ausgezeichnet, und Schwatzmarthe vollends könnte jede Frau im Tal heißen. Andere Namen bezeichnen körperliche Eigenschaften; angenehm sind sie ja für die Träger nicht, aber doch auch dem Leumund nicht abträglich: Hinkehanne, Ohrenmatthes; zwei gleichnamige, aber sehr verschiedene Kusinen bei Oelze werden als Steckenliese und Schmalzliese unterschieden; letzteres nach dem im Tal geltenden Schönheitsideal entschieden ein epitheton ornans. Und nach den dort herrschenden Ansichten können auch Mädelkarle und Kußgrete nicht niederdrücken. Andere Spitznamen wieder sind ohne alle Spitze, nur eben Bezeichnungen, so zum Beispiel Löffelsimshannematthes, was, wie ich glaube, bedeutet: der Matthias, der Sohn der Hanne, welche die Tochter des Löffelsimon war; einen andern, Sauerteigsbalzer, lasse ich aus dem nicht untriftigen Grunde unerklärt, weil ich's selber nicht weiß. Viele Namen aber sind recht unangenehm, und wollte man nach ihnen schließen, so stünden zahlreiche Leute im Tale bei ihren Nebenmenschen in üblem Geruch, moralisch, aber auch körperlich. Solche Namen nehmen sich in Druckerschwärze schlecht aus, würden zudem leicht zu falschen Schlüssen verführen. Die Leute sind spottlustig und nicht eben fein, aber allzu böse gemeint ist derlei nie.

Das erkennt man auch während der Konversationsstunde im Dorfe, in der Dämmerung. Fast vor jedem Haus wird geplaudert; das Lachen hört selten auf und das Kosen schon gar nicht. Auch hier gehen die Mädchen anfangs untergefaßt in einer Reihe und hinter ihnen die Jünglinge, aber die Ketten lösen sich sehr bald in Einzelpaare auf. Wer deutsches Dorfleben näher kennt, wird die Großstadt nicht als sündhaft schelten, aber diesen Talleuten vergibt der Himmel gewiß besonders viel, denn hier wird sehr viel geliebt. Die sittlichen Anschauungen des Tals, über die ich mit mehreren Leuten sprach, faßte ein Hirte, der überhaupt ein verständiger, auch weltkundiger Mensch war, am klarsten zusammen. »Sehen Se«, sagte er, »das is nu so. Juchend is Juchend un Blut is Blut, un ob's ein Bursch oder ein Mädel is, is gleich, das is eben Naduhrsache. Darum wird das Mädel nech veracht' und der Bursch nech; sie sind frei un frei. Aber die Ehefrau und der Ehemann sind nech frei, un wenn die sich vergessen, so werden se veracht. Aber wie 'n Viech darf's auch der Unbeweibte nech treiben, un wenn's der Bursch mit mehreren Mädeln hält und das Mädel mit mehreren Burschen, so is das bei uns pfui Teufel.« Ähnlich denkt der Bauer überall; die Schranken der Sitte sind anders gezogen als in den höheren Ständen, in einigem weiter, in anderem enger, aber sie bestehen. Und die Grenze, wo die Achtbarkeit des Mädchens aufhört, ist auch hier scharf bestimmt: einige Liebschaften mit Burschen ihres Standes werden verziehen, ja als selbstverständlich hingenommen; aber ein einziger Fehltritt mit einem Höherstehenden schleudert sie in den Schlamm, weil dabei dann immer niedrige Beweggründe vorausgesetzt werden. Ländlich, sittlich – zum Richten haben wir kein Recht. Zwei Umstände aber sind bedenklich. Erstlich der frühe Beginn der Beziehungen; »schon Schulmädchen befragen das Orakel des Gänseblümchens«, sagt der ehrliche Fritz Regel etwas euphemistisch. Unhübsch ist aber auch, daß Heiraten aus Neigung auch jetzt noch keineswegs die Regel sind; vor dreißig Jahren waren sie allerdings gar nur Ausnahmen. Noch haben der Schneider und der Schuster genug zu tun, aber das Handwerk des Ehestiftens hat nun keinen goldenen Boden mehr. Empfindsame Gemüter, die den Grund gern in der wachsenden Veredelung des Menschenherzens suchen wollten, wird der wahre Grund enttäuschen; die wirtschaftliche Entwicklung des Tals nivelliert die Vermögensunterschiede immer mehr. So arm wie einst ist niemand, weil die Fabriken jedem Brot geben, und so reich wie einst auch nicht, weil die größeren Höfe allmählich alle aufgeteilt worden sind. Sie waren einst Minorate; Erbe war der jüngste Sohn (war kein Sohn vorhanden, die älteste Tochter), aber die Auszahlung an die andern Geschwister belastete die Erben so, daß sie die Teilung vorzogen.

Wo so viel Liebe in den Herzen ist, da tritt sie natürlich auch auf die Zungen; unter den vielen Liedern, die man singen hört, überwiegen die Liebeslieder. Dabei kann man auch hier dieselbe Beobachtung machen wie in vielen Gegenden Mitteldeutschlands; nur die fröhlichen, übermütigen Lieder werden im Dialekt gesungen, die pathetischen und sentimentalen hochdeutsch; fürs Erhabene erscheint den Leuten ihr gewohnter Dialekt zu trivial. Das hat sich Goethe auch 1804, wo er bereits als sehr berühmter Mann sein Lied »Trost in Tränen« zuerst drucken ließ, nicht träumen lassen, daß fast ein Jahrhundert später die arme »dicke Kathrin« im »Schweizerhaus« es um des flatterhaften Omnibuskutschers willen in folgender Fassung ins Abenddunkel hinein singen würde:

Wie kommt's, daß du so traurig bist
Und gar nech ämol lachst,
Ich seh's dir an die Augen an,
Daß du geweinet hast,
Daß du geweinet hast.

Auch in Mellenbach hörte ich das Lied von drei Mädchen sehr gefühlvoll singen; nach jeder Strophe kam allerdings eine Lachsalve. Die munteren Lieder im Dialekt sind zumeist kurz und erinnern in Form und Inhalt an die »Schnadahüpfel« der Älpler. Hier zwei Proben:

Mei Schatz is ka Zucker,
Drum bin ech froh,
Sunst hatt ich 'n längst gessen,
Sue ho ech 'n no!

Madel mit dem roten Rock,
Mit dem schwarzen Mieder,
Gib mir nor an anzig'n Schmatz,
Kriegst 'n a glei wieder.

Die »Madel mit dem roten Rock und dem schwarzen Mieder« sind im Schwarzatal rar geworden, aber das Leihgeschäft mit den Schmätzen floriert noch immer. Wie dem Schnadahüpfl der Jodler, schließt sich auch dem thüringischen Vierzeiler ein Jauchzer an; gleichfalls eine Ähnlichkeit ist die häufige Zweideutigkeit des Inhalts, aber das ist hier kein passendes Wort; viele sind so eindeutig, daß eine alte Kasernenwand darüber erröten könnte. Ein Unterschied hingegen ist, daß die Vierzeiler – wenigstens so weit meine leider spärliche Beobachtung reicht – beim Tanz nicht gesungen werden. Der Wilhelm, der Otto, der Fritz – das sind nun die herrschenden Vornamen der jungen Generation; vor hundert Jahren waren es, nach den Grabsteinen zu schließen: Gotthold, Gottfried, Gottlieb – schwenken des Sonntags ihre »Madel« beim Spiel lauter, ohrenzerreißender Blechmusik sehr fröhlich, jauchzen auch, singen aber nicht. Getanzt werden zumeist Polka und Walzer; vom Zweitritt erzählen nur alte Leute; einer schwärmte mir auch vom Zippeltanz vor, war aber als Choreograph nicht bedeutend: »Man zappelte, verstehe Se, immerzu rum, verstehe Se, und wenn man so zappelte, verstehe Se, das war Se sehre scheene!«

Daß die schönsten deutschen Kinderlieder in Thüringen wachsen, weiß jedermann, auch im Schwarzatal sind sie zu finden. Gehört habe ich vor allem das folgende, das viele Fassungen hat; die hiesige aber scheint mir die hübscheste:

Schlaf, Kindlein, schlaf,
Dein Vater hütet die Schaf,
Dein Mutter schüttelt 's Bäumelein,
Da fällt herab ä Träumelein,
Schlaf, Kindlein, schlaf!

Auf einem Bahnhöfchen, wo ich den Zug zur Heimkehr erwartete, erwarb mir mein Talent, Jungs Huckepack reiten zu lassen, zwei neue Freunde, Willi und Fritz, zum Dank lehrten sie mich ein schönes Lied:

Weeßte, wo ech wohne?
In der Ziterone!
Weeßte, wo ech sitze?
In der Zippelmütze!

Das Lied ist kurz, kann aber so lange wiederholt werden, bis der Zug kommt; dreistimmig klingt es besonders schön. Aber ob es ein Thüringer Lied ist, weiß ich nicht; meine Freunde waren zwar Thüringer, aber künftige Gymnasiasten, und die Mama kann sehr gut französisch, denn sie sagte mir. »Laissez vous pas les garçons en bas tomber.« Zudem kannte es ein anderer Freund von mir nicht, der Martinche heißt, und der kennt alle Lieder. Martinche ist ein dicker, fünfjähriger Schlingel, der oberhalb Katzhütte auf dem Weg nach dem Wurzelberg wohnt. Seine Eltern sind arme Leute, aber sie haben eine Kuh, und darum bekam ich hier ein Glas Milch. Während die Mutter es holen ging, eröffnete Martinche die Unterhaltung mit der Mitteilung: »Liese heißt se, schwarz is se ›Muh‹ sagt se«, verfiel dann aber in den sorgenvollen Monolog: »Wenn nun der die Milch saufet, was kriech dann ech?«, worauf ich erwiderte, die Liese sei gar nicht so, die gebe schon auch noch für ihn was her. Das schien ihn zu beruhigen, aber nun beschäftigte ihn mein Äußeres. Am Daumen saugend, sah er mich aus seinen Brombeerenaugen lange an und sagte dann: »Bist e o (auch) ämol neu gwesen?« Das durfte ich ja bestätigen, worauf er: »Das ist aber scho lang her, leicht zehn Jahr?« – denn weiter als bis zehn konnte er noch nicht zählen. Und nach abermaliger eingehender Betrachtung: »Du bist 'n alter Schuster!«, was aber in seinen Augen das Höchste war. Ich trug nämlich heut, am Wochentag, Stiefel, und das kann sich nur ein Schuster leisten. Diese meine Höhe entfernte aber die Vertraulichkeit nicht, als ich ihn aufs Knie nahm und reiten ließ. Dazu sang zunächst er allein und das zweite Mal ich mit:

»Schecke, Schacke, Reiterspferd,
's Ferd is nech drei Heller wert,

Macht das Ferdchen tripp, tripp, trapp,
Fällt der kleene Jung herab!«

Auch mehrere andere Lieder konnte das Martinche, sang sie aber nur, wenn es reiten durfte; das von der »Ziterone« lernte es auch nur so. Das war ja für uns beide ganz vergnüglich, aber schließlich mußte ich das schwere Plumpsäckchen doch »en bas tomber« lassen, denn drei Heller ist mir mein Bein entschieden wert.

»Willkommen!« rief mir Martinches Mutter entgegen, als ich eintrat, das gleiche erfährt man in jedem abgelegenen Haus, auch wird man dort noch zum Sitzen eingeladen, auch wenn man nur den Weg erfragen will. Die Leute freilich, die Fremde öfters bei sich sehen, tun das nicht mehr, weil sie wissen, daß der und jener, was eben so die wahrhaft Gebildeten sind, darüber lächelt. Gegen solches Lächeln ist der Bauer sehr empfindlich, obgleich er es doch redlich vergilt. Welche Stichelreden habe ich zum Beispiel darüber gehört, daß der Norddeutsche beim Eintreten »Tag!« sagt. »Daß es Tag is, weiß man o ohne Berliner! Is das ä Grueß?!« Ich habe mir mein österreichisches »Grüß Gott!« nicht abgewöhnt. Auch dies war ihnen fremd, aber doch »ä Grueß«; bei ihnen gebietet die Sitte, beim Eintritt »Glück ins Haus« zu sagen; trifft man die Leute beim Essen, so muß man »Gottssenn« wünschen (Gott segne es). Ob ein Städtischer sie nur aus spöttischer Neugier ausfrägt oder aus Wohlwollen, dafür haben sie eine feine Witterung. Wo sie wirkliche Teilnahme heraúsfühlen, da geben sie sich vertrauensvoll; selbst von ihrem Aberglauben erzählen sie dann. Vieles davon trifft man überall in Mitteldeutschland. Für die Aussaat sind die Marientage am besten, weil Maria die Saat mit ihrer Schürze zudeckt; neues Geflügel muß dreimal unter dem Tisch hindurchgeführt werden, der neue Hund einen vorgekauten Bissen essen, sonst bleiben sie nicht im Haus; der Tod kündigt sich durch vielerlei Zeichen an: im Keller wirft der Maulwurf, die Hunde heulen, an dem grünen Gesträuch des Gartens wachsen farblose Blätter, die Schaufel des Totengräbers regt sich schon am Morgen des Sterbetags von selber. Anderes wieder ist zwar nicht so verbreitet, aber doch nicht bloß in diesem Tal zu finden: der Tote muß etwas Geld mitbekommen (»sunsten bleibt er zurück«, sagte mir Martinches Mutter zur Begründung; aber das Wo und Warum wußte sie auch nicht); zum Abschied wird der Leiche die Hand geschüttelt, aber es darf dabei, was schön und tiefsinnig ist, keine Träne auf sie fallen. Dem Schwarzatal eigentümlich ist, daß sich hier der alte heidnische Volksglaube lebhafter erhalten hat als anderwärts. Am 1. März schleifen die Kinder einen Popanz aus Birkenreisern durchs Dorf und singen dazu: »Wir treten den alten Tod hinaus / Hinters alte Hirtenhaus, / Wir haben den Sommer genommen, / Und Krodens Macht ist umgekommen.« Wer Frau Holle ist, wissen hier die meisten, und den Wilden Jäger kennen sie auch. An zwei Orten des Tals ist mir die Sage von den beiden Knaben erzählt worden, die beim Weg aus dem Wirtshaus, wo sie Bier geholt haben, unter das Wilde Heer geraten. Zwei von den »wilden Fräule« trinken die Krüge aus, doch bleiben diese immer voll, bis die Knaben die Begegnung ausplaudern. Allerdings meinten beide Erzähler am Schlusse, das und das Bier werde es nicht gewesen sein, das wäre selbst den »wilde Fräule« zu wild gewesen; das bescheidene Witzchen scheint sich also nun mit der Sage fortzuerben, was für den Übergang von der Naivetät zur Skepsis charakteristisch ist. Von Riesen und Zwergen wird gleichfalls erzählt. Die Riesen waren träg und dumm, aber brav; leider sind sie tot. »Schade«, meinte eine, »was so 'n Riese versprach, da konnte man sich drauf verlassen, mit dene Zwergen is wenig los!« Denn die leben noch, sind aber ganz unzuverlässiges Gesindel. Bei Oelze hat noch vor kurzem ein Köhler gelebt, der verstand sich mit ihnen zu stellen, und sie brachten ihm viel zu: Brot und Schinken, auch türkische Zigaretten. Dies letzte Detail hat offenbar wieder ein Schalk hinzuersonnen, aber der Mann, der's mir erzählte, nahm auch dies gläubig auf. Und doch war er Fabrikarbeiter, hatte auch schon von Lassalle gehört: »Ein guter Mann; die Pharisäer haben ihn erschießen lassen.«

Man wird mir nun glauben, daß das Leben im Tal nicht bloß lustig, sondern auch interessant ist: der Gegensatz zwischen den uralten Überlieferungen und dem modernen, vom Gedröhn der Dampfmaschinen erfüllten Leben, das Neben- und Ineinanderfließen der primitivsten wie der raffiniertesten Formen menschlicher Arbeit und ihres Produkts, der Kultur, muß einen immer wieder beschäftigen. Wie gesagt unterscheidet sich der Köhler und Holzfäller von dem Arbeiter kaum in der Wohnung, wenig in der Tracht, aber im Wesen: er ist stiller und sanftmütiger, aber umgewandter und rauher. Die fremden Arbeiter sind natürlich fast durchweg Sozialdemokraten und beeinflussen die einheimischen in ihrem Sinne. Der Hirte, der mir die sittlichen Begriffe des Tals auseinandergesetzt hatte (er war selbst Arbeiter gewesen, jedoch nicht Genosse), meinte freilich, das ginge hier schwer, die Angeworbenen seien noch »schwache Rekruten fürs rote Regiment«. Ich habe zwei Kleinigkeiten erlebt, die dies bestätigen. Als ich am letzten Sonntag abend dem Bahnhof von Mellenbach zuschritt, gingen drei Burschen vor mir her, die immerzu Lieder brüllten; zuerst eins vom Feinsliebchen, dann ein patriotisches vom Prinzen Friedrich Karl – wenigstens glaubte ich diesen Namen zu verstehen –, dann die »Arbeiter-Marseillaise« und schließlich die »Wacht am Rhein«. Acht Tage vorher sah ich mir den Sitzendorfer Hauptplatz an; nach dem hübschen Brauch vieler deutscher Dörfer steht auch dort eine »Kaiser-Wilhelm-Eiche« (»geweiht 22. Juni 1880«). Ringsum standen Fabriksarbeiter, einer von ihnen, ein Einheimischer, machte mich mit sichtlicher Freude darauf aufmerksam, wie gut der Baum gedeihe, erzählte dann auch stolz, er habe als Soldat den alten Kaiser bei einem Manöver gesehen, »so akk'rat, wie ich Ihnen sehe, Herre«, es war sichtlich eine stolze Erinnerung seines Lebens. Die anderen sprachen inzwischen von irgendeiner Anordnung des Fabrikdirektors, die ihnen nicht gefiel. Da wandte sich der Mann zu ihnen: »Was sag ech immerzu? Ohne 's Indernatschenal können wir's dene Borschiss nie zeigen!« Es war sichtlich ernst gemeint.

So, nun hätt ich gesagt, wie mir das Tal erschien. Zwei Ansichten anderer füge ich bei. Mein Wandnachbar im »Weißen Hirsch« war ein Grammophon; dazu gehörte ein junger Mensch, der's fleißig aufzog. »Ohne Grammophon«, meinte er, »wär's selbst in Schwarzburg nicht zum Aushalten; wie erst dort oben!« Das war individuell; ich fand gerade des Grammophons wegen das Aushalten in Schwarzburg schwer, denn zuweilen gab's ja auch Regen, der mich auf meiner Stube festhielt. Flüchtete ich vor den angenehmen Tönen ins Lesezimmer, so war's von holländischen Grammophonen übervoll. Denn an Schnarrtönen fehlt's dieser Sprache nicht, und die Herren sagten immer dasselbe; sie schimpften über das feige Deutschland, das den Buren nicht zu Hülfe komme; zwischendurch schilderten sie behaglich, wie sinnreich ihre Dämme eingerichtet seien: dringe eine deutsche Armee ein, so werde sie ersaufen. Ich bin kein Chauvinist, die Holländer in Holland hatten mir sehr gut gefallen, aber dies Stück Holland in Deutschland beträchtlich weniger. Nur einer war kein Grammophon, sondern sah sich Tal und Bewohner als denkender fühlender Mensch an. In einem Menschenalter würde es, meinte er, ein einziger riesiger Fabriksort sein, und dann sei es mit der Sommerfrische aus. Davon scheint mir so viel richtig, daß die Industrie im Tal eine große Zukunft hat; schon jetzt zieht der Ausbau der Bahn neue Industrien an, die ohne sie nicht aufkommen konnten; die mächtige Wasserkraft, die Billigkeit des Bodens und der Löhne locken die Unternehmer. Aber so lang sie die Wälder nicht fällen und die Berge nicht ebnen, bleibt's ein schönes Stück Erde, und wenn alle Bewohner satt würden, wär das auch Poesie; weiß Gott, ja!

Während das Grammophon neben mir heulend schnarrt: »O Welt, wie bist du wunderschön!«, packe ich meinen Koffer. Teufelszeug, du hast recht! Hier war's schön, und dort, wohin ich nun will, wird's gewiß noch schöner sein. Ich weiß wohin, aber ich wag's kaum zu denken, geschweige denn hinzuschreiben, sonst komme ich wieder ganz anderswohin. Und das wäre in diesem Fall schade, denn darauf freue ich mich schon lange.

Schwarzburg, im Sommer 1901

Paulinzelle

Keine Regel ohne Ausnahme. Nach Paulinzelle wollte ich, und da bin ich nun wirklich.

Der Weg von Schwarzburg nach Paulinzelle über die Berge soll sehr hübsch sein, und ich hätte gewiß gestern nur meinen Koffer auf die Bahn gesetzt und nicht auch mich selber, wenn nicht die Wolken so niedrig herabgegangen hätten. Aber kaum, daß das Züglein abgedampft war, brach draußen die Sonne durch, während im Coupé ein Platzregen über mich niederging. Mir gegenüber saß nämlich ein Ehepaar, das sichtlich erregt war. »Das gehört in die Zeitung«, sagte er, und sie: »Ein Roman, Max!« Zeitungsromane sind ja sehr einträglich, dennoch widerstand ich der Versuchung, da billig einen Stoff einzuheimsen, und schwieg. Sie aber begannen mir trotzdem ihre Schwarzburger Erlebnisse mitzuteilen. Sie waren dort in einer Pension, wo es nach ihrer Darstellung »herrliche Bilder, sogar Landschaften«, aber sehr schlechtes Essen gab – »ist das nicht ein Roman?« Man muß auch mündlich immer zur Klärung über die wichtigsten Lehren der Poetik beitragen, und so erwiderte ich bescheiden, mir persönlich wären in einer Pension schlechte Bilder und gutes Essen lieber, aber ein Roman sei das eigentlich nicht. »So?« rief die Dame. »Und was mir dort mit dem Zimmermädchen passiert ist? Das ist ein Roman, das müssen Sie hören!« Sie hatte sich nämlich mit dem Mädchen gezankt, weil die Museumsassistentin die Gemälderahmen sauberer hielt als anderes, was allerdings nicht mit der Kunst zusammenhängt. Nun, anhören mußte ich diesen thüringischen Pensionsroman allerdings, denn das Bähnchen hat keine Durchgangscoupés, und so behaglich sein Tempo ist, so muß man sich doch das Aussteigen während der Fahrt überlegen. Als die beiden jedoch in Oberrottenbach – das letzte Kapitel der Dichtung war noch lange nicht in Sicht – gleichfalls ausstiegen und mir zu meiner freudigen Überraschung mitteilten, daß sie auch nach Paulinzelle wollten, da ließ ich sie in den neuen Zug klettern und stieg dann im letzten Augenblick in ein anderes Coupé.

Nun war ich allein, und während vor meinem Aug die sanften Hänge des Rottenbachtals und die Hütten von Milbitz vorbeiglitten, aus deren gedrücktem Häuflein die Kirche mit der seltsamen Schweifkuppel hoch emporragt, konnte ich mich endlich darüber freuen, daß ich eine Stätte betreten sollte, deren Anblick ich mir schon so lange gewünscht hatte. Nicht deshalb, weil sie in allen Reisebüchern den Stern hat und »eine der schönsten Kirchenruinen Deutschlands« genannt wird; ich gehe diesen Sternen, wenn ich mich sachte zu meinem Vergnügen durch die Welt schiebe, weder aus dem Weg, noch jage ich ihnen nach, und »eine der...«, das weckt keine Sehnsucht. Aber da hatte mir vor Jahrzehnten einer gesagt: »Paulinzelle, das müssen Sie sehen. Der bröckelnde Wunderbau im einsamen Waldtal – mir war ehrfürchtig zumut; es ist wie ein steingewordenes Gebet aus dem alten deutschen Volksgemüt. Ich bin kein Kunstmensch; Italien hat wenig auf mich gewirkt, die großen Dome schon gar nicht; ich hatte nur immer die Empfindung der kalten, dumpfen Luft und den Gedanken: die dies gebaut haben und nun drin Messe lesen, sind gegebene Männer, fremdem Willen so knechtisch untertan, daß sie nicht einmal aus der eigenen Seele heraus richtig fromm sein können. Paulinzelle aber – nächst der wackeren Hroswitha von Gandersheim, deren Dramen ich in meiner Doktordissertation so fürtrefflich traktiert habe, hat mir keine andere Nonne der Welt so imponiert wie die Beata Paulina de Schraplau, obwohl sie ihrem wackeren und geduldigen Eheherrn das Leben schwer genug gemacht hat.« Es war Gustav Freytag, der mir das sagte. Dann ein Eindruck, den ich selbst empfangen hatte. Ich war zu Hirsau in Schwaben und sah mir die Ruinen des Klosters an, aus denen die Ulme wächst, die Uhland besungen hat; der Mordbrenner Mélac hat hier noch viel gründlichere Arbeit getan als im Heidelberger Schloß – aber wie schön sind diese romanischen Säulenbogen! »Wenn Sie sich dafür interessieren«, hatte mir der Pfarrer gesagt, »müssen Sie nach Paulinzelle gehen; das Hirsauer war sein Mutterkloster, auch für den Stil maßgebend, aber die Tochter hat die Mutter an Schönheit weit übertroffen...« Gespannt lugte ich aus dem Coupéfenster; eine Biegung der Bahn, nun ein tiefgrünes Waldtal und mittendrin, wie Riesen über den höchsten Wipfeln aufragend, ein herrliches Portal und ragende Mauern, aber nur eine Sekunde lang; die Bahn tritt dicht an den Wald, biegt wieder, dann geht der Zug langsamer: die Station.

Außer meinem Dichterpaar stieg noch ein großer Haufe Menschen aus, denn wer durch Thüringen kommt, hält hier an und bleibt von einem Zug zum andern; dagewesen sind sie dann, und gesehen haben sie's in ihrer Art, und die meisten von ihnen würden nicht mehr sehen, wenn sie drei Wochen dort blieben; die Leute haben also recht. Aber auch ich schien mir nicht töricht, wenn ich den Troß den Dauerlauf auf der staubigen Straße antreten ließ und gemächlich hintendrein ging. Ein Kirchhöflein liegt am Wege, klein und armselig; seit Jahrhunderten begraben die Dörfler dort ihre Toten, und es ist noch sehr viel Platz, denn Paulinzelle, »Ort: Paulinzella, Bezirk: Stadtilm, Fürstentum: Schwarzburg-Rudolstadt«, hat nur »24 Häuser, 117 Seelen un etliches Viechzeug«, wie mir ein stattlicher Bauer sagte, der desselben Weges ging. »Vom Viechzeug«, fügte er bei, »wäre no mehr zu gebrauchen, aber Menschen sind grad genug« – es war eine individuell nicht unrichtige Meinung, denn er hatte »bis heut elf lebige Kinder, aber morgen sind's zwölfe«. Ehrfürchtig besah ich mir den Mann, der ein Zehntel der gesamten Bevölkerung des Dorfs geleistet hatte, und fragte dann, wovon die Leute in Paulinzelle lebten. »Dieses«, erwiderte er mit jener halb ernsten, halb schalkhaften Lehrhaftigkeit, die man unter den Bauern dieses Gaus so häufig findet, »is verschieden. Der Herr Friedrich Schulze« – er deutete auf ein stattliches Haus abseit vom Wege – »lebt von dene Orgeln, die er bauet, das hochfürstliche Oberforstamt aus unserem Steuersäcklein, und wir andern, nor der Herr Menger nech, wir müssen so in Nödhen vom bißchen Acker und bißchen Viechzeug und einigem Torfstechen leben dhun. Früher«, fuhr er fort, »hat's o (auch) no etwas Weinbau gegeben, aber das hat die Polizei verboten, denn die armen Essighändler, die wollen o leben.« Ja, sagte ich, schon Luther habe in ähnlichen Worten den Wein von Paulinzelle gerühmt. Worauf er: »Mit Verlaub, aber wenn Se solches wissen, denn sollten Se ›la‹ sagen, un nech ›le‹, Paulinzella. So steht's im Kirchenbuch un o an der Statschon un is so richtig. Nämlich: erstens Paulina un zweitens Zella. Die Paulina, das war nu also so 'ne Gadohl'sche, da ist nichts weiter zu sagen. Aber Zella, das heißt Se in einer alten Sprache – ob's nu lateinisch is oder römisch oder gar Klostersprache – 'ne Kirche. Paulinzella.« Ich dankte und fragte dann, wovon der Herr Menger lebe. »Von der Ruine«, war die Antwort. »Denn er is der Gastwirt hier, der hat was von der Sach, wir nech!« Nun, meinte ich, den Stolz und Ruhm hätten sie doch alle. Er lächelte. »Mech machet's nech Stolz, mech machet's demütiglich. Wenn ech so seh, wie se laufen un schwitzen, un wenn se dort sind, sagen se ›Ah!‹ un schaun auf d'Uhr und jagen redhur, beim Menger ä Würstchen un wieder schwups in 'n Zug, da denk ech immerzu: Herre Gott, du bist gerecht! Uns hast du d'Arbeit zugedheilet un dene die Narrheit!« Ob denn nicht welche, fragte ich, über Nacht blieben. »Ja«, erwiderte er, »Geschäftsreisende«, worunter er aber Leute verstand, die einen verständigen Zweck verfolgten, zum Beispiel Künstler, die Wald und Ruine malten, und Sommerfrischler, die hier »billech rodhe Backen« kriegen. »Ohne Geschäft«, fügte er bei, »wär's do gar zu närrisch«, und holte mich dann aus, was ich hier wollte, denn hinter mir her brachte der Stationsbote mein Kofferchen. Ich war aber dunkel wie ein Diplomat, der nach etwas gefragt wird, was er selber nicht weiß, denn ob ich »zu närrisch« war oder aus »Gschäft« die Ruine in Worten abmalte, stand noch nicht fest, das hing davon ab, wie sie auf mich wirkte. Diese Zurückhaltung machte den Mehrer von Paulinzelle sehr nachdenklich, und er musterte mich nun scharf, bis wir vor dem Gasthof Abschied nahmen.

Ich ließ mir ein Zimmer anweisen, dann im Garten vorm Haus ein Frühstück rüsten und sah nun zu, welche Schatten der bevorstehende Rückmarsch der Fremdenarmee vorauswarf. Der Karle, der Kellnerbursch, zog über seine sauberen Hemdärmel einen schmierigen Frack, auch Minchens Erscheinung – sie trägt aber diesen niedlichen Namen schon recht lange – gewann durch eine vorgebundene Schürze nicht sonderlich, dann brachten sie Bier, Kaffee, Schinkenbrote und warme Würstchen herbei; es ist die Sorte, die man in ganz Mitteldeutschland Wiener, in ganz Österreich aber Frankfurter nennt, denn so ist der Mensch: selbst die Würste müssen einen Namen von weither haben, sonst schmecken sie nicht. Alles wie auf einem Bahnhof; auch Photographien und Ansichtskarten werden ja jetzt ins Coupé gereicht. »Wir haben zwanzig Arten Grüße aus Paulinzelle«, sagte der Karle stolz; die Ruine ist auf allen, nur ist sie hier gelb, dort blau und hier wieder rot bemalt; auf einer bildet sie sogar einen grünen Klecks, weil das

Mondschein ist. Auch die Sprüche sind verschieden, einige blitzen nur so von Witz, eignen sich aber eigentlich mehr zur Versendung in geschlossenem Kuvert, denn es ist kaum zu sagen, wieviel Zartgefühl und keuscher Humor bereits im Dienste dieser noch jungen Industrie stehen. Nun aber kam das Heer gezogen. Als Vorhut ein alter, nervöser Herr, der seine Frau und drei Töchter vor sich hertrieb: »Der Zug!...der Zug!« Aber Ansichtskarten kauften die Fräulein doch in fliegender Hast und zogen dann im Laufen den Bleistift. Nun das Hauptkorps; drei Minuten sah und hörte man nichts als kauende hochrote Menschen, die über die Hitze klagten; nur eine Gruppe schwelgte im Nachgenuß der Ruine: ein dicker, ältlicher Herr mit seiner jungen Frau und einem gleichfalls jüngeren Herrn mit roter Krawatte und geöltem Haar. Der Alte schwelgte eigentlich nur in Würstchen, sie aber sagte: »Herr Meyer, war das nu nich einfach göttlich?« – worauf der geölte Meyer: »Gnädige Frau! es war doppelt göttlich! Aber was sagten Sie nur, als wir zwischen den Säulen standen, es war reizend, ich möchte es mir aufschreiben.« Er zog sein Notizbuch hervor. »Ich sagte«, erwiderte sie mit gespitztem Munde, »es sei alles im edelsten romantischen Stil!« – »Herrlich!« rief Meyer notierend, und auch der glückliche Besitzer von so viel Bildung meinte bewundernd: »Trudchen, wo hast du denn das wieder her?« Ich hätte es ihm sagen können, aus dem Baedeker hatte sie's, nur steht dort: »im edelsten roman. Stil«, und das ist die Abkürzung für »romanisch«...Meine Reisegenossen aber? Ganz bang spähte ich umher: sollten sie in der Ruine zurückgeblieben sein, wohin ich nun wollte? Gottlob, da standen sie kauend im Gewühl. Aber nun hatten sie auch mich erspäht und traten auf mich zu: »Wo waren Sie denn? Nun haben Sie den Schluß nicht gehört! Aber Sie kommen wohl mit?« Ich bedauerte, ich bliebe hier. Die Frau starrte mich verblüfft an, mußte nun aber fortstürzen. »Der Mensch bleibt in Paulinzelle«, hörte ich sie ihrem Gatten sagen, »Max, das ist ein Roman!« Glückliche Frau, der aus den bescheidensten Keimen auf Schritt und Tritt Dichtungen ersprießen!

Als alles stille war, ging ich zu der Ruine. Rechts vom Gasthof führt der Weg ins Waldtal hinein. Zunächst trifft man auf eine niedrige, zerfallene Mauer, die Grenzmauer des Klosters. Dann geht es, sacht ansteigend, am Amtshaus vorbei, und wie man um seine vorspringende Ecke biegt, da steht's vor einem wie aus der Erde gewachsen: das herrliche, säulengetragene Westportal in einer reich gegliederten Giebelwand und ein gewaltiger Turm. Tritt man durchs Portal ins Mittelschiff mit den ragenden, hohe Mauern tragenden Säulen, so steigert sich nur der Eindruck, aber das schönste Bild bietet sich erst dem entzückten Auge, wenn man von der Ostseite her das Ganze überschaut. Hier erst vermag man die edlen Verhältnisse der Säulen wie der ganzen Anlage recht zu erkennen. Es ist alles so licht und schön, stolz und schön, ernst und schön; ich wiederhole immer dasselbe Wort; ich weiß hier kein anderes. Die klare Schönheit ist's, die einen vor allem fesselt, doch nein, in noch stärkeren Bann zwingt die Stimmung, die der Raum atmet, das Gemüt: der feierliche und doch lichte Ernst, die weihevolle Anmut. Und was diese Stimmung noch mehrt: rings tiefste Stille und kein Laut des Lebens, kein Haus, nur überall Wald, der ernste, ernste Tannenwald. Es ist wie im Märchen: da stehst du allein im tiefen Forst, und was du hörst, ist nur das leise, klingende Rauschen seiner Nadeln, aber was du siehst, ist ein Wunderbau an Wucht und Schönheit. Freilich, bröckelnde Wucht, versehrte Schönheit, aber weil du selbst nur ein armer schwacher Mensch bist, so greift dir vielleicht gerade dies am tiefsten ins Gemüt. Ehrfürchtig ward auch mir zumut, als säh ich einen Herrlichen, der sich aus der Welt geflüchtet hat, in der Stille zu verbluten...Ich werde den Eindruck dieser ersten Stunden nie vergessen; nur eine Ruine auf deutscher Erde hat so tief auf mich gewirkt; sie ist reicher, schöner, interessanter; sie beschwört ganz andere Erinnerungen herauf, gewiß; aber so einheitlich, so das Herz aufwühlend ist die Wirkung nicht – dort ist's eben eine Symphonie und hier ein Choral...Die Sonne rückte höher, zuweilen klang der Hall eines Uhrglöckchens durch die große Stille, zaghaft und leise, als wüßte es, daß man hier die Zeit nicht nach Stunden mißt; ich achtete nicht darauf...Erst als von fern ein leises Donnern an mein Ohr schlug und dumpf anwuchs, horchte ich auf; nun ein langgezogener, gellender Pfiff; seufzend erhob ich mich – der zweite Zug, diesmal von Arnstadt her, bald waren sie da. Ich bin kein Menschenfeind, kein Menschenverächter – hier hätte ich das fröhliche Schwatzen nicht ertragen. Ich ging heim; nah dem Gasthof begegneten sie mir, diesmal ein noch größerer Haufe, wohl Amerikaner unter

Cookscher Führung; »make haste, if you please«, mahnte der Leithammel, und dabei lief die arme Herde ohnehin schon im Trab.

So habe ich es in diesen beiden Tagen gehalten; ich kam, wenn die andern gingen, und ging, wenn sie kamen. Viele Stunden, aber sie waren mir reich ausgefüllt. Nun, wo das Gesamtbild feststand, suchte ich die Einzelheiten zu erfassen, nun, wo ich die Stimmung unvertilgbar im Gemüt trug, zu erkunden, woher sie rührte. Das ist nur bei Falschem und Kleinem gefährlich, bei Großem und Echtem erhöht es die Freude.

Nie ist – gottlob! – der Gedanke aufgetaucht, die Ruine wieder auszubauen, nie hat meines Wissens auch nur ein Maler dies mit dem Pinsel versucht, aber das erste wäre mögliche, wenn auch törichte, das letzte unschwere Arbeit, so viel ist erhalten, so bewunderungswürdig klar ist die Anlage des Ganzen. Eine dreischiffige Säulenbasilika mit Querhaus, also in Kreuzesform; das Chor mit dem Hauptaltar gegen Osten gestellt, also das Hauptportal gegen Westen; hier schloß sich eine Vorkirche an. Einiges nun liegt in Trümmern, vieles ist spurlos verschwunden, aber es steht mehr aufrecht als an den anderen Kirchenruinen Deutschlands und jedenfalls so viel, um der Phantasie die reizvolle Arbeit des Ergänzens und Aufbauens zu ermöglichen. Die Vorkirche war von zwei wuchtigen Türmen, Wehr- und Glockentürmen zugleich, flankiert und durch zwei auf Pfeilern ruhende Rundbogenreihen ebenfalls in drei Schiffe geteilt wie das Langhaus der Kirche. Hiervon ist genau die Hälfte erhalten: ein Turm, eine Pfeilerreihe und die südliche Hauptwand; der Maler oder der Architekt – aber nein! mit diesen Gedanken sollte man in Tagen wie den unsrigen, da man die schönsten Ruinen durch Ausbau verschimpfieren will, nicht einmal spielen – der Maler also brauchte auf der Nordseite nur zu kopieren, was er auf der Südseite nach der Natur malen kann. Noch besser steht es um das Hauptportal; es ist ganz erhalten; die Giebelwand, die sich darüber erhebt, mußte vor etwa zwanzig Jahren abgetragen werden, ist aber dann sorglich wieder aufgemauert worden. Das Wichtigste und Erfreulichste aber ist, daß das Langhaus fast unversehrt dasteht; wer im Südschiff steht, darf sich, was den Bau an sich betrifft, genau desselben herrlichen Bildes freuen wie der Pilger vor achthundert Jahren; noch ragt die Doppelreihe schöner stolzer Säulen, die das Mittelschiff von den Seitenschiffen trennen und über kühnen Rundbogen die Scheidewände tragen, noch die nördliche Außenmauer; nur die südliche, die der Pilger im Rücken hatte, ist verschwunden. Das Bild des Baus, sagt ich, ist dasselbe, nur liegt es heut im vollen Licht, während der Dom einst trotz der zahlreichen Fenster etwas dämmrig gewesen sein muß, denn über den gewaltigen Mauern, die in voller Höhe erhalten sind, blinkt nun das Blau des Himmels; einst spannte sich eine flache Decke darüber wie über allen Bauten streng romanischen Stils jener frühen Zeit. Völlig erhalten ist ferner der Querbalken des Kreuzes; dies Querhaus hat auch noch beide Außenmauern mit ihren Giebeln. Nur das Chor ist bis auf Mauerreste, die seine Anlage zeigen, verschwunden; ein unersetzlicher Verlust für das Auge des Genießenden wie für unsere Kenntnis alter deutscher Baukunst, denn gerade die Ostfassade mit ihren fünf mächtig ausladenden Apsiden, die im Innern Altäre bargen, war offenbar die schönste des Doms. Immerhin hat die Phantasie auch hier Stützpunkte genug, um nachzuschaffen, und gewiß liegt auch darin eine Erklärung für den Zauber, den die Ruine übt. Rätselhafte, scheinbar regellose Trümmerstätten atmen auch schwächere Stimmung; die Wehmut, die uns Ruinen einflößen, ist um so stärker, je klarer wir erkennen, was wir verloren haben.

Der stärkste Zauber freilich, den Paulinzelle übt, liegt nicht in der Wehmut über das Verlorene, sondern in der Freude an dem Erhaltenen. Der Dom gehört wie zu den ältesten so zu den schönsten und größten Werken romanischen Stils auf deutscher Erde und verbildlicht die reinste Zeit dieses Stils, den Hochromanismus. Schon die Maße imponieren an sich, wie sie durch ihr Verhältnis zueinander das Auge laben: an so kühnen, schlanken Formen darf es sich selten erfreuen. Der Hirsauer Mönch, der den Bauriß entwarf – keine Urkunde nennt seinen Namen –, war ein ebenso trefflicher wie wagemutiger Künstler: das Langhaus ist fast doppelt so hoch, als es breit ist, selbst das Querhaus (Kreuzschiff) noch immer etwas höher als breit, der ganze Bau vom Hochaltar bis zur Eingangspforte der Vorkirche etwa viermal so lang als breit und nur wenig über das Doppelte länger, als er hoch ist. Zur Vergleichung ziehe ich einen gleichfalls herrlichen allbekannten Dom an, St. Stefan zu Wien, und zwar eben deshalb, weil schon er im Innern den Eindruck kühn und leicht aufstrebender Maße macht. Das Innere von St. Stefan ist um etwa 2 Meter niedriger als das von Paulinzelle, hingegen um 28 Meter länger; die Breite des Kreuzschiffs übertrifft die Höhe um nahezu das Dreifache. Bei dieser ungemeinen Neigung des Paulinzeller Künstlers zum Schlanken und Hohen wäre der Eindruck seines Werks ein minder feierlicher, wenn nicht der Säulenbau ein so wuchtiger wäre; das stellt die Harmonie wieder her.

Diese Sandsteinsäulen – sie mußten wie in ihrer Höhe so im Querschnitt gewaltig sein, weil sie die ungeheure Last der über ihnen aufsteigenden Quadermauern der Scheidewände tragen – sind der schönste Schmuck der Ruine. Wie sie so aufragen, über ihnen, von Säule zu Säule gespannt, die hohen, stolzen Rundbogen der mächtigen Mauern, fallen sie selbst dem stumpfen Blick durch das feine Ebenmaß der Dimensionen auf – ein Bauer, der, einen Sack Kartoffeln auf dem Rücken, durch die Ruine ging und mich zu den Säulen emporblicken sah, blieb stehen und teilte meine Freude: »Nech zu dicke, nech zu dinne, ’s is doch gar zu scheene!« Aber schön ist auch der Schmuck jeder einzelnen Säule; durchweg in demselben streng romanischen Stil gehalten, zeigen doch Basen und Kapitelle innerhalb dieser Grenze große Abwechselung: Löwen-, Drachen- und Menschenköpfe in Relief, namentlich jene Fratzen, die vielleicht nur Kinder der Künstlerlaune sind, während man sie als absichtsvolle Verbildlichungen der Laster aufzufassen pflegt; dazu Eckblätter und eingemeißelte Ornamente von reicher Erfindung; nur das Schachbrett wiederholt sich oft. Selbst die plumperen Pfeiler, an denen es auch hier nicht ganz fehlt, während sie bekanntlich an Bauten derselben Zeit ausschließlich angewendet wurden, sind mit solcher Zierde reich bedacht. Wer sie nachzeichnen wollte, bekäme die schönste Mustersammlung der Kleinkunst dieses edlen herben Stils zusammen. Wie vor mancher Fassade der Renaissance beschäftigte mich auch hier der Gedanke: Wie kommt’s, daß unsere Monumentalbauten, auch die reichsten, keinen solchen individualisierten Kleinschmuck aufweisen? War damals die Welt an Talenten reicher, oder hatten diese Talente mehr Zeit, oder mußten sich damals Talente mit so bescheidenen Aufgaben begnügen, die sich heute an Größerem betätigen können? Es kommt einem Wunder gleich, wenn man erwägt: das haben in einer rohen, armen, dunklen Zeit Steinmetzen in einem abgelegenen Winkel der Erde vollbracht, wo es so gut wie völlig an Vorbildern fehlte!

Der größte Schmuck der Kirche aber, zugleich nächst dem Triangel am Erfurter Dom das stolzeste Werk deutscher Baukunst in Thüringen, ist das Hauptportal. Es ist in der Anlage einfach und klar wie der ganze Bau: vier nach innen sich verjüngende Rundbogen, die zur Rechten und Linken auf je vier Säulen aufstehen: das ist alles. Aber wie schön sind auch hier die Maße, wie feierlich und anmutig zugleich der Gesamteindruck; wahrlich, durch eine solche Pforte möchte man gern treten. Statuen, wie sie schon eine etwas spätere Zeit gern an den Eingang der Gotteshäuser stellte, fehlen hier noch; doch sind die Säulen (hier attische, im Langhaus ionische) an Schaft und Fuß besonders reich geschmückt; ein kräftiges Gesims über den Säulen bindet sie untereinander und mit den Bogen schön zusammen. Im Giebelfeld über dem Eingang, also vom innersten Bogenrund umschlossen, sind Spuren eines Wandgemäldes zu sehen; andere haben hier noch vier Figuren unterschieden, ich trotz eines vortrefflichen Glases nur eine Maria mit dem Jesuskind.

Auch sie werden wohl bald verschwunden sein. Alles andere aber bleibt sicherlich für viele Geschlechter aufrecht – das Wort »ewig« sollte sich ja der Mensch überhaupt abgewöhnen, und in Ruinen kann es einem vollends nicht über die Lippen treten: für ewige Zeiten war ja hier einst alles erbaut…Das Ländchen ist arm, das Fürstenhaus gewiß nicht reich – was sind in heutiger Zeit hunderttausend Taler Zivilliste für einen regierenden Herrn! –, aber für die Ruine geschieht das irgend mögliche. Immer wieder werden eiserne Tragpfeiler eingezogen, Drahtseile gespannt, wankende Mauern abgetragen und mit demselben Material neu aufgeführt. Diese Sorgfalt entfernt auch alles Gesträuch von den Mauern; hier gibt’s keinen uralten Efeu, selbst die Bäume werden in respektvoller Entfernung gehalten. Mit Recht, man weiß, welche Schädlinge

Efeu und Wurzelwerk für bröckelnde Mauern sind. Stimmungsvoll bleibt die Ruine trotzdem, sogar – die Angebetete des geölten Meyer soll recht behalten – romantisch.

Ein Wunderbau im einsamen Waldtal – das war mein erster Eindruck. Aber auch er vertiefte sich mir nur, je näher ich den Bau kennenlernte, je genauer ich Zeit, Ort und Menschen erwog. Noch heute ist das Rottenbachtal ein rauhes, abgelegenes, spärlich bewohntes Tal mitten zwischen unabsehbaren Forsten; die wenigen Bewohner, die das Dörfchen einst hatte, dankte es nur dem Kloster, wie es heute die Bahnstation nur der Ruine verdankt. Und nun erwäge man vollends, was Thüringen um 1100 war: eine schwach besiedelte, nicht allzulange vorher den Slawen entrissene Mark, um die von Erfurt aus Mainz, von Meißen aus Sachsen mit den einheimischen Grafen blutig stritten, gerade in jenen Tagen die Stätte schlimmster Rechtlosigkeit in Deutschland und gewiß auch mit der geringsten Kultur. Und in einem bergigen, waldigen Winkel dieser Landschaft, die kurz vorher aufgehört hatte, Grenzmark zu sein, erstand ein Dom, dessengleichen es damals wenige gab; Monreale in Sizilien, Cluny in Frankreich sind wie seine Vorbilder so seine Rivalen; die Hirsauer Kirche konnte sich mit ihm nicht messen. Und sagt man sich: der Plan sei aus Hirsau gekommen und hier eben nur viel prächtiger ausgeführt worden, so ist's doch zwischen Hirsau in Schwaben, damals dem reichsten und kultiviertesten deutschen Lande, und Paulinzelle in Thüringen, damals dem ärmsten und rohesten, ein Abstand und eine Kluft, die zu überbrücken scheinbar wieder ein Wunder gehört.

Es war aber nur der eherne Wille einer brünstig frommen Frau von verzehrendem Ehrgeiz. Nur achtzehn Jahre nach ihrem Tode hat ein Mönch ihres Klosters, Sigeboto, ihre »Vita« geschrieben; die Zeit war für eine richtige Legendenbildung noch zu kurz; so sind es erst wenige Wunder und Visionen, die der Wackere berichten kann; durch dies Gerank der Phantasie vermögen wir die Gestalt zu erkennen, wie sie wirklich war, und das ist hier gut, denn diese Wirklichkeit ist, recht besehen, interessanter, als es alle Dichtung wäre. Die Tochter reicher und vornehmer Eltern – ihr Vater Moricho, vermutlich aus dem Geschlecht der Schwarzburger, war Truchseß an Kaiser Heinrich IV. Hofe –, fühlt sich das begabte, freilich, wie es scheint, unschöne Mädchen früh von aller Weltlust angewidert und will in ein Kloster gehen. Der Wille der Eltern zwingt die Sechzehnjährige zur Ehe mit einem weitaus älteren Gatten, dem sie nur eine kalte, freudlose Genossin wird; all ihre Sehnsucht ist die Nonnenzelle. Zu fromm, seinen Tod zu erflehen, fühlt sie doch wohl ihre innigsten Wünsche erfüllt, als er nach kurzer Ehe bei einer Feuersbrunst verunglückt. Wieder gelingt es nicht dem Zuspruch, aber dem Zwang der Eltern, die neunzehnjährige, noch unmündige Witwe zu einem neuen Ehebunde zu bestimmen; ihr zweiter Gatte ist gleichfalls ein Vornehmer, Ulrich von Schraplau. Weltlichen Sinns, minder schwach als sein Vorgänger, zwingt er die jungfräuliche Witwe zur Erfüllung ihrer Pflichten; sie gebärt ihm in sechs Jahren zwei Söhne und drei Töchter. An ihrer Denkweise ändert auch die Mutterschaft nichts; in ihren Augen ist sie sündhaft, und sie tut dafür Buße, indem sie all ihren Schmuck an Kruzifixe und Reliquienkästchen wendet, nur von Aschenbrot und Wasser lebt und sich unmäßig geißelt.

Was nun in und zwischen den Zeilen der »Vita« zu lesen sieht, ist psychologisch höchst merkwürdig. Die fanatische Asketin, durch die Geißelungen und die schlechte Ernährung in ihren Nerven zerrüttet, in ihren häufigen hysterischen Anfällen ihrer Sinne nicht mächtig, ist andererseits eine überaus lebenskluge Frau von seltener Menschenkenntnis, die jedermann ihrem Willen zu beugen weiß. Aus dem tapferen, fröhlichen Gatten macht sie allmählich einen zerknirschten Büßer, obwohl der Biedere nichts zu bereuen hat als seine bescheidenen legitimen Ehefreuden; zwar ihrem Drängen, sie ins Kloster zu entlassen, bleibt er auch nun taub, weil er den fünf Kindlein die Mutter erhalten will, lebt aber nun neben ihr wie ein Bruder, steuert willig für Mönche und Nonnen und begleitet Paulina auf ihrer Wallfahrt nach Rom. Noch mehr, auch ihren einst durchaus weltlich gesinnten, zudem makellosen Eltern bringt sie die Erkenntnis der Sündhaftigkeit ihres einstigen ehelichen Verkehrs bei, obwohl die Kirche ohne diesen um eine Wohltäterin ärmer wäre, die einst sicherlich eine Beata, vielleicht gar eine Sancta sein wird.

Dies Ziel ihres leidenschaftlichen Ehrgeizes tritt immer klarer hervor; sie sucht sich in Rom beim Papste durch Stiftungen, die das Erbe ihrer Kinder arg schmälern, in Gunst zu setzen; von dort dürfen die Eltern heimkehren, der Gatte muß sie zur Wallfahrt nach San Jago in Spanien begleiten. Nun völlig ihr Sklave, setzt er gleichwohl ihrem Wunsche, Nonne zu werden, auch jetzt noch Widerstand entgegen, stirbt aber bald. Damit ist das letzte Hindernis ihrer ehrgeizigen Pläne hinweggeräumt. Sie wendet sich zum zweiten Mal nach Rom, weiht den Papst in ihren Plan, ein großes Kloster in Thüringen zu begründen, ein und erhält von ihm Empfehlungsbriefe an die schwäbischen Äbte. Heimgekehrt, findet sie die Mutter tot und bestimmt den Vater, als Mönch im Hirsauer Kloster seine Tage zu beschließen, offenkundig in der Absicht, dadurch an diesem Kloster einen Rückhalt zu gewinnen. Dann geht sie ans Werk und begründet in einem wilden, gänzlich unbewohnten Waldtal, von dem die Sage geht, daß dort der Teufel hause, an der Stelle, wo sich heute der Dom erhebt, eine der heiligen Maria Magdalena geweihte Kapelle; ringsum werden Zellen für Klausnerinnen, aber auch für Klausner errichtet. Natürlich will der Teufel aus seinem Stammsitz nicht gutwillig weichen; zwei Male deckt er das Dach der Kapelle ab – noch heut braust der Nordoststurm im Tal gewaltig –, als aber Hirsauer Mönche, die ihr der dortige Abt zur Hilfe gesendet, das Dach kunstgerecht festigen und der Bischof von Merseburg den Bau weiht, kann der Teufel nicht mehr ans Dach. Mit Vorliebe zieht Paulina bußfertige Adelige heran; vielleicht, weil sie glaubt, daß ihr Seelenheil am meisten bedroht sei, wahrscheinlicher, weil sie nun alles daran setzt, die nötigen Mittel für den geplanten Prachtbau zusammenzuscharren; wer hier Aufnahme finden will, muß sein irdisch Gut dem Kloster vermachen. Dem gleichen Zweck dient es, wenn sie ihre Kinder, denen Ulrichs Güter zufallen – sie selbst hat ihren stattlichen Besitz ungeteilt dem Kloster verschrieben –, nach Paulinzelle zu ziehen sucht. Anfangs ohne Erfolg, aber allmählich gelingt ihr auch dies. Von ihren Töchtern wird zuerst die älteste, Engelsind, Nonne, die jüngste, Gisela, weigert sich hartnäckig und will heiraten, stirbt aber früh; die dritte, Bertrad, heiratet trotz der Abmahnungen der Mutter, aber nun wühlt diese so lange, bis sie den Gatten verläßt und nach seinem Tode gleichfalls Profeß ablegt. Von ihren Söhnen wird der ältere, Friedrich, ermordet, der jüngere, Werner, ein Liebling des Kaisers, ist von heftiger Abneigung, ja von Grauen vor der Mutter erfüllt und weist sie von sich; da verfällt er in eine tiefe Erschütterung des Gemüts – er hat an den Mördern seines Bruders grausame Blutrache genommen –, und als Paulina diese benutzt, folgt er ihr als Mönch ins Waldtal. So ist nun Ulrichs ganzes Erbe im Besitz der Siedelei, aber noch mehr: bald auch das ganze reiche Gut Morichos, des Vaters der Paulina; sie weiß ihre drei Geschwister zur Weltflucht und Enterbung ihrer Kinder zu bestimmen. Schwerer als mit ihren Kindern und Geschwistern hat es die unheimliche Frau mit den zugezogenen Fremden; sie trägt ihnen harte Arbeit auf; die Männer müssen unter Leitung der aus Hirsau zugewanderten Benediktiner den Wald roden, den Acker bestellen, die Frauen aber kostbare Gewänder sticken, die Paulina dann, auf einem Eselchen durchs Land ziehend, selbst verkauft, »also daß man sie«, berichtet Sigeboto, »für eine ärmliche Händlerin hielt«. Schon diese harte Fronde paßt nicht allen, zudem verweist Paulina in der Erkenntnis, »daß den Männern, die Gott wahrhaft suchen, das Zusammenleben mit Frauen sehr viel schadet«, die Klausner in sehr entlegene Wohnstätten, was weder diesen noch den Klausnerinnen gefällt, viele ziehen davon. Aber ihre Verschreibungen können sie nicht zurücknehmen, und so ist ihr Ausscheiden nur eine Förderung des frommen Werkes. Nach zehn Jahren ist endlich das Vermögen beisammen, das für eine Stiftung im geplanten Umfang nötig ist.

Nun tut Paulina die letzten Schritte. Zum dritten Mal pilgert sie nach Rom und erkauft vom Papst große Privilegien für das künftige Kloster. Eine Siegerin, die alles erreicht hat, was sie angestrebt, kehrt sie heim, die Stiftung in aller Form zu errichten und unter den Schutz der Grafen von Kävernberg zu stellen. Aber dies letzte vollbringt sie bereits als Schwerkranke; sie ist beim Ritt über die Alpen vom Pferd gestürzt und hat einen Beinbruch erlitten, der nimmer heilen will. Gleichwohl zieht sie noch einmal in die Welt, nach Hirsau, dort aus den Brüdern den Abt und den Baumeister selbst zu erwählen. Auf halbem Wege, in Franken, erkrankt sie so schwer, daß sie im Kloster Münsterschwarzach bleiben muß; ihr Sohn Werner aber eilt nach Hirsau, wählt dort an ihrer Stelle die künftigen Leiter und Erbauer des Klosters, nimmt sie mit sich und eilt zu der Todkranken zurück. Auf ihrem Sterbelager trifft Paulina die letzten

Bestimmungen und stirbt (14. März 1112) im stolzen Gefühl, ihr Lebensziel erreicht zu haben. Paulinzelle wird erstehen, nach der Regel und dem Bauplan von Hirsau, aber viel schöner und gewaltiger als das Vorbild. Und sie selbst wird sicherlich eine Beata, eine Selige der Kirche sein, vielleicht eine Sancta, eine Heilige.

Dies ist die Geschichte der Gründung von Paulinzelle. Wem sie die Freude an dem herrlichen Bau verdürbe, der wäre kaum irgendwo vor Enttäuschung sicher. Alles Gewaltige wird nur durch Macht geschaffen, und Macht ist immer rauh... Noch ein anderes aber will nicht vergessen sein: wir können die Paulina von Schraplau nicht mit den Augen ihrer Zeit ansehen, auch wenn wir wollten, aber außer acht lassen dürfen wir nicht, daß sie die Tochter eines rohen Jahrhunderts war, dessen herbe Askese den natürlichen Gegenschlag gegen wüsten Sinnentaumel bedeutete. Freilich, bei allem Aufgebot unseres historischen Sinns werden wir vor der Gestalt an sich nicht jenen Respekt empfinden wie der Verfasser der »Bilder aus der deutschen Vergangenheit«. Aber gerade sein Urteil hätte ja sicherlich anders gelautet, wenn damals – 1886 – die Aufzeichnung des Sigeboto bereits bekannt gewesen wäre; sie ist erst drei Jahre später ans Licht getreten.

Unruhvoll war das Leben der seltsamen Frau und selbst ihren Gebeinen keine Rast beschieden. Auf den Schultern trugen die Mönche den Sarg wochenlang durchs Waldgebirg aus Franken bis Paulinzelle und begruben ihn hier. Aber die einsame, rauhe Waldwildnis schreckte die Hirsauer; sie übersiedelten in die Nähe von Querfurt und wollten den Bau dort aufrichten; den Sarg gruben sie aus, trugen ihn wieder viele Tagereisen nordwärts und bestatteten ihn an der neuen Wohnstelle. Da erschien, wie Sigeboto erzählt, Paulina ihrem treuesten Diener im Traume und klagte, daß man ihren Willen nicht geachtet, ihre Grabesruhe verletzt habe; dies bewog, sagt er, die frommen Mönche zur Rückkehr. Die Historiker aber verweisen auf eine Urkunde, den Drohbrief des Vogts des Klosters, Sizzo von Kävernberg, an die Mönche, das gesamte Klostergut einzuziehen, wenn sie den Bestimmungen des Stiftsbriefs nicht entsprächen. So kehrten sie zurück; abermals wurde der Sarg gehoben, nach Paulinzelle befördert und dort (1128) bestattet. Aber da begann 1130 der Bau, und da die fromme Sitte erheischte, die Gebeine der Stifterin unter dem Hochaltar zu bestatten, so wurde der Sarg unter großem Pomp 1132 wieder dorthin übertragen. Und wie die früheren Male erklang es auch nun über ihrem Grabe: »Requiem aeternam dona ei!« Etwa sieben Jahrhunderte blieb nun auch ihre Ruhe ungestört, da fand man 1804 bei Nachgrabungen in der Ruine den Sarkophag und öffnete ihn. Aus dem Befund wissen wir, daß die starke Seele in einem kleinen, dürftigen, dünnknochigen Körper gewohnt hat. Der damals regierende Fürst ließ den Sarg an derselben Stelle wieder eingraben, aber viel tiefer, um ihr nun die Ruhe für immer zu sichern. Für immer? Mehrere Grabsteine, die man im Trümmerwerk fand, sind nun im Nordschiff der Kirche aufgestellt; der verwitterte Sandstein zeigt neben stolzen Epitaphien Wappen und Gestalten: Äbte mit dem Krummstab in der Rechten, der Bibel in der Linken; Schutzvögte in reisigem Gewand, die Rechte am Dolch, die Linke aufs Schwert gestützt; dann opferfreudige Donatoren, er im Wams, die Hände über dem lang herabwallenden Vollbart auf der Brust gefaltet, sie mit faltig bauschendem Gewand und Kopftuch. Sie haben vielleicht all ihr Gut geopfert, an dieser begnadeten Stelle schlummern zu dürfen, bis die Posaune klingt – und wo modert nun ihr Gebein? Der Bauer mit dem Kartoffelsack führte mich zu einem solchen Stein. »Mei Weib«, sagte er, »meinet immer, wenn die von oben hinunderschaun, so halden sie sech für bedrogen, und 's dhut ihne wehe.« – »Und Sie?« fragte ich. »Mei Bruder«, erwiderte er ausweichend, »meinet wieder: drüben is nix, gar nix.« Dann aber, nach einem langen Blick auf mich, ganz zaghaft: »Ich aber dhu meinen: drüben is was, aber ganz was anners als hier, drüben is kein Leid; Leid un Grab – das is irdische Sach.« Wie gesagt, es war nur ein Bauer mit einem Kartoffelsack.

Hat er unrecht, empfindet drüben die abgeschiedene Seele Sorge und Leid um ihr irdisch Werk, so hat die Stifterin dieses Klosters sie reichlich hegen müssen. Dank den gewaltigen Reichtümern, mit denen sie ihre Stiftung ausgestattet hatte – es waren neunzehn Dörfer, dann Zinsen und Zehnte aus über hundert Ortschaften, endlich eine Fülle einzelner Höfe, Wälder, Wiesen, Äcker, Gärten, Teiche usw. –, dank der gesunden Einsicht, die sie Hirsau als Muster wählen ließ, aber auch dank dem glücklichen Zufall, der ihr in dem ungenannten Hirsauer

Mönch einen großen Künstler zuführte, wurde die Kirche so schön und prächtig, als sie es irgend geträumt hatte, auch das Kloster stattlicher als irgendeines jener Tage; dies beweisen die bewundernden Berichte der Zeitgenossen, dies die Nachgrabungen, welche die Grundlagen eines gewaltigen Baus freilegten. Auch wurde Paulinzelle ihrer Bestimmung gemäß ein Doppelkloster, Mönche und Nonnen unter getrennten Dächern, aber unter dem Krummstab desselben Abts, nach der Regel des heiligen Benedikt, eines der wenigen Doppelklöster dieses Ordens. Aber was nun Paulina ferner anordnete: eine strenge Zucht, welche die von Hirsau an Askese noch überbot, und rege geistige Tätigkeit blieb unerfüllt. Die drei ersten Äbte, sämtlich Hirsauer Schwaben, hielten zum mindesten leidliche Zucht, ließen auch ab und zu einen Psalter mit kunstvollen Initialen fertigen; seit dem Beginn des 13. Jahrhunderts war von beidem nicht mehr die Rede. Der Grund ist offenkundig der allzugroße Reichtum; der thüringische Adel versorgte dauernd hier seine jüngeren Söhne und seine unhübschen Töchter; die Äbte wurden den edelsten Geschlechtern des Landes entnommen (Kävernberg, Schwarzburg, Hettstedt u.a.). Während das nächste Kloster derselben Regel, das auf dem Petersberg zu Erfurt, ein Mittelpunkt der geistigen Kultur Thüringens wurde, dem Lande seine ersten Geschichtsschreiber und Dichter gab und durch die treffliche Schule weithin wirkte, begnügten sich die Äbte von Paulinzelle mit dem Glanz, den ihnen ihr Reichtum gab, und der Auszeichnung, die Mitra, die Bischofsmütze, zu tragen; die Zucht wurde lässig gehandhabt, dem braven Sigeboto erstand kein Nachfolger in der Schriftstellerei; der Posten des Schulmeisters war eine Sinekure. Man wollte gar keine Schüler, wie man nicht zuviel Mönche und Nonnen wollte: für beide war sechzehn der »numerus clausus«, der möglichst herabgedrückt wurde. So rächte sich die unheimliche, selbst in jenen Tagen fast beispiellose Gier Paulinas nach Schätzen für ihre Stiftung, indem diese gerade darum nie zu rechter Bedeutung kam. Noch mehr, war es, wie nach den Quellen nicht zu bezweifeln, die stärkste Triebfeder Paulinas, einst die Heiligsprechung zu erringen, so erreichte sie das Ziel eben deshalb nicht, weil sie zu viel dazu tat. Ärmere Klöster boten alles auf, ihre Stifterin zur Sancta erhoben zu sehen; es regnete nur so Mirakel und Bittschriften an den Papst, bis das Ziel erreicht war, denn die Erhöhung der Patronin füllte die Kassen; die Paulinzeller Äbte rührten keinen Finger für sie, und die arme Paulina blieb nur eben eine Beata! Um 1400 begann auch hier, wie in so vielen Klöstern, der Verfall; Bedrückungen des Mainzer Bistums, üppiges Leben, schlechte Verwaltung, wohl auch allzu große Bautätigkeit brachten die einst so blühenden Finanzen arg herab, und da das Klosterleben nicht mehr wie früher als fashionable galt, so zog sich der Adel zurück. Im 15. Jahrhundert gab es nur noch bürgerliche Äbte; zuerst wohlhabende Bürgerssöhne aus den Nachbarflecken, so aus Königssee, dann gar nur Bauernsöhne aus Siegen, Milbitz und andern Dörfern. Das gleiche galt von den Nonnen; in den Aufnahmeregistern befindet sich kein vornehmer Name mehr. Das schlimmste aber war, daß die Klosterzucht immer mehr verfiel; war schon einst die Beziehung zwischen den adeligen Mönchen und Nonnen eine so freundnachbarliche, daß der Mainzer Erzbischof und der Petersberger Abt Anstoß daran nahmen, so trugen nun vollends die Bürger- und Bauernsprossen im Mönchs- und Nonnenhause die hereinbrechende Not in so treuer Gemeinschaft, daß sie um alle Achtung kamen und das herrliche Kloster derbe, in unseren zahmen Tagen nicht druckfähige Beinamen erhielt. Zwar die »dreihundert und drei« Kindesgerippe, die sich, wie mir das ältliche, aber unschuldige Minchen mit Grauen erzählte, beim Nachgraben im Nonnenhause gefunden haben sollen, sind eine Sage, aber wüste Dinge allerdings beglaubigte Tatsachen. Der reinigende Sturmwind der Reformation fegte das Unwesen hinweg. Während des Bauernaufstands von 1525 zog ein Haufe von Königssee auch nach Paulinzelle und trieb es hier arg wie anderwärts: Mönche und Nonnen wurden »zum Beichten gebracht«, Vieh und Pferde weggetrieben, der Hausrat geplündert oder zerstört, aus der Kirche die Monstranzen, Kelche und Reliquienkästchen mitgenommen und verteilt. Bezeugt ist ferner, daß auch einzelne Altäre zertrümmert wurden, aber ebenso, daß die Stürmenden an den Bau nicht rührten, auch niemand ums Leben brachten. Das gleiche gilt vom ganzen Thüringer Wald; schlimmer war's gegen den Kyffhäuser zu, wo der finstere Thomas Münzer hauste. Als seine Scharen bei Frankenhausen niedergemetzelt waren, brach auch über die Bauern dieser Waldtäler ein furchtbares Strafgericht herein, und die Mönche wurden auch in Paulinzelle wieder eingesetzt. Doch kamen nicht alle wieder, und die Nonnen trauten sich vollends nicht heim. Schon 1534 wagte es Graf Heinrich XXXIV. von Schwarzburg, das Kloster zu säkularisieren; zwar stellte es ein Machtgebot Karl V. 1541 wieder her, aber die Urkunde war das Pergament nicht wert, auf dem sie geschrieben war – was sollte das entweihte, entwürdigte Kloster im evangelisch gewordenen Lande? Nachdem der letzte Abt, ein Milbitzer Bauernsohn, gestorben war, stand der Bau verödet.

Paulinzelle verfiel, als es nicht mehr erhalten wurde; dann beschleunigte Habsucht das Zerstörungswerk. Ein Blitz traf das Nonnenhaus; der Dachstuhl ging in Flammen auf, das Gemäuer barst; da freuten sich die Dörfler auf mehrere Meilen im Umkreis des billigen Steinbruchs, der ihnen hier durch Gottes Gnade beschieden war, und machten sich auch sachte ans Mönchshaus. Die Schwarzburger Fürsten taten's ihnen nach; noch im 16. Jahrhundert erstand auf dem Unterbau des Abtbaus das Amtshaus , im wesentlichen so, wie es noch heute dasteht: im Erdgeschoß wurde der alte Steinbau möglichst beibehalten, darüber zwei Fachwerkgeschosse gesetzt. Ich bin drin gewesen; deutlicher als anderwärts – denn man sah auf Billigkeit der Herstellung und änderte nur, was man mußte – kann man hier die Bautätigkeit von sieben Jahrhunderten unterscheiden: dicke Mauern mit romanischen Fenstern aus dem 13., dünnere mit gotischen Spitzbogen aus dem 16., ganz dünne mit nüchternen Lichtöffnungen aus dem 18. Jahrhundert. Auch die Türen, Schlösser und Öfen sind aus derselben armseligen Zeit, nur ein Ofen aus dem 16. Jahrhundert ist erhalten, aber er ist sehr schön und lohnt allein den Besuch. Der Untersatz ist schmucklos, aber der Aufsatz zeigt eine Reihe stehender weltlicher Heiligen, darüber Engelgestalten von großer Schönheit. Renaissanceöfen sind ja heut wieder so modern; wer was besonders Schönes haben will, lasse sich diesen Aufsatz aus dem Nonnenstübchen nachbilden, aber Nonnen haben hier nie gehaust, nur Amtsvorsteher und Oberförster. Ähnlich entstand etwas später das schmucklose Schloß. Hier in der Waldeinsamkeit verbrachten die Schwarzburger Grafen ihre Flitterwochen, aber es muß, obgleich es dem Menschenfreunde schmerzlich ist, hinzugefügt werden, daß sie sich dann auch nach einigen Jahren mit Damen einfanden, die nicht ihre Gemahlinnen waren; das Paulinzeller Schloß war so eine Art schwarzburgischer Hirschpark, aber ganz im kleinen, man möchte schier sagen: in Ehren; denn mehr Mätressen, als eben die Mode unbedingt gebot, hatten diese braven Herren nie. Übrigens sind die Räume mit spartanischer Einfachheit eingerichtet.

Länger als das Kloster blieb die Kirche aufrecht. Auch hier machte gleichsam der Himmel den Anfang; als 1602 der Blitz das Dach der Kirche entzündete und die südliche Mauer beschädigte, nahm man die Balken und dann das Gestein, soweit es zu lockern war. Um 1680 wurde die Vorkirche dürftig instand gesetzt, nicht aus Pietät, sondern aus Sparsamkeit; die Dörfler und der Hof, der ja häufig hier verweilte, bedurften eines Gotteshauses; da wollte man auf diese Weise billig dazu kommen. Als aber die Erhaltung mehr kostete, als man dachte, da stand zwanzig Jahre später der Entschluß fest: der Dom sollte abgebrochen, das Gestein zur Erbauung einer Kirche nach Rudolstadt gebracht werden. Damals sank das Chor mit den stolzen fünf Apsiden in Staub; das Langhaus aber wurde durch die Festigkeit seines Mörtels gerettet; von Sprengungen durch Pulver mußte man absehen, weil Amtshaus und Schloß so nahe lagen…Ja, die Zeit um 1700 war in jeder Hinsicht ein Höhepunkt unserer Kultur! Drei Menschenalter später kam man zu besserer Einsicht, schämte sich des Geschehenen und suchte zu erhalten, was noch aufrecht stand. Im Jahre 1848 aber drohte wieder einmal dem schönen, vielgeprüften Bau der Untergang; im Rudolstädter Landtag saß ein Radikaler, der war so radikal, daß er beantragte: »Der ganze Krempel wird in die Luft gesprengt und dann das Steinzeug zum Bau von Chausseehäusern verwendet« – denn die Straßenzölle aufzuheben, dazu war er wieder nicht rot genug. Da aber Rot damals gerade die Lieblingscouleur war, so schien das Schicksal der Ruine besiegelt. Jedoch, man weiß, dann kam rasch eine andere Couleur auf…Seit etwa dreißig Jahren wird die Erhaltung planmäßig und verständig betrieben.

In den Pausen, wo die Fremden die Ruine besahen, war ich im Wald oder guckte mir die Häuser von Paulinzelle an. Ein merkwürdiger Anblick, denn es ist fast keines darunter, das nicht auf Quadern ruhte oder mitten zwischen Ziegeln und Fachwerk Steine mit eingemeißeltem romanischem Ornament aufwiese. So namentlich auch das Haus des Mehrers von Paulinzelle; als ich es gestern bei sinkender Sonne besah, trat der Besitzer hervor. Er begrüßte mich freundlich und entschuldigte sich sogar, daß er mich nicht einzutreten bitte, doch sei eben das Zwölfte angekommen. Dann fragte er, was ich den Tag über gemacht hätte. Die Ruine angesehen, war meine Antwort, sie sei ja so schön. Nun er, wie lang ich bleiben wolle, etwa zur Erholung beim Herrn Menger? Dabei fiel mir wieder, wie am Morgen, der prüfende, lauernde Zug in seinem Gesicht auf. Nein, sagt ich, Sommerfrische wollt ich hier nicht halten, aber wie lang ich bliebe, wüßt ich noch nicht. Da löste sich die Spannung in seinem Gesicht, und er nickte mit so vergnügtem Schmunzeln vor sich hin, als wollt er sagen: »Nun hab ich dich; es ist also so, wie ich gedacht habe.« Was er meinte, wußte ich aber nicht und kam auch noch nicht ins klare, als er nun die Rede auf die verschiedenen Konfessionen brachte und plötzlich fragte, wie ich über die »Ghadol'schen« dächte; alle Leute sagten, und auch in seiner Zeitung stehe es, man tue ihnen jetzt sehr viel zuliebe. Worauf ich: dagegen wäre nichts zu sagen, wenn nur anderen dabei kein Leid geschehe. Er räusperte sich, setzte zum Reden an, schwieg aber wieder. Dann gab er mir das Geleit zur Ruine zurück, die ich noch im Licht der Abendsonne sehen wollte, und meinte dabei: »Es is do sehre wunderbar; jetzt findt sie jeder scheene. Immer war das nech so.« Sein Großvater, sein Vater hätten noch Herren gekannt, die gesagt hätten: »Schade um die schönen Steine!« Und ob nicht wieder solche Zeiten kommen könnten? »Möglich«, sagte ich und meinte das ernst. Darauf er: »Nu ebe drum! Nu ebe drum! Da muß man sich so was do sehre überlegen dhun, eh man's anfangen dhut!« – »Was?« Da lachte er wieder schlau und empfahl sich. Was ich nach seiner Meinung in Paulinzelle vorhatte, sollte ich erst heute erfahren.

Es ist möglich, daß wieder Zeiten kommen, die für die Schönheit dieser Ruine blind sein werden, denn auf die Römer folgten die Hunnen und auf die Renaissance das 17. Jahrhundert. Aber wie ich sie so im Rot der Abendsonne vor mir liegen sah, da hielt ich's für undenkbar, so schön, so traumhaft schön war das Bild. Anmutvoll und feierlich zugleich, so recht herzerhebend ist sie ja immer, aber nie mehr, als wenn dies warme, satte Licht sie überflutet. Wie Flammen heben sich die Säulen in den Himmel hinein, denn das Westportal wirft nur kurzen Schatten, und dies Portal vollends steht in dem verklärenden Licht so jung und herrlich da, als wär's eben geschaffen… Still stand ich da und schaute und wurde traurig, als die Schatten wuchsen, wie aus der Erde empor, immer höher und höher, und das Licht verschlangen. Schließlich lag nur noch auf dem Giebel des Portals ein schwacher, rötlicher Schimmer, und nun verblaßte auch er, und es wurde Nacht, dunkle Nacht, denn es ist jetzt Neumond. Sonst hätte ich die neue, wohl noch größere Freude gehabt, zu sehen, wie hier das Mondlicht waltet. Aber auch so war's schön genug, und ich werde es nie vergessen…

Des Abends nahm ich mir auf meiner Stube zwei Bücher über Paulinzelle vor, die ich mitgebracht hatte, und las in ihnen. Und da traf ich auf zwei Stellen, die mich in neues Grübeln darüber hineinlockten, wie verschieden sich die Geschlechter der Menschen zu derlei Ruinen stellen. Zunächst etwas, was mich sehr enttäuschte. Auch Goethe war einmal hier; der Autor jenes Buches zieht die Stelle (aus den »Tag- und Jahresheften« von 1817) aus; begierig griff ich darnach; was hat dieser größte Dichter, dieser größte Mensch, der einem immer mehr wächst, je älter man wird, über Paulinzelle gesagt? Da stand's:

»Seit vierzig Jahren zu Wagen, Pferd und Fuß Thüringen kreuz und quer durchwandernd, war ich niemals nach Paulinzelle gekommen, obgleich wenige Stunden davon hin und her mich bewegend. Es war damals noch nicht Mode, diese kirchlichen Ruinen als höchst bedeutend und ehrwürdig zu betrachten; endlich aber mußte ich so viel davon hören, die einheimische und reisende Welt rühmte mir den großartigen Anblick, daß ich mich entschloß, meinen diesjährigen Geburtstag, den ich immer gern im stillen feierte, einsam dort zuzubringen. Ein sehr schöner Tag begünstigte das Unternehmen, aber auch hier bereitete mir die Freundschaft ein unerwartetes Fest. Oberforstmeister von Fritsch hatte mir von Ilmenau her mit meinem Sohne ein frohes Gastmahl veranstaltet, wobei wir jenes von der schwarzburg-rudolstädtischen Regierung aufgeräumte alte Bauwerk mit heiterer Muße beschauen konnten. Seine Entstehung fällt in den Anfang des zwölften Jahrhunderts, wo noch die Anwendung der Halbzirkelbogen stattfand. Die Reformation versetzte solches in die Wüste, worin es entstanden war: das geistliche Ziel war verschwunden, aber es blieb ein Mittelpunkt weltlicher Gerechtsame und Einnahme bis auf den heutigen Tag. Zerstört ward es nie, aber zu ökonomischen Zwecken teils abgetragen, teils entstellt; wie man denn auf dem Brauhause noch von den uralten Kolossalziegeln einige hart gebrannt und glasiert wahrnehmen kann; ja, ich zweifle nicht, daß man in den Amts- und anderen Angebäuden noch einiges von dem uralten Gebälke der flachen Decke und sonstiger, ursprünglicher Kontignation entdecken würde.«

Die Hefte enthalten auch sonst kein Wort heißer Empfindung, aber soviel ist gewiß: das »aufgeräumte alte Bauwerk« hat Goethe kalt gelassen. An seinem Alter kann's nicht liegen; wie jung war Goethe mit 68 Jahren! Konnte er nur mit den Augen seiner Generation sehen? Es spricht vieles dagegen. Oder erwartete er bei der Schwärmerei von dem »großartigen Anblick« gar zu viel und fand sich enttäuscht?

Paulinzelle hatte kein Glück mit unsern Klassikern. Auch Schiller war dort und schrieb ins Fremdenbuch ein Gedicht, aber dies Gedicht lautet:

Einsam stehn des öden Tempels Säulen,
Efeu rankt am unverschloßnen Tor,
Sang und Klang verstummt, des Uhu Heulen
Schallet nun im eingestürzten Chor.
Weg sind Prunk und alle Herrlichkeiten,
Schon enteilt im langen Strom der Zeiten
Bischofs Hut mit Siegel, Ring und Stab
In der Vorwelt ewig offnes Grab.
Nichts ist bleibend, alles eilt von hinnen,
Jammer und erhörter Liebe Glück;
Unser Streben, unser Hoffen, Sinnen,
Wichtig nur auf einen Augenblick;
Was im Lenz wir liebevoll umfassen,
Sehen wir im Herbste schon verblassen,
Und der Schöpfung größtes Meisterstück
Sinkt veraltet in den Staub zurück.

Gewiß ein sehr schwaches Gedicht; man wäre versucht, es nicht einmal Matthisson, sondern irgendeinem Schwächling seiner Schule zuzuschreiben. Aber bezeichnend ist es dafür, wie man vor vier Menschenaltern – es ist 1788 geschrieben – ein solches Bauwerk anschaute und was man dabei empfand, und darum teile ich es hier mit, da es nur in wenigen Schiller-Ausgaben zu finden ist. Denn Schillers Autorschaft ist erst seit 1885 genügend beglaubigt. Für ein anderes Verschen aus derselben Zeit, das er dem nahen Schwarzburg gewidmet haben soll, ist die Beglaubigung noch nicht voll erbracht. Möge dies auch nie gelingen, denn es lautet:

Auf diesen Höhen sah auch ich
Dich, freundliche Natur, ja dich!

Von anderen Gedichten über Paulinzelle sind mir, eine Ballade von Bechstein abgerechnet, nur diejenigen aus jüngster Zeit bekannt, die sich an den Wänden der Ruine angekritzelt finden. Von einem Zug zum andern! – wie schnell können heutzutage die Menschen dichten! Und dazu noch unter Gefahren, denn es steht ja überall angeschrieben, daß das Beschmieren der Wände mit 150 Mark Geldstrafe oder 14 Tagen Gefängnis geahndet wird. Viele begnügen sich auch nur mit dem Namen; daneben findet man Angebote zum Tausch von Ansichtskarten, aber auch viele, recht viele Zoten...Man kann ganz traurig werden, wenn man diese menschlichen Dokumente auf den Wänden der Ruine gewahrt.

Aber dann sah ich mir die Ruine selbst an und wurde wieder still und bewegt im Gemüt. Man wird mit der Freude gar nicht fertig und erlebt zudem an den Einzelheiten immer neue Entdeckerwonnen. Ich hatte so die Empfindung, als müßte ich hier wochenlang bleiben, und dachte zwischendurch – so ist der Mensch –, wohin ich nun gehen wolle. Ich hatte ja nach Westen gewollt, aber ein bestimmtes Ziel tauchte mir nicht auf. Dann ging ich wieder umher und entdeckte an einer der Säulen abermals ein neues Ornament, so einfach und dabei so schön! Ich zog mein Notizbuch hervor und zeichnete es mir ab wie andere vorher. Mit meinem Zeichnen ist's ja nicht weit her, aber mir erhöht's die Freude des Genießens – für den Augenblick und in der Erinnerung.

Wie ich aber so kritzelnd dastand, hörte ich Schritte – es war der Mehrer von Paulinzelle. Ordentlich triumphierend guckte mich der alte Mann an: »So, jetzt hab ich dich, jetzt kannst du nicht mehr leugnen!« Er trat auf mich zu: »Immer fleißig, Herre! Ja, da is viel zu dhun!« Ich: es sei nur so Spielerei zu meinem Vergnügen. »Na! na!« Warum er mir das nicht glaube? Darauf er, man habe ja schon lange davon gesprochen und es kommen sehen, und nun sei es da. Natürlich, wenn man alles aufbaue, sogar »alde pohlsche un französische Schlösser«, warum Paulinzelle nicht. Nun, wenn es nur nicht aus dem Steuersäckel gehe, so habe auch kein Mensch was dagegen. Freilich, für die Arbeit würden wohl wieder viel Welsche beigezogen werden, und da seien wüste Kerls drunter, das wisse er noch vom Bahnbau her. Aber nur eins sei wirklich schlimm: natürlich schenke man dann das Kloster den »Ghadol'schen«, die kriegten ja jetzt alles – und was die dann in der evangelischen Gegend damit anfingen? So also reflektierte sich in diesem Hirn die Kunde von der Restaurierung der Marienburg und Hohkönigsburg im Verein mit der Devise: »Zentrum ist Trumpf!« Nun, ich konnte ihn beruhigen, ich war kein Baumeister und nicht dazu hier. Und zum Beweis nahm ich auch gleich Abschied von ihm. Ich muß sagen, er wünschte mir recht freudig glückliche Reise.

Auf dem Heimweg überdachte ich mir die Sache. Die Marienburg, das geht an; ob's überall recht gemacht wird, das ist eine andere Frage, aber im ganzen kann man – ich hab's ja gesehen – ja und amen dazu sagen. Und von der Hohkönigsburg, die ich nicht kenne, will ich gern das gleiche annehmen. Aber Paulinzelle? – um Himmels willen, das wäre ja fast so töricht und frevelhaft wie der Aufbau des Heidelberger Schlosses, mit dem jetzt immer wieder gedroht wird. Und wie ich dran dachte, stieg der herrliche Bau vor meinem Aug auf, und ich stand wieder im Schloßhof vor dem Ottheinrichsbau und schaute wieder von der Terrasse ins Neckartal nieder. Mein Herz schwoll vor Sehnsucht… Und was spricht dagegen? Heut Paulinzelle und morgen das Heidelberger Schloß – weiß Gott, so Kluges ist mir nicht immer im Leben eingefallen.

Und dabei bleib ich nun. Noch heut fahr ich nach Heidelberg.

Paulinzelle, im Sommer 1901

Aus den Vogesen

Vorwort

Das Vorwort zur Ersten Reihe der »Deutschen Fahrten« unter dem Titel »Aus Anhalt und Thüringen« schließt mit den Worten:

»Dieser ›ersten Reihe‹ meiner ›Deutschen Fahrten‹ soll jedenfalls noch eine zweite, welche die Vogesen schildert, folgen. Ob eine dritte, hängt davon ab, wie lange ich mich noch an der Schönheit dieser Welt erfreuen darf.

Berlin, im Juni 1903.

Der Verfasser.«

Nun muß schon die zweite Reihe unvollendet erscheinen. Es fehlt etwa die Hälfte der geplanten Bilder, vor allem das der »Schlucht«, zu dem eingehende Studien gemacht waren. Am 28. Januar hat das Herz zu schlagen aufgehört, das eben so tief das Leid dieser Welt empfand, wie es dankbar ihre Schönheit genoß.

Berlin, im November 1904.

Ottilie Franzos.

I. Über Heidelberg nach Straßburg

Da sitz' ich nun seit drei Wochen zu Münster im Elsaß, kenne jeden Winkel im Nest und mindestens jeden dritten Menschen, fühle mich zuweilen wie ein richtiger Münsterer – und knapp eh' ich hierherkam, wußt' ich nur so beiläufig, daß es auch im Elsaß einen Ort dieses Namens giebt. Ohne vorgefaßten Plan bin ich ins Land, und gar nur deshalb, weil man doch irgendwo sein muß, in dies Städtchen geraten. Mich wundert das nicht, ich bin solche Art des Reisens seit Jünglingstagen an mir gewohnt. Nur darf man nicht etwa glauben, ich wäre in meiner Ferienzeit ein Blatt im Winde, das sich beliebig dahin oder dorthin wehen läßt. Planvoll reise auch ich; nur ist's eben täglich ein neuer Plan. Im Ganzen betrachtet, mag es wohl unvernünftig erscheinen, aber im Einzelnen ist's sehr vernünftig. Wie ich z. B., um nur das Letzte zu erzählen, aus einem thüringischen Waldthal plötzlich in den Vogesenwald gekommen bin, ist eine etwas verwickelte Geschichte, aber im Einzelnen eine Geschichte voll Logik und kalter Raison.

Und zwar war das so. Jenes thüringische Thal war das des Rottenbachs, wo sich die herrliche Klosterruine Paulinzelle erhebt. Nächst dem Heidelberger Schloß hat mich keine Ruine deutscher Erde so entzückt – mußt' ich da nicht ans Schloß im Neckarthal denken? Und wessen Herz wäre nicht der Sehnsucht voll, es wiederzusehen, wenn er d'ran denkt?! Nun kam aber noch etwas andres hinzu. Weil ich mir den schönen Säulenbau zwei Tage lang ansah, hielten sie mich dort für einen Baumeister, der gesendet sei, die Ruine fein wieder auszubauen, denn es wird jetzt in Deutschland so viel Geld dran gewendet, aus schönen Ruinen fragwürdige Glanzbauten zu machen, daß selbst die Bauern im Rottenbachthal davon schon gehört haben. Nun, vor mir ist ja Paulinzelle sicher, und vor wirklichen Baumeistern auch, aber von der Heidelberger Ruine ist ja leider nicht das Gleiche zu sagen.

Eine Schar amtlich berufener Architekten verkündet immer wieder, daß das Schloß unter allen Umständen ausgebaut werden müsse, und ob all' das Vernünftige, was das ganze Deutschland dagegen sagt, den Plan aus der Welt schaffen kann, steht noch nicht fest. Denn das ganze Deutschland hat hier nur eben eine Meinung, das Amt aber haben jene Herren. Wie, dacht' ich, wenn du in einigen Jahren nach Heidelberg kommst und findest den Otto Heinrichs-Bau mit blanken, neuen Giebeln, blinkenden Fenstern, einem schönen Dach, die Fassaden nur so blitzend vor Sauberkeit – ob nun mit oder ohne konservierenden Ölanstrich, aber jedenfalls so funkelnagelneu, daß du vor Wonne darüber aus der Haut fährst! Dazu drinnen statt der grauen verwitterten Säle, der zerfallenen Hallen, in die der blaue Himmel guckt, stilvolle Gemächer mit allerneuester Renaissance-Einrichtung aus den feinsten Münchener und Berliner Kunstmagazinen, auch ditto Renaissance-Öfen nach den besten Mustern, heizbare Öfen, in schöne, hohe, blütenweiße Kamine mündend, die weithin ins Neckarthal gleißen – ach, was wird das stilvoll und herzerquicklich sein! Eile dich und sieh es noch einmal so, wie du es seit deiner Jugend nun ein Dutzend Male immer mit gleichem Entzücken gesehen hast! Wer das keinen ausreichenden Grund dafür findet, daß ich von Paulinzelle in einem Zuge nach Heidelberg fuhr, dem ist mit Logik überhaupt nicht beizukommen.

Das heißt – beinahe in einem Zuge. Ich wollte es ja diesmal so machen wie die Zielbewußten, die wie ein Pfeil an ihr Ziel laufen und für Alles, was von Schönheit an ihrem Wege liegt, blind sind, aber gegen seine Natur kann kein Mensch was, und ich bleibe auf Reisen, was der alte Vischer ein »Ständlemännle« nannte, und mache Stationen. In Arnstadt zwar widerstand ich der Versuchung, statt aus einem Zug in den andern lieber ins Städtchen zu gehen und mir die schöne Liebfrauenkirche anzusehen, deren gotische Türme über dem romanischen Schiff mir vorhin verlockend ins Coupé gewinkt hatten. Auch in Oberhof blieb ich im überfüllten Coupé, obwohl die tannenwürzige Luft, die zum Fenster eindrang, sehr verständig mahnte: »Bleib' doch lieber einige Tage auf unserer schönen Höhe, statt mit sechs wohlbeleibten Zukunfts-Kissingern in stickiger Luft ins Flachland zu sausen.« Einige Stunden später aber, wo sich die Sechs längst empfohlen hatten, in Würzburg, war ich richtig draußen.

Das hatte aber seine guten Gründe; an Würzburg kann ich nie vorbeifahren. Erstlich des vielen alten lustigen Rokoko und zweitens eines mir teuren, wenn auch traurigen Menschen wegen.

Über das Erste wäre, wenn ich überhaupt davon anfinge, sehr viel zu reden; ich begnüge mich also, jedem, der an diesem Stil Freude hat, zu sagen, daß er hier des Freuens gar kein Ende findet; ist er mit den großen Sachen, der Residenz und der Neumünster- und der Peterskirche fertig, so fängt erst auf Schritt und Tritt die Freude im Kleinen an, denn so unzählige schöne Sachen: Fassaden, Erker, Portale, Statuen, Kandelaber, wie man sie hier findet, mag man in Deutschland lange suchen. Hat derlei hier überhaupt einen Namen, so geht's unter dem des Tilman Riemenschneider, des großen Meisters, den sie jetzt neben Walther von der Vogelweide und Mathias Grünewald auf den Franconia-Brunnen am Residenzplatz gestellt haben; in Wahrheit ist natürlich das Wenigste von ihm und dies selbstverständlich nicht Rokoko, aber ein Tröpflein seines ehrlichen Künstlerbluts war doch in all den Steinmetzen und Holzschnitzern, die der Stadt diesen fromm-fröhlichen Schmuck geschaffen haben. Was aber jenen mir teuren Menschen betrifft, so lernte ich ihn in der traurigsten Zeit meines Lebens kennen; mit der Juristerei war's aus, und von meiner Schriftstellerei wollten die Leute noch nichts wissen; darum verdingte ich mich, um leben zu können, als Reporter und kam im Spätherbst 1874 zum Prozeß Kullmann hierher; so hieß der Böttchergeselle, der einige Monate zuvor in Kissingen auf Bismarck geschossen hatte. Der armselige verhetzte Tropf war die endlosen Telegramme nicht wert, die um seinetwillen in aller Herren Länder gingen; hatte ich meine paar tausend Worte glücklich zum Amt gebracht, so saß ich zur Erholung allein im Theater-Restaurant, bis ich einen Gefährten fand. Auch er saß immer allein hier und las an demselben Tisch dieselben Zeitungen, denn er war ein wenig pedantisch, trotz seiner jungen Jahre, hatte auch ein altes, sorgenvolles Gesichtchen, dazu einen dürftigen Rumpf und ganz kurze Beine – aber innerlich war das ein Prachtkerl: geistvoll, frisch, liebenswürdig und gut – so gut! Freilich, damals war er auch glücklich, ein junger Anwalt, dem alles gedieh, und hatte eine Braut, um die ihn viele beneideten, ein ganz armes, aber sehr schönes Mädchen. Mir wurde bang, als er mir einmal ihr Bild zeigte – die stolze, üppige, hoffärtige Schönheit schien mir schlecht für ihn zu taugen. Er war aber ja guten Muts, und so war ich's auch für ihn; weit mehr Grund hatte er zur Sorge um mich. Sechsundzwanzig war ich und hatte was gelernt, auch schon viel geschrieben – und wie weit war ich noch von einem bischen Erfolg, geschweige denn einem sichern Stück Brot. Wenige haben mich damals ermuntert und vollends keiner aus so teilnahmsvollem Herzen heraus wie er. Einige Monate später schickte er mir seine Vermählungsanzeige, und nun hörte ich an die zehn Jahre nichts mehr von ihm. Da schrieb er mir eines Tags einen langen Brief über meine Bücher – ordentlich wie ein Bruder freute er sich des bischen Sonnenscheins, das nun auf meinen Weg gefallen war. Er sitze, schloß er, noch immer allabendlich im Theater-Restaurant am selben Tischchen; ob ich nicht wieder einmal kommen und ihm Gesellschaft leisten wolle. Das fiel mir auf, er war ja verheiratet; aber erst ein Jahr darauf, als wir endlich wieder dort beisammensaßen, erfuhr ich die traurige Geschichte: nach sechs Wochen hatte ihn das schöne, schlechte Geschöpf betrogen, und er war wieder allein. Aber gut war er auch nun, im Unglück genau so wie einst im Glück, und das will was sagen. Dann war ich noch zwei Male in Würzburg, trieb mich des Tags auf den Straßen und in den Museen herum und saß abends bei ihm. Das letzte Mal hatte ich mich nicht angesagt und mein Lebtag vergeß ich nicht, wie die trüben Augen in dem früh verrunzelten Gesicht sich erhellten, als er mich beim Eintritt plötzlich dasitzen sah. So wollte ich's auch diesmal halten, sogar noch schlauer; ich setzte mich an ein anderes Tischchen in der Ecke und harrte seines Eintritts. Als es sieben geschlagen hatte, sah ich nach der Thüre, ganz verwundert, daß er nicht kam, so pünktlich war er sonst. Aber es schlug halb acht und acht, und sein Platz war immer noch leer. Da fragte ich den Kellner, ob der Doktor Soundso etwa krank sei. Darauf er: nein, dem fehle nichts mehr, der sei seit einem halben Jahr tot. »Er war ein guter Mann«, fügte er bei. Ja, das war er, und mir war er mehr … Nun schien mir plötzlich alles lustige Rokoko in Würzburg nicht mehr lustig genug, seinetwegen allein dazubleiben, und ich ging zum Bahnhof und fuhr mit dem Nachtschnellzug nach Heidelberg.

Am nächsten Morgen war ich auf dem Schloßberg. Gottlob, der Otto Heinrichs-Bau war noch schön, auch noch eine Ruine, kein Fenster war ein- und kein Dach aufgesetzt und auf dem Dach kein schöner, weißer Kamin. Aber auf dem Friedrichsbau, da – ich traute meinen Augen nicht – da ragten wirklich die neuen häßlichen, weißblinkenden Schlote, wie ich sie bange geahnt, denn der Friedrichsbau war bereits restauriert. Freilich zum Glück nicht ganz so energisch, wie es der kühne Bauleiter geplant hatte, und – oh Jammer! – selbst die hohen weißen Schlote, die seinen Ruhm fernen Geschlechtern verkünden sollten, wurden eben geschwärzt; es mußte sein, die undankbare Mitwelt schimpft gar zu vernehmlich ...Diese Geschichte von der geschwärzten Kamin-Unsterblichkeit ist ja lustig genug, und auch sonst könnte selbst ein Philanthrop nicht ernsthaft bleiben, wenn er sich hier, auch vom Großen abgesehen, so im Einzelnen ausmalte, wie herrlich Alles aussähe, wenn man den kühnen Mann die Ruine in Grund und Boden hinein retten ließe. Die Elisabeth-Pforte z. B., wo heute der Epheu, von Menschenhand gezogen, das Gestein so schön umspinnt, daß man nirgendwo den Verfall sieht und doch den wehmutsvollen Eindruck einer Ruine hat – wie schön wird sie sein, wenn man den Epheu entfernt und mitten in das graue bröckelnde Gestein zur Ausfüllung neue Quadern setzt! Dann die Brunnenhalle mit den Syenitsäulen; die Säulen sind ja beschädigt und dürfen es sein; seit mehr als einem Jahrtausend tun sie ihren Dienst, zuerst zu Ingelheim, dann hier; oh, wie wird das herrlich sein, wenn man die Säulen Karls des Großen endlich fein glatt poliert! Was aber soll mit dem »Gesprengten Thurm« geschehen und was mit dem »Dicken Thurm«? So sehr man sonst die Verwüstung beklagt, hier preist man sie, denn so – halb in Trümmern – ist das plumpe Gemäuer unserm Blick erträglich; ausgebaut müßte es geradezu häßlich aussehen. Indes, muß jener Kühne schon ein Objekt zum Ausbauen haben, so gönnte ich ihm gern den »Dicken Thurm«, – den Otto Heinrichs-Bau jedoch müßte er fahren lassen. Aber das Projekt wird ja ernst genommen also – ein ernstes Wort. Es wäre die größte Geschmacklosigkeit aller Zeiten und eine Barbarei dazu. Freilich: »sonst« – wird gezetert – »ist die Ruine verloren«. Man muß nicht aus Paulinzelle kommen, um dies zu bezweifeln; es giebt ältere Ruinen in Deutschland, aber namentlich auch unter dem weit rauheren Himmel Englands, die prächtig erhalten werden. »Aber wir sind die Sachverständigen«, rufen uns die Herren an, »Ihr die Laien!« Nun, es giebt auch Sachverständige genug, die mit uns stimmen. Und würdet Ihr uns beweisen, daß sie nichts verstehen und Ihr Alles, Ihr hättet uns nicht überzeugt, auch dann würden wir sagen: »Wie die Götter wollen! Wir sind nur Menschen und leben auf einem Gestirn, das auch nicht ewig sein wird! Kann der Otto Heinrichs-Bau nicht als das bestehen, was er jetzt ist, die herrlichste Ruine Deutschlands, so mag er vergehen. Aber daß er zu einem mühselig verneuerten Paradigma der Kunstgeschichte, Stil: deutsche Frührenaissance, wird – und fraglich ist, ob Ihr auch nur das leisten könntet – das wollen wir nicht, davon haben auch unsere Urenkel nichts, gar nichts. Denn den Eindruck, den wir hatten, haben sie nicht, auch wenn Euer Bau wieder in Trümmer sinkt. Sucht Euch andere Stätten, unsterblich zu werden. Hier ist kein Ruhm zu holen, als der eines Melac im Erhalten!«

Es kommt aber, sagt man, zuweilen vor, daß auf Erden die Unvernunft siegt; darum freut' ich mich an jenem Tage des liebvertrauten Anblicks, als wär's zum letzten Mal, und mußte dabei immer des Tags gedenken, da ich's zum ersten Mal gesehen. Das war im Mai 1872, auf der Heimkehr von meiner ersten Reporterfahrt, die zugleich meine fröhlichste geblieben ist, von der Eröffnung der Straßburger Hochschule – ein wunderschöner Lenztag, Sonnenschein und Finkenschlag überall, auch im jungen, damals noch so tapferen Herzen. Das Gemüt hat ein gutes Gedächtnis, ein besseres als die Augen – ich wußte, während ich nun mit ergrauendem Haar dieselben Pfade ging, noch ganz genau, wie damals Alles war. Der Friedrichsbau war noch nicht so fein zugestutzt wie jetzt, und die städtische Altertümer-Sammlung, die schon drin war, gehörte noch einem Herrn v. Graimberg, aber die Ruine war dieselbe geblieben, ja sogar der Text, mit dem die Aufseher ihre Herde während des Dauerlaufs von einem Saal in den andern erbauten; und vor dem hölzernen Perkeo neben dem großen Faß hörte ich, weiß der Himmel, dieselben Witze wie einst. Auch die Kutscher vorm Schloßthor neckten sich nicht feiner, und die Fremdenführer waren nicht bescheidener und die vielen ältlichen Engländerinnen nicht dicker und schöner geworden. Dann ging ich weiter, auf die große Terrasse, und fand auch hier das Bild kaum geändert. Unten die liebe alte Stadt, zwischen Berg und Fluß geschmiegt, zwischen dem ehrwürdigen Grau viel Rot der Dächer und Grün der Bäume, dann die beiden Neckarbrücken und auf dem Fluß kein Kahn – der alte Matthäus Merian, der 1620 das Landschaftsbild in einem herrlichen Stich festgehalten hat, war ein Phantast, als er hier eine ganze bewimpelte Flotille anbrachte, aber alles andere gab er treu wieder; auch das langgestreckte, niedrige Inselchen hat noch keines seiner Eckchen verloren. Nur kann man hier heute daneben Vieles sehen, was selbst vor dreißig Jahren noch nicht da war, geschweige denn zu dieses Künstlers Zeiten: unten die elektrische und den Berg empor die Drahtseilbahn und mehrere Fabrikschornsteine, die fleißig qualmen. Aber wenn der brave alte Merian darüber Neid empfindet, so mag er sich trösten; dafür hat er das Schloß ganz gesehen ... Als ich vor 30 Jahren hier stand, trat ein kleines, altes, dürftiges Männlein auf mich zu und hielt mir ein langes schwarzes Ding hin und fragte mit zitterndem Stimmchen, ob ich nicht Mannheim sehen wollte, es koste nur einen Groschen. So viel war mir Mannheim wert, und ich guckte hinein, sah aber den Dunst der Ebene und sonst nichts. Und jetzt – mir wurde ganz sonderbar zu Mut – sagte plötzlich neben mir die dünne, zittrige Greisenstimme: »Wolle Se net bis Mannem sehe; 's kost nur zwei Grosche« – und er war's und hielt mir das lange schwarze Ding hin. Nun, es wird wohl ein anderer gewesen sein, aber der Erinnerung wegen und weil ich die Verdoppelung des Preises während eines Menschenalters bescheiden fand, guckte ich hinein, sah aber wieder nichts als Dunst. Und aber nach dreißig Jahren – aber was red' ich da – ich bin nicht Chidher, der ewig junge, leider nein!

Als ich vom Aussichtspunkt weiter ging, stieß ich auf etwas, wovon damals selbst wir jungen Leute, die den Dichter so verehrten, uns nicht träumen ließen, auf das Scheffel-Denkmal. Kein Wunder, er war noch in unserer Mitte, frisch und rüstig, kaum sechsundvierzig – in Straßburg hatte ich ihn eben zum ersten Mal im Leben gesprochen. Am 1. Mai 1872, beim Festmahl im großen Saal der »*Reunion des Arts*«, flüsterte mir der junge Gelehrte, der neben mir saß und auch eine Zeitung bediente, Professor Woltmann aus Karlsruhe, zu: »Das ist Scheffel!« Eine derbe, festgefügte Gestalt mit lebhaft gefärbtem Gesicht; etwas Ursprüngliches, Eckiges war in der ganzen Erscheinung; man hätte auf einen Förster im ungewohnten Frack raten mögen. Dem widersprach freilich bei näherem Besehen der sinnende Ausdruck der Züge, der verschleierte Blick; er sah doch aus wie das, was er war, ein Dichter und Träumer. Er saß an derselben Tafel wie wir, uns schief gegenüber; in den Pausen, wo ich nicht stenographieren mußte, guckte ich immer nach ihm, er sprach wenig, trank aber fest. Das Mahl währte mächtig lange, und geredet wurde mächtig viel; da erhob sich Scheffel und begann auf und nieder zu gehen, trat auch an Woltmann heran, den er kannte. »Viele rede«, hörte ich ihn sagen, »einige schwätze sogar.« Da begann wieder einer, wohl auch ein Schwabe – »Schwingt den Hammer des deutschen Geischtes, schwingt bisch der Mantel schpringt!« zitierte er; der deutsche Kern in seinen elsässischen Landsleuten sei nur durch eine »Chruschte« verhüllt. Ein Elsässer also – aber wie hieß er? Ich wandte mich an meinen Nachbar zur Linken, einen preußischen Professor: »Bitt' schön, wer ist das?« – er wußte es nicht. Darauf Scheffel, der hinter mir stand: »Graf Dürckheim-Montmartin«, und dann neckend: »Bitt' schön, wohl ein Österreicher?« Ich bejahte, worauf er: »Studente oder Schurnaliste?« – »Beides«, antwortete ich. – »Na, wenn nur da der Eine den Andern nit totschlägt!« Nun, etwas von Beiden bin ich dann doch mein Leben lang geblieben, obwohl ich ein Drittes wurde.

An diese Stunde dachte ich, als ich vor seinem Denkmal stand. Mir hat's im ganzen sehr gefallen und der starke Realismus, den Andere tadeln, hat mich nicht gestört. Der Künstler, Adolf Heer, hat Scheffel stehend hingestellt, als Wanderer, der eben wieder einmal ins Neckarthal will, das zu seinen Füßen liegt: in hohen Stiefeln und Lodenrock, die Reisetasche umgehangen, den Schlapphut in der Hand. Diese Tasche ist aus altem Leder und hat verschlissene, verbogene Ränder, der Loden ist gleichfalls arg abgenutzt, auch für den Schlapphut aus Filz gäbe kein Trödler fünf Groschen, und die Stiefel sind zwar ganz, aber ausgetreten und miserabel geputzt. Ich gebe zu, derlei, wie es Heer gethan, in Erz nachzubilden, gehört gewiß nicht ins Gebiet der großen Kunst; meinetwegen mag man's eine virtuos durchgeführte, aber nicht ganz geschmackvolle Spielerei nennen. Darauf jedoch kommt es ja nicht an, sondern auf den

Eindruck der Gestalt: sie ist in der Haltung vortrefflich und charakteristisch die Züge – Scheffel ist hier allerdings jünger dargestellt, als ich ihn gekannt habe – sehr ähnlich, namentlich jener sinnende Ausdruck prächtig herausgearbeitet. Die Reliefs hingegen sind nur eben leidlich, eines, »Jung Werners Ausritt« nicht einmal dies: mit verhängten Zügeln sprengt der Reiter in einen Baumstamm und die scharfe Umrandung des Reliefs herein; man denkt unwillkürlich: O weh! im nächsten Augenblick wird's dem armen jungen Menschen übel ergehen.

Ich ging weiter, fuhr dann zur »Molkenkur« empor, fand oben sogar Bekannte, mit denen ich lange plauderte, aber die alte Zeit ließ mich nicht wieder los. Was waren das für herrliche Tage im grauen, winkligen, damals noch halb zerschossenen Straßburg, herrlich und dabei der seltsamsten Eindrücke voll. Vor meinen Augen stand wieder das Münster, das sie eben zurechtflickten, und der Schloßhof mit dem Zeltdach, wo sie die alte Hochschule zu neuem Leben weckten, und der breite Broglieplatz, wo uns die Straßburgerinnen in Trauerflor vor die Füße spieen, wenn sie uns deutsch reden hörten … Wie sah die Stadt nun aus und welcher Geist lebte in ihr?! Zweimal hatte ich seitdem auf der Reise von Berlin in die Schweiz hier übernachtet, das war alles – und auch diesmal hatte mir dunkel vorgeschwebt, mich auf einen Schweizer Berg zu setzen, wenn mir nichts Besseres einfiele. Nun aber wußte ich Besseres, noch mehr – nach Straßburg, das war das einzig Vernünftige, das mußte sein.

Wär's nicht Heidelberg gewesen und schönes Wetter, ich wäre sofort gegangen. Im Sonnenschein von Heidelberg zu scheiden, ist ganz unmöglich. Am dritten Tage jedoch regnete es – und da fuhr ich nach der »wunderschönen Stadt«.

Aber so jung und enthusiastisch ich war, als ich Straßburg zum ersten Mal sah, mit dem Beinamen des Volkslieds könnt' ich's nicht nennen. Wunderschön erschien mir nur das Münster, schön einzelne Kirchen und Häuser, das Stadtbild aber merkwürdig, überraschend, sogar ergreifend, nur eben nicht schön. Zunächst begriff man's gar nicht; zweihundert Jahre war Straßburg bei Frankreich gewesen, und sah noch so deutsch, so urdeutsch aus, wie wenige Städte im Herzen des Reichs. Die engen, krummen, winkligen Straßen mit den unzähligen Sackgäßchen und Durchgängen, die langen Reihen alter grauer Giebelhäuser, die einen mit durchgehenden Erkern, die andern ein Geschoß über dem andern vorspringend, daß die Straße unten eng genug, das Band des Himmels über ihr gar nur ein schmaler Streifen war; die uralten »Lauben«, überdeckte, durch Bogen und Pfeiler von der Straße geschiedene Gänge, in denen die Kaufläden lagen; die unzähligen Wahrzeichen über den Hausthüren, Inschriften, fromme und derbe Bildchen, wohin man blickte – dies alles gab das Bild einer kleinen alten Stadt jenseits des Rheins, in Schwaben oder der Pfalz, nur daß es hier eben sehr viele Straßen, sehr viele Häuser und sehr viele Menschen gab; gleichsam eine große Kleinstadt, auch darin, daß einem unwillkürlich die ungeheure Menge von Lädchen und das Fehlen großer Läden auffallen mußte, die Unzahl von Handwerksschildern und der Mangel an Fabriken. Daß man eine altberühmte Stadt von über 80 000 Einwohnern durchschritt, merkte man außer dem Münster und einigen andern stolzen Bauten nur daran, daß die Häuser offenbar überfüllt waren; die Stadt war eben durch die Wälle eingeschnürt, die Häuser der Krämergasse rückten dem Münster hart an den Leib; nur auf dem Broglieplatz gab's etwas Luft und Licht. An eine französische Provinzstadt aber erinnerte nichts als, selten genug, ein Denkmal oder ein Haus und auf Schritt und Tritt nur die Sprache vieler Leute.

Ja, viele waren's, aber doch nur eine nicht allzu stattliche Minderheit. Die unteren Sechzigtausend, vom Kleinbürger bis zum Arbeiter, sprachen nur ihr »Dütsch« und einige Brocken französisch; die mittleren Neunzehntausend sprachen zu Hause dütsch, untereinander deutsch oder französisch, wie's eben kam, auf der Straße aber, wenn ein »Schwow« in Hörweite war, immer französisch; die obersten Tausend nur mit dem Gesinde dütsch, sonst stets französisch. Das Hochdeutsche war nur einem winzigen Häuflein strenggläubiger Protestanten (neben dem Französischen) Umgangssprache; der ungeheuren Mehrheit war es eine fremde, aus ihrem »Dütsch« heraus freilich nicht leicht verständliche, jedoch verhaßte Sprache. Aber die Sprache allein charakterisiert ja den Menschen nicht, sondern auch sein Typus, und das waren urdeutsche Leute; natürlich keine reinblütige Rasse – und gab' es die?! – aber eben Mischlinge zwischen Germa nen und Kelten, wie so vieler ihrer Vettern in Süddeutschland; romanisches Blut war nicht in ihnen; man hätte sie nicht bloß hier, sondern auf jeder Insel der Südsee und nun gar in Paris als Deutsche erkennen müssen...

Das war der Gegensatz, der einem damals je nach der Weltanschauung so tragisch oder so komisch erscheinen, aber jedenfalls in Auge, Gemüt und Phantasie dringen mußte: diese urdeutschen Leute in der urdeutschen Stadt waren von kochendem Haß gegen alles Deutsche erfüllt. Auch dies war auf Schritt und Tritt zu erkennen. Der Haß äußerte sich so drastisch, oft auch so kleinlich, daß man immer wieder darüber lächeln mußte, aber die Gründe der Erscheinung gaben ihr den Stempel des Tragischen. Eben die richtige Tragikomödie: die Elsässer haßten Deutschland, weil sie so echte Deutsche waren, weil Trotz und Treue so tief im deutschen Volksgemüt wurzeln. Noch sah man damals die Spuren der sechswöchigen Belagerung: das Münster beschädigt, die »Aubette« mit ihren Gemälden und Skulpturen, die »Neue Kirche« mit der Stadtbibliothek, das Theater und die Präfektur Ruinen, das Viertel ums Steinthor ein Trümmerhaufe. Ich war von Wien her an einen Straßburger Prediger, einen Elsässer empfohlen, der damals seiner Deutschfreundlichkeit wegen bei den eigenen Landsleuten geradezu verfehmt war; er war beim Kommers mein Tischnachbar; als nun ein junger Redner meinte: die Elsässer würden sehr bald das milde Licht der deutschen Wissenschaft schätzen lernen, flüsterte mir dieser Mann bitter zu: »Feuerbomben geben einen noch grelleren Schein, der blendet für lange – und gar so finster war's bei uns früher auch nicht.« Auch daran lag's – das Elsaß hatte sich als Provinz eines Kulturstaats, wie es Frankreich so lange, eines so mächtigen Staats, wie es bis 1870 war, wohl befunden. Aber nicht daran allein, auch die Treue sprach mit. Als Straßburg, vom kurzsichtigen Kaiser um seines Lutherglaubens willen bedrängt, vom Reich verlassen, sich 1681 Ludwig XIV. ergeben mußte, »weil«, wie es in der letzten Resolution des Rats mit dem Lakonismus der Verzweiflung hieß, »vor diesmahl kein Mensch es retten wolle und könne«, da machte es zweifellos einen guten Tausch: es war des Verbands mit einem besiegten ohnmächtigen Staat ledig und kam an einen siegreichen starken Herrn. Dennoch war der »Welsche« durch länger als ein Jahrhundert ein Fremder, ja, ein Feind; noch 1789, wo sie endlich reden durften, stellten die Vertreter des Elsaß die Forderung, als »wirklich fremde Provinz« der Blutsteuer überhoben zu sein und sich selbst zu verwalten; erst im Gluthauch der großen Revolution schmolz es mit Frankreich zusammen. Und nun, wo sie politisch so gute Franzosen geworden, wie sie bis 1681 gute Deutsche gewesen, mußten die Elsässer wieder tauschen, und abermals war's ein guter Tausch; das starke, siegreiche Deutschland hatte mehr zu bieten als das zerrüttete, besiegte Frankreich, aber der »Schwow« war ein Fremder, ein Feind; sie empfanden nach 1870 wie einst nach 1681. Die Frage war nur: wie lange? – und wann wurden sie wieder gute Deutsche?!

In der Stimmung jener Festtage hörte man sehr optimistische Antworten, aber Moltke meinte, erst nach einem halben Jahrhundert werde man da Freudiges erleben. Nun waren's erst dreißig Jahre – wie stand's jetzt darum? Und welche Wandlungen hatte das Stadtbild erfahren?!

Die alten Erinnerungen aufzufrischen und mir Antwort auf diese Fragen zu suchen, war ich nun in Straßburg. Aber das Erste gelang mir besser als das Zweite, und die Wandlung im Stadtbild wieder ist leichter zu fassen als die in der Volksstimmung. Zudem bin ich nur vier Tage dort geblieben. Die Facetten-Augen der Insekten, sagen die Naturforscher, sehen im Fluge besser als in der Ruhe, aber mit unsern Menschenaugen ist's anders. Und darum bescheide ich mich und will im nächsten Aufsatz nur anspruchslos einige Eindrücke geben.

Berlin ausgenommen, kenne ich keine Stadt im Reich, die sich seit einem Menschenalter so gewandelt hätte wie Straßburg. Aber Berlin ist nur eben aus einer unhistorischen, großen, armen eine ebensolche riesige, reiche Stadt geworden; der Grundcharakter ist derselbe geblieben. Anders hier; das alte, nicht überall schöne, aber im Charakter merkwürdig einheitliche Straßburg ist heute ein Gemisch von Alt und Neu; daneben ist im Norden und Osten eine gewaltige, im guten wie im unguten Sinn des Worts moderne Stadt erstanden; mehr als den Namen haben beide nicht gemein.

Natürlich galt mein erster Gang dem Münster. Noch ragt es »herrlich wie am ersten Tag«, trotz der Buntheit im Stil an Schönheit der einzelnen Teile an malerischem Reiz von keinem Dom der Welt übertroffen; noch übt das Innere durch die Größe und den Adel aller Maße, den rosigen Ton des Vogesensandsteins denselben licht-feierlichen Eindruck; noch ist der krähende Hahn der astronomischen Uhr um Mittag die Wonne aller Fremden und Taschendiebe; noch immer überblickt man von der Plattform ein gewaltiges Stück deutscher Erde. Aber das Stadtbild unten ist ein verändertes; in dem einstigen eintönigen Grau der Altstadt schimmert viel neues Weiß; wo sich einst gegen Osten der Festungswall erhob, hinter ihm das kahle Feld dehnte, gleißt nun im Sonnenschein eine Stadt wie von lauter Paläster; der Wall ist gesunken, aber weit draußen ragt auf mehr als eine Meile Entfernung ein neuer, von einem der vierzehn Riesenforts zum andern gespannt; Straßburg ist noch immer, nun erst recht, eine gewaltige Festung. Liebevoll wird das Münster erhalten und neu geschmückt: das Kreuz über der Turmlaterne, das ein Schuß 1870 schief legte, ragt längst wieder aufrecht; der Vierungsturm ist stilvoll abgeschlossen, das Chor mit hübschen Fresken geziert. Freilich, die häßlichen Arkaden unten sind noch nicht beseitigt, die alten Häuser dicht vor der Fassade stehen auch noch. Dicht daneben steht das einst schönste Wohnhaus Alt-Straßburgs, das Kammerzellsche Haus. Als ich es zuerst sah, war das Fachwerk über dem steinernen Erdgeschoß morsch und verwittert; wie eine ehrwürdige Greisin mutete es an, auf deren feinen Zügen doch noch ein Abglanz der einstigen Schönheit liegt. Heute gleicht es seinem Urbild, wie etwa das Liebesduett in einer Oper dem wirklichen Zwiegespräch eines zärtlichen Paars; die alten Fresken am Holzbau sind schrecklich schön erneuert und obendrein das Erdgeschoß bemalt – von Geschäfts wegen, denn was vor einem Menschenalter ein verfallendes Patrizierhaus war, ist nun eine »stilgerecht« hergestellte »altdeutsche« Kneipe. So verkündet das Haus heute nicht so sehr, wie die Inschrift über der Tür besagt, »in erneuter Pracht Alt-Straßburgs Herrlichkeit und Macht«, als vielmehr die traurige Wahrheit, daß alles seine Zeit hat und der Tod zumeist besser ist, als unwürdiges Leben…

Dann suchte ich die Stätten der unvergeßlichen Feier von 1872 auf. Das alte Bischofsschloß, damals die Universität, steht noch, wird aber nun für das städtische Museum eingerichtet; wie einst, roch's auch heute hier nach frischem Mörtel. Ich trat in den Hof; hier, unter einem Zeltdach, fand die feierliche Eröffnung statt; hier hielt Anton Springer die Festrede, trotz seines deutsch-böhmischen Dialekts die wirksamste, die ich je im Leben gehört habe, dabei in der Zeitdauer so sorglich ausgerechnet, daß bei den Schlußworten: »Möge der Geist der Wahrheit, die Liebe zum Vaterlande nie aus diesen Räumen weichen! Das walte Gott!« die Mittagsglocken des nahen Münsters einfielen, ein Effekt ohne gleichen. Heute sind hier alte Römersteine aufgestellt; einige Herren, die sie besahen, sprachen »dütsch«, als ich näher kam, französisch … Dann suchte ich das große Haus neben dem früheren Bahnhof auf, wo wir nach der Rückkehr vom Odilienberg am 2. Mai 1872 beim Kommers Scheffels Festlied zuerst gesungen hatten: »Stoßt an drum; Neustraßburg soll leben – Als Straße für geistfrisches Streben – Als Burg der Weisheit am Rhein!« Aber der Bahnhof war eine Markthalle geworden, und das Haus stand nicht mehr; an seiner Stelle erhebt sich die neue Synagoge …Und als ich den alten, behaglichen Luxhof aufsuchen wollte, wo wir allabendlich gekneipt hatten, da fand ich ihn nicht mehr, er war abgebrannt. Dreißig Jahre! Und wie viele von den Jünglingen, die da mit mir um den kleinen, runden Tisch gesessen, waren nun schon tot. Besonders um einen that's mir leid, einen frischen, lieben, begabten Menschen; hier wurden wir Freunde und blieben es bis

zu seinem frühen Tod; Carl Caro hieß er, der Dichter des einst oft aufgeführten Lustspiels
»Die Burgruine« und einiger übermütiger Lieder, die noch heut gesungen werden, ohne daß
die Leute seinen Namen wissen; am Tisch des »Luxhof« hat er sie uns zuerst vorgesungen.
Dreißig Jahre! ...Ganz betrübt ging ich nach der Thomaskirche, wo ich einst eine vortreffliche
Festpredigt angehört hatte, und dort endlich konnte ich wieder lächeln. Nicht über das einfache,
uralte Kirchlein, auch nicht über das schöne Mausoleum, das seine größte Sehenswürdigkeit ist,
aber über die Erklärungen des Sigrists; sie waren noch aufs Wort dieselben, über die Caro und
ich einst Thränen gelacht hatten. »Dieses ist das hoch berühmte Mausoleum für den bekannten
Marschall Moritz. Er wird von Sachsen genannt, weil ein starker sächsischer König und eine
sächsische Gräfin, die ihrer Schönheit wegen Aurora oder Königsmark hieß, seine Eltern waren,
aber er war Marschall von Frankreich. Sie sehen, wie er hier traurig die Treppe hinuntergeht,
denn unten rechts steht ja leider schon der Tod und öffnet den Sarg, wo er sogleich hinein
muß. Die Dame oben rechts, die ihn zurückhalten will, ist das Königreich Frankreich, und der
große nackte Herr unten links, der sich betrübt auf seine Keule stützt, ist ein starker Römer,
der sich Herkules geschrieben hat, denn dieser Moritz war auch stark.« Dann vor einer andern
Sehenswürdigkeit: »Dieses ist der steinerne Sarg des Bischofs Archilochus aus dem IX. Jahrhundert. Weil dies aber eine protestantische Kirche ist, so sage ich ihnen: er war Katholik.« Das
Merkwürdige ist nun, daß der Mann, wenn er die Schaustücke seinen Landsleuten »dütsch«
oder französisch expliziert, keinen Unsinn schwatzt. Offenbar handelt es sich um eine nach der
Eroberung von 1870 zu Geschäftszwecken (es wird Eintrittsgeld erhoben) hastig, vielleicht von
einem Schalk hergestellte, hochdeutsche Übersetzung, die nun ein Kirchendiener nach dem
andern memoriert. In Erinnerung war mir noch die Erklärung der trauernden Frauengestalt
vor dem Denkmal des Professors Jakob Oberlin, weil sie Caro immer zitierte: »Diese Dame ist
nicht die Frau Professorin, sondern die Wissenschaft; man erkennt es daran, weil sie so sehr
trauert.« Nur in einem hatte sich der Text gewandelt. In einem der Kirchengewölbe wird auch
unter Glas und Rahmen die Mumie eines Mädchens aufbewahrt: »Dieses ist die Tochter des
Herrn Grafen von Nassau, sie war zwölf Jahre alt. Vor 1870 hatte sie noch Haare auf dem ganzen
Kopfe, damals sind sie ihr ausgefallen.« Damals hieß es »vor 1848« und hatte also ein stumpfes
Spitzchen gegen die Revolution: jetzt scheint fast eins gegen die Annexion daraus geworden...

   Den Eindruck, daß das letzte Menschenalter das Stadtbild gründlicher gewandelt hat, als
die vier oder sechs, die ihm vorangegangen sind, hat man überall. Es sind dieselben Straßen
mit denselben Namen, aber bis zur Unkenntlichkeit gewandelt. Wer vom Schloß die Ill entlang
geht bis zur »Gedeckten Brücke« hin, mag, wenn er die Ufer übersieht und in die Gäßchen
zur Rechten und Linken hineinguckt, getrost glauben, man schreibe etwa *anno Domini* 1620,
wo eben die Furia des Glaubenskriegs losgebrochen; das Auge hat da größere Wonne, als an
heißen Augusttagen die Nase, das ist wahr, aber malerisch und merkwürdig ist der Anblick.
Und Ähnliches sieht man noch in manchen krummen Gäßchen der Altstadt; nur ist derlei heut
die Ausnahme, während es 1872 die Regel war, und die Regel ist heute ein Gemisch von Alt und
Neu. Das ist an sich natürlich; noch mehr, es ist höchst erfreulich, daß so zahllose Neubauten
mitten zwischen den Giebelhäusern stehen oder sie ganz verdrängt haben; das deutet ja auf
Thatkraft, Wohlstand, jähe Entwicklung, rasche Zunahme der Bevölkerung. Die Seelenzahl
hat sich seit 1870 nahezu verdoppelt (nun etwa 160 000), der Sterblichkeitsziffer aber von rund
30 pro Tausend auf rund 22 verringert. Wahrlich, das sind Zahlen, die einen den Verlust von
tausend alten Häusern verschmerzen ließen! Zudem sind die Kirchen und öffentlichen Bauten
fast sämtlich erhalten; außer den schon erwähnten die Alt-St. Peters- und Wilhelmerkirche,
das uralte Münsterlein St. Stephan, das Schloß, das schöne, vom Schöpfer des Heidelberger
Friedrichsbaus erbaute »Hotel du Commerce« u. s. w., dazu manches stattliche alte Patrizierhaus.
Aber dies Alte ist wunderschön, oder doch hübsch und zum mindesten malerisch, und das
Neue ist zumeist unhübsch und nüchtern – dies allein finde ich bedauerlich und meine, daß es
sich leicht hätte vermeiden lassen. Die Nürnberger z. B. haben es vermieden; sie reißen nun
auch die alten, dumpfen Häuser nieder und bauen neue, luftige auf, aber in einem Stil, der,
ohne die alten Muster sklavisch zu kopieren, doch gleichsam die Ehrfurcht gegen die greisen

Nachbarn wahrt und den Charakter des Stadtbilds nicht zerstört. Hier ist das geschehen; die Neubauten zeigen alle erdenklichen Stilarten und -Unarten, die meisten sind nüchterne Häuser mit etwas protzigem Schmuck oder auch ohne solchen. Die Einheitlichkeit des Stadtbilds von 1870 ist dahin; geht das hier noch ein Menschenalter ebenso fort, dann wird diese Altstadt eine völlig uncharakteristische »moderne« Stadt sein, in der sich die Gotik des Münsters und die Renaissance des »Hotel du Commerce« seltsam ausnehmen werden.

Natürlich hat sich auch das Leben gewaltig verändert. Noch giebts hier vielleicht mehr Handwerker und Krämer als anderwärts, aber ein Wahrzeichen der Stadt ist ihre Zahl nicht mehr, und man findet sie nur noch in den engen krummen Gäßchen, nicht, wie einst, in den Hauptstraßen. Dort giebt's große Bazare, dort stattliche Niederlagen von Kleider-, Stiefel-, Wäsche- und Möbel-Fabriken, dort große Bierlokale und moderne Weinstuben; in den Gäßchen aber führen die armen Meister seufzend die Nadel, den Pfriem oder den Hobel, oder führen ihn auch nicht, sondern jammern mit dem Nachbar-Krämer über die neue, schlechte Zeit, wenn sie nicht eben in den kleinen Wirtsstübchen ihren Kummer und Zorn vertrinken. Es ist dieselbe Erscheinung wie überall, nur hier stärker sichtbar als anderwärts, weil Straßburg die Entwicklung von der altbehaglichen Kleinbürger- zur modernen Handelsstadt so jählings durchgemacht hat. Die Stadt ist heute wohlhabend, nicht allein durch die guten Grundstückgeschäfte mit dem Reichsfiskus, sondern auch durch die wachsende Steuerkraft der Bewohner. Straßburg ist der Hauptstapelplatz der Reichslande für Getreide; Weizen und Hafer wird importiert, Gerste und Hopfen exportiert; die Tabakmanufaktur, die Bierbrauerei, der Blumen- und Gemüsebau, die Schuh- und Kleiderfabrikation blühen; für die berühmten Gänseleberpasteten fließen jährlich etwa drei Millionen Mark in die Stadt. Auch ist sie nicht, wie einst befürchtet wurde, in sinkendem, sondern in steigendem Maße der Vermittler zwischen dem deutschen und dem französischen Handel und wird es erst recht werden, wenn der neue Rheinhafen ausgebaut ist. Dazu das viele, viele Geld, das die starke Garnison, das Beamtenheer, die blühende Universität in die Stadt bringen. Kurz, den Straßburgern geht's heute gut, aber sie rühren sich auch wacker. Welches Hasten in den Straßen! Nicht allein der anstellige, bewegliche Volkscharakter, auch die eiserne Notwendigkeit hat aus dem »Strosburjer Stekelburjer« (Pfahlbürger, wie die Kleinbürger im Gegensatz zu den Patriziern hießen) einen hastenden Großstädter gemacht. Die »verd- Prüße«, die »verfl- Schwowe« gründeten Fabriken, errichteten Bazare und Niederlagen; das Schimpfen nützte nicht dagegen; da machte man's ihnen endlich nach. Freilich – das sagte mir Jedermann – so rastlos wie im Ober-Elsaß wird hier nicht gearbeitet; bei den eigenen Landsleuten steht der Sohn der »wunderschönen Stadt« im Ruf der Gewandtheit, aber auch der Lässigkeit.

Da ist mir das geflügelte Wort wieder aus der Feder geglitten und es paßt doch heut' noch weniger als vor dreißig Jahren. Das gilt auch von den Denkmälern der Stadt, die älteren sind besser als der Nachwuchs. Davids »Gutenberg« (in Straßburg soll seine erste Presse gestanden haben) ist freilich kein Deutscher, sondern ein Franzose, aber doch eine gute Statue; eine stille stolze Entdeckerfreude liegt auf dem Antlitz: »*Et la lumière fut*«, sagt nicht bloß die Inschrift, sondern auch dieser Ausdruck der Züge. Fein und vornehm wirkt auch das Bronzestandbild Lezay-Marnesias, des besten französischen Präfekten, den Straßburg je gehabt hat, und zum mindesten höchst charakteristisch ist ein anderes Werk desselben Künstlers, Graß, das Kleber-Denkmal am gleichnamigen Platz – ohne Spur von monumentaler Ruhe und Größe, die Sphinx zu Füßen des Generals eine hübsche, aber sehr kokette Französin, die Hauptgestalt voll Pose und das Ganze doch voll Verve; ein redender Beweis, was in der französischen Bildhauerschule des XIX. Jahrhunderts an Gutem und Schlechtem zu lernen war. Nebenbei bemerkt, was alles kann dieser Kleberplatz dem Beschauer erzählen! – hier schlug einst Eulogius Schneider mitten zwischen den uralten Häusern der alten Reichsstadt, die noch wenig von Frankreich wissen wollte, die Guillotine auf und ertränkte den Widerstand der Patrizier in Strömen von Blut; hier, auf dem »Paradeplatz« zettelte Napoleon der Kleine 1836 seinen bald darauf kläglich endenden Putsch an, hier hielt er als Kaiser Heerschau über seine Bataillone; heut' ist's die Stätte rastlosen Lebens, wo sich alle Straßenbahnen kreuzen; in den Anlagen aber, die üppig aus dem blutgedüngten Boden aufsprießen, finden sich des Abends unzählige Liebespaare zusammen, als gelte es heut' die Lücken zu ersetzen, welche die Guillotine einst in die Zahl der Bewohner gerissen hat.

Und die neuen Denkmäler? Fast gilt von ihnen, was man in meiner Jugend von den Wiener Dramatikern sagte: »Gottlob, es sind nicht viele!« Der »junge Goethe« ist ja noch nicht sichtbar, aber das alte Haus auf dem Fischmarkt, gegenüber dem Kittelgäßchen, wo er beim Kürschner Schlag wohnte, haben sie mit einem sonderbaren Medaillonbild geschmückt; es zeigt den Jüngling von sonniger Schönheit als einen unhübschen, langnasigen, melancholischen Menschen. Der Straßburger Litterarhistoriker Froitzheim hat das Haus festgestellt – heut' ist ein »*Magazin populaire*« drin, ein Fünfzig-Pfennig-Bazar. Hätte Goethe so ausgesehen, die arme, schöne Friederike von Sesenheim hätte nicht ihr Herz an ihn verloren und wäre auch von den seltsamen Forschungen des Herrn Froitzheim über ihre Sittlichkeit verschont geblieben. In der Züricher Straße haben sie einen Brunnen mit der Büste Johann Fischarts hingestellt; ich habe mir die Züge des genialen Straßburger Satirikers eigentlich geistreicher gedacht, aber das steht dahin. Eins jedoch weiß ich: dieser Renaissancebrunnen ist so gemacht, wie jenes Bild des antiken Malers, der von dem einen Modell das schönste Ohr, vom andern die schönste Nase u. s. w. kopierte und dennoch ein fragwürdiges Kunstwerk zusammenbrachte; hier sind mit gleichem Enderfolg alle schönen Brunnen Deutschlands benutzt ... Viel größer noch ist ein Brunnendenkmal am Weinmarktplatz mit den Bildnissen der drei deutsch-elsässischen Dichter Ehrenfried, Adolf und August Stöber. Als ich in den Zeitungen davon las, freute ich mich darüber, denn das waren drei tüchtige Männer und begabte Dichter: Ehrenfried Stöber (1779-1835), der »Eckstein deutschen Wesens im Elsaß«, als Verfasser des Lustspiels in Straßburger Mundart »Daniel« wie als Schilderer heimischer Zustände für seine Landsleute vorbildlich, sein älterer Sohn August (1808-1884), der getreue Sagensammler und Balladendichter der Heimat, der jüngere Adolf (1810-1892), ein feiner Lyriker von edlem, sicherem Nationalgefühl. Auch fand ich's einen hübschen Gedanken, daß man das Denkmal auf dem alten Platz errichtete, wo ihr Familienhaus steht. Aber als ich nun vor dem Denkmal stand –, da freute ich mich wirklich viel, viel weniger.

Auf dem Heimweg vom Stöberdenkmal stieß ich auf ein altes Wahrzeichen Straßburgs, den »Ysere Ma«. Es ist die Erzfigur eines Gewappneten mit Lanze und Schwert, die einst ein Schwertfeger als Schild hoch oben an sein Haus stellte. Ich wäre vermutlich vorbeigegangen, ohne das Wahrzeichen zu bemerken, doch zeigte es eben ein Straßburger Bürger einem Vetter vom Lande; so sah ich's mir denn auch an und fragte den Straßburger, ob sich eine Sage d'ran knüpfe. »*Excusez* – weiß nix d'rvun«, erwiderte er mit höflichem Bedauern; es giebt thatsächlich keine solche Sage. Dann aber stach ihn der Haber, dem »Schwowe« eins auszuwischen. »Letschte Oschtere«, erzählte er dem Vetter, »isch üns' liewe Ysere Ma üs Paris heimkumme; da isch er uf d'r *Exposition universelle* gsi; er hat dort groß Sückzeß g'hett. Nadirli packt d'Berliner glych 's Schalusitätsfiewer (»Jalousietäts-Fieber«) un sie wollen ihn partout a kreije (kriegen). Awer m'r saaue (sagen): s' isch uns zu viel Ehr', sie müsschte sie gedulde, bis daß' emol grün schneit.« Die Beiden wollten sich ausschütten vor Lachen und auch ich war nicht betrübt. Wer eben vom Stöber-Denkmal kommt, weiß, daß es unter den Elsässern selbst in Zeiten, wo dies an den Kragen ging, gute Deutsche gegeben hat; nun gar, dacht' ich, wird alles kommen, wie es kommen muß. Zudem hatte der schalkhafte Mann mir zu Ehren die letzte Redensart unvollständig wiedergegeben, denn die vernünftigen Leute hier zu Lande pflegen zu sagen: »Biß daß a mol grün schneit, oder d' Franzose wieder kumme.«

Es wird auch im Elsaß alles kommen, wie es kommen muß; die deutschen Elsässer können und werden in dem für immer deutsch gewordenen Lande nicht ewig im Schmollwinkel stehen, und dann wird auch die soziale Kluft, die heute das Alt-Straßburg der Bürger vom Kaiserlich deutschen Neu-Straßburg trennt, sachte ausgefüllt sein. Heute besteht sie noch, und es ist kaum zu sagen, ob die alte und die neue Stadt, die denselben Namen tragen, sich mehr durch die Gesinnung ihrer Bewohner oder durch ihre Architektur von einander unterscheiden.

Wie aus der Erde gestampft ist dieses Neu-Straßburg in den letzten zwanzig Jahren emporgewachsen: prunkende Paläste, riesige Wohnhäuser, ungeheure Kasernen an breiten, schnurgeraden Straßen und höchst regulär abgezirkelten Plätzen, dazwischen moderne Kirchen und neue Anlagen, kurz eine jählings auf Kommando entstandene Stadt. Aber nicht bloß der Wille der neuen Gewalthaber, ihr berechtigter Wunsch, ihre Macht sichtbar zu verkörpern, auch die Notwendigkeit hat aus der Sand- und Ackerfläche zwischen der Altstadt und dem Festungswall das blinkende Steinmeer erstehen lassen, dessen grelles Weiß das Grau der Altstadt in breitem Gürtel im Norden und Osten, zuletzt auch im Süden umschließt und schon heute eine weit größere Fläche bedeckt als sie. Man brauchte Kasernen für das Besatzungsheer der Festung; die Franzosen hielten hier 1870 rund 18 000 Mann, die Deutschen jetzt in Friedenszeiten annähernd die gleiche Zahl. Welche Wohnräume ein solches Heer erfordert, kann sich die Phantasie schwer ausmalen; das Auge sieht's mit Staunen; außer dem alten Bau nahe dem Bahnhof und zwei neuen Riesencarrés im Norden ein ganzes Kasernenviertel im Südosten der Stadt; von der Metzgerthor- bis zur Pionierkaserne sind's rund zwei Kilometer, von der Kaserne am Nikolausring bis zum südlichen Zitadellenthor etwa ebensoviel, eine Entfernung wie in Berlin von dem Brandenburger Thor zum Rathaus. Also vier Quadratkilometer Kasernen, dazwischen das Arsenal, das Zeughaus, das Militärhospital, eine Garnisonkirche; das Kasernenviertel von Neustraßburg bedeckt einen weit größeren Flächenraum als die innere Stadt Wien! ...Man brauchte Räume für die Universität und ihre Institute; obwohl die medizinischen Anstalten im Süden, nahe dem Bürgerspital errichtet sind, und einen nicht zu kleinen Stadtteil für sich bilden, die Universitätsbibliothek wieder nach Norden gelegt ist, erstreckt sich das neue Universitätsviertel im Osten vom Kollegienhaus bis an die technische Schule etwa einen Kilometer weit! ...Man brauchte Amtsräume für die neue Verwaltung; Straßburg war unter französischer Herrschaft nur die Hauptstadt des Departements Bas-Rhin, nun ist's die einer großen Provinz; um den Kaiserplatz liegen die prunkvollen Bauten, die diesen Zwecken dienen. Vor allem aber brauchte man Wohnungen für das Heer von Offizieren und Beamten, Gelehrten und Studenten, für die andere, gewaltig hinzuströmende Bevölkerung. Gewiß war je eine Stadt nicht die Tochter einer Fürstenlaune, sondern der Notwendigkeit, so ist's Neustraßburg, gleichwohl ist dies jähe Wachsen merkwürdig, ja verblüffend. Vor zwanzig Jahren stand hier noch kein Stein auf dem andern; heute hat der Wanderer, der diese Stadt in ihrer ganzen Ausdehnung vom Nordwesten zum Südosten durchqueren wollte, eine halbe deutsche Meile zurückzulegen, annähernd dieselbe Entfernung, wie vom Brandenburger Thor zum Friedrichshain. Haus an Haus, Palast an Palast – und der älteste Bau ist 1884 vollendet! Nun wächst aber die Stadt noch immer; der Garten Contades, noch 1872 ein Ausflugspunkt, ist längst vom Häusermeer umschlossen; es dehnt sich jetzt bis an die Orangerie, die einst gar ein entlegener Park war, ähnlich wie der Tiergarten nun mitten in Berlin liegt, während die Häuserreihen bereits bis dicht an den Grunewald reichen. Auch die meisten anderen großen Städte im Reich sind ja seit 1870 in erfreulicher Entwickelung begriffen, aber so sinnfällig ist sie kaum irgendwo wie nächst Berlin in Straßburg. Freilich, Berlin und die meisten anderen Städte der Welt wachsen nach Westen; hier erstehen die Viertel der Reichen, während der Osten der Armut oder doch der Arbeit verbleibt; das ist eine so oft bestätigte Erscheinung, daß man ein Gesetz daraus ableiten könnte: wie viele Pflanzen wachsen auch die Städte der Sonne nach, nicht ihr entgegen. In Straßburg war's von je her anders; das vornehme Viertel war das östliche zwischen Schloß und Broglieplatz, im Westen, um die »Gedeckte Brücke« hauste und haust noch heute das Proletariat, denn dieses Viertel liegt tiefer und ist darum minder gesund als das Schloßviertel; die Vornehmen gingen nach Osten nur, weil sie mußten. Und ebenso hat ein zwingender Grund Neu-Straßburg hier und nicht im Westen erstehen lassen: die Erweiterung des Wallgürtels gab im Osten ein großes Terrain frei, im Westen ein kleines. Selbst wenn man zwischen dies Prunkviertel von Alt-Straßburg und die Neustadt die ärmlichen Quartiere im Westen hätte legen wollen, es wäre unmöglich gewesen. So gelangt man denn heute in zwei Minuten vom vornehmsten Platz Alt-Straßburgs, dem Broglie, zwischen dem neu aufgebauten Theater und der gleichfalls aus ihren Ruinen erstandenen Präfektur, wo jetzt der Statthalter haust, über ein Illbrücklein auf den Kaiserplatz, den stolzesten Neu-Straßburgs.

Aber dieser schmale Zweig der Ill scheidet, sagt' ich schon, zwei Welten: die langsam gewordene, trotz aller Neubauten noch altertümlich anmutende, und die moderne, die in zwei Jahrzehnten gemachte Stadt. Ähnliches ist auch anderswo zu sehen – überall giebt's alte und neue Viertel, aber Gleiches kaum irgendwo, weil eben hier das Alte gar so alt und das Neue gar so neu ist. Welche der beiden Städte malerischer, charakteristischer ist, braucht nicht erst gefragt zu werden, aber es wäre ungerecht, ja thöricht, Neu-Straßburg durch diesen Vergleich abzuthun. Wir können nicht bauen, wie Erwin von Steinbach oder Johannes Schoch, der Meister des »Hotel du Commerce«, und was das Wohnhaus des XX. Jahrhunderts betrifft, so wollen wir's auch gar nicht. Neu-Straßburg will mit dem Maß unserer Tage gemessen sein, und so angeschaut, ist's ein im Ganzen erfreuliches Stadtbild; durchaus modern, für den heutigen Stand deutscher Baukunst, und zwar natürlich ebenso für das Gute, wie das minder Gute dieser Kunst höchst bezeichnend.

Unsere Vorfahren zogen enge, wir breite Straßenzüge; das ist verständig; wir wissen nun, daß Luft und Licht die besten Ärzte sind. Nur muß auch hier ein gewisses Maß eingehalten sein; wir machen zu breite Straßen, darunter leidet der Eindruck des Straßenbildes, auch wenn es sonst hübsch wäre. Ins Maßlose geht dies vielfach im neuen Berlin; diese Straßen sind gleichsam Zwitter von Straße und Platz, sie machen den Eindruck von unheimlich langen und schmalen, schlauchartigen Plätzen. Dieser Fehler ist auch im Innern Neu-Straßburgs nicht überall vermieden; an der um die Stadt laufenden Ringstraße könnten vollends nur ragende Paläste zur Wirkung kommen; im Ganzen aber ist das richtige Maß eingehalten.

Je rascher eine Stadt ersteht, je dringlicher das Bedürfnis nach Wohnungen ist, desto unsolider pflegt die Bauweise zu sein. Unsere Ahnen bauten ein Haus für sich, eine Wohnstätte für ihr Geschlecht mit dem Traum, daß sie es bis in die fernsten Tage bleibe; heute bauen Gesellschaften oder Einzelne in der Absicht, mit Nutzen zu verkaufen, sobald das Dach gesetzt ist. Es giebt Häuser in Berlin, auf Schöneberger und Charlottenburger Grund, die, vor zehn Jahren erbaut, schon jetzt alt aussehen und in zwanzig Jahren wacklig sein werden; selbstverständlich kann man auch hier viele solche Häuser sehen, aber doch nicht mehr, sondern weniger, als man voraussetzen möchte. Das sagten mir selbst die Elsässer, die der Neustadt nicht grün sind. Also auch dies ist besser als anderwärts, und das Protzen mit billigem, schlechtem Schmuck nicht schlechter. Auch hier giebt's Marmor und Alabaster aus Stuck, falsches Gold, gemalte Mosaiken, Talmi-Bronzen, Glasmalereien aus der Fabrik u. s. w. Aber das ist keine Schwäche Neu-Straßburgs, sondern menschliche Schwäche, die nur heute ins Ungeheure gesteigert erscheint.

Über das Geschmacksniveau der Zeit kann sich nur ein Einzelner erheben, nie eine Gesamtheit; das gilt auch von den Fassaden dieser Wohnhäuser. Der Stil unserer Zeit ist, für das Wohnhaus keinen Stil zu haben; jeder macht, was er will und kann, und benutzt die Muster, die ihm geläufig sind. Auch hier trifft man romanische, gotische, Renaissance- und Rokokohäuser in buntem Gemisch, dazwischen ganz nüchterne Zinskasernen, die durch das bißchen Stuck oder die gußeisernen Balkondrachen noch armseliger erscheinen. Ganz so, wie etwa in einem Viertel Neu-Berlins sieht's übrigens nicht aus, schon weil hier die Häuser breiter und minder tief gebaut werden, aber etwa wie in den neuen Straßen von Karlsruhe oder Stuttgart, also süddeutsch und gar nicht französisch. Alles in Allem: legt man das Durchschnittsmaß unserer Zeit an, so braucht sich Neu-Straßburg seiner Wohnhäuser nicht zu schämen; an Talenten ist unter den hiesigen Architekten sichtlich kein Mangel; einzelne Häuser sind sehr hübsch, nur läßt eben das heillose Stilgemenge zu keinem harmonischen Gesamteindruck kommen. Das ist schade, denn es hätte sich hier leichter erzielen lassen als anderwärts. Fast all diese Häuser sind ja gleichzeitig entstanden, ein bißchen sanftes Zureden an Bauherrn und Architekten hätte die grelle Buntscheckigkeit verhindert.

Bunt genug sehen zum guten Teil auch die Monumentalbauten Neu-Straßburgs aus. Alles prächtig, kostspielig, gediegen, aus bestem Material; wie an Geld ist auch an Raum nicht gespart, was hier in der neuen Stadt ja freilich auch nur eine pure Geldfrage war; das Meiste in seiner Art gut, aber das Ganze doch – nur den Kaiserplatz abgerechnet – eine hübsche Mustersammlung zur Geschichte der Baukunst, nicht ein einheitliches Pracht- und Prunkviertel. War je die Gelegenheit dazu geboten, so hier; sie ist leider nur auf dem Kaiserplatz genützt worden.

Bedauerlich ist auch, daß der stolzeste Bau dieses Platzes, wie Neu-Straßburgs überhaupt, der Kaiserpalast, in den Dimensionen mißraten ist. Was dem sehr begabten Künstler vorschwebte, war sichtlich ein Riesenbau; der Stil – Florentiner Renaissance – wirkt nur in großen Maßen wuchtig und monumental, in kleinen leicht plump. An einem solchen Riesenpalast hätte auch der Säulenvorbau mit Balkon und Giebel, der reiche Skulpturenschmuck, die mächtige Kuppel ruhig und feierlich gewirkt. Anders heute, wo sie an dem vergleichsweise kleinen Bau von rund 70 Meter Front und etwa 30 Meter Höhe (ich habe freilich nur mit den Augen schätzen können) unruhig und lärmend wirken. Das Malheur voll zu machen, liegt der kleine, plumpe Palast mit dem Riesenschmuck der Kuppel und der Statuen auf gleichem Niveau wie der Platz und sieht daher wie in die Erde gedrückt aus, etwa so, als hätte man einem vierschrötigen Kerlchen einen gleißenden Riesenhelm aufgesetzt, unter dessen Wucht es in die Knie geknickt ist. Spricht man mit einem Elsässer darüber, so jammert er über das viele Geld, das hier unnütz verthan sei; ganz mit Unrecht, die 2½ Millionen flossen aus Reichsmitteln, und von Verschwendung kann hier nicht die Rede sein, sondern vom Gegenteil. Mit 2½ Millionen schafft man keinen imponierenden Palast mit üppigem Skulpturenschmuck, entweder mußte man das Dreifache gewähren oder, wenn man sparen wollte, einen andern Stil wählen; wie sehr die Wirkung eines Bauwerks auch von den Maßen abhängt, wie verhängnisvoll ihre willkürliche Reduzierung ist, sieht man selten so deutlich wie hier…

Dem Kaiserpalast gegenüber liegt die Bibliothek und das Gebäude des Landesausschusses, auch sie im selben Stil mit Säulenvorbau, Kuppeln und Statuen, beide minder phantastisch und besonnener erdacht als der Palast, auch in den Dimensionen harmonischer, im Gesamteindruck monumentaler, wenn auch im Detail gewiß nicht talentvoller. Gegen die Altstadt hin bleibt der Platz frei, hier schließt das drüben liegende Theater und die Residenz das Bild ab; nach der Nordseite hin sollen sich die Ministerien erheben. Ist einmal der Platz ausgebaut, so wird er zweifellos trotz kleiner Mängel nicht allein einer der prunkvollsten, sondern auch der schönsten Deutschlands sein. Es war eine gute Idee, auf demselben Platze die kaiserliche Macht, die Wissenschaft und das eigene, in der Selbstverwaltung ausgeprägte Leben des Reichslands zu verkörpern. Und kann man auch schwer den Gedanken bannen, daß in der Stadt, wo die Gotik, die deutsche Renaissance und das Rokoko durch so Herrliches oder doch Schönes vertreten sind, einer dieser Stile naturgemäßer gewesen wäre als der hier gewählte, daß man die scharfe äußere Scheidung von Allem, was drüben seit einem Jahrtausend deutsche Bürgerkraft geschaffen, lieber hätte vermeiden sollen, so erweist sich doch auch hier, daß die Florentiner Renaissance ein trefflicher Prunkstil ist, etwas kalt, aber von pompöser Wirkung. Hoffentlich verdirbt man diese Wirkung nicht, indem man für die Ministerien einen andern Stil wählt.

Was man, den Kaiserplatz abgerechnet, in Neu-Straßburg an öffentlichen Bauten sieht, ist, sagt’ ich schon, recht bunt. Das Katastergebäude deutsche Frührenaissance, die evangelische Garnisonkirche Frühgotik, die katholische Spätgotik, die Kreisdirektion und die Realschule deutsche Spätrenaissance, der Justizpalast und die Herz-Jesu-Kirche italienische Renaissance, romanisch wieder ist die Synagoge. Talentvolle, zum Teil schöne Bauten, nur erscheint das Ganze, unmittelbar nach einander betrachtet, so künstlich, so unhistorisch, so unorganisch, so unruhig, und das liegt nur an dem bunten Wechsel der Formen und dem Mangel an rechter Beziehung zwischen dem Zweck des Bauwerks und seinem Stil. Warum z. B. muß die evangelische Garnisonkirche die herben Formen der Frühgotik nachstammeln, warum die Synagoge die des Hochromanismus? Gegen beide Bauten läßt sich sonst nichts sagen, aber wo uns die Form ausgeklügelt und willkürlich erscheint, da leidet der Eindruck.

Anderes wieder ist gar zu nüchtern, z. B. die Zolldirektion in echtem Berliner Zinshausstil, oder arg verhauen, wie das riesige Hauptpostamt, heute der größte Profanbau Straßburgs, der ein ganzes Häuserkarree einnimmt. Das ist nicht gut, denn nun kann man sich überzeugen, daß er von allen vier Himmelsrichtungen gleich häßlich aussieht. Damit wird jeder Beschauer bald fertig sein, aber andere Fragen werden ihn lange beschäftigen. Zunächst, was das wohl für ein Stil sein mag; Einiges ist gotisch, Anderes in Renaissance und wieder Anderes ist überhaupt nichts als eben Mauerwerk mit Fenstern drin. Der Bau hat seine Geschichte; als die Architekten des Reichspostamts mit den Plänen hervortraten, protestierte alle Welt dagegen, sogar die zu Hilfe gerufene Berliner Akademie der Künste, aber dem Postbismarck Stephan gefiel's, der angedrohte Plan wurde ausgeführt. »Schön wie ein Traum«, pflegt man zu sagen, aber »häßlich wie ein Traum« hat auch seine Berechtigung; in der Wirklichkeit sollt' es so was gar nicht geben. Aber das ist nur eine ästhetische, nur eine praktische Frage: Ist ein Postamt fürs Publikum da oder das Publikum fürs Postamt? Hier ist das Erste verneint, das Letzte mit einer Rücksichtslosigkeit bejaht, die überall tadelnswert wäre; in Straßburg, inmitten einer widerstrebenden, erst sachte zu gewinnenden Bevölkerung, war's eine Sünde. Das Hauptpostamt ist etwa eine Drittelmeile vom Bahnhof und dem Geschäftsviertel, ebensoweit von den wichtigsten Hotels entfernt; der Geschäftsmann, der Fremde und wer auch immer nach acht Uhr noch telegraphieren will, hat eine Reise zu machen; im Viertel aber, wo es steht, giebt es wenig Postverkehr. Auch dagegen – und dagegen erst recht – wurde, so lang es Zeit war, Sturm gelaufen; Herr von Stephan gab auch in diesem Punkt nicht nach. Und doch war er ein feingebildeter Mann, liebte das Elsaß, wo er oft seine Ferien zubrachte, und hatte sonst bestes Verständnis für die Bedürfnisse des Publikums; aber eigensinnig war er zuweilen freilich bis zum Unbegreiflichen...

Um die Betrachtung des monumentalen Neu-Straßburg mit etwas Erfreulichem abschließen zu können, habe ich mir ein Wort über das lateinische Viertel für den Schluß aufgespart. Einen schöneren, größeren, zweckdienlicheren Bau, als er heut dasteht, hat sich gewiß auch im Mai 1872 niemand von uns im Traum ausgemalt. Wer vor dem gewaltigen Kollegienhaus (in italienischer Renaissance, wie die Bauten am Kaiserplatz) steht und zu der Pallas Athene über dem Mittelbau emporblickt, den säulengetragenen Lichthof übersieht oder in der prächtigen Aula verweilt, darf Stolz über das Beste empfinden, was wir Deutschen haben. Auch die Bauten für die einzelnen Institute suchen ihres Gleichen. Kommt man dann ins Kasernenviertel, so denkt man sich: »Nun ja, das Reich der Deutschen ist nun auch von dieser Welt, und wir brauchen auch Kasernen; so lang wir darüber nicht vergessen, was unser höchster Besitz und unser edelster Stolz ist, steht es gut um uns!«

In der Neustadt wohnen auch viele Elsässer, aber hier überwiegen die »Altdeutschen«, wie in der Altstadt die Einheimischen. Man erkennt dies leicht, denn sie unterscheiden sich auch ein wenig für den Blick von einander, noch mehr fürs Ohr. Gewiß, Deutsche sind auch die Elsässer, nur in den höchsten Schichten sieht man zuweilen den Zusatz französischen Bluts, aber sie kleiden sich eleganter als die Eingewanderten, haben auch andere Manieren; ob bessere, das ist Geschmackssache. In der Damen-Mode ist Straßburg ein Klein-Paris; die Straßburgerin kleidet sich chik, aber auch auffallend; gegen dunkle Farben hat sie dieselbe Abneigung wie ihr Vorbild an der Seine; schwarz kleidet sich nur das arme Mädchen, das, gleichviel wie, sein Brot verdienen muß. Sie ist graziöser als die Norddeutsche, aber auch recht kokett, und in der Anwendung von Verschönerungsmitteln, oder was man so nennt, minder bedenklich als – Gottlob! – unsere Frauen. Eleganter tragen sich auch die Herren: die Schneiderrechnung des elsässischen Anwalts oder Arztes ist gewiß doppelt so groß als die seines preußischen Kollegen; auch der bessere Handwerker, der Kommis putzen sich nach Kräften heraus; freilich sah ich an einem Sonntag in der Orangerie Anzüge, die noch einem totkranken Hypochonder ein Lachen abgenötigt hätten. Auch in den Umgangsformen ist das französische Vorbild unverkennbar, freilich – wie's bei jeder absichtsvollen Nachahmung geht – ein im Guten selten erreichtes, im Schlimmen überbotenes Vorbild; was der wackere Straßburger Drechslermeister und Dichter Daniel Hirtz den vornehmsten seiner Mitbürger um 1840 vorwarf, daß sie's »afficht triewe« (treiben), könnte er heute einem weit größeren Kreise ins Stammbuch schreiben. Eine Annäherung an die Sitten und Umgangsformen in Deutschland hat seit 1870 jedenfalls nicht stattgefunden; das bestätigten mir »Altdeutsche« und Elsässer, wie es mich auch meine eigenen Augen lehrten.

Und die Sprache?! Hier nun gar gebe ich keineswegs bloß subjektiv Eindrücke, sondern das Ergebnis so sorglich und so zahlreich, als in vier Tagen möglich, eingezogener Erkundigungen. Die Kenntnis des Hochdeutschen hat natürlich in den letzten 30 Jahren, dank dem Zuzug, dank der Schule und weil ja deutsch die offizielle Sprache ist, ungemein zugenommen; nur der Proletarier kann nicht hochdeutsch sprechen, sonst jedermann. Aber diese Kenntnis wird nur

soweit genützt, als es eben sein muß, und um keinen Satz mehr; hochdeutsch spricht der Elsässer nur mit dem »Altdeutschen«, von dem er amtlich oder geschäftlich abhängig ist, nie mit
seinem Landsmann; mit dem spricht er »dütsch« oder französisch. Man kennt die Anekdote
von dem Engländer, der in Leipzig in einen Laden mit der Aufschrift »*English spoken*« tritt und
auf die Frage, wer hier englisch rede, die Antwort erhält »Merschdendhels die Fremden«; das
Hochdeutsche als Umgangssprache ist in Straßburg auf die »altdeutschen« Kreise beschränkt.
Anders das Französische. In der letzten Regierungszeit Napoleons III. beherrschte (nach einer
Feststellung von 1866) etwa ein Drittel der Gesamtbevölkerung das Französische in Wort und
Schrift; das zweite Drittel konnte es nicht schreiben, aber verstehen und sprechen oder doch
radebrechen; das letzte verstand und sprach nur die Mundart. Genaue Kenner der Bevölkerung,
darunter Beamte und Lehrer, die es wissen müssen, haben mich versichert, daß sich diese Verhältnis-Ziffern, was die einheimische Bevölkerung betrifft, nicht unerheblich verschoben haben;
von den Eingeborenen, die etwa 7/12 der Gesamtbevölkerung bilden, könne nicht, wie einst,
jeder Dritte, sondern jeder zweite Straßburger französisch sprechen und schreiben; von der anderen Hälfte verstehe es wieder jeder Zweite so leidlich; nur etwa ein Viertel sei heute der Sprache
ganz unkundig. Das sei, meinten Einige, doch auch an sich keine betrübliche Erscheinung. Gewiß nicht; »*quot linguae, tot animae*«, und in diesem Grenzland hat das Französische naturgemäß
mehr Bedeutung als rechts vom Rhein. Aber erwägt man, daß das Französische in der Schule
nicht gelehrt wird, daß sich diese Verbreitung innerhalb eines Menschenalters deutscher Herrschaft vollzogen hat, so giebt die Thatsache zu denken. Zu ihrer Erklärung reicht gewiß nicht
aus, daß die Leute von der Notwendigkeit des Französischen überzeugt seien; man muß den
alemannischen Trotz und die andauernde Sympathie für Frankreich in Rechnung ziehen. Auch
als Umgangssprache hat das Französische (immer in Hinblick auf die einheimische, nicht auf die
Gesamtbevölkerung ausgesprochen) zugenommen – und zwar auf Kosten der Mundart; in manchen Kreisen, die vor dreißig Jahren untereinander nur in der Mundart sprachen, wird nun auch
französisch parliert. Allerdings wird der Fremde geneigt sein, diesen Gebrauch zu überschätzen,
denn in Hörweite des »Schwowe« spricht der Straßburger ganz besonders gern französisch, auch
wenn's ihm ein wenig hart ankommt. Anders, wenn er sich harmlos unter Landsleuten oder
im Hause bewegt; da ist's nur in einem engen Kreise Gewohnheit, französisch zu sprechen.

Die Straßburger Mundart, ein Zweig des Alemannischen, klingt einem zunächst wie »Schwizerdütsch« ins Ohr: das »e« und »en« werden abgeworfen, »Stub«, »asse« (essen); das »a« wird
»o«, die Diphthonge zu langen Vokalen, das »g« am Schlusse klingt wie ein »j«, das »u« wird zum
»ü«; »Stroßburj« = Straßburg, »min« = mein, »Hüs« = Haus. Dann merkt man die Unterschiede: der wichtigste ist der Mangel an Gutturallauten, die im Schweizer Dialekt so überreichlich
vertreten sind, daß Gottfried Keller 1886 in meinem Beisein scherzen konnte, wer zuerst in die
Schweiz komme, könne glauben, daß sich alle Leute erbrechen wollten. Merkwürdig ist namentlich der Einfluß des Französischen auf den Dialekt. Daß »Affrunt« Beleidigung, »Ambra«
(*embarras*) Verlegenheit, »Laretrait« Zapfenstreich bedeutet, leuchtet einem sofort ein; andere
Ausdrücke sind so germanisiert, daß man sie mühsam erkennt. Mein Droschkenkutscher erzählte mir stolz, seine Braut habe zweitausend Mark auf der »Kestebank«; als ich fragte, was das
für eine Bank wäre, meinte er erstaunt, derlei gebe es ja in Berlin gewiß erst recht, dort seien
die Leute so sparsam. Endlich stellte sich heraus, er meinte eine Sparkasse (»*Caisse d'epargne*«).
Im Gewirr des »kleinen Frankreich« an der Ill fragte ich eine alte Frau nach der »Gedeckten
Brücke«, »'s Bunggewehr? – do!« (»*Pont couvert*«.) Und »Kanapee« heißt »Kanabett«, eine Kerze
aber gar »Schandellicht«! So stark ist der unbewußte Drang des Volksgeistes, das Fremde in
Eigenes zu wandeln.

Auch auf die Syntax hat das Französische Einfluß geübt. Ich besuchte einen lieben alten
Freund, einen Norddeutschen, und verabredete mich mit ihm und seiner Frau, daß ich sie nachmittags zu einem Spaziergang abholen wollte; die Kinder sollten mit. Der Jüngste, sieben Jahre
alt, sah dem mit großer Spannung entgegen; als ich anklingelte, öffnete er mir selbst und stürzte
mit dem Ruf: »s'isch ne!« zu den Eltern. Das heißt wörtlich »Er ist ihn«, bedeutet: »Er ist es«
und ist offenbar eine Übersetzung von »*C'est lui*«. Derselbe Junge erzählte mir, sein Lehrer

greife sich immer an die Stirn, als ob ihm das »Latätel« weh thäte (der Dialekt nimmt stets das französische Wort samt dem Artikel auf, der Priester heißt also: »Der Labeh«). Er wie seine beiden älteren Geschwister sprachen unter einander während des ganzen Weges den Dialekt – und der Vater stammt aus Königsberg, die Mutter aus Kiel! »Dagegen ist nichts zu machen«, meinte mein Freund, »sie bringen's aus der Schule und von der Straße heim!« Aber ich meine, dagegen sollte auch nichts gemacht werden; es ist ja trotz der welschen Brocken ein guter deutscher Dialekt und hilft mindestens in der heranwachsenden Generation die Kluft zwischen »Altdeutschen« und Elsässern überbrücken.

Daß diese Kluft heute besteht, leugnet auch der größte Optimist nicht. Schon die Wahlen beweisen es. In den Reichstag entsandte Straßburg zuerst einen Protestler, dann vorübergehend einen deutschfreundlichen Mann, hierauf Bebel – lediglich aus Oppositionslust, die Sozialdemokratie ist hier nicht stark – zuletzt einen Liberalen, der es aber nicht wagte, sich einer der »Ordnungsparteien« anzuschließen, sondern nur Hospitant der »Freisinnigen Vereinigung« war. Was einem an kleinem Ulk auf den Straßen begegnet oder erzählt wird, will nicht schwer genommen sein, wohl aber die soziale Abscheidung; das ist eine richtige chinesische Mauer, in der es keine Pforte gibt. Außer meinem Freunde suchte ich noch einen Elsässer auf, den ich von einem Sommeraufenthalt her näher kannte. Beide Herren sind Altersgenossen, Universitätsfreunde, Kollegen, in den angenehmsten geschäftlichen Beziehungen, beide leben sehr gesellig, auch die Frauen sind einander sympathisch, aber ein Verkehr von Haus zu Haus besteht nicht. Mein Freund meinte: »Er will eben nicht; es würde ihm schaden«, und der Elsässer etwas verlegen: »Das geht leider nicht!« Beide haben starke künstlerische Interessen, aber mein Freund ist Mitglied des »Kunstvereins« und die Elsässer haben einen andern zu gleichem Zweck. Wo sogar die Kunstvereine getrennt sind, darf man sich nicht wundern, daß jede der Parteien ihren Gesang-, Touristen- u. s. w. Verein hat, von den Kasinos zu schweigen. In das behagliche Haus der Kasinogesellschaft am Sturmeckstaden setzt kein Elsässer, in das schöne elsässische Kasino am Gutenbergplatz kein Altdeutscher den Fuß. Wenn es wahr ist, was man mir sagte: »In Straßburg ist das Verhältnis noch am besten« – und da es jedermann sagte, ist's wohl so – so sind wir im Elsaß nach einem Menschenalter noch recht weit vom Ziele.

An wem liegt die Schuld? Natürlich schieben sie sich beide Parteien zu und beide, wie ich glaube, mit Recht. Die Elsässer verkennen nicht, welchen gewaltigen Aufschwung in materieller und geistiger Hinsicht Stadt und Land seit dreißig Jahren genommen haben, nur schreiben sie das Verdienst sich allein zu, während die Regierung ihren reichen Anteil daran hat. Die Zugehörigkeit zu einem großen, reichen, von inneren Erschütterungen verschont gebliebenen Staat bedeutet sehr viel; der Regierung ferner dankt Straßburg die Universität, das musterhafte Schulwesen, die Stadterweiterung, die Anlage des Rheinhafens, den Ausbau des Bahnnetzes; aber auch an direkten materiellen Gaben hat gerade Straßburg recht viel erhalten. Für die bei der Belagerung erlittenen Schäden bekam die Stadt 40 Millionen Mark Entschädigung, wahrlich eine reich bemessene »Meschanterie«, wie Schadenersatz auf Straßburgisch heißt (»*dommages intérêts*«), für die zerstörte Stadtbibliothek eine halbe Million Mark und eine neue Bibliothek. Auch der oft gehörte Vorwurf, man schenke ihnen Prachtbauten, die sie selbst bezahlen müßten, ist ganz (so bezüglich des »Kaiserpalastes«) oder zum größten Teil unbegründet; zu den 13 Millionen für die Universitätsbauten z. B. hat das Land 3 Millionen beigesteuert. Begründet aber ist die Klage, man verwalte gar zu viel, mische sich in Alles, wolle es am grünen Tisch entschieden haben. Dieses Bevormundungssystem, das Mißtrauen in die Kraft und Einsicht der Selbstverwaltung, sind Schattenseiten des herrschenden Systems im Reich, und werden nirgendwo fühlbarer als hier, wo es die Leute nicht gewohnt waren. Dazu der ewige Wechsel in den Grundsätzen; Möller war streng, aber ruhig und gerecht; Manteuffel fahrig, würdelos, allzu mild und zwischendurch ein Polterer; er verdarb so viel, daß der greise Hohenlohe und der gegenwärtige Statthalter es bis heute nicht gut machen konnten, zudem der Wind aus Berlin bald eisig, bald lau wehte. Jetzt, wo der »Diktatur-Paragraph« abgeschafft ist, geht es hoffentlich im raschen Tempo wohlwollender Entschiedenheit vorwärts. Zwei Hauptgründe, die in Straßburg die Kluft offen halten, wollen noch erwähnt sein. Erstlich die schwierigen konfessionellen Verhältnisse. Die Protestanten, die Katholiken und die Juden der Stadt stellten sich nach 1870 verschieden zur Regierung; die Protestanten hoffnungsfreudig, die Katholiken feindselig und mißtrauisch, die Juden abwartend. Die Protestanten wurden enttäuscht, als die Regierung die Katholiken gewinnen wollte und ihnen gerade hier viel, sehr viel zu Liebe that – an der Universität wie in der Stadt –, den Katholiken war's und ist's noch immer nicht Freundlichkeit genug, und die Juden wurden durch die saubere Mode des Antisemitismus, die einzelne preußische Beamte und Gelehrte zuerst hierher verpflanzten, abgestoßen. Damit komme ich zum zweiten, vielleicht dem wichtigsten Punkt. Der Korporalston, der ja selbst in Pommern oder Posen nicht der schönste aller Töne ist, paßt nicht hierher; er macht die Leute unwillig und sie übertragen die Abneigung gegen die Tonart Einzelner auf die Regierung. Die Beamten vom Rhein und aus Süddeutschland kommen mit den Elsässern weit besser aus.

Soviel von meinen Straßburger Eindrücken. Es war sehr interessant dort, aber auch sehr heiß, und während ich mir alte und neue Bauten ansah und weise politische Gespräche führte, wuchs meine Sehnsucht nach Berg und Wald, Kühle und Stille mit jeder Minute. Ich wußte auch, wo ich sie stillen wollte, an jedem Tag wußt' ichs, aber freilich an jedem was Anderes. Als ich kurz nach meiner Ankunft in der kochenden Mittagsglut über den Schloßplatz schritt – die Quadern dampften und von dem rötlichen Sandstein des Münsters ging ein versengender Hauch, als hätte er sich entzündet – da stand vor meinen Augen lockend ein anderes Bild: ein Haus auf der Höhe, rings schimmernde Schneegipfel und tief unten der blaue See. Das war Rigi-Scheidegg; acht Sommer hatte ich oben verbracht und wußte die Freunde, die mich dorthin gezogen, wieder oben; wenn ich mich des Abends auf den Weg machte, konnte ich mit ihnen am nächsten Morgen den einsamen Seeweg gehen, zu dem Mönch, Jungfrau und Eiger so herzlich herübergrüßen … Tags darauf hatte ein Brief meiner Sehnsucht ein anderes Ziel gegeben, und während ich aus dem Portal der Bibliothek den Kaiserplatz übersah – ein Flimmern lag über den Steinmassen drüben und über den Blumenbeeten in der Mitte wie ein grauer Schleier – da sah ich ein anderes Bild: wieder ein blauer See, aber seine Wellen rollten bis dicht ans Haus, zur Linken eine kühne, trotzige Felsenwand, zur Rechten anmutige Hügel – das war Gmunden am Traunsee, auch dies ein mir liebvertrauter Ort und auch dort fand ich Freunde. Freilich, etwas weit war's, aber ich hatte ja Zeit … Anders am dritten Tage, da war ich mit liebenswürdigen Menschen in der »Orangerie«; im Wirtshaussaal hinter uns zotete sich ein berliner Überbrettl vor einem Dutzend Zuhörern aus, vor uns schlichen die Spaziergänger durch die schwüle Dämmerung dahin. Mein Gastfreund und seine Familie wollten am nächsten Morgen nach Titisee im Schwarzwald; die nahen Vogesen lockten ihn nicht. »Was ich davon gesehen habe«, meinte er, »ist ja ganz hübsch, aber wer elf Monate immerzu französisch parlieren hört, und ebenso lang um sich hier gespannte Mienen sieht, was der Unhold aus ›Schwoweland‹ wieder Unerhörtes von sich geben wird, will's mindestens im Ferienmonat behaglich haben. Kommen Sie doch mit uns!« Ich kenne den Schwarzwald, bin auch einmal in Titisee gewesen, und das freundliche Bild stand flugs vor meinen Augen: Alles grün, blaugrün der See, hellgrün die prächtigen Matten, tiefgrün der Tannenwald. Auch war das Leben dort wirklich behaglich. Warum also nicht? Nur wollte ich ihnen nachkommen, einen Tag mindestens mußte ich noch in Straßburg bleiben, mir die Denkmäler ansehen, auch nochmals das Münster besteigen, denn als ich am Tag meiner Ankunft auf der Plattform war, hatte der schwüle Dunst alles verschleiert.

Nun, am nächsten Morgen war's um so herrlicher; über die Stadt, die neuen Wälle hinweg konnte der Blick im klaren, noch rötlich schimmernden Licht dieses Sommermorgens wie ins Unendliche fliegen. Da glänzte die Ebene gegen Süden von unzähligen Ortschaften: weiße Inselchen im lichtgrünen Meer der Felder. Zur Linken, gegen Osten, ein dünner, schmaler, langer Dunstschleier über einer ebenso unabsehbar langen, schwärzlichen Linie: die Morgennebel über dem Rhein und die Pappeln an seinem Ufer. Dann weiter gegen Osten eine rötlich überhauchte Wolkenbank, die immer blauer schimmerte, je goldiger das Rot der Sonne wurde, der Schwarzwald; vom Eichelberg im Norden bis zum Blauen im Süden; nur der breite, eigensinnig gezackte Rücken der Hornisgründe, die scharf umrissene Kuppe des Kaiserstuhls mahnten das Auge, daß dies ein ewig ragender Bergzug sei, nicht vergängliches Gewölk. Gegen Westen aber eine andere Wolkenbank, in diesem Licht fast schwärzlich anzusehen, und genau ebenso mächtig von Norden nach Süden gestreckt, die Vogesen, vom zackigen Gipfel des Hohbarr ob Zabern gegen Süden immer höher ansteigend bis zum mächtigen Felsen des Schneebergs, dann sich ins Breuschthal senkend, um abermals zum breiten Rücken des Odilienberges anzusteigen; von da, je weiter gegen Süden, im Duft der Ferne immer mehr verschwimmend, vielleicht noch Berge, vielleicht nur Wolken ... An die zwei Stunden stand ich oben und konnte mich nicht satt-sehen an dem schönen Bilde, und wie ich so stand und schaute, klang's mir zuerst auf: »Warum willst du nicht lieber in die Vogesen, sie scheinen, von hier gesehen, ebenso mächtig, wie der Schwarzwald, und ebenso waldreich!« Aber dann hatte ich wieder nur meine Freude an dieser Stunde, ohne an die nächste zu denken. Welch ein Anblick! – wirklich ein Bild voll Farbe und Leben, nicht eine Landkarte, wie wir sie zuweilen von Berggipfeln überblicken; diesen Eindruck verhütet hier die vergleichsweise geringe Höhe des Turms und die Lage Straßburgs inmitten der Ebene zwischen den beiden Bergzügen. Nicht eine Aufwallung patriotischen Gefühls, son-dern das eigene Auge läßt einen hier erkennen: Wie unnatürlich schnitt einst die Rheingrenze durch ein Gebiet, das zusammengehört, eben ein riesenbreites Stromthal, an beiden Ufern von Menschen desselben Stammes, derselben Sprache, bewohnt, hüben und drüben von ähnlich geformtem Waldgebirg umrahmt, den »zwo Rheinburgen«, wie man's im XV. Jahrhundert so treffend nannte. Was Elsaß und Baden, es ist ein Gau! Und wieder tauchte mir die Frage auf: Willst du nicht, statt die Bekanntschaft mit den Schwarzwaldbergen zu erneuern, ihre Brüder, die Vogesen, kennen lernen?! Immer höher stieg die Sonne, immer blendender spannte sich ihr Lichtnetz über die Landschaft; ich ruhte mir die Augen aus, indem ich die Namen der Besucher am Gemäuer ansah. Hier steht an einem Seitenpfeiler auch: »Goethe. Lavater. Pfen-ninger.« Goethe! Mir klang die herrliche Schilderung auf, die er in »Dichtung und Wahrheit« gegeben hat, und in der Stimmung, in der ich nun war, faßte mich die Sehnsucht, gleich ihm wechselweise »die Aussichten in eine wilde Gebirgsgegend« und »in ein heiteres, fruchtbares, fröhliches Land« zu genießen.

Ich ging die Treppe hinab, 330 Stufen, da hat man Zeit zu überlegen. »Warum nicht?« dachte ich. »Aus Furcht vor den ›gespannten Mienen‹? Vielleicht ist's garnicht so arg und sie können auch freundliche machen! Und wenn nicht, interessanter als im Schwarzwald wirds jedenfalls sein! Du deinerseits willst nie vergessen, daß es diesen Leuten ähnlich geht, wie ihren ›Voge-sen‹. Das ist ja der alte deutsche Wasichenwald, dessen Rauschen in unserem Nibelungenlied wiedertönt; daß ihn die Römer ›Vogesus‹, die Franzosen ›Vosges‹ und dann auch wir ›Vogesen‹ nannten, dafür kann eigentlich dieser deutsche Bergwald nichts. Und können seine Bewohner was dafür, daß wir, ohnmächtig und zersplittert, sie zwei Jahrhunderte lang den Fremden über-ließen, in deren Horn sie tuten mußten, und ist's nicht zu viel verlangt, daß sie nun urplötzlich wieder in unser Horn tuten sollen, als wären die zwei Jahrhunderte ein spurlos geschwundener Augenblick?!« Den Ort aber wußte ich nun auch. Man hatte mir hier gesagt die »Schlucht« sei das Schönste, die Paßhöhe an der Grenze; auch stehe das große »Hotel Altenberg« dicht daneben. So ging ich vom Münster aufs Telegraphenamt, mir dort ein Zimmer zu bestellen, und vom Amt zum Buchhändler, wo ich mir gleich einen Haufen Reiseführer einhandelte. Sie alle rühmten die »Schlucht«. Und als die Antwort kam, im »Hotel Altenberg« sei ein Zimmer erst in einigen Tagen frei, schlug ich nach, was der nächste größere Ort sei. »Münster i. E.« Schön, also dorthin.

Und so fuhr ich am nächsten Morgen nach Münster.

Es war wieder ein herrlicher Morgen, als ich von Straßburg nach Münster fuhr, und so in der roten Sonne eines Sommertags durchs Elsaß zu fahren, ist lustig; und macht froh. Wahrlich »ein heiteres, fruchtbares, fröhliches Land«, und wohin immer man den Blick wenden mag, malerische Ruinen, schöne Kirchen, Dörfer, die stattlicher aussehen, als in Ostelbien die Städte, und Städte, deren jede wie ein Klein-Straßburg prangt, so altertümlich und zugleich mit stolzen Neubauten geschmückt. Und welche Namen schlagen einem dabei ins Ohr! Da Schlettstadt, die Hochburg des Humanismus, da, ob St. Pilt, auf stolzem Gipfel die Hohkönigsburg, dann die alte fröhliche Stadt des Weins und der Pfeifer, Rappoltsweiler ... Ich brauchte nicht erst im Reisebuch nachzuschlagen, die beiden Herren, mit denen ich das Kupee teilte, riefen die Namen aus; freilich sagten sie: »*Schléstatt*« – »*Oconigsbourg*« – »*Ribeauville*«, denn sie sprachen französisch. Der eine war ein Kolmarer, der andere ein Mülhausener Patrizier, und Beider Herz war ob ihrer Straßburger Eindrücke sehr bekümmert. Diese Leute würden gegen die Regierung immer zahmer, klagten sie einander, auch der Kolmarer seufzte, daß seinen Mitbürgern die rechte Kampffreudigkeit fehle, wogegen der andere stolz ausrief: »*Mulhouse sera éternellement français*!« Zum Beweis für diese französische Gesinnung von »Mülhüse« in Ewigkeit erzählte er Geschichten aus neuester und halbvergangener Zeit. Die erstere behandelte die unerhörte Frechheit eines rheinischen Fabrikanten, der einem Mülhausener Geschäftsfreund zugemutet hatte, seinem Schwager, einem dorthin versetzten Beamten, eine Wohnung suchen zu helfen; die aus halbvergangener Zeit die Suche nach einem Maire, den die Regierung bestätigen wolle. Man habe ein »*amusant flon-flon*« darauf gemacht, und dieser witzige Kehrreim lautete:

Z' Mülhüse wird a Maire gesuecht,

Das esch *épatant*,

Doch d' Laterne derzue,

B'halt 's Gouvernement.

Der Kolmarer war so entzückt darüber, daß er sich's ins Notizbuch schrieb, und ich that das Gleiche, auch ohne Schmerz. Das Ganze mutete mich gar nicht urfranzösisch an, im Gegenteil urdeutsch von Anno dazumal; so mögen um 1835 zwei deutsche Kleinstaatphilister gegen die hohe Regierung gestichelt haben.

In Kolmar zweigt das Bahnchen ins Münstertal ab; diesmal saß ich mit lauter wirklichen Franzosen im Kupee, doch sprachen sie kein Wort über Politik. Nur einmal klagte einer, es sei ein schönes Land, das sie verloren hätten, worauf ein anderer, die Deutschen hätten's nur »*à termes*« erworben. Ein karger Trost, denn wahrlich, auch das Münsterthal ist sehr schön. Nicht gleich im Anfang, aber mit der Zeit. Zunächst geht's nur in der Ebene und an einem Wald von Fabrikschloten vorbei: das ist Logelbach, wo die Herzog, Haußmann, Jordan, Hirn und andere Textilkönige jährlich einen Chimborasso von Baumwolle zusammenspinnen und weben; auf einem Kanal schleichen Lastbarken mit hochgetürmter Ladung gegen Kolmar. Dann tauchen grüne Hügel auf und wachsen an, je weiter die Lokomotive, immer scharf nach Westen, emporkeucht; wo keine Fabrik steht, da wogt ein Ährenmeer und grüßen Reben im Thal, von den Höhen aber winken Ruinen. Nun zur Linken der scharfgeschnittene Bergkegel, der die Plixburg trägt; zur Rechten das altertümliche Türkheim mit Mauern und Türmen; hoch über ihm, wie in den blauen Himmel hineingebaut, ein Gewirr gelbschimmernder Kirchen und Häuser: der Wallfahrtsort Drei Ähren. Hier tritt die Bahn ins Thal der Fecht, um es nicht mehr zu verlassen; steiler wird die Steigung, kühler die Luft, enger rücken die Berge zusammen und dichter wird der Wald; man kann auf Minuten glauben, im Schwarzwald zu sein: auch hier die hellgrünen Matten, die tiefgrünen Wälder, die sanft ansteigenden Berge, nur ist die Landschaft so viel fruchtbarer und belebter. Immer wieder Äcker und Weinberge, auf den Bergen die zerfallenen Ruinen; an dcr raschen Fecht viele Fabriken, dazu alle zwei Kilometer ein stattlicher Ort, Zimmerbach, Walbach, Weier im Thal, mächtige Kirchen, altersgraue Häuser, dazwischen weißblinkende Villen, kurz: alte Kultur und neues Leben. Wahrlich, auch in diesem Bergthal ist das Elsaß, wie der alte Sebastian Münster in seiner »Cosmographey« von 1544 rühmte, ein

»voller Brotkasten«, denn in »diesem Landt findt du in dem Gebürg kein Ort, das nicht erbawn sey mit Weingärten oder Äckern«. Daher auch das rege Leben auf den vielen kleinen Bahnhöfen; der Zug wird immer voller. Von Weier bis Münster wandelt sich abermals der Charakter der Landschaft, hohe kahle Bergrücken werden sichtbar; auf den weiten grünen Matten stehen Sennhütten; es ist, als führe man den Tauern entgegen oder Kufstein zu; aber hier giebt's auch Fabriken, also Voralpen mit Industrie. Dichter rücken die Schlote zusammen, aber auch enger die Berge; eine Stadt, von hier gesehen stattlich und weit gedehnt, wächst dem Auge entgegen, über Häuser und Fabriken hinwegragend ein gewaltiger Dom von rotem Sandstein. Das ist Münster i. E.

Hier ist gut hausen, jedoch im Hochsommer hier ankommen ist minder gut. Das Bahnchen führt ja noch einige Kilometer tiefer in die Berge, aber in Münster leert sich's jählings, und auf dem neuen Steig, wie vor dem Bahnhof, ist ein Drängen und Schreien, daß einem die Rippen krachen und die Ohren gellen. Denn die meisten Reisenden, namentlich die Franzosen, wollen gleich weiter über die »Schlucht« nach Frankreich, und es stehen auch reichlich viel Omnibusse und Wagen da, sie zu befördern. Aber daran liegt's eben; die Wagen reichen, aber die Reisenden nicht, und so entbrennt um jeden Einzelnen grauser Kampf. Als ich bedächtig, weil durch das Wutgeheul gewarnt, aus dem Portal trat, bot der kleine Platz das Bild eines Kampfgefilds: je ein Reisender zwischen zwei Kutschern, die heulend an ihm zerrten – wohl den Besiegten, die bereits atemlos, mit geröteten Gesichtern und zerknüllten Hüten, im Omnibus oder Landauer saßen! Aber da ward auch ich gefaßt: »*Mosié, voilà votre voiture*!« gröhlte ein kleiner Schwarzer und riß mir den Schirm aus der Hand. »Mosie, do isch jo ihr Wägele!« ein langer Roter und entwand mir meine Handtasche. Und dann fuhren sie gegen einander los: »Lutzer!« – »Sempel!« – »Leäder!« – »Dreckspatz!« Mein Stock war mir geblieben; sanft hob ich ihn mit der Bitte, meinen Schirm fahren zu lassen, gegen den Schwarzen, dann mit demselben höflichen Wink gegen den Roten, – da brach ein neuer Kampf los, der unsere Aufmerksamkeit von unseren kleinen Meinungsverschiedenheiten ablenkte: die beiden riesigen Omnibuskutscher waren einander über eine ganz kleine Französin in die Haare geraten und wälzten sich im Staube. Schon waren beide ganz blau, als ein dicker Bahnbeamter erschien, eine hellrote Mütze auf dem Kopf und eine dunkelrote Nase im Gesicht. »Ruhe!« brüllte er, und da ward es still und die Wagen rollten ab. Ich habe in den Wochen, die ich hier verbrachte, fast täglich das Bahnchen benützt; nicht immer ging es so lebhaft zu, wie bei meiner Ankunft, aber zuweilen auch noch dramatischer. Sogar Blut sah ich fließen, wenn auch nur aus einer Nase, als ein Kutscher dem anderen zurief: »B'halt nur deine Pariser, du pariserest ja salwer«, denn »pariseren« heißt hier in wilder Ehe leben. Nun meine ich: Münster ist im Übrigen ein so friedliches und behagliches Nest, ließe sich dem nicht abhelfen?! Etwa so, daß der Würdige mit dem Hellrot über und dem Dunkelrot im Gesicht schon gleich bei Ankunft des Zugs »Ruhe!« brüllte?!

Im Übrigen will ich diesem Würdigen nichts Schlimmes nachsagen; er hat mir zwar wiederholt, wenn ich eine Fahrkarte verlangte, deren zwei hingelegt, aber das war nicht böse gemeint und hatte auch seine natürlichen Gründe. Ebenso habe ich das Schanbabtistle später besser schätzen gelernt, als am ersten Tag. Als damals nämlich die Wagen nach der Schlucht abgerollt waren, guckte ich mich nach den Spuren eines Münsterer Hotels um, und da gewahrte ich das Schanbabtistle in einer Ecke, die Mütze vom »Hotel Münster« auf dem melancholischen Köpfchen und das dünne, gebeugte Körperchen ganz mit Schirmen, Handtaschen und Plaids behangen. Es nahm aber doch geduldig auch mir Alles ab, den Gepäckschein dazu, und wies mir den Weg zum Hotel, das nahe dem Bahnhof in einem hübschen Garten liegt. Als ich eben in diesen Garten treten wollte, hörte ich hinter mir her rufen; da stand das Schanbabtistle und winkte mir zurückzukommen. Ich that's. »S'ischt nur«, sagte das Männchen in seinem schönsten Hochdeutsch, »a Hokele dabii. Namlig: b'sorge will ich Ihne die Bogosch gern, herzlech gern, aber Zimmer hätte mer net frei!« – »Und das sagen Sie erst jetzt?!« Worauf das Schanbabtistle so recht demütig: »Excüsez, Mosie, aber wenn Sie Portier im Hotel Münschter wäre, Sie thäte g'wiß no mehr verneglischire!« Da schlug ich ihm begütigt vor, zunächst wolle ich in seinem Hotel essen und dann solle er mir ein Zimmer suchen helfen. »Herzlech gern«, sagte das Männchen, »denn Sie, Mosie, thäte allein dumm ums Eck 'rum schieße.« So ging ich denn ins Hotel und aß im großen Saal mit sehr vielen Menschen zu Mittag, denn außer den Sommergästen, die stolz an einer gesonderten Tafel obenan saßen, waren noch zwei große Gesellschaften aus Straßburg und Kolmar da, die das feinste Elsässer Französisch sprachen. Das Essen war gut, das Hotel machte einen netten Eindruck, und wie ich so aus der Kühle in den Garten hinausstarrte, wo das Laub in der Hitze zitterte, ward mir bang vorm Zimmersuchen und ich guckte neidisch nach den Sommergästen hin. Neidisch, aber mit guten Gedanken. »Wenn doch einer von Euch«, dacht' ich, »jetzt eine Freudenbotschaft erhielte, die ihn zu sofortiger Abreise bestimmte!« Und siehe, diesen Edelmut lohnte der Himmel. Als wir beim Kaffee waren, trat ein Telegraphenbote ins Zimmer und rief: »Herr Polizeidirektor X.« Ein dicker Mann mit grimmigem Schnauzbart schnellte empor: »Hier, Rat X.« – »Direktor X.«, wiederholte der Bote. Die Ernennung! Freudiger Aufruhr, Glückwünsche, Champagner und Abreise. Nächst mir war das Schanbabtistle am vergnügtesten darüber. »Gottlowedank! D'Polizei is üs'm Hüs un i bräuch in d'r Hitz kei Loschi mit Faderbett z'süche!« – »Aber von einem Federbett hab' ich doch gar nicht gesprochen?« – »Jeder Berliner will a Faderbett!«

Nun, das hatte ich also und konnte daher die vielen, vielen Kissen schleunigst hinauswerfen lassen, aber im Übrigen fand ich das Haus freundlich und ebenso das Städtchen; zudem sollten's ja höchstens drei Tage sein, bis mein Zimmer auf dem Altenberg frei war. Und nun sind's drei Wochen geworden, und daß ich fort soll, will mir gar nicht zu Sinn. Ich hab's so gut hier; täglich sehe ich was Neues und Schönes und verbringe den Abend mit liebenswürdigen Menschen, die sich mit mir verständnisvoll des Gesehenen freuen und mir für den nächsten Tag wieder was Schönes wissen; ist's möglich, so begleitet mich einer von ihnen; wo nicht, so sorgen sie für einen kundigen Führer. Sitz' ich des Abends unter ihnen, dann glaube ich und vielleicht auch sie nicht, daß wir uns erst seit Wochen kennen, so gut sind wir einander geworden – und es sind doch Elsässer, aber neben dem Menschlichen bindet uns eben die gemeinsame Freude an ihrer herrlichen Heimat. Welche Fülle von Schönheit der Natur und gesegneter Arbeit der Menschen, von alter Kultur und Kunst und von Sage und Geschichte, und von neuem, überquellendem Leben! Gewiß, auch diese Fülle der Eindrücke ist's, die mich über die Zeit täuscht, die ich hier verbracht habe; jeder Tag brachte ja etwas Anderes, was ich nie vergessen möchte! Aber wie Vieles habe ich selbst in diesem Thal noch nicht gesehen! Wahrlich, wie ich mir nun, da sie zu Ende geht, so meine Münsterer Zeit überdenke, scheint's mir höchst vernünftig, daß ich blieb, und unsinnig, daß ich gehen soll. Nun, es wird ja wohl sein müssen, aber vorher will ich mir doch klar machen, was Alles mich freute und fesselte.

Was Alles?! »Das Städtchen gewiß nicht«, wird vielleicht Einer einwenden, der's flüchtig kennt. »Ein neuer, nüchterner Fabriksort im Thal!« Nun, wer so spräche, kennte Münster wirklich nur flüchtig, aber der fesselnde Magnet an sich war die Stadt auch mir nicht. Und die lieben Menschen, deren ich mich hier erfreuen durfte?! Gewiß, ohne sie wär's nicht halb so erquicklich gewesen, aber doch erquicklich genug. Denn sein Bestes bietet Münster Jedermann: es ist ein unvergleichliches Standquartier für den Reisenden, der diese reizvolle und merkwürdige Landschaft gründlich kennen lernen und dabei doch jede Nacht im selben Bette schlafen will. Wer von der Natur vor und nach der *Table d'hôte* nur so viel genießt, als ihm zu seinen eigenen Fenstern hineinguckt, wer nicht wandern und suchen, sondern ruhen und verdauen mag, für den ist Münster nichts. Aber wer sich am besten erholt, wenn er sich täglich ein neues Stücklein dieser schönen Welt erobert, der komme hierher. Auch wenn er nur die Bahn benützt, kann er haben, wonach ihn gelüstet, und täglich was Anderes: uralte, seltsame Städte und Flecken, wie Kaysersberg, Rappoltsweiler, Sulzbach, Weier und Türkheim, eine Kunststadt wie Kolmar, einen Wallfahrtsort, wie die Drei Ähren, merkwürdige Bergdörfer, wie Walbach, Mühlbach, Metzeral; nimmt er ein Wägelchen oder des Schusters Rappen zu Hülfe, so erschließt sich ihm das Gebirg von der Ebene bis zum Grenzkamm der Vogesen und nach Frankreich hinein: schattige Waldthäler, burggekrönte Höhen, einsame Seen im tiefsten Tannenforst, riesige Matten mit stillen Sennereien, verödete Grenzwege, auf denen der Pascher schleicht, und Pässe, über die der Weltverkehr fast betäubend flutet. Ich habe ein gut Stück Welt gesehen; kaum zwei oder drei Landschaften wüßte ich zu nennen, die solche Gegensätze der Natur und des Lebens vereinen, eine solche Fülle des Schönen oder doch Kuriosen aus der Arbeit eines Jahrtausends bieten, wie dieser Berggau zwischen Kolmar und Lothringen. Sein Mittelpunkt aber ist Münster; die Stadt ist, wie die größte, so die älteste Wohnstätte im Gau.

Das Alter, sagen Viele, sieht man Münster nicht an. Das ist richtig oder unrichtig, je nach den Augen, die einer mitbringt. Wer nur den Stadtgarten und das neue Hotel- und Villenviertel nahe dem Bahnhof durchstreift, mag freilich das Bild einer jüngst entstandenen Sommerfrische haben. Aber schon wer an den Webereien vorbei zum Marktplatz geht, müßte stumpfe Augen haben, um zu glauben, er sei in einem Fabrikstädtchen von gestern. Denn selbst die Gassen mit neuen Bauten sind eng und krumm, in anderen stehen mitten zwischen modernen uralte Häuser, und sieht er sich die Mauern der Fabriken recht an, so gewahrt er gewaltige Sandsteinbogen, mit Ziegeln ausgefüllt: Reste eines riesigen Klosterbaus; ähnlich sind die Mauern einer Brauerei in einen stolzen Kreuzgang eingebaut. Dann hier ein schönes altes Portal, dort ein Renaissance-Fries und dort wieder Giebel und Erker. Dazwischen öffnen sich uralte Gäßchen, auf der einen Seite wackelige Häuschen, auf der anderen eine dicke, aber brüchige Stadtmauer; eines, das »Grabengäßchen«, so schmal, daß einem beleibten Manne schwül wird und ein dicker stecken bleibt. Selbst Spuren der alten Thore sieht man noch, so nahe der Kirche St. Leodegar, wo heut' eine kleine Herberge steht. Von Denkmälern und Bauten aus alter Zeit, die sich unverändert erhalten haben, giebt's freilich nur noch wenige. Da steht im Stadtgarten auf einem Sockel ein verwitterter Löwe aus Sandstein, der vergnügt grinsend sein mächtiges Hinterteil emporstreckt. Die Fremden gehen achtlos daran vorbei oder wundern sich, daß man das wacklige Ding auf einen Ehrenplatz des modernen Parks gestellt hat, aber die Münsterer haben recht daran gethan: der morsche Löwe mit der üppigen Hinterpartie ist ein so schnurriges und zugleich beredtes Denkmal alter Bürgerkraft, wie es nicht viele Städte im Reich haben. Dann unter den Bauten das Rathaus, ein spätgotischer Bau von 1550, von dessen Giebel der Doppeladler des heil. Römischen Reichs deutscher Nation hinabgrüßt. Denn in der Ratsstube, wo heute die Gemeinderäte von Münster dem Herrn Kreisdirektor sauersüße Mienen schneiden, brachten einst die Bürger des Freistaats Münster im Gregorienthal für Kaiser und Reich freudig die schwersten Opfer, und im Archiv dieses modernen Fabrikstädtchens finden sich stolze Privilegienbriefe aus den Tagen, da Berlin noch ein Fischerdorf war.

Es ist nicht Jedermanns Sache, während seiner Ferien in verstaubten Urkunden zu kramen, obwohl das an Regentagen ein mindestens ebenso kurzweiliger Zeitvertreib ist, als im Wirthshausqualm Billard zu spielen, auch nicht Jedermanns Sache, sich viel um die Vergangenheit eines Orts zu bekümmern, wo er nur einige Wochen zubringt. Ehrlich gesagt, auch meine Sache ist das nur dann, wenn ich ohne die Vergangenheit die Gegenwart nicht ganz verstehen kann, denn das Leben um mich her zu erfassen, es mitzuleben, und wenn's nur für Wochen wäre, ist mir allerdings Bedürfnis. Münster ist erst seit zehn Jahren eine Sommerfrische, seit kaum vier Menschenaltern eine Fabrikstadt, unter zehn Menschen leben sieben vom Webstuhl oder vom Fremden, und doch wäre einem nicht blos das Stadtbild, sondern auch das Leben und die Art der Menschen unverständlich, wenn man nichts von ihrer Geschichte wüßte. Zudem ist diese Geschichte so reich, der merkwürdigsten Fügungen und Entwicklungen voll, – und so deutsch! Wie es einst hier aufwärts und dann abwärts ging und nun wieder allmählich aufwärts geht, ist im Kern ein Stück unserer deutschen Volksgeschichte. Und mögen sie nun den Herrn Kreisdirektor ärgern, in den Reichstag stets einen »Elsässer« wählen, für Paris schwärmen und unter einander französisch parlieren – wer da weiß, wie sie einst waren und nun geworden sind, sagt sich lächelnd: »Nur zu, Ihr Guten, das paßt eben für *vos têtes carrées* – ›Schwowe?!‹ Selber Schwowe, und was für echte!«

Das wichtigste Schicksal fast jeder Stadt – es giebt auch Ausnahmen, Berlin z. B. – ist ihre Lage und das erste und deutlichste Dokument ihrer Geschichte ihr Name. Beides trifft auch hier zu. Wer eine der südlichen Höhen ob Münster ersteigt und herabblickt, etwa von der Terrasse des schönen »Schloßwalds«, versteht sofort, warum hier eine Stadt erstehen mußte. Sie liegt, ein gewaltiger Haufen von grellem Weiß und Rot inmitten dem Grün ihrer Gärten, dicht zu seinen

Füßen, an den mächtigen Rücken einer breiten Kuppe, des Mönchsbergs, geschmiegt, von dem hellen Grau ihrer Dampfschlote wie von einem Fähnlein überschattet, in einem mäßigen Kessel, wo sich zwei Thäler zu einem dritten, zwei Bäche zu einem Fluß vereinigen. Grundverschieden ist der Charakter dieser Thäler; hart zur Linken des Beschauers; gegen Südwesten steigt das breite, aber steile »Großthal«, aus dem ein glitzernder Bergbach zu Thal stürmt, zum Vogesenkamm empor, daneben, durch den Rücken des Mönchsbergs von ihm geschieden, gegen Nordwesten das engere, wildere, von grauem Fels und dunklem Tannenforst starrende »Kleinthal«, aus dem ein anderer Gießbach in die Tiefe stäubt. Nachdem sie sich im Weichbild der Stadt vereinigt, fließen sie als »Fecht« gegen Osten weiter; dies dritte Thal streckt sich zur Rechten des Beschauers: mäßig breit, aber anmutig und fruchtbar, von Hütten und Mühlen, Burgen und Fabriken erfüllt, in sichtbarer Neigung zur Rheinebene hinabsinkend. So liegt Münster an der Grenze zwischen Gebirg und Hügelland, der Stelle, wo die Waldbäche zum Fluß, die Saumpfade zur Straße werden, zugleich der einzigen Stelle, wo sich Raum für eine größere Siedelung bot, denn auch vor dem Beschauer und hinter ihm, also gegen Norden und Süden, steigen terrassenförmig Berge auf, heller und sanfter als die des Groß- und Kleinthals, schimmernd vom Smaragd der Matten und freundlichem Laubholz, jedoch auch hier den Raum des Kessels, in dem sich die Stadt breitet, beschränkend. Aber er hat bis heute genügt und konnte vollends den Gründern dieser Siedelung genügen; sie wählten den Ort trefflich, malerisch sollte die Lage sein und zugleich ein Magnet des Verkehrs, wie ja die meisten ihresgleichen ebenso glücklich wählten. Denn schon der Name erweist, daß der Ort aus einem Kloster erwuchs.

Das »*Monasterium in valle Gregoriana*«, das »Münster im Gregorienthal« war eines der frühesten Klöster auf deutscher Erde, schon kurz nach 600 Papst Gregor I. zu Ehren von Schottenmönchen gegründet. Freilich nicht gleich hier, im wohnlichen, geschützten Kessel, sondern hoch oben im wilden Kleinthal, wo zwischen den tiefen, schwarzgrünen Forsten des Abts- und Silberwalds vom Hoheneck herab ein Gießbach seine milchigen Wellen zu Thal wälzt, durch Jahrtausende ein Versteck der Eber und daher noch heute »Schweinsbach« genannt. Wer jetzt hier von Stoßweier her auf gebahntem Pfad zur »Schlucht« emporklimmt, fühlt sich fast beängstigt von der düsteren, unheimlichen Schönheit dieser einsamen Waldwildnis, und findet es begreiflich, daß die mittelalterlichen Chronisten hierher die Jagdgründe Julius Cäsars und Karls des Großen legten; freilich stammelten sie da nur der uralten Volkssage nach, die den wilden Jäger im Herbst allnächtlich über den Bergkamm dahinlaufen läßt. Staunend aber sieht der Wanderer die Kapelle, die den Ort bezeichnet, wo hier einst die ersten Zellen der Schotten standen, das »Scottenwirle«, das nahe »Stoßweier« hält den Namen, freilich bis zur Unkenntlichkeit verstümmelt, fest. Denn wenn's hier selbst heute noch so unwirtlich und todeseinsam ist, wie erst in jenen Tagen! Kaum betretener Urwald bedeckte das Grenzgebirg zwischen dem Frankenreich und seinem Vasallenstaat, dem von »Elisassen« (fremden, d. h. germanischen Bewohnern) bewohnten, von den Etichonen beherrschten Elsaß; mit dem Getier der Wildnis, dem Auerochsen, dem Bären und dem Eber, mit dem Brodem des sumpfigen Urwalds mußten die frommen Siedler unter ihrem ersten Abt Oswald den Kampf aufnehmen, eh' ihr Acker etwas Frucht trug. Was sie hierzu bewog, war jener brünstige Hang nach dem Märtyrertum, die scheue Weltflucht, die dem schottischen Zweig der Benediktiner vor allen anderen eignete. Aber schon des Oswald Nachfolger, Colduvinus, verstand die Weisungen, die Papst Gregor den Jüngern seines Lieblingsordens gegeben hatte, besser: nicht fern den Menschen zu leben, sondern unter ihnen, und die alten Götzentempel nicht zu zerstören, sondern zu Tempeln Gottes zu machen. Darnach handelte Colduvinus, als er den sündigen Merovinger Childerich II. bewog, den Mönchen zur Errettung seiner Seele in jenem Thalkessel Kirche und Haus aufzurichten. Denn hier gab es Menschen, wenn auch noch nicht viele: Jäger, Hirten und Sennen; an der Stelle, wo die beiden Bergbäche sich zur Fecht vereinen, stand zweifellos ein ihren Göttern heiliger Hain, und darum mußte Childerich hier das »*Monasterium ad confluentes*« erbauen. Auch schenkte ihm der König das gesamte Thal vom Vogesenkamm bis gegen Kolmar, dazu einige fette Höfe der Niederung bei Schlettstadt. Freilich wurde er kurz darauf von seinen Vasallen ermordet, das Kloster aber gedieh jählings zu großer Bedeutung.

Verschiedene Umstände haben diese rasche und doch lange dauernde Blüte bewirkt, reine und unreine, löbliche und häßliche, denn nur aus weißen Fäden ist kein Schicksal auf Erden gewebt, und vollends niemals die Macht. Vor Allem: die Äbte huldigten dem Mächtigen, stützten oder verrieten den Wankenden, je nachdem sie seinen Sieg oder sein Verderben witterten, und traten den Gestürzten in den Staub. Wer immer über das Elsaß gebot, so lang er zu schenken hatte, war der Abt von Münster sein Freund, freilich nicht länger. So war nach Childerich II. Tode das dann heilig gesprochene Scheusal Dagobert II. des Klosters Gönner und Donator, so alle, alle Merovinger und Karolinger, die Heinriche und Ottonen, die Salier und die ersten Staufen. Unzählige Weiler und Weingüter, Höfe und Dörfer der Niederung bis gegen Straßburg, Breisach und Basel hin fielen dem Kloster zu; in seinem Thal vollends, von Kolmars Thoren bis zum Vogesenkamm, war nur der Abt der Herr; selbst auf die Gerichtsbarkeit über die Freien hatte schon Ludwig der Fromme zu seinen Gunsten verzichtet. Bis ins XII. Jahrhundert hinein dauerte dies stete Wachsen der Klostermacht; Münsterer Mönche wurden Bischöfe zu Straßburg, und mehr als ein Graf war unter den Äbten; kein Wunder, das Amt forderte mehr weltliche, als geistliche Begabung. Aber zu dieser stetig geübten, ebenso schlauen als rücksichtslosen Politik im Erwerben trat die gleiche Kunst und Kraft im Festhalten und Entwicklen des Besitzes. Die einst so menschenarme Landschaft wurde binnen drei Jahrhunderten zu einem der bevölkertsten Bergthäler des Elsaß, weil sich die Mönche ebenso aufs Kolonisieren verstanden, wie sie selbst treffliche Ackerbauer und Winzer, Viehzüchter und Sennen waren. Fast alle Dörfer, die sich heute im Groß- und Kleinthal finden, sind uralt, und alle desselben Ursprungs: zuerst gründeten die Mönche einen Meierhof, dann wurden Hütten für die hörigen Knechte erbaut, der und jener freie Handwerksmann aus der Ebene zog hinzu; schließlich war, schon der großen Entfernungen wegen, ein Friedhof vonnöten, dazu eine Kapelle, die sich zur Pfarrkirche erweiterte. Die größte Siedlung aber, gleichfalls durchaus ländlich, entstand ums Kloster; von ihm ging alles Leben, alle Kultur der Landschaft aus, zu ihm strömte sie zurück, seinen Glanz zu erhöhen.

Man weiß, solcher Kreislauf dauert nicht ewig; dann kommt der Tag, da das erstarkte Geschöpf nicht mehr seinem Schöpfer, sondern sich selber leben will. Hier dämmerte dieser Tag gegen Ende des XII. Jahrhunderts, da im Elsaß der Gedanke der Städtefreiheit, im Sturmhauch der Not, die zur Selbsthilfe zwang, aus hundert Funken zur Lohe wurde. Straßburg hatte sich nach langem Kampf von seinem Bischof befreit, andere Städte waren gefolgt, da rüttelten auch die Bauern und Hirten im Münsterthal an ihrem Joch. Das war begreiflich, denn der Abt war nicht blos ihr Zinsherr, dem der Freie steuern, der Hörige frohnden mußte, sondern auch der Gerichtsherr und der geistliche Zwingherr obendrein; sie waren in seiner Hand, wie das Lämmlein in des Geiers Krallen. Und doch war diese Bewegung im Münsterthal, eine seltsame, ja einzige Erscheinung; anderwärts that sich eine geschlossene, wohlhabende Bürgerschaft zusammen, hier waren's die Sennen, Jäger und Hirten des Groß- und Kleinthals, die sich mit den Ackerbauern des Fleckens verbanden; Ähnliches hat sich auf deutscher Erde um 1200 nirgendwo begeben, erst ein Jahrhundert später im Schatten des Rigi. Sieht man von der Sage ab, die den Kampf der Eidgenossen verklärt, und darf man Kleines mit Großem vergleichen, so war's im Grunde dieselbe Erscheinung, erklärlich nur durch den ungeheuren Druck von oben und den trotzigen, im Kampf mit einer rauhen Natur erstarkten Charakter eines einsamen Bergvolks. Anders freilich, friedlicher und zahmer war hier der Verlauf; zu einem Morgarten kam es nicht. Durch ein Menschenalter blieb der Kampf zwischen Abt und Unterthanen unentschieden; hier die furchtbare Waffe des Geld-, Blut- und Kirchenbanns, dort zäher, alemannischer Trotz. Da siegte endlich der schlauere Theil. Also der Abt? Nein, die Bauern. Seit Kaiser Friedrich II. über Deutschland herrschte, mühten sie sich um seine Vermittlung; war er doch ein Freund bürgerlicher, ein Feind geistlicher Macht. Die Gefahr seines Eingreifens zu bannen, bestürmte der Abt den Enkel Barbarossas um die »*protectio specialis*«, die Reichsunmittelbarkeit, und gewährte als Gegenlohn, was der Kaiser forderte, das Recht der Gerichtsbarkeit über das Münsterthal. Das war im Dezember 1235; der Abt frohlockte, aber die Münsterer auch, und mit besserem Grunde, denn acht Tage später verlieh ihnen der Kaiser das an ihn zurückgefallene Recht der

Gerichtsbarkeit und andere wichtige Privilegien einer freien Stadt. So sah derselbe Monat hier zwei Staatswesen entstehen: die Reichsabtei Münster und den Freistaat gleichen Namens.

Der wackere Dichter der »Abderiten«, der ja als Ratsschreiber der Reichsstadt Biberach seine Erfahrungen sammeln konnte, hat einmal geäußert, Kurioseres habe die Sonne nie beschienen, als die Zwergstaaten im römisch-deutschen Reich. Das Seltsamste vielleicht sah sie durch vier Jahrhunderte in diesem Thal. Zwar daß es hier zwei Souveräne – Reichsabtei und Reichsstadt – auf demselben Fleck gab, war, wie man weiß, keine Seltenheit; natürlich lagen sie einander auch hier in den Haaren und rauften um jede Trift, jeden Grenzstein, jeden Zins von drei Groschen. Wer dabei im Rechte gewesen, der Abt oder der Rat, findet sich in den beiden neuesten Geschichtswerken über Münster – von Friedrich Hecker (1890) und von Ludwig Ohl (1897) – ganz genau nachgewiesen; nur wirkt leider das gleichzeitige Studium der beiden stattlichen Bände mehr kurzweilig als klärend, denn nach Hecker, dem Protestanten, war immer der Rat, und nach Ohl, dem Katholiken, immer der Abt im Rechte. Die Wahrheit aber ist, daß es selbst heute im Kampfe um die Macht weniger darauf ankommt, im Recht zu sein, als Recht zu behalten; der liebe Gott ist sogar jetzt noch stets mit den »besseren Bataillons«, und war es damals mit dem größeren Häuflein Gewaffneter, und darum muß Ohl oft bittere, auch ausführliche Thränen weinen (sein Buch hat 550 Seiten!) während Hecker die Weltordnung kurz und fröhlich als gerecht rühmen kann. Die Münsterer fochten selbst, der Abt mußte Knechte mieten; wie fast überall im Elsaß minderte sich auch hier die geistliche Macht durch das Aufstreben des Bürgertums wie des Schwertadels, das Sinken der Klosterzucht, das Schwinden des frommen Glaubens. Wenn sich der Kampf hier noch rascher entschied als anderwärts, so lag dies an Unglücksfällen, so wiederholten Bränden, die das Kloster trafen, aber auch an der trotzigen, streitbaren Art der Münsterer und vor allem an der weisen Verfassung, die sie sich gegeben hatten. Auch diese Verfassung war in ihrer Art einzig und wie man, um für ihre Entstehung ein Ähnliches zu finden, nach der Schweiz blicken muß, so für ihre Ausgestaltung.

»Die Stadt und das Thal zu Münster im St. Gregorienthal«, wie der Freistaat bei Kaiser und Reich hieß, war ein Bund aller damals bestehenden Gemeinden des Thals, also der Stadt Münster und der Dörfer Sondernach, Metzeral, Mühlbach, Breitenbach und Luttenbach im Großthal, Stoßweier und Sulzern im Kleinthal. Oder richtiger: eine Verschmelzung aller, denn jeder Bewohner des Thals war »Bürger zu Münster und im Thal«, und alle Bewohner politisch ganz gleichberechtigt. Dem Freistaat gehörten die Äcker, die Forste, die Matten, ihm die Jagd, die Fisch- und Weidegerechtigkeit, sogar der größte Teil der Herden, namentlich die Stiere, war Eigenthum Aller, also nicht der Einzelnen, nicht der Gemeinden, die nur lokale Verbände innerhalb der Bürgerschaft waren. Dies kam auch in der Zusammensetzung der Regierung zum Ausdruck: jedes Dorf wählte je einen Ratsmann, also zusammen sieben, Münster sechs, die dreizehn aus ihrer Mitte den Bürgermeister, hierzu kamen in den ersten Zeiten, da die Abtei noch dreinsprach, drei Vertreter des Klosters, dann, da im Thal neue Dörfer (Eschach und Hohrod) entstanden, ihre Abgesandten. Also eine Dekapolis, völlig zu einer Einheit verschmolzen und – dies ist das Merkwürdigste von Allem – nie von einem Hauch der Zwietracht berührt; die einzige deutsche Reichsstadt des Mittelalters, von der sich dies sagen läßt. Staunend liest man ihre Annalen; viel Kampf, aber nur nach außen, nie ein Streit um die Verfassung, nie eine Änderung; sie blieb von 1235 bis zur Annexion an Frankreich dieselbe. Die Lokalhistoriker suchen diese beispiellose Eintracht durch die Heimatliebe der Münsterer zu erklären, aber der Nürnberger oder Erfurter liebte seine Stadt nicht minder; hier fehlten eben die Gründe, die anderwärts die Bürger entzweiten. Es war und blieb ein rauhes, armes Volk von Hirten und Sennen, Jägern und Krämern; die wenigen Handwerker und Bauern abgerechnet, lebten sie alle vom Acker, vom Wald, von der Alpenwirtschaft; was Sebastian Münster 1544 von ihnen sagt, gilt für Jahrhunderte vor und nach seiner Zeit: »Ihr Handel und Nahrung ist mehrerteils von dem Viech auf alle Höhen der Berge, gleichwie im Schweitzer Gebürg.« Der einzige Ausfuhrartikel war ihr trefflicher Käse, der im Mittelalter fast noch berühmter war, als heute; von draußen bezogen sie nur Salz, Tuch und Eisen. Wie etwa Schwyz noch heute keine Stadt in unserem Sinne ist, geschweige denn einst war, so wenig das Münster jener Zeit; es gab damals zwischen den Bürgern ums Kloster herum und denen zu Sulzern oder Sondernach hoch oben am Bergkamm kaum einen Unterschied in Sitte, Erwerb und Besitz. So gab es hier keinen Gegensatz zwischen Dörfern und Städtern, Patriziern und Plebejern. Die Reichsstadt Münster war eben keine Stadt, sondern, wie sie sich selbst nannte, eine Gemeinschaft; »*Sigillum communitatis vallis S. Gregorii*« lautet die Umschrift des uralten Staatssiegels.

So einfach sich die Verfassung und alle Formen des bürgerlichen Lebens darstellen, so verzwickt laufen anscheinend die Linien der äußeren Politik des seltsamen Staats. Fehde reiht sich an Fehde und oft genug ist der Feind von gestern der Freund von heute, morgen aber wieder der Feind. Jedoch auch diese wilden Historien lassen sich auf eine einfache Formel bringen; möglich, daß ich sie selbst herausgebracht hätte, aber jedenfalls hat sie das Schanbabtistle zuerst ausgesprochen. Nicht bloß Portier, sondern auch Stiefelputzer und Menschenfreund, sah er die Geschichtswerke und Urkundenbücher mit Mißvergnügen auf meinem Tisch. »Üns koscht's Lampeöl und Sie, Musie, Kopfschwiiß, ün Beid's ischt für'n Teufel! Was isch da z' stüdiere?! Höre Sie, so sin' mir Münschtertoler g'si, herbeini (hartbeinig) namlig: Mein isch mein; schagrinir (bedrücke) mi net oder i zann (zeige die Zähne).« Recht hat das Schanbabtistle, das ist der rote Faden dieser Politik. »Mein isch mein!« – sie wollten behalten, was sie hatten, und lieber noch was dazukriegen, als verlieren, darum waren sie immer gegen den Abt und für den Kaiser; und weil es damals Sitte war, daß ein Nachbar den andern »schagrinire«, so »zannten« sie allezeit. Nicht immer freilich ging's ihnen gut aus. Dem Nachfolger Rudolfs von Habsburg, Adolf von Nassau, ebenso getreu, wie sie es diesem und vorher den Staufen gewesen, überfielen sie auf sein Geheiß das ihm feindliche Weier im Thal und plünderten es; als sie aber zum zweiten Mal kamen, den Weierer Wein zu verkosten, wurden sie überrumpelt und nur wenige kehrten in ihre Berge zurück. Das war 1293 und noch heute geht im Thal das Wort, den Münsterern bekomme der Weierer Riesling schlecht; ich selbst habe es in einem verräucherten Kneiplein zu Weier gehört, aber was es bedeute, verstand niemand mehr. Ein Menschenalter später (1330) gerieten sie um Kaiser Ludwigs willen mit Kaysersberg in Fehde; hier lohnte sich ihnen die Treue besser und aus dem päpstlichen Bann, in den sie als Anhänger Ludwigs gerieten, machten sie sich wenig; den wagte ihr Abt ohnehin nicht in voller Strenge gegen sie anzuwenden. Dazwischen liegen zahllose kleine Fehden mit einzelnen Edlen oder Städten des Thals und Gebirgs um ein Weiderecht, einen Acker, einen Zins – wie die Urkunden besagen, Verteidigungskämpfe und meist mit Erfolg ausgefochten. Aber wer »herbeini« ist und an Spieß und Sturmhaube gewöhnt, macht leicht den Krieg zum Handwerk; wie die streitbaren Sennen von Schwyz und Uri sich Beute aus dem Tessin holten, so stießen die vereinten Münsterer und Colmarer 1350 ins welfische Lothringen nieder und kehrten schwer beladen heim, um freilich kurz darauf (1354) unter einander harte Fehde zu führen. Im selben Jahr aber gründete Karl IV., dem Münster auch eine Gerichtsordnung verdankt, um den Landfrieden zu wahren und dem argen Raubadel zu steuern, den Zehnstädtebund des Elsaß (Münster, Türkheim, Mülhausen, Kaysersberg, Rosheim, Oberehnheim, Schlettstadt, Colmar, Weißenburg und Hagenau); wohl hörten auch damit die Fehden nicht auf, doch minderten sie sich. Freilich, wieviel der beschworene Landfriede, wieviel die Not der Zeit dazu beitrug, mag dahingestellt bleiben; die Abtei war durch Beraubung des Adels und lockere Zucht so arg herabgekommen, daß hier für die Münsterer nichts mehr zu holen war, und da zudem neben der Abtei auch die Stadt von Bränden heimgesucht wurde, so fehlten ihnen die Groschen für Kriegszüge. Das Beuteland Lothringen aber war ihnen nun verschlossen; der Herzog hatte sich durch Abtretung von Weideplätzen am westlichen Abhang des Vogesenkamms Frieden von ihnen erkauft, auch hatten sie sich verpflichtet, keinen Raubzug nach oder aus Lothringen durch ihr Gebiet zu lassen.

Da bot sich ihnen 1465 unverhofft die Gelegenheit, ehrlich ein Stück Beute zu gewinnen. Einige elsässische Ritter, darunter Herr Hans v. Lüpfen auf Hohhattstatt, hatten in Lothringen geplündert und kehrten mit dem Raub durchs Gregorienthal heim. Die Münsterer warfen sich ihnen entgegen, wurden aber mit blutigen Köpfen heimgeschickt; nur ihre dicke Stadtmauer von 1308 wahrte sie vorm Untergang; sogar ihr Banner fiel in die Hände der Ritter und wurde nach Hohhattstatt gebracht. Wer heut' von Sulzbach aus die Marbacher Höhe emporsteigt, trifft im tiefen Forst auf steilem Hügel die spärlichen Reste der Ruine, die einst, aus gewaltigen Granitwürfeln erbaut, eine der wehrhaftesten Burgen des Gaus war. Auf der Zinne ob dem Hauptthor prangte ein seltsamer Schmuck: eben jenes Schaustück, das heute im neuen Stadtgarten zu Münster steht; von dort oben streckte einst der steinerne Löwe dem Beschauer hohnvoll das gewaltige Hinterteil entgegen. Diesen Löwen schmückte nun Herr Hans von Lüpfen mit dem Banner des Freistaats, so daß das alte zerschlissene Fähnlein, auf dem vor Strömen Bluts kaum noch das Wappen, die drei Türme von Münster zu erkennen war, trübselig das triumphierende Hinterteil umflatterte. Es war ein Witz im Geschmack der Zeit, aber dem entsprach auch die Vergeltung. Auf die erste Kunde vom neuen Schmuck des Löwen ließ der regierende Bürgermeister von Münster, Hans Vogel, das Stierhorn durch die Thäler gellen, und wer einen Spieß, ein Beil, einen Morgenstern tragen konnte, fand sich ein. So zogen sie nach Hohhattstatt und wie viele dabei auch ihr Leben lassen mußten, sie brachen die Burg, holten sich ihr Banner und den Löwen dazu; den stellten sie in ihr Zeughaus. Aber damit waren die Abenteuer des steinernen Ungetüms noch nicht zu Ende; etwa neunzig Jahre später fingen sie erst recht an. Als sich die Münsterer 1550 ihre neue »Herrenstub«, das Rathaus mit einem Brunnen zierten, da wußten sie für diesen keinen schöneren Schmuck als den Löwen von Hohhattstatt. Und da sie dem Kloster niemals grün und zudem damals schon lutherisch waren, so stellten sie ihn so, daß sich nun der Abt der Aussicht aufs Hinterteil erfreuen durfte. Böse Zeiten hatte damals das Kloster und der Abt große Sorgen, aber diese Aussicht glaubte er sich als souveräner Reichsstand nicht gefallen lassen zu dürfen, und klagte zuerst beim Landvogt, dann, da dieser sich unzuständig erklärte, bei den Gerichten auf Umdrehung des Löwen, denn da der Brunnen zum Rathaus gehöre, der Löwe zum Brunnen und das Hinterteil zum Löwen, und da der Brunnen vor dem Rathaus stehe, so gehöre auch der Kopf des Löwen auf den Markt und nicht sein Gegenspiel, wie ja doch auch das Rathaus seine Fassade nach dem Markt öffne und nicht seine verschwiegenen Hinterkammern. Die Münsterer aber argumentierten: da der Löwe samt Hinterteil ihnen gehöre und der Platz dazu, so könnten sie ihn stellen wie sie wollten. Zwei Menschenalter währte der Prozeß und verschlang große Summen; da entschieden die Richter für die Stadt, dieweil Löwe und Platz unzweifelhaft reichsstädtisches Eigen und ein, wenn auch noch so großes, aber steinernes Hinterteil keine ungebührliche Belästigung des Nachbarstaates sei. Dabei blieb's aber auch nicht; um 1700, da die Franzosen die Herren geworden und mit ihnen der Abt, wurde der Löwe umgedreht … An die neunzig Jahre kehrte er so, gewiß innerlich darob trauernd, seinen getreuen Münsterern das Hinterteil zu, da brauste das Echo des Bastillensturms auch durch dies Thal und der Löwe bekam die alte Stellung, wie sie ihm nach Ausspruch der weisen Richter zukam. Nicht für lange! Da genierte eines Tages einen besonders frommen Unterpräfekten des Löwen Hinterteil, das er für eine Verkörperung protestantisch-republikanischen Übermuts hielt, und das arme Tier wanderte wieder ins Zeughaus; für Jahrzehnte, bis 1890. Da kam ihm die Erlösung; der Löwe wurde im neuen Stadtgarten aufgestellt, in Wort und Lied gefeiert. Aber gerade dies sollte ihm gefährlich werden. Unter den Dichtern, die ihm huldigten, war auch sein alter Verehrer, Th. Vulpinus in Colmar, der ihn schon Jahre zuvor in seinem »*Carmina faceta*« lateinisch besungen hatte; nun that er's deutsch:

In stolzer Würde steht er da;
Daß ihn der Abt von hinten sah,
Erfreut sein Herz noch heute.

Das Gedicht wurde öffentlich vorgetragen, in dem (nebenbei bemerkt, sehr gut geleiteten) »Boten aus dem Münsterthal« und dann sogar im offiziellen »Führer« durchs Thal abgedruckt. Nun gab's ja in der Stadt nicht Abt noch Mönche mehr, wohl aber Klerikale. Und eines schönen Maimorgens von 1891 lag der Löwe im Grase … Aber das schicksalsreiche Tier war samt Hinterteil heil geblieben und wurde im Triumph auf einen noch höheren Sockel gesetzt. Nun steht es, wie gesagt, stolz und fröhlich im Sonnenschein mitten unter den rauschenden Eichen des Stadtparks, und könnt' es reden, es würde sicherlich sagen: »Schagrinir mi net oder i zann!«

Bei dem nächsten wichtigen Ereignis ihrer Geschichte, der Einführung der Reformation, hatten die Münsterer diesen Wahlspruch nicht nötig; sie vollzog sich ohne jeden Widerstand des Klosters. Kein Wunder, denn der erste und getreueste Anhänger Luthers im Gregorienthal war – der Abt von Münster, Herr Burkhard Nagel, ein tüchtiger und sittlicher Mann. Alle seine Konventualen, sofern sie jünger als siebzig waren, hatten ihre Liebste, er aber wollte seine Erwählte, ein braves Mädchen, ehrbar ehelichen, wie ja die neue Lehre gestattete. Die Münsterer, schon um 1530 zum Teil lutherisch, hätten nichts dagegen gehabt, aber die Mönche widerstrebten und zwangen ihn, gegen eine Pension auf die Abtwürde zu verzichten, worauf der »verkommene Lüstling«, wie ihn Ohl nennt, seine Braut heimführte. Nach seinem frühen Tode verweigerte das Kloster der Witwe eine Abfertigung, was nicht verwundern kann, aber merkwürdig und für den Geist der Zeit bezeichnend ist, daß sie eine solche durch Schiedsspruch erlangte. Ein katholisches Kloster, das Witwe und Kinder seines einstigen Abts versorgen muß – wahrlich, nichts ist so seltsam, als daß es die alte Sonne nicht schon beschienen hätte! Um 1545 waren bereits Stadt und Kleinthal fast ausnahmslos lutherisch; brünstiger, als die Münsterer, wandten sich die Sennen dem Evangelium zu; so namentlich die Sulzerer, die besonders gern Psalmen sangen; das thun sie heut nicht mehr, aber die »Psalterer« nennt man sie noch jetzt, soweit der Hoheneck den Schatten wirft. Am längsten blieb das Großthal katholisch, fiel dann jedoch auch ab, als die Abtei immer mehr verkam; Abt war nun der einzige Mönch im Kloster, Petermann von Aponex, der alles verkaufte, wofür er Käufer fand, Zinsrechte, Güter und Reliquien; ein ganz verkneiptes Peterle. Die Münsterer aber kauften ihm nichts ab, sondern nahmen, was ihnen paßte, auch mit Gewalt; die Hoheitsrechte der Abtei standen nur noch auf dem Papier. Um 1560 gab es im Gregorienthal nur noch einen Glauben und einen Herrn: die evangelische Reichsstadt.

Dabei ist's im Wesentlichen ein Jahrhundert geblieben; der Versuch einer Gegenreformation brachte nur kurze Wirren. Diese auszugleichen, unterwarfen sich Abtei und Reichsstadt dem Schiedsspruch des greisen kaiserlichen Feldherrn Lazarus von Schwendy (1575); er entschied, wie die Vernunft gebot, zumeist für die Stadt, denn die weltliche Gewalt der Abtei ließ sich ja im protestantisch gewordenen Thale nicht wieder aufrichten. Als der Abt ablehnte, sich dem Schiedsspruch zu beugen, setzte ihm der alte Hitzkopf den Dolch auf die Brust und er unterschrieb; »er hat ihm zügeredt, wie der Schwendy dem Fafe«, hört man noch heut im Thal, aber wenn auch vielleicht die Drohung des biederen, aber jähzornigen Soldaten ernst gemeint war, so doch schwerlich die Weigerung des Abts. Denn der Schiedsspruch gab der Abtei mindestens soviel an Macht und Einkünften, daß sie ihre Scheinexistenz als Reichsstand fortspinnen konnte. Eine jämmerliche Existenz, und wenn einer dieser souveränen Herren und Äbte in einem Schreiben an seinen Vetter, welches das Münsterer Stadtarchiv bewahrt, bittere Klage darüber führt, daß die scharfen Zungen der Ketzer ihn gezwungen, alle seine Köchinnen bis auf eine, die »leidergotts gar alt und fast häßlich«, abzuschaffen, so beweist dies eine beneidenswerte Fähigkeit, über persönlichen Entbehrungen das allgemeine Leid zu vergessen. Denn damals gab's noch zwanzig, 1630 noch zehn und 1636 zwei katholische Familien im Thal; schon vorher war der letzte Abt vor den Schweden geflohen. Das war das Ende der Reichsabtei Münster, obwohl sie als Schatten noch sehr lange fortspukte.

Und die Reichsstadt Münster? Auch ihr letztes Jahrhundert ist das unrühmlichste ihrer Geschichte. Natürlich gab's nun keine Fehden mehr, aber äußere Politik trieb die Regierung auch nun; in welchem Maßstab läßt sich denken, wenn man erwägt, daß der Zwergstaat damals, durch Seuchen decimiert, rund 1800 Seelen zählte, und 1630 nur noch 1500. Da Frankreich der Erbfeind war und von Straßburg die Weisung kam, die Grenzen scharf zu beobachten, that auch Münster seine Schuldigkeit und noch mehr; es entsandte auf seine Kosten einen »fiffigen Völkerknecht« (Sennen) nach Metz, um festzustellen, was der König von Frankreich plane; der Knecht machte seinem Epitheton Ehre, er meldete, Ludwig XIII. habe »garviel Söldner und Reutter«, dahinter stecke »iwle Sach«, was sich ja auch bewahrheiten sollte. Auch auf dem Kreistage zu Worms ließ sich die Republik vertreten, doch that dies leider ihr Gesandter selten mit dem nöthigen Nachdruck, weil er meist nur Naturallohn in Form von Münsterkäse und gedörrten Forellen erhielt, was ja thatsächlich trotz aller Genügsamkeit die würdige Repräsentation eines souveränen Staates schwer macht.

Das sind lustige Sachen; die inneren Verhältnisse aber bieten ein düsteres Bild. Die Not der Zeit – eine Seuche folgte der anderen –, der Haß gegen den mühsam abgeschüttelten Papismus, der Zufall, der ihnen in ihrem Prediger Leckteig einen kalten Fanatiker zuführte, ließ die Münsterer in eine finstere, starre Orthodoxie verfallen. »Dieweil der allmächtig Gott uns um unserer großen Sünden willen mit schweren Gewittern, Mißwachs, Krieg und Pestilenz jetzt heimsuchet und kein ander Mittel ist, um seinen wider uns gefaßten Zorn aufzuhalten« – so beginnt die Kirchenordnung: »Gebott und Verbott wider allerhand Laster« von 1775, und dann folgen drakonische Vorschriften, deren gleichen man selbst in jener Zeit suchen mag. Auf Gotteslästerung und Ehebruch stand der Tod, Konkubinat wurde mit immerwährender, Verkehr unter Verlobten mit einjähriger Verbannung gebüßt; auf Ausbleiben vom Kirchenbesuch stand zunächst eine Geldbuße von etwa fünf Thalern heutigen Geldwerts, dann Freiheits- und entehrende Strafe. Ihr zu entrinnen war aber kaum möglich, denn an den Sonn-, Fest- und (vier!) Bußtagen mußte jedermann, an jedem Mittwoch mindestens ein Glied der Familie die Kirche besuchen, und nun gab's außer Münster nur noch eine Kirche im weitgestreckten Thal! Bei schwerer Haft verboten waren die »Gweltstuben« (Kunkelstuben) und das »Schwammen« (Fensterln); bei Hochzeiten durften nicht mehr als zehn Gäste geladen sein. Merkwürdig ist die Bestimmung: »Wer sich mit einem Welschen verheiratet, wird aus Stadt und Thal verbannt«; sie hatte unleugbar auch nationale, hauptsächlich aber religiöse Gründe; die »Welschen« jenseits der nahen Sprach- und Reichsgrenze waren ja katholisch!…

Ob die Strenge nützte?! Schon nach drei Jahren wurden die Zügel noch schärfer angezogen; 1758 gab der Rat den Predigern »Erlaubnis und Befehl, den christlichen Bann öffentlich zu führen«, – und wieder einige Jahre später zog die Exkommunikation den Verlust aller bürgerlichen Rechte nach sich – weiter ging's nun freilich nicht …Es ist die alte, traurige Geschichte: der Gewissenszwang macht die arme Kreatur dumpfer, trauriger, heuchlerischer, aber nicht besser und reiner. Kein Wunder, daß im Brodem dieser stickigen Luft, unter einer Regierung von abergläubischen Kleinbürgern und Sennen der Berge, die sich finsteren Priestern beugten, auch die Pest des Hexenglaubens unerhörte Opfer forderte. Von 1596 bis 1632, also binnen einem Menschenalter, wurden, soweit die Aufzeichnungen des Stadtarchivs reichen – vollständig sind sie sichtlich nicht – rund 30 Hexenprozesse gegen etwa 50 Weiber, Männer und Kinder geführt; die meisten wurden zum Tode verurteilt und auf der »Pfistermatt«, einem Anger vorm Stadtthor, wo heute der Bahnhof steht, verbrannt. Schätzt man die Zahl der Opfer auf 40 und erwägt man, daß die Seelenzahl damals nur noch etwa 1 500 betrug, so ergibt schon dies das furchtbare, selbst in der Geschichte der Hexenprozesse beispiellose Rechenexempel, daß während jenes Menschenalters etwa jeder vierzigste Mensch im Thal auf dem Scheiterhaufen starb! Wie überall, richtete sich auch hier der wüste Wahn meist gegen ältere Weiber – namentlich das Gewerbe einer Hebamme ging geradezu an Hals und Kragen –, von Hexenmeistern waren nur zwei angeklagt, hingegen im Herbst 1632 fünf Kinder zwischen fünf und zehn Jahren. Und die entartetste Phantasie könnte nichts gleich Häßliches und Empörendes ersinnen, als diese in allen Formen der hochnotpeinlichen Gerichtsordnung geführten Prozesse gegen arme, hilflose Kinder, deren eines offenbar am Veitstanz litt, während die anderen das einzige verbrochen hatten, daß sie dem kranken Kinde nachplapperten, sie seien mit ihm auf Katzen nach Münster zur Kirche geritten! Die Prozesse gegen die Weiber gleichen sich natürlich aufs Haar; der Richter fragte eben, und die Gefolterte stöhnte ihr »ja«, kaum daß zuweilen ein hysterisches Weib etwas Farbe in dies Gemisch von Wahnsinn, Grausamkeit und Lüsternheit bringt. Sie war Witwe oder hat mit ihrem Ehemann in Zwietracht gelebt; da erscheint ihr der Böse als stattlicher Junker und verführt sie. Die Hochzeit wird dann auf einer der einsamen wilden Bergklippen im Kleinthal gehalten; die Morgengabe »Peterlins«, wie sich hier der Teufel fast immer nennt, besteht aus einem großen Stück Gold, einem Stock und etwas Salbe. Das Gold wandelt sich in Unrat, aber auf dem Stock kann die Hexe reiten, und die Salbe bringt jedem, den sie haßt, Siechtum und Tod. Auch die Veranlassung zum Prozeß ist fast immer die gleiche; irgendein Strolch schimpft ein verhutzeltes Weiblein eine Hexe, worauf sie ihm das Gesicht zerkratzt; aus Rache läuft er zum Rat, und sie kommt in den Hexenturm. Aber noch Schlimmeres steht in und zwischen den Zeilen der Akten. Die schöne, neunzehnjährige Anne Marie, eine reiche, verwaiste Erbtochter aus Sondernach, mußte sterben, weil ihre Verwandten, die sie dann beerbten, eidlich bekundeten, die Anne Marie haben ihnen gestanden, sie weise auf Geheiß ihres teuflischen Buhlen jeden Freier ab...

Homo homini lupus – während die Unglücklichen sich selbst zerfleischten, fielen andere über sie her. Noch mehr als die meisten Gaue Deutschlands hatte das Münsterthal unter den Greueln des dreißigjährigen Kriegs zu leiden. Schon die Kriegssteuer traf das verarmte Thal hart, dazu die Kosten der kaiserlichen Garnison, aber noch schwereres Unheil brachten die Unthaten der Soldateska; die Kaiserlichen plünderten und mordeten, ehe sie flüchteten; die Schweden und die Franzosen zur Feier ihres siegreichen Einzugs. Wie das »wild gethier« hausten sie; das Thal verödete; an die sechshundert Menschen flohen, das nackte Leben zu retten; an die dreihundert mußten sterben, unter dem Schwert, an den Folgen der Mißhandlung, vor Hunger und Kälte. Stadtchronik und Kirchenbuch sind mit Ausbrüchen wilder Verzweiflung gefüllt, aber nicht sie sind das erschütterndste Denkzeichen jener entsetzlichen Zeit, sondern das Lob der göttlichen Vorsehung aus dem Winter 1640, weil sie Rudel von Wölfen geschickt, welche die Leichen gefressen, die sonst, unbeerdigt geblieben, wohl auch noch Seuchen hervorgerufen hätten! In Münster war kein Haus unversehrt; die Bürgerschaft am Bettelstab; im Gebirge aber führten einzelne Verzweifelte einen Guerillakrieg gegen die Dränger, ob es nun Kaiserliche, Schweden oder Franzosen waren. Unfern der »Schlucht«, am Nordabhang des Hoheneck, stürzt steil ein »Schlatten« (eine Schlucht) zum Frankenthal nieder; die Rinne heißt noch heute der »Soldatenschlatten«; hierher lockten die Sennen 1637 einen Trupp kaiserlicher Reiter, die im Kleinthal gebrandschatzt hatten, und drängten sie in die Tiefe; nur einer entkam. Im Frankenthal ist eine Höhle mit eiskalter Quelle, der Keller genannt. Der Pfad, der hinführt, heißt der »Königspfad«, hier soll sich einst der Merovinger Dagobert II. vor seinen Feinden verborgen haben. Diese Sage ist keinem Sennen bekannt, wohl aber weiß jeder, daß der »Keller« den Mädchen und Frauen des Kleinthals während des großen Kriegs eine Zufluchtsstätte geboten habe. In Sulzern führten sie mich, als die Rede auf jene Zeit der Not kam, zu einem versteckten alten Stall: hier habe damals die einzige Kuh im Gregorienthal gestanden, welche die Soldaten nicht weggetrieben; das Wasser sei ihr des Nachts gereicht worden; nur weil sie gekalbt habe, sei die »Münsterthaler Rasse« erhalten geblieben. Romantischer, wenn auch nicht bezeichnender ist das Münsterer Wahrzeichen jener Zeit. Im »Fohpurdelme«, wie's das Schanbabtistle nannte – *»Faubourg d'Elme«*, es ist aber die urdeutsche »Allmende« des Städtchens – liegt ein verfallenes Häuschen; hier hat der greise, riesige Schmied Hans Würth als Rächer seiner Ehre den beiden Schweden, die seine Tochter entehrt, mit seinem Hammer den Schädel zerschmettert. Freilich verfiel er dafür dem Henker, aber während seine Mitbürger um ihn weinten, ging er tapfer zum Galgenberg, wie der Hügel ob der Stadt noch heute heißt, stolz aufgerichteten Haupts, wie ein Sieger. Mir ist kein deutscher Gau bekannt, wo die Erinnerung an den dreißigjährigen Krieg im Volk so lebendig wäre wie hier. Kein Wunder, wenige haben damals gleich schwer gelitten.

»Dem Höchsten sey aufs Höchste gedanckt!« Mit diesem Beisatz verzeichnet das Münsterer Kirchenbuch von 1648 die Nachricht vom »allgemein Fridinsschluß.« Und ein zeitgenössischer Bericht fügt hinzu, daß »damahlen in Stadt und Thal seit Menschengedencken wieder zum Ersten mahl Freudthränen geflosen«. Nun war ja die Not vorbei, und sie durften bei ihrem »teutschen Reich und Lutherwort« bleiben. Österreich hatte an Frankreich seine eigenen Gebiete im Elsaß abgetreten, auch war nun Ludwig XIV. »Landvogt«, aber das bedeutete lediglich die Pflicht des Schutzes ihrer Reichsunmittelbarkeit. Ebenso klar wie die Freiheit der Reichsstadt Münster verbriefte der westfälische Friede auch die der Reichsabtei; beide blieben von rechts wegen souveräne deutsche Reichsstände. Daran zweifelte auch in der ersten Zeit nach dem Friedensschluß niemand. Heimgekehrt, schloß sich der Abt, um die kärglichen Reste der einstigen Macht im lutherisch gewordenen Thal zu bewahren, nicht etwa an das katholische Frankreich, sondern an die schwäbische Kongregation der Benediktiner an, die ihn dann durch Geld und Novizen unterstützte, weil er ins Kloster keine Welschen aufnehmen wollte; ebenso handelte sein Nachfolger. Noch nachdrücklicher hielt die Stadt am Reich fest, da hier die Sorge um den Glauben und die eigenen Privilegien mitsprach. Die Friedenssteuer wurde trotz der Not der Zeit willig getragen, weil es »fürs Reich« war; als sie von den Lothringern, die ja auch nach 1648 den Kampf gegen Frankreich fortsetzten, 1652 gebrandschatzt wurden, wandten sich die Bürger um Hilfe an den oberrheinischen Kreistag zu Worms, der sie auch, wenngleich nur kärglich, gewährte.

Während sie noch voll Zuversicht waren, begann Mazarin sachte mit den Reichsständen im Elsaß aufzuräumen. Es geschah anfangs vorsichtig, aber zielbewußt und unaufhaltsam. Im Gregorienthal wurde zunächst die Reichsabtei aus einem schwachen Bollwerk *gegen* ein starkes *für* die Franzosen, aber erst nach dreijährigem Widerstand der Mönche. Dieser Widerstand ist ein merkwürdiger Beleg, wie stark damals noch der Haß gegen Frankreich im Elsaß war. Als 1653 der deutsche Abt gestorben war, wählten die Mönche einen Schwaben, Kleinhans, während der französische Landvogt, d'Harcourt, kurzer Hand seinen Sohn zum Abt ernannte. Und nun erwäge man die Lage: die Anerkennung des Franzosen bedeutete für das Kloster Wohlstand und die Möglichkeit, wieder für die Ausbreitung des Glaubens zu wirken, die des Schwaben Armut und fortgesetzten Triumph der Lutherischen. Gleichwohl wehrten sich die Mönche trotzig gegen d'Harcourt; die »urald teutsche Abtey dürfet nit verwelscht werden«, erst 1656, da ihre Not aufs Höchste gestiegen war, fügten sie sich drein. Statt des jungen Harcourt bestimmte die Regierung jedoch nun einen Pariser Prälaten, Charles Marchand, Almosenier des Königs, für den politisch wichtigen Posten. Anscheinend änderte sich ja dadurch nichts; auch Marchand wurde deutscher Reichsstand und leistete den Bürgern von Münster den Eid, ihre Freiheiten nicht anzutasten; in Wahrheit bedeutete sein Amtsantritt den Beginn der katholischen Gegenreformation und schwerste Schädigung der Stadt. Schon 1659 trat die Abtei aus der schwäbischen Kongregation aus und der französischen von Saint-Vanne bei; die deutschen Mönche wurden gezwungen, das Kloster zu verlassen, und französische zogen ein; gleichzeitig wurde das Kloster neu aufgebaut. Dazu bedurfte es großer Mittel, aber Marchand schaffte sie; die Rechte der Abtei gegenüber der Reichsstadt wurden »revidiert«; Acker, Forst und Zins forderte der Prälat zurück, und die französischen Richter sprachen sie ihm zu. Auf die neu gewonnenen Güter aber wurden Katholiken gesetzt, Welsche aus Lothringen, Tiroler und Schweizer.

Wie die Bürger der Reichsstadt dies aufnahmen? Es braucht kaum gesagt zu werden, da man nun ihre Art kennt; sie »zannten« immerzu. Aber nur in den ersten Jahren, da die Franzosen noch Gewaltthat vermieden, fruchtete der Widerstand mindestens scheinbar. Gleich den Kolmarern bequemten sich die Münsterer 1650 nur dazu, den französischen Landvogt soweit anzuerkennen, als »Unß die Munsterschen Fridens Articul binden«, nächst den Kolmarern wars ihnen zu danken, wenn d'Harcourt den Zehnstädten, sie zu beruhigen, im Juli 1653 Achtung ihrer Reichsunmittelbarkeit zusichern mußte. Als aber Mazarin den Revers des Landvogts als zu weitgehend annullierte, erklärten sie im selben Jahr auf dem Reichstag zu Regensburg, sie hielten am Reich fest, es komme, was da wolle, und »jubilireten«, als ihr Vertreter 1655 vom Wormser Kreistag die Kunde mitbrachte, sie hätten nun nach des Reichs neuer Kriegsmatrikel »zween Mann zu Fuß und einen halben Mann zu Pferd« zu stellen; es war zwar ein halber Fußgänger mehr als bisher, aber das Reich mußte eben gegen den Welschen gerüstet sein! Als Frankreich 1657 den »*Conseils Souverain d'Alsace*« zu Ensisheim errichtete und den Zehnstädten auftrug, fortab dort Recht zu nehmen, erwiderte Münster, es sei seit 1235 selber Gerichtsherr und darüber hinaus lebe ja noch das Reichskammergericht. Und 1658 sandten sie, so arm sie waren, zur Krönung Leopolds I. einen Vertreter nach Frankfurt a. M., damit er im Verein mit den Abgesandten der anderen elsässischen Reichsstädte die Aufnahme eines sie betreffenden Artikels in die Wahlkapitulation durchsetze. Das gelang, der Kaiser beschwor, die Zehnstädte beim Reich zu erhalten, und obwohl der Münstersche Gesandte diesmal nicht bloß unzählige Käselaibe und ganze Tonnen gedörrter Forellen, sondern auch bar Geld liquidierte, reute sie dies doch nicht. Ach, der Schwur war keine Forelle, geschweige denn einen Laib ihres trefflichen Käses wert! Nun, wird man einwenden, das wußte eben das Häuflein einfältiger Sennen nicht und hielt Frankreich Stand, weil es sich durch das Reich geschützt wähnte. Aber – und dies ist das Merkwürdige, ja Rührende – sie blieben stark, trotzig und treu, auch als dieser Wahn ins Wanken kam.

Das war schon 1661, als der neue Landvogt, Armand de Mazarin, ein Neffe des Kardinals, den Treueid von den Zehnstädten forderte; sie verweigerten ihn und wandten sich um Hilfe an den Kreis; dieser aber – antwortete nicht! Trotzdem erklärten sie, »sie schwüren sich nimmer vom Reiche los«, der Landvogt ließ ihren Vertreter, wie den von Kolmar, »bei Mantel und Arm« zur Thür hinausweisen, schimpfte sie »öffentliche Rebellen« und drohte mit seinem Kriegsvolk, sie blieben fest. Da nun Mazarin das Äußerste noch nicht wagte, so lenkte er ein; die Eidesformel wurde 1662 soweit verändert, daß der Rat sie ohne Beschwerung seines Gewissens leisten konnte, aber auch dies geschah nicht eher, als bis Mazarin seinerseits der »*Ville et Vallée Impériale de Munster*« ein »*serment corporel*« geleistet hatte, ihr » *tous les droits, privilèges, immédiateté, libertéz, immunitéz, franchises, anciennes coutumes*« zu wahren. Aber was dieser Eid wert war, erwies sich schon wenige Monate später, als Abt Marchand, wie erwähnt, die Inventur des Klosters »revidierte« und gleich den halben Besitz von Münster, Türkheim und Kolmar in Anspruch nahm; er griff dabei bis auf die Schenkungen Dagoberts II. zurück und berief sich u. a. darauf, daß er ja die Krone des Merovingers als Abtmitra trage. Die Städte, obwohl die Gefahr nicht unterschätzend, erwiderten kaltblütig, das »alte Blech« beweise nichts; das möge der welsche Abt behalten, sie aber den von ihren Vätern ererbten Boden, beachteten die Ladung des Landvogts vor den »*Conseil Souverain*« nicht, sondern luden ihrerseits den Abt als deutschen Reichsstand vors Reichskammergericht zu Speyer. Mazarin untersagte ihnen dies, sie blieben fest. Das Reichskammergericht erklärte sich für kompetent; Frankreich und das Reich unterwarfen sich einem Schiedsgericht, das über die Kompetenz entscheiden sollte, jedoch erst sieben Jahre später (1672) trat dies Schiedsgericht zusammen, erst 1674 entschied es fürs Reich, erst 1675 begann das Verfahren, und als es zur ersten Ladung des Abtes kam, war Münster längst rechtlos geworden.

Gewehrt aber hat sich die winzige Republik noch ein Jahrhundert lang, tapfer und trotzig, schließlich tollkühn und verzweiflungsvoll. Auch die Geschichte dieser Kämpfe verdient erzählt zu werden. Im Elsaß jener Tage findet sich kaum ihres Gleichen. Man weiß, Ludwig XIV. fand dort geringen Widerstand; und das ist begreiflich. Ein starkes Nationalgefühl in unserem Sinne gab's ja damals noch nirgendwo; es war mehr Festhalten am Gewohnten und Ablehnung des Fremden, als Liebe zur eigenen Art; das ungleich stärkere religiöse Gefühl aber sprach selbst bei den Protestanten nicht gegen Frankreich, das gleich Schweden ihr Bundesgenosse im Kampf um die Religionsfreiheit gewesen. Ferner die Machtverhältnisse beider Staaten; hier ein zerbröckelndes Reich in morschen Formen, siech und von Zwietracht zerrissen, dort eine gleichsam täglich mehr erstarkende absolute Monarchie unter einem genialen Fürsten. Kein Wunder, daß damals gerade die besten Köpfe im Elsaß in der Herrschaft Ludwigs XIV. kein Unheil erblickten; am liebsten wären sie ja zugleich auch beim Reich geblieben, um ihre Privilegien zu bewahren; aber war's unmöglich, so trösteten sie sich mit der Zusage des Königs, diese zu achten. Mächtig wirkte endlich beim Adel wie bei den Patriziern der größeren Reichsstädte die Anziehungskraft der feineren französischen Sitte, wie der für feiner gehaltenen Sprache mit. Anders freilich das Volk, dem der Erbhaß gegen den Welschen im Blute saß; schon darum regte sich der Widerstand vornehmlich in den kleinen, demokratisch regierten Reichsstädten. Aber nicht darum allein: wie weltdumm – warum sollte man dies Wort nicht bilden dürfen, da wir »weltklug« sagen – die Bürger von Türkheim oder Hagenau auch waren, die Erkenntnis dämmerte auch ihnen, daß ihnen ein starker Großstaat ihre Freiheiten gar nicht lassen könne, z. B. das *jus gladii* oder das Zoll- und Wegerecht. Am stärksten aber mußte der Widerstand in Münster sein, wo Abt Marchand seit 1659 mit dem Verwelschen, seit 1662 mit dem Ansiedeln von Katholiken und dem »Rückfordern des Klosterguts« begonnen hatte, in allem von Frankreich gefördert und geschützt. Ferner aber, mit den Münsterern verglichen, waren selbst die Türkheimer noch weltkundige Diplomaten; dort saß ein armes, einfältiges Volk, rauh und einsam wie seine Berge. Gewiß, klug handelten die Münsterer nicht, als sie mit dem großen Frankreich haderten; aber diese dunkle Erde wäre noch viel lichtloser, wenn alle Menschen immer zahm und klug handeln würden, und wenn sie nicht zuweilen von der Lohe jenes Kampfs erhellt würde, welcher der heiligste ist, den Menschen durchzufechten haben, des Kampfs ums Recht. In diesem Sinne will ich's versuchen, zu berichten, wie sich hier ein Häuflein Gemarterter immer wieder gegen seinen Zwingherrn erhob, soweit ich es aus den mir zugänglichen Quellen erkunden konnte. Denn es ist für die Denkweise der gebildeten Elsässer nach 1870 gewiß bezeichnend, daß sowohl der Protestant Hecker wie der Katholik Ohl diese traurigen Dinge totschweigen oder doch zu beschönigen suchen.

Der erste energische Vorstoß Frankreichs gegen die Zehnstädte geschah 1664; ein Reskript Ludwigs XIV. sprach ihm die Disposition über Stadtmauern und Zeughäuser, sowie die in Kirchensachen zu und verordnete Vollziehung der Magistratswahlen unter Vorsitz des Landvogts. Der Herzog von Mazarin besuchte jede der zehn Städte, das Reskript zu verkünden. Fünf der Städte fügten sich; drei andere, Colmar, Schlettstatt und Türkheim hörten den Herzog an, protestierten aber, während Hagenau und Münster ihm ihre Thore schlossen. Nach Hagenau konnte er nun nicht, wohl aber nach Münster, weil eins der Stadtthore im Bann der Abtei lag; aber es nützte ihm nichts. Die zweihundert waffenfähigen Männer der Stadt und des Thals zogen vor die Abtei und forderten, der Herr möge sich wegscheeren; das Papier in seiner Tasche kümmere sie wenig; wörtlich läßt sich in unserer zahmen Zeit nicht wiedergeben, wie die Münsterer das Reskript Ludwigs XIV. einschätzten. Als er dagegen remonstrierte, ward ihre Haltung eine so drohende, daß er schließlich verkleidet entfloh. So mußte der Statthalter des mächtigsten Königs der Christenheit sich in schimpflicher Flucht aus dem winzigen Münster retten, um Schlimmerem zu entgehen; die Bank, auf der sie ihm eine Tracht Gegengründe gegen das Reskript aufzählen wollten, stand schon bereit. Es war billige Weisheit, den »groben Völkern« blutige Vergeltung vorauszusagen; sie kam aber, äußerer Verwicklungen wegen, erst 1673: da machte der König persönlich der »Rebellion« im Elsaß ein Ende. Am 18. August 1673 überwältigte er mit 5 000 Mann Kolmar; am 19. wurde Türkheim besetzt; am 25. ritten sieben Schwadronen Wallonen in Münster ein. Widerstand wäre Wahnsinn gewesen, wurde aber gleichwohl von den Sennen nur deshalb nicht versucht, weil sich der Rat verzweiflungsvoll dagegen stemmte. Münster wurde wie eine eroberte Stadt behandelt, die Bürgerschaft entwaffnet und gezwungen, Mauern und Türme selbst zu schleifen, eine hohe Kontribution zu entrichten. Das lief ohne Blutvergießen ab; anders aber, als im Winter neue Garnison kam, die es namentlich auf den abgelegenen Höfen bestialisch trieb. Der Rat konnte dies ebensowenig hindern, als daß dort oben mancher Reiter spurlos verschwand...

Im Herbst 1674 kam den Bedrängten noch einmal, zum letzten Mal, die Hoffnung, das Reich werde sie »dene welsche Geyerskralle entreißen«. Die Franzosen hatten vor den Kaiserlichen und Brandenburgern das Elsaß geräumt, nach dem Gregorienthal kamen vier Schwadronen Brandenburgischer Dragoner; in der Abtei, aus der Abt Marchand geflüchtet war, residierte zwei Monate der Sohn des Großen Kurfürsten, Prinz Friedrich, der nachmalige erste König von Preußen. Es ist rührend zu lesen, wie die armen Thalleute ihr Letztes opferten, die Gäste gut zu bewirten; waren sie doch »ihre lieben Freundt und fast Retter« und wie sie »lutherisch und teutsch«. Ach ja, »fast« hätten sie sie gerettet; aber da kam die Schlacht von Türkheim, das Zerwürfnis zwischen dem Großen Kurfürsten und dem Kaiser, schließlich der Friede von Nymwegen. Das Elsaß war verloren, und keine Stadt bekam das so zu spüren wie Münster. Kaum erschwingbar waren die Kriegskontributionen; seit 1679 klang im Thale keine evangelische Kirchenglocke mehr, der Rat hatte sie verkaufen müssen. Zu dieser Mehrung der Lasten gesellte sich jähe Minderung der Einnahmen; unter dem Schutz der französischen Säbel beschlagnahmte die Abtei die von ihr beanspruchten Güter; auch dabei floß Blut, zu Sondernach und Metzeral, zu Sulzern und Stoßweier ...Ein Jahr später, 9. August 1680, sprach die *»chambre des réunions«* zu Breisach die Reichsstadt Münster der Krone Frankreichs zu. Das war der offizielle Sterbetag des merkwürdigen Staats.

Es gibt Orte auf Erden, wo das Schicksal die Curiosa häuft, als wollte es seinen Spaß mit ihnen treiben; zu ihnen gehört Münster. Zweierlei namentlich kam auch nun anders, als man für möglich halten sollte. Auch jetzt noch gab es von Rechtswegen zwei Souveräne im Thal:

Frankreich und – die Abtei! Um sie kümmerte sich die Breisacher Kammer nicht; der welsche Abt blieb deutscher Souverän. Als die Gesandten des Reichs und der französischen Republik im Januar 1801 zu Luneville zusammentraten, den Frieden zu schließen, der den Rhein zu Deutschlands Grenze machte, revidierten sie vorsichtshalber ein altes Verzeichnis der linksrheinischen Reichsstände, um festzustellen, welche von ihnen als an die Republik abgetreten zu verzeichnen seien, – da fanden sie zu ihrer großen Heiterkeit die verschollene Souveränität in den Vogesen! Ein richtiges Gespenst von Staat, denn damals gab's schon seit zehn Jahren zu Münster keinen Abt und kein Kloster mehr. Aber das Kuriosum hatte gute Gründe. Die Äbte waren die geistlichen Büttel Frankreichs, das lutherische, deutsche, trotzige Thal katholisch, französisch und zahm zu machen; zum Lohn erhielten sie alles, was sie vom Gut der Bürger forderten. So windig damals die Rechtspflege war, so wäre dies doch schwer möglich gewesen; denn nicht blos vor Jahrhunderten gewaltsam genommene, auch käuflich erworbene Äcker wurden nun den Bürgern entrissen. Prozesse also wären unbequem, auch umständlich gewesen; darum wurde seit 1680 viel kürzer verfahren: der souveräne Abt sprach sich diesen Acker und jenen Forst zu, und der Nachbarsouverän lieh ihm seinen weltlichen Arm, sie zu behaupten. Wollten die Unglücklichen nun den Abt verklagen, so wurden sie hohnvoll ans Reichskammergericht verwiesen; dies sei ja noch immer kompetent! So hat es bis ins 19. Jahrhundert hinein in diesem närrischen heiligen Römischen Reich deutscher Nation auch einen deutschen Reichsstand gegeben, der es nur deshalb blieb, um Deutsche leichter verwelschen zu können. Klingt's auch wie Wahnsinn, so hatte es doch verflucht viel Methode.

Die andere, fast unglaubliche Thatsache aber ist, daß die Münsterer auch nun fortgesetzt rebellierten. So unsäglich der Druck, so trotzig der Volkscharakter war, hier bleibt ein Rest des Unbegreiflichen. Von 1680 bis 1788 immer dasselbe traurige Schauspiel eines Verzweiflungskampfes trotz entsetzlicher Vergeltung. Obwohl der Rat sowie der gemeinsame Besitz erhalten blieb, und zunächst nur ein königlicher Prätor (»Prévôt«) an die Spitze der Verwaltung trat, kam es bereits bei der Annexion, namentlich in den Dörfern, zu blutigen Szenen; die einzige Folge war freilich, daß sie nun zu allen anderen Lasten die einer Garnison zu tragen hatten. Trotzdem wiederholte sich der Aufruhr fast bei jeder einschneidenden Neuerung; 1682 wurde ein königlicher Richter bestellt, 1683 Zuzug nur Katholiken gestattet; 1685 in Gericht und Rat die französische als einzig erlaubte Sprache eingeführt; eine drakonische Härte, da, den Staatsschreiber abgerechnet, kein Eingeborener die Sprache kannte, die Leute also Verhandlung und Urteil über ihr Gut und Blut nicht verstanden; und ein unwürdiges Gaukelspiel, da nun Bürgermeister und Rat unterschrieben, was der Prévôt diktierte; ach, nun war die neue Aussicht auf des Löwen Hinterteil wirklich ihre geringste Sorge! Als dann der Intendant de la Grange 1687 gar die Verordnung erließ, die alte Bauerntracht abzulegen und sich französisch zu kleiden, drang er damit freilich nicht durch: die Leute weigerten sich; und als ihnen nun Hirtenwams und Kaputrock bei strenger Strafe verboten wurde, legten sie diese allerdings ab, zogen aber nichts anderes an, so daß die Verordnung einschlief, da doch der allerchristlichste König seine Untertanen nicht in adamitischem Kostüm herumlaufen lassen konnte. Auch ein anderes Mandat blieb ohne Wirkung: als Preis für den Übertritt zum Katholizismus war dreijährige Steuerfreiheit und ein ebenso langes Moratorium für Schulden ausgesetzt; aber das that in Münster selbst der ärgste Lump nicht; hier trat niemand über. Ein drittes Mandat wirkte gar nur segensreich: es verordnete, daß uneheliche Kinder katholisch getauft werden mußten – und siehe, was keine noch so drakonische Kirchenordnung bei den Thalleuten hatte erreichen können, bewirkte dies Mandat: nun sorgten sie dafür, daß der Verführer das Mädchen heiratete, ehe es Mutter wurde. Schlimme Entrüstung aber, die schlimmste, weckte und unterhielt die fortgesetzte Beraubung der Kommunität durch das Kloster; wie arg sie war, mag man daraus erkennen, daß der Nachfolger Abt Marchands, de la Grange, ein Bruder des Intendanten, Kirche und Kloster prunkvoll neu aufführen, mit Gold- und Silbergerät, Gobelins, Statuen und Schnitzwerk überreich schmücken konnte. Es konnte ja aus dem Vollen gehen: denn war einmal Ebbe in den Kassen, so nahm der Abt eben wieder neue Forste, Matten und Äcker in Beschlag, um sie an Katholiken zu verpachten oder zu verkaufen; bereits um 1700 gab es wieder drei katholische Gemeinden im Thal. Wie ein Schrei der Verzweiflung klingt eine Eingabe der Münsterer an den Rat aus derselben Zeit: man möge ihnen doch jetzt wenigstens ihr bischen Gut gönnen und sie ungestört arbeiten lassen, weil sie sonst verhungern müßten; denn nun mußte auch an den unzähligen katholischen Festtagen alle Arbeit ruhen. Aber statt der Abhilfe wurde zur Vorbeugung neuen Aufruhrs nur eine Verstärkung der Garnison verfügt, unter deren Schutz dann weitere Gewaltthaten folgten. Obwohl die neue Klosterkirche für die dreißig Katholiken, die außerhalb der Abtei in Münster wohnten, wahrlich ausreichte, wurde ihnen die protestantische Pfarrkirche 1704 zur Mitbenutzung eingeräumt; die Orgel ward entfernt, Altar und Chor blieben den Katholiken vorbehalten; nun waren die auch hier die Herren. Wieder kam es zu Aufläufen, 1708 aber, als Ludwig XIV. nach der Schlacht von Oudenarde zeitwillig bedrängt war, zu größeren Unruhen, die dann blutig unterdrückt wurden.

Nicht für lange. Oberhalb Sulzern zweigt heute von der Schluchtstraße gegen Norden ins tiefe Waldgebirg ein schmaler Fußsteig ab. Wenige folgen ihm, denn er führt in scharfer Steigung durch düsteren Föhrenwald; rechts und links die unermeßliche graugrüne Waldwildnis und als einziger Gefährte ein Bächlein, das zu Thal stürmt und sich, freilich nicht immer, das Bette so breit gegraben hat, daß noch für den Pfad Raum ist. Sehr einsam und traurig ist's hier; rings kein Laut als das Klingen der Nadeln im Windhauch oder eines hungrigen Falken Ruf; und wie nun der Pfad auch aus dem Wald und vom Bach hinwegführt, eine steile, kahle Halde empor, ist's, als schritte man der Grenze allen Lebens entgegen; denn ob der Halde türmt sich eine abenteuerlich gezackte Felsenwand; wäre sie nicht so hoch, man würde glauben, sie sei ein Gebild von Menschenhand, so täuschend gleichen ihre Zacken verfallenen Mauern und Türmen. Das ist der »Taubenklang«, hoch oben läuft die Grenze gegen Frankreich. Aber ist man die Halde emporgestiegen, so fühlt man sich belohnt; am Fuß des Taubenklangs umschließt eine freundliche, grüne Hochebene einen tiefen, kristallklaren See, dessen kaum bewegte Fläche das Blau des Himmels wiederspiegelt. Wer sich über die Flut beugt, kann da das Treiben unzähliger Fischlein sehen. Der See heißt heute auf der Karte der »Forellenweiher«, weil er, vor dreißig Jahren künstlich vertieft, nun auch zur Forellenzucht dient; und die uralte Bezeichnung »Forlewihr« scheint dazu zu stimmen. Aber »Forle« heißt in der Mundart dieses Thals die Föhre; es ist der »Föhrenweiher«, der höchste See der Vogesen. Diese grüne Seematte am Fuß der Felsenwand, damals vollends unzugänglich, ist das »Rütli« des Münsterthals. Aber das Rütli am Vierwaldstättersee dankt nur der Phantasie der Chronisten seinen Ruhm; auf der »Forlematt« hingegen ward wirklich ein Bund Geknechteter beschworen. Hier versammelten sich in einer mondhellen Herbstnacht von 1716 Abgesandte der neun Dörfer im Thal und schworen auf die Bibel, die alte Ordnung und Obrigkeit im Thal herzustellen. Unerträglich – so ihre »Articul«, die dann die Häupter von Hütte zu Hütte verkündeten – sei nun ihr Schicksal; sie selber seien rechtloser als das wilde Getier im Wald, denn das werde nur zu bestimmten Zeiten gejagt, sie aber immer. Vom Deutschen Reich trotz aller Treue verlassen, vom feigen, verwelschten Rat preisgegeben, vom meineidigen König um alle Rechte betrogen und im Glauben gekränkt und verhöhnt, vom habgierigen Abt um ihr Hab und Gut gebracht, durch die zuchtlose Soldateska, die ihr Fleisch und Blut entehre und vergifte, schlimmer als durch Skorpione gezüchtigt, hätten sie nun keinen Helfer mehr als den gerechten, erbarmenden Herrgott, von dem geschrieben stehe, daß er stark sei in den Schwachen. Darum wollten sie den Abt, die Soldaten und Beamten verjagen, den Rat absetzen, eine neue teutsche und lutherische Obrigkeit wählen, im Frieden in ihrem Gebirg leben, nichts von der Welt verlangen, wenn sie sie nicht antaste, und nur zur Abwehr Blut vergießen. Bei einer zweiten Versammlung am »Forlewihr« wurde der Rat der Neun, je einer aus jedem Dorfe, eingesetzt – fünf andere sollten die Münsterer wählen, bis sie befreit seien –, eine Kasse gegründet, in die fortab alle Steuern fließen sollten, und ein Wehrmeister eingesetzt, der Waffen beschaffen sollte. So rüsteten sie bis in den Frühling 1717 hinein; und es ist bezeichnend, daß sich, obwohl nun auch in der Stadt viele den Bund beschworen hatten, kein Verräter fand, auch die Dragoner auf den einzelnen Höfen nichts merkten. Erst als die Verschworenen die Steuereinheber fortschickten: sie zahlten dem König in Frankreich keinen Heller mehr, kamen der Münsterer Prévôt und der Abt zur Kenntnis der Verschwörung und boten die dortige Garnison auf. Nun entwaffneten die Bauern die einzelnen Reiter und schickten sie nach Münster; so furchtbar einige von diesen gehaust hatten, es geschah ihnen nichts, die Bauern hielten ihren Schwur. Erst als die Garnison ins Großthal einritt, dort Ordnung zu machen, floß Blut. Die Bauern forderten den Kommandanten auf, Kehrt zu machen, als nun dieser statt dessen Feuer geben ließ, gings der Truppe übel, ein Theil wurde getötet, ein anderer entfloh nach Münster. Nun rückten die Bauern gegen die Stadt; der Abt, die Mönche, der Prévôt und die Reste der Garnison entwichen nach Kolmar. Doch setzen ihnen die Aufrührer nicht nach; genau bis an die einstige Grenze der Reichsstadt rückten sie und keinen Schritt weiter. Der bisherige Rat wurde zur Abdankung gezwungen, der neue durch Wahl ergänzt, und auf dem Platz um den Löwenbrunnen ward feierlich ausgerufen: Das Regiment des Königs in Frankreich und des Abts sei nun für ewig zu Ende. Das war alles; niemand wurde körperlich geschädigt, selbst das Kloster nicht angetastet. Vier Tage dauerte die neue Regierung, da kam von Kolmar her der Prévôt an der Spitze der eilig zusammengezogenen Garnisonen und Maréchaussés des Elsaß heranmarschiert. Statt sich, wie vorgehabt, hinter das Bollwerk ihrer Berge und Wälder zurückzuziehen, beschlossen die Bauern, ihnen nun hier im Thale Stand zu halten, allen voran die gotttrunkenen »Psalterer« von Sulzern. »Gott will's!« war ihr Schlachtruf, und ihr Schlachtgesang erklang, wo lutherische Bauern in Kampf und Tod zogen:

Weils gilt den Glauben und auch das Blut,
So geb' uns Gott ein' Heldenmut:
Es muß sein!

Den Heldenmut hatten sie, aber die Franzosen die zehnfache Übermacht: in einer Stunde war der ungleiche Kampf entschieden. Und acht Tage darauf war auch bis an den Vogesenkamm hinauf wieder »alles in Ordnung«. Wer von den Aufrührern nicht niedergemetzelt worden, bevölkerte die Kerker bis Straßburg hin. Entsetzlich hausten die Sieger unter den Wehrlosen. »O des armen lutherischen Bluts!« wehklagte damals ein Chronist ihres Glaubens. »Wie der Löwe auf ihrem Stadtbronnen haben sich die Münsterer defentiret – und so kläglich ist das Endt! Nun ist der Löw' von Münster erschlagen!«

Er irrte, der Löwe von Münster lebte noch. Schon 1736 gab es wieder neuen Aufruhr, diesmal aber nur in der Stadt. War längst auch der Prévôt der Herr, so hatte doch der Rat die Verwaltung des gemeinsamen Besitzes behalten; nun entriß ihm ein Edikt auch dieses Recht. Die Bürgerschaft rottete sich zusammen und bot die Dörfer auf. Aber diese erwiderten: als sie sich vor 17 Jahren fürs ganze Recht erhoben, sei der Rat gegen sie gewesen, nun möge er für das »elendt Stückle Recht« selber kämpfen. So waren es diesmal nur Städter, die die Gefängnisse des Straßburger *Pont couvert* zu verkosten hatten.

Erst ein Edikt von 1765 rüttelte wieder das ganze Thal auf. Eine Inspektionsreise des Intendanten der Provinz hatte ihn darüber belehrt, daß »die guten Absichten der Regierung bisher im Gregorienthal weniger verwirklicht seien als irgendwo im Elsaß«. Mit anderen Worten: nirgendwo hatte Verwelschung und Katholisierung weniger durchgegriffen, nirgendwo war der Staat verhaßter. Während anderwärts die Zoll- und Handelsfreiheit, die Begünstigung der Industrie Frankreich Anhänger schafften, hatten diese Sennen und Hirten davon keinerlei Vorteile; während ferner der Katholizismus anderwärts zahlreiche Streber zu Proselyten machte, stand hier die lutherische Mehrheit von »Mölkern« und Bauern so feindselig wie nirgendwo der katholischen Minderheit – den Beamten, der Abtei und ihren Kolonisten – entgegen. Und was sollte gar den »Wilden« die fremde Sprache! Statt zu erkennen, daß zur Beruhigung der Gemüter vor allem dem Raubsystem der Abtei gesteuert werden müsse – um 1760 erfolgte wieder eine neue große »Revision«, um die Kosten für den prächtigen Neubau des Abthauses aufzubringen –, glaubte der Intendant alles erreicht, wenn er die Wahl eines französisch gesinnten Katholiken zum Bürgermeister durchsetzte. Denn so gering die Rechte dieses Würdenträgers nun waren, so hatte er doch schon kraft der uralten Tradition als freigewähltes Oberhaupt der zehn Gemeinden großen Einfluß. Demgemäß übertrug das Edikt von 1765 die Wahl des Bürgermeisters einem Ausschuß von zwei Protestanten und zwei Katholiken unter Vorsitz des Prätors; gleichzeitig aber wurde vorsichtshalber ein ganzes Regiment hierher verlegt. Gleichwohl kam keine Wahl zustande; vielmehr machte sich eine Gesandtschaft von hundert Thalleuten auf, Ludwig XV. um Gerechtigkeit anzuflehen. Sie waren bis Provins, also nahe ans Ziel gekommen, als man sie gefangen nahm; die acht erwählten Führer wurden zu lebenslänglicher Galeerenstrafe nach Rochefort gebracht; an siebzig kehrten auf dem Umweg über die Straßburger Kerker zurück; die anderen waren inzwischen von aller Tyrannei erlöst. Dennoch kam es schon 1770 im Großthal wieder zu einer Rebellion; auch diese wurde natürlich mit Feuer und Schwert unterdrückt.

Da sah man in Straßburg ein, daß »diesen Wilden kein Wahlrecht gelassen werden könne«, und das Edikt wurde durch ein schärferes ersetzt; der Rat bestand nun aus dem Prätor als Oberhaupt, zwölf katholischen und drei lutherischen Beisitzern. Da ein Drittel aller Männer im Thal niedergemetzelt oder im Kerker war, so blieb alles ruhig; triumphierend meldete der Prätor Barth, nun seien die Wilden zahm, und ließ die Soldaten abziehen. Als er jedoch die Bürger für den 1. Januar 1775 zur Eidesleistung auf die »neue Verfassung« entbot, sollte er seines Irrtums inne werden: wie ein Mann fanden sie sich ein, aber mit Sensen bewaffnet, und zwangen die ernannten Räte zum Rücktritt, im übrigen hielten sie Zucht. Abermals kam ein Regiment eingerückt; Stadt und Thal wurden unter Stadtrecht gesetzt; wie die Soldaten hausten, erweist die Thatsache, daß sich trotz aller Frömmigkeit die Fälle von Selbstmord unter den Frauen und Mädchen des Thals furchtbar häuften. Drei Jahre dauerte diese Schreckensherrschaft, da wurden die 250 lutherischen Hausväter zusammengetrieben und befragt, ob sie nun dem König und dem Abt Gehorsam schwören wollten, »denn«, argumentierte der Prévôt Barth – und selten ist Gemarterten von ihrem Quäler ein solches Ehrenzeugnis geworden – »nur ihr Eid kann sie binden, weil sie sehr ehrlich und gottesfürchtig sind«. Aber nur etwa jeder fünfte schwor, die anderen weigerten den Eid. Diese zweihundert wurden zuerst in den Gefängnissen zu Kolmar und Straßburg, dann, da ihr Unterhalt Schwierigkeiten machte, in der »Stadtlaube« zu Münster festgehalten. Unter den handschriftlichen Quellen, die mir meine Münsterer Freunde mitteilten, und auf denen sich dieser erste Versuch einer vollständigen Darstellung des Verzweiflungskampfs der Münsterer gegen die Franzosen aufbaut, findet sich auch der Bericht eines Kolmarer Bürgers vom August 1778, der die Unglücklichen dort gesehen hat, »bey 200 an der Zahl, ineinandergedrängt unter zwei Fenstern, im eigentlichen Sinne des Worts nach Luft schnappen. Am Tage des Herrn und im Anblick des Tempels des Herrn!« – »Welche Gesichter!« ruft er aus. »O Du nicht mehr Ebenbild Gottes, wie hat Dir die Verzweiflung die Augen tief in den Schädel eingedrückt, wie der peinliche Kummer das Fleisch der Wangen abgenagt! Noch glücklich im jetzigen besseren Gefängnis auf der Stadt-Laube, nachdem sie zuvor in tiefen Löchern unter der Erde, in sumpfigen, lichtlosen Thürmen mit Kröten und Schlangen ihr Brot teilen mußten! Und guter Gott, was für ein Brod? Was der einquartierte Soldate der abgehärmten Mutter übrig ließ, was sie den schwachen Kindern heimlich wegstahl! Ihr Schlachtopfer des Despotismus, warum denn so grausam, so unmenschlich behandelt! Um Euch zu zwingen zu thun, was Euch das Gewissen mißrät, um zu schwören Eurer Obrigkeit unbedingten Gehorsam und Liebe, gegen welche Ihr doch so begründete Klage führet!« Zur Zeit, wo dieser Gewährsmann sie sah, ließ man noch die Fenster der Stadtlaube offen, gab den Unglücklichen täglich frisches Wasser und gestattete ihren Weibern, ihnen wöchentlich zweimal Brot zu bringen; entsetzliche Scenen ereigneten sich schon bei der Fütterung in Zwischenräumen von drei oder vier Tagen, da »die unmächtigen Hände dem gierigen Schlund alles auf einmal überließen...« Einige Wochen später wurden, um den Widerstand zu brechen, die Fenster geschlossen, Wasser nur jeden zweiten Tag gereicht und die Brotverteilung fand nur noch wöchentlich statt ...Da schworen endlich etwa fünfzig, andere erlöste der Tod, die Mehrzahl aber kehrte siech, gebrochen, aber reinen Gewissens in ihre Hütten zurück; sie hatten den Eid nicht geleistet...

So die Märtyrer – und ihre Zwingherren?! Auch hier gebe ich zunächst einige Angaben aus handschriftlichen Quellen, weil sie eben ein Stück Leben sind. Der Prévôt Barth kam 1765 so bettelarm auf seinen Posten, daß er dem Tischler die Bettstelle nicht bezahlen konnte; zwanzig Jahre später besaß er ein Dutzend Häuser und gewaltigen Grundbesitz; ein sehr vorsichtiger Mann, veräußerte er seit 1787 alles um jeden Preis und konnte 1789 mit einem großen Barvermögen flüchten; die Republik konnte »nur« noch fünf Häuser konfiszieren, darunter das schöne Schloß nahe der Elmbrücke, das heute der Familie Hartmann gehört ... Vor mir liegt die Selbstbiographie eines einstigen Mönchs des Klosters Münster, Bufey; gelassen giebt der Greis 1798 Bericht über sein Leben. Er tritt 1760 ins Kloster und widmet sich theologischer Schriftstellerei; das wird, da es selten ist, gern gesehn; es geht ihm gut. Da wird ihm eines Tages ein Taschentuch zu wenig abgeliefert, was ihm empfindlich ist, weil er ihrer nicht viele hat; des Gebots des Subpriors Bassigny, die Waschküche nur zu bestimmter Stunde zu betreten, vergessend, eilt er sofort hin und findet Bassigny mit der Wirtschafterin in unzweideutiger Situation. Verblüfft zieht er sich zurück und schweigt gegen jedermann: da entzieht ihm Bassigny die übliche Weinration, zur Strafe für die Übertretung seines Gebots, und als sich Bufey nun an den Prior Aubertin wendet, sie wieder zu bekommen, lehnt dieser ab, weil Bufey gegen Bassigny ungehorsam gewesen. Entrüstet sagt ihm nun Bufey, was er gesehen. Das ist eine Dummheit, die er hart zu büßen hat. Zwar ist die Beziehung ebenso allgemein bekannt wie die anderer Mönche, aber Bufeys Zeugen lassen ihn im Stich, und er wird als Verleumder in einen engen Balkenkäfig gesetzt, wo er einige Jahre verbringt! Da meldet sich anläßlich einer Visitation einer der meineidigen Zeugen, vom Gewissen gedrängt, zum Widerruf; die Visitatoren weisen ihn ab, jedoch darf Bufey nun sofort in ein anderes Kloster. Hier lebt er in Frieden, da kommt zu seinem Unheil seine Unschuld ans Licht. Der Pfarrer von Münster und der Beichtvater des Klosters, Dom Antoine Maurer, ein sittenstrenger Mönch, hat die meineidigen Zeugen sämtlich zum schriftlichen Geständnis gebracht, das er von einigen katholischen Laien der Stadt mitunterschreiben läßt, um jede Vertuschung zu verhüten. Auf Grund dieses Schriftstücks muß Dom Aubertin, nun Abt des Klosters, Bassigny in ein anderes Kloster schicken, obwohl er es nicht ärger getrieben hat als die meisten. Schlimmer aber geht es seinen Gegnern. Aubertin setzt Maurer, weil er den Ruf des Klosters geschädigt, zuerst als Beichtvater, dann als Pfarrer ab; Bufey aber, der heuchlerisch zurückberufen wird, hat in Münster ein Höllenleben. Als er eines Tags einen der Mönche, die ihn quälen, durchprügelt, kommt er wieder auf ein Jahr in den Käfig, dann endlich bekommt er eine Pfarre angewiesen. Ich gebe diesen Bericht, weil er der druckbarste und tendenzlos ist; andere, die mir vorliegen, sind gar zu saftig. Das war damals die Kulturarbeit im Kloster.

Dies die Geschichte des Münsterthals bis zur Revolution. Ich hoffe die Berechtigung so eingehender Darstellung erwiesen zu haben. Nicht bloß merkwürdig ist diese Geschichte, sondern auch erhebend; sie zeigt wie wenige die Macht des Gewissens über arme, rohe Seelen. Und ferner: Klagt man heute darüber, wie schwer diese Alemannen Deutsche werden, so wisse man, wie schwer sie einst Franzosen geworden. Aber ganz wird mich der Leser erst verstehen, wenn ich ihn unter die heutigen Dörfler dieses Gaus führe. Ihre Art und Sitte, fast alles Gute und Ungute in ihnen, wurzelt, genau besehen, in ihrer Geschichte bis 1789. Wer heut' in ihre Hütten tritt, wird unendlich häufiger an die Tage ihres einstigen Freistaats und ihre Drangsale erinnert, als an die Konventszeit und was ihr folgte. Unzerreißbar spinnt sich überall die Kette der Ursachen und Wirkungen von Geschlecht zu Geschlecht, nur eben in abgelegenen Winkeln der Erde sichtlicher; so sichtlich aber, wie hier, nur sehr selten.

Das gilt auch von der Stadt Münster, jedoch in geringerem Maße. Ihr bedeutet die Revolution eine ungleich schärfere Wendung ihres Geschicks. Es giebt Städte im Elsaß, deren heutiges Wesen man versteht, auch wenn man nur ihre Geschichte seit der Konventszeit kennt; sie hat ihnen ihre Prägung, die Grundlage ihrer Entwicklung gegeben. Dem ist in der Stadt Münster nicht so, aber das wichtigste und folgenschwerste Jahr ihrer Geschichte ist gleichfalls 1789.

Man weiß: wenn irgendwo, so waren hier Jäger und Gejagte für eine Abrechnung reif. Dem erlittenen Druck entsprach nun der Jubel über den »Untergang der Tyrannei« – »als ob man«, sagt ein Augenzeuge, »hier mitten in Frankreich wäre, und nicht im Elsaß.« Die Bemerkung ist sehr treffend. Deutlicher als je erwies sich der Unterschied zwischen den Elsässern und den Franzosen im Sommer 1789; die Franzosen wollten einen demokratischen, zentralisierten Staat mit voller Gleichberechtigung aller Bürger, die Elsässer Wahrung oder Wiederherstellung ihrer alten Privilegien, also eine Sonderstellung. Daher trotz einzelner Aufläufe die kühle, konservative Stimmung im Lande. Aber wie das Gregorienthal unter dem absoluten Königtum eine andere Haltung eingenommen hatte als das übrige Elsaß – hier der »Löwen«-Trotz, dort kluge Schmiegsamkeit –, so nach dem Bastillensturm und aus demselben Grunde: weil hier ein rauhes, ungestümes, redliches Volk nur seinen Instinkten, aber auch seinem Gewissen folgte. Am 25. Juli 1789 verbreitete sich im Thal die Kunde von den Pariser Ereignissen des 14. Juli. Wie die Bäche des Groß- und Kleinthals hoch oben am Vogesenkamm entspringen, durch Zuflüsse erstarken und sich in Münster zum Fluß vereinen, so strömten die Bewohner von Sondernach und Sulzern mit gerade gedengelten Sensen zu Thal, die Leute aller tieferen Dörfer mit sich fortreißend, bis sie sich in Münster zusammenfanden. Der Prätor, der Abt und die Mönche, die meisten Räte waren geflohen; sie fanden keinen Widerstand. Und doch machte sich die furchtbare Erbitterung dieser maßlos gequälten Menschen nur dadurch Luft, daß sie zwei Räten vor dem Rathaus je »fünfundzwanzig« aufmaßen; dann drehten sie den Löwen um »und riefen die Freiheit aus«. Das war alles; an das Schloß des Prätors, die herrenlosen Schätze der Abtei tastete keine Hand. Was nun werden sollte? Sie wollten den Freistaat, für den sie 1717 geblutet, nur die wilden Sondernacher gingen noch weiter: die Stadtleute seien verwelscht und papistisch; die Kommunität müsse aufgeteilt werden, jedes Dorf sich selbst regieren. Acht Tage gab's keine Regierung, aber als der königliche Kommissar von Vietinghoff erschien, fand er leichte Arbeit. Fast alle erklärten: sie wollten zusammenbleiben wie bisher, auch bei Frankreich, nur müsse hier im Thal alles deutsch und lutherisch sein. Die Sondernacher wurden überstimmt; die Kommunität blieb erhalten; an die Spitze des Munizipalrats trat als *maire-président* der angesehenste Mann des Städtchens, Andreas Hartmann.

»Dem Herrn Andreas danken wir Alles«, sagen die Münsterer noch heute. Alles nicht, aber Vieles. Nüchtern und bedächtig, bieder und schlau, willensstark und schmiegsam zugleich, kurz: der richtige Elsässer, brachte er's zu stande, dem Thal die Schrecken der Revolution fernzuhalten, ihre Segnungen zuzuwenden. Hier gab's keinen Proskribierten, keine Guillotine, und nur für einen Tag wurde die alte Stadtkirche zum »Tempel der Vernunft«, dann ließ Hartmann das »dicke Weibsstück«, das die Göttin der Vernunft gespielt hatte, schleunigst abschieben; die Göttin soff Schnaps. Indem war er selbst strenggläubiger Protestant, freilich kein Fanatiker, und so hielt er von den Katholiken jede Bedrückung fern. Wahrlich ein schweres Werk in diesem Thal, aber nicht bloß dies, auch das schwerere gelang ihm, den Leuten klar zu machen, daß sie auch nun Steuern bezahlen, ja Soldaten stellen müßten. Trotz seiner persönlichen Eigenschaften hätte er dies nicht vollbracht, wenn er nicht so viel Macht in seiner Hand vereinigt hätte: er war Maire, Vorsitzender der »Revolutionären Gesellschaft«, Kommandant der National-Garde, Abgeordneter zum Konvent und obendrein der einzige wohlhabende Mann des Städtchens, der gerade den Ärmsten Brot gab.

Als armer Leute Kind 1743 zu Kolmar geboren, seines Handwerks Färber, war Hartmann 1775 als Werkführer einer kleinen Kattunfärberei nach Münster gekommen; das Geschäft ging aber elend, da übernahm er's und war schon 1789 ein vermögender Mann. Wie das Aufblühen des Münsterthals, hat er in jenen Jahren sein eigenes Glück gefördert und nach denselben Grundsätzen. »Am eigene Füür ün im eigene Häsele kochet man am beschte«, pflegte er zu sagen; Schritt für Schritt, aus eigener Kraft entwickelte er sein Geschäft, ebenso sorgte er dafür, daß das Münsterthal »im eigenen Häsele« koche. Als die Sondernacher fortgesetzt krakehlten, bot er nicht die Konventstruppen auf, sondern die Bürger und seine Arbeiter und brachte ihnen Vernunft bei, *a posteriori*, sagte man; jedenfalls fruchtete es. Auch einen anderen schlimmeren Sturm glättete er friedlich. Die Leute jubelten, als die Republik den Besitz des Prätors und der Abtei konfiszierte, denn nach ihrer Ansicht geschah dies natürlich zu Gunsten der Kommunität, war sie doch die Beraubte. Nein, war seine Gegenrede, billig könnten sie alles kaufen, aber nicht umsonst kriegen, denn die Republik brauchte Geld; an der Grenze stehe der Prätor und der Abt mit einer Million »Söldner der Tyrannei« – ob sie sie etwa wieder im Lande haben wollten? Bei der Feilbietung erstand er selbst das Kloster um einen Spottpreis und verlegte dorthin seine Fabrik, ebenso niedrig waren die Preise für die Wälder und Matten; Käufer waren einige Münsterer und Kolmarer Bürger. Auch ein anderes Sprüchlein Hartmanns hat er in der eigenen, nun gewaltig anwachsenden Fabrik ebenso bethätigt wie als Maire: »Heut isch net geschtern!« Wie er selbst in jähem Entschluß vom Kattunfärben zum Baumwollspinnen überging, weil dieses nun besser rentierte, so räumte er erbarmungslos mit allem auf, was ihm überlebt schien. Die schöne, eben erst neu aufgebaute Klosterkirche ließ er, nachdem sie eine Zeit lang den Jakobinern von Münster als Versammlungsort gedient hatte, demolieren, weil sich der Platz praktischer verwerten ließ; die Stadtkirche genüge ja beiden Bekenntnissen. Die Unteilbarkeit des Besitzes hielt er aufrecht, nicht weil sie uralt, sondern weil sie zunächst noch nicht zu entbehren war. Aber über dies Notwendige hinaus lockerte er den Zusammenhang der neun Gemeinden mit der Stadt so weit irgend möglich; die materiellen Interessen, meinte er, rissen sie auseinander. Münsters Zukunft sei die Industrie, die Dörfer blieben den »Mölkern«. Daß eine Zeit kommen könnte, da auch in einigen Dörfern die Dampfmaschinen dröhnen würden, sah selbst dieser weitblickende Mann nicht voraus; jedenfalls behielt er für lange recht. Daß man im Elsaß, namentlich in Münster sein langes, ebenso strammes wie verständiges Regiment überschätzt, ist begreiflich; es will aber auch nicht unterschätzt sein. Gewiß wäre das Münsterthal auch ohne ihn im XIX. Jahrhundert friedlich und den Franzosen treu geworden – jeder Soldat Napoleons, der heimkehrte, wurde ein Pionier der Staatssprache und Staatsidee –, und auch ohne Hartmann wäre das Band zersprengt worden, das Stadt und Dörfer seit mehr als einem Jahrtausend zusammenhielt. Aber sein Verdienst war es, diese natürliche Entwicklung erkannt und gefördert zu haben. Wie es den Dörfern erging, soll gesagt sein, wenn wir sie besuchen; die Stadt aber wurde thatsächlich Industriestadt und, mindestens anscheinend, auch die reglementmäßig gallisierte, »elsässische« Kleinstadt. In Wahrheit wahrten ihr die Traditionen ihrer merkwürdigen Geschichte und noch mehr die Art ihrer Bewohner ein gut Stück Besonderheit.

Wie dieses Münster bis 1870 war, läßt sich noch heute unschwer erkennen; gar so viel hat sich in dem Menschenalter deutscher Herrschaft nicht geändert. Man war hier so fleißig, wie es nur irgendwo Deutsche, so rührig, wie es nur irgendwo Franzosen jener Zeit waren und kam prächtig vorwärts. Freilich, so wie dem alten Herrn Andreas glückte es keinem; als er 1837 als 94jähriger starb, hinterließ er seinen Söhnen acht der größten Fabriken Frankreichs und ein riesiges Vermögen. Nach seinem Tode gedieh die Firma »*Hartmann & fils*« immer höher empor; ein kleines Heer von Beamten, ein großes von Arbeitern fand hier sein Brot, schon dies eine Welthaus sicherte der Stadt Wachstum und Gedeihen. Nun blieben zudem die Hartmann nur die größten, nicht die einzigen Fabrikanten; auch der Handel (Holz, Käse) brachte Geld ins Thal; die Bahn nach Kolmar, das Riesenwerk der »Schluchtstraße« über den Vogesenkamm nach Gérardmer hoben den Verkehr; ein anderes gewaltiges Projekt – Napoleon III. plante die kürzeste Verbindung zwischen Paris und Süddeutschland durch eine Bahnlinie Freiburg-Kolmar-Münster, von da durch einen Hoheneck-Tunnel nach Chaumont – blieb, nach Königgrätz begreiflicherweise eifrig gefördert, freilich nach Sedan auf dem Papier, was die Münsterer noch heute schmerzt. Alles in Allem: sie hatten Grund, mit der französischen Herrschaft zufrieden zu sein und waren es auch, schon aus materiellen Gründen, selbst davon abgesehen, was 1789 gerade hier bedeutete. Liest man, wie enthusiastisch sie den 22. Oktober 1848 feierten, den 200jährigen Gedenktag des Westfälischen Friedensschlusses, der ihnen die Vereinigung mit Frankreich gebracht, so mag man, wenn man der Haltung ihrer Väter gedenkt, dabei ein Gefühl der Wehmut haben, aber sicherlich keinen Grund zum Staunen. So ihr Staats-, wie aber ihr Volksbewußtsein?! Die Antwort ist gerade hier nicht leicht. Nur wenige, freilich die Reichsten und Angesehensten, fühlten sich als Franzosen: die Hartmann und ihre Oberbeamten. Von den drei Söhnen des Andreas spielte allerdings nur der jüngste, Fritz, als *Pair de France* eine politische Rolle, aber Jacques war ein freigebiger Mäcen französischer Künstler, Henri ein »wahrer Patriot«. Söhne hatte nur Henri; es stand um diese dritte Generation natürlich ebenso; nur einer von ihnen, Fritz Hartmann d. J., hielt auch nach 1870 die Pflicht gegen die Heimat höher als die Anhänglichkeit an Frankreich, er blieb als Bürgermeister auf seinem Posten, den er trefflich verwaltete. Heute ist der einzige Ururenkel Andreas Hartmanns Franzose; die sämtlichen Fabriken gehören nun einer Aktiengesellschaft. Von dieser kleinen entnationalisierten Gruppe der »Herrschenden« schied sich eine andere zahlreichere ab, die, treue Bürger Frankreichs, sich doch national nicht als Franzosen fühlten, freilich womöglich noch weniger als Deutsche, die »Elsässer«. Wir vereinen, dachten sie, in unserer Erwerbsarbeit die Vorzüge beider Nationen, warum nicht auch in unseren Sitten, unserer Kultur?! Das innige Familienleben, die Freude am kinderreichen Hause, die wärmere Auffassung ihres Glaubens – sie waren zumeist Protestanten –, sollte sich mit dem praktischeren, wenn auch oberflächlicheren Bildungsgang, den eleganteren Formen, der größeren politischen Reife der Franzosen vereinigen; ihre Zweisprachigkeit bedeutete ihnen darum schon an sich einen Vorzug vor beiden Völkern. Als typische Vertreter dieser Richtung mögen die beiden bekanntesten Söhne der Stadt genannt sein, Andreas und August Lamey. Andreas (1726-1802), Schöpflins Mitarbeiter an der »Alsatia illustrata« und »Alsatia diplomatica« hielt es, nachdem er längst Hofhistoriograph des Kurfürsten Karl Theodor zu Mannheim geworden, für seine höchste Lebensaufgabe, die beiden Werke zu vollenden, denn das Elsaß schimmere »als der besondere Edelstein zwischen Deutschland und Frankreich«; sein Neffe August (1772-1861), einst ein bekannter Dichter, besang abwechselnd die Revolution und die Sagen der Heimat und setzte Nikolaus Beckers »Rheinlied« eine »Streithymne« entgegen, die den Vorschlag zur Güte machte: müsse nun einmal Krieg sein, so mögen die Franken die Deutschen verhauen, ihnen dann aber die Hand reichen »zum Bunde auf lange Zeit«. Gewiß ein kurioser Standpunkt, aber so dachten damals die meisten Elsässer ... Daneben fehlte es aber auch gerade in Münster an einigen Deutschgesinnten nicht, eben den strengstgläubigen Protestanten; die Pfarrer von Münster galten immer als »nicht sehr patriotisch«. Einer von ihnen, David Steinbrenner, dichtete auch deutsch, was man nun freilich im Elsaß jener Tage beileibe nicht als Zeugnis deutschen Nationalgefühls auffassen darf; so war z. B. von den beiden anderen Münsterer deutschen Lyrikern der eine, Heinrich Lebert, »Franzose«, der andere, Johann Bresch, »Elsässer«. Die vierte und größte Gruppe, Handwerker, Ackerbürger und Arbeiter, waren eben »Münsterer« und sonst nichts. Sie waren Krähwinkler, gewiß, aber auch der Stolz auf die einstige Freiheit, die Liebe zur alten Art, der Trotz gegen die nivellierende Regierung lebte unter ihnen fort.

Man sieht, der alte biedere Reimschmied Bresch hatte nicht so unrecht, wenn er einmal von den »vier Nationen« in Münster sprach, und nicht alle ließen sich gleich leicht unter den großen Hut des Einheitsstaats bringen. Es ist für die Münsterer bezeichnend, welche der wechselnden Regierungen sie gern, welche ungern sahen. Jubelnd ließen sie 1789 über den Doppeladler des alten Deutschen Reichs an ihrem Rathause eine knallrote Jakobinermütze pinseln und mit fast noch größerer Freude 1804 die Mütze abkratzen, dem einköpfigen Adler Napoleons Platz zu machen, denn sie wollten Ruhe haben und nicht »alliweil neue Musiös«, aber als der Adler 1815 unter dem blauen Schild mit den drei goldenen Lilien verschwand, murrten sie, denn die Bourbonen waren ja »Fafeknecht« und reaktionär. Darum wurden auch die beiden Führer der liberalen Opposition, Benjamin Constant und General Foy von der Stadt zu Gast geladen und mit einer *Illumination féerique* begrüßt; mag diese Beleuchtung vielleicht auch ihren irdischen Ursprung nicht verleugnet haben, so war's doch das einzige Mal in seiner Geschichte, daß sich Münster in solche Auslagen gestürzt hat. Hiervon abgesehen, daß Karl X. eine »Patklock« (Betglocke) war, hatten sie noch einen besonderen Grund zum Groll gegen ihn, freilich keinen berechtigten. Die uralte »Communität« war nun nicht bloß ein Anachronismus, sondern allmählich bei städtischen Interessen ein Hemmschuh für beide geworden; die Stadt konnte vollends durch die Aufteilung nur gewinnen. Gleichwohl wollte die Mehrzahl der Bürger nichts davon wissen, das sei »ihr uralt Recht«, und als nun das Ministerium 1829 die Aufteilung verfügte, war darob große Entrüstung. Zudem konnten sie sich mit den Dörflern nicht einigen, was allerdings nicht ihre Schuld war; die Bauern waren noch rechthaberischer als sie. So endete der uralte, mit so vielem Blut besiegelte Bund mit einem Riesenproceß; an all dem war aber nur die »Patklock« schuld. Kein Wunder, daß sie am 31. Juli 1830 johlend die Lilien im Kot zerstampften und die Trikolore aufzogen; das Bürgerkönigtum war so recht eine Regierung nach ihrem Sinne; man konnte »Fränkle schäffle« und liberal sein. Mißtrauisch hingegen wurde die Republik von 1848, nicht viel besser Napoleon III. aufgenommen. Dann freilich ward er den Münsterern, wie mir das Schanbabtistle sagte, »fascht lieblech«. Vom nahen Plombières aus oft hier verweilend, gewann er die Münsterer durch persönliche Leutseligkeit, vor allem aber durch die bereits erwähnte Förderung ihrer Verkehrswege. Aber freilich fügte selbst ein so eingefleischter Bonapartist wie mein Schanbabtistle hinzu, in den letzten Jahren sei er »a Timler (Quäler) gsi«. Derselben Meinung waren damals auch die Münsterer und mit ihnen das ganze Departement Haut-Rhin. Beim Plebiszit vom 21. November 1852, welches die erbliche Kaiserwürde annahm, waren in diesem Departement 92 747 Ja, 2 841 Nein abgegeben worden, letztere durchweg von starren Republikanern; das Plebiszit vom 8. Mai 1870, welches das Kaisertum neuerdings sanktionierte, ergab hier nur 80 883 Ja, hingegen 19 467 Nein – und diesmal war es eine protestantische Opposition; in Münster, sagten mir einige, hätten wohl zwei Drittel mit »Nein« gestimmt. Das thaten sie dem »fascht lieblechen« Monarchen an, weil sie sich über die zuletzt sichtlich gewordene Bevorzugung der Katholiken ebenso ärgerten, wie über die völlige Verwelschung der Volksschulen, wobei namentlich die Kinder armer Familien, die eben nur ihr »Dütsch« mitbrachten, übel wegkamen. Es ist begreiflich, daß die Münsterer, die heute so bitter über die Verbannung des Französischen aus dem Lehrplan klagen, nicht gern daran zurückdenken, wie arg sie sich vor einem Menschenalter über die Verbannung des Deutschen aus denselben Schulen bedrückt gefühlt haben, freilich nicht aus Nationalgefühl, sondern aus Rücksichten der Kultur. Übrigens ließen sie sich's nicht gefallen und sorgten damals fast ebenso eifrig für Privatunterricht im Deutschen, wie heute für den im Französischen. Noch weniger ließen sie sich von den Katholiken unterkriegen, deren Zahl naturgemäß sehr gewachsen war; die lutherischen Dörfler blieben lieber »Mölker«, für die Fabriksarbeit wurden zumeist Leute aus dem nahen katholischen Urbeisthal herangezogen. Um 1790 hatte Münster unter 1 500 Einwohnern nur etwa 100, 1817 unter 3 100 auch erst 400, aber schon 1871 unter 4 600 rund 2 000 Katholiken. Die uralte Pfarrkirche, in die sich beide Kulte teilten, genügte nicht mehr; von der Regierung begünstigt, verlangten die Katholiken von der Stadt Erbauung einer neuen Kirche. Das schien den Protestanten, die ja etwa neun Zehntel der Steuern aufbrachten, nicht richtig; sie renovierten die Pfarrkirche mit einem Aufwand von 160 000 Franken und übergaben sie den Katholiken; für sich bauten sie mit einem Aufwand von 1¼ Millionen Franken, größtenteils aus Privatmitteln, den neuen Dom. »'s ischt nobel gsi«, urteilte mein Schanbabtistle, »aber pfiffi net.« Ihm war der Aufwand zu groß.

Seit jenem Herbst von 1674, da sie den Kurprinzen von Brandenburg hoffnungsfreudig in ihrer Mitte aufgenommen, waren 196 Jahre vergangen, als sie der Ururur-Enkel jenes Prinzen wirklich »dene welsche Geyersgralle« entriß. Aber sie nahmen es nicht eben freudig auf und haben sich noch heute nicht ganz darein gefunden. Besondere Gründe hat dies nicht. Münster blieb 1870 von den Kriegsereignissen unberührt. Im August und September kamen wiederholt Franctireurs von Gérardmer her ins Thal, fanden hier auch Zulauf, zogen aber dann wieder ab. Erst Ende Oktober durchstreifte ein kleines deutsches Korps den Paß; es fand einzelne Verhaue, hoch oben fiel auch ab und zu aus dem Dickicht ein Schuß, zu einem Gefecht kam es nirgendwo; die Münsterer vollends hatten sich nicht einmal über Einquartierung zu beklagen. Auch ist es ihnen seitdem unter der neuen Herrschaft trefflich ergangen; die Industrie blüht, die Munizipalverfassung ist dieselbe wie vor 1870, die Verwaltung eine wohlwollende. Die Stadt wächst an Wohlhabenheit wie an Bewohnern; 1895 waren's schon 5 800, auch hatten die Katholiken (2 900) bereits die Mehrheit; derzeit dürften's an 7 000 Seelen sein. Gebaut wird überall und dennoch herrscht Wohnungsnot. Kurz, wer Münster kennen lernt, muß sich sagen: den Leuten geht's gut und sie könnten zufrieden sein.

Nun, sie sind's nicht. Das liegt teils an jenen allgemeinen Gründen, deren ich gedachte, als ich von der gleichen Erscheinung in Straßburg sprach, teils an ihrem trotzigen Blut. Eben »Schwowe«. Die »vier Nationen« des guten Bresch kann man noch heute in Münster finden. Die »Deutschen« sind kaum zahlreicher, die »Franzosen« kaum minder zahlreich als einst; die »Nation« der »Münsterer« schwindet wie der Schnee im Frühling, wogegen die der »Elsässer« mächtig anschwillt. Politisch finden sich da alle erdenklichen Schattierungen: vom grimmigen Revanchemann – ganz vereinzelte Exemplare der Gattung, meist alte Soldaten – bis zum Phantasten, der ein neutrales Elsaß für möglich hält, und von diesem bis zum Opportunisten, der nimmer wünscht, daß über dem nun wieder freigelegten Reichsadler am Giebel des Rathauses noch einmal die Trikolore wehe. Aber das politische Moment ist ja viel weniger wichtig als das nationale, und hier mindestens sind sie leider so weit einig, daß »Elsässisch« und »Deutsch« in gewissem Sinne einen Gegensatz bedeuten, wie auch viel von »elsässischen« Kultur- und Lebensformen die Rede ist. Das sind Theorien, die im ganzen Lande zu finden sind; aber was ist bisher hier wie anderwärts ihre sichtliche Folge? Die wachsende Ausbreitung der französischen Sprache. Bis 1870 war natürlich auch jedermann, nur die tiefsten Schichten ausgenommen, der Staatssprache kundig, aber Umgangssprache war sie nur in den »feinsten« Kreisen, auch in diesen neben der Mundart, die für alle anderen die Umgangssprache war, und vollends redeten im Hause Eltern und Kinder fast ausnahmslos nur »dütsch«. Heute unterhalten sich nicht bloß die Notare, Ärzte, Fabrikanten, sondern auch ihre Beamten, die Ladenbesitzer und besseren Handwerker unter einander fast ausnahmslos französisch; selbst aus dem gemütlichen Wirtshaustratsch verschwindet die Mundart immer mehr und – was am schwersten wiegt – auch aus dem halbwegs gebildeten Hause. Es ist eine Thatsache: gerade unter der deutschen Herrschaft ist das Französische einem großen Teil der neuen Generation zur Muttersprache geworden. Als Grund hört man immer wieder: »Die Kinder brauchen ja beide Sprachen und in der Schule lernen sie nur Deutsch!« Aber der gewiß an sich vernünftige und berechtigte Zweck ließe sich wohl um einen minder kostbaren Preis erreichen, als es die Preisgabe der angestammten Muttersprache ist.

Indes, derlei findet sich im ganzen Land. Was einem hier als Besonderes entgegentritt, ist durchweg erfreulich. Es ist ein grundtüchtiger Zug in diesem, dem Blute nach kerndeutschen Bürgertum; unverkennbar ist die protestantische Prägung, aber auch eine klare, im guten Sinne liberale Weltanschauung; liberal bei aller Frömmigkeit, denn in Münster sind Viele sehr fromm, sogar Conventikel und Gebetkränzchen giebt's da. Die Volksschulen sind vortrefflich und trotz des Ansturms der Klerikalen konfessionslos, die Realschule eine Musteranstalt; das ganze Städtchen ist sauber und wohlgehalten wie selten ein Fabrikort. Etwas Besonderes ist auch die Art der Kleinbürger: sie sind noch heute minder glatt, rauher und grader als die anderen Elsässer; ferner der ungemeine Stolz auf die Vaterstadt und ihre Geschichte; man findet ihn ja – in scharfem Gegensatz zu Frankreich, wo die Revolution Alles nivellierte – auch anderwärts im Elsaß, nur nicht gleich stark. Auch reicht die Tradition hier in viel tiefere Schichten hinab, als etwa in einer schwäbischen Kleinstadt. Mir machte es Spaß, mich zuweilen zu Schlossern und Schneidern an den Kneiptisch zu setzen; da sie wußten, daß ich mich für ihr »Rotes Büch« (der Band im Stadtarchiv, der ihre wichtigsten Freiheitsbriefe vereint) interessierte, so nahmen sie mich gut auf; ich darf versichern: sie kannten ihre Geschichte. Freilich erzählten sie auch vieles, was in keinem Geschichtsbuch steht: z. B. wie Karl der Große (es ist aber Karl IV. gemeint) dem Bürgermeister für die Erstürmung von Hohhattstatt und die Erbeutung des Löwen einen Orden verliehen (ein Schneiderlein wußte sogar, es sei die »Leschiongdhonnör« gewesen!), oder wie der letzte Abt geflohen. Noch an einem Sonnabend hatten ihm die Hirten als Treiber bei einer Hirschjagd dienen müssen, da kamen sie Sonntags, als er eben beim Braten saß, und er entwich im »Schemisle, Unterhösle und Söckle«, aber unter Mitnahme vieler Kleinodien und »zehn Million Fränkle« Gold. Da müssen dann freilich die »Unterhösle« weite Säcke gehabt haben.

Die Münsterer Jugend spielt gleichfalls noch »Abt und Bauern«, wobei es unangenehm ist, der Abt zu sein, aber auch sehr moderne Spiele. So sah ich z. B. vor einigen Tagen hier folgendes Spiel: ein Knabe läuft vor einem Karren, einen Stab wagrecht in der Hand; drin sitzen ein Junge und ein Mädchen; die Knaben, die den Karren schieben, stoßen dabei eigentümliche dumpfe Laute aus, wie sie einem ungebildeten Menschen zuweilen nach reichhaltiger Mahlzeit entfahren; einem Gebildeten kann's ja nie passieren. Hinter dieser Gruppe laufen die anderen Kinder und halten sich die Nase zu. Als ich fragte, was das für ein Spiel sei, lachten sie unbändig, endlich kam's heraus: »M'r schpiele Auto!« Für dies naturgetreue Automobil-Spiel giebt's hier allerdings Vorbilder genug. Unablässig rasseln von Colmar her Automobile durch die Stadt und über die »Schlucht« nach Frankreich; namentlich Franzosen und Amerikaner bereisen so die

Vogesen. Auch von Wagen und Radfahrern wimmelt es; das Münsterthal gehört heute zu den besuchtesten Reisegegenden Deutschlands.

Auch in Münster bleibt mancher, und macht, wie ich's gethan, von hier aus täglich einen anderen Ausflug. Ob sich freilich Viele gleich mir auch die alte, nun so kraftvoll verjüngte Stadt gründlich ansehen, weiß ich nicht. Es ist aber der Mühe wert. Weniges Alte, sagt' ich schon, ist unverändert geblieben, aber es beweist den pietätvollen Sinn der Münsterer, daß sie das Neue in altem Stil erbaut haben. Die gewaltige protestantische Kirche in rötlich schimmerndem Vogesensandstein macht mit ihren schweren, herb durchgeführten frühromanischen Formen zwar nicht den Eindruck eines uralten, restaurierten Doms, wie den Erbauern vorschwebte, wirkt aber gut und würdig. Dicht an dem Prachtbau klebt freilich ein schmutziges, verfallenes Häuslein; der Besitzer, ein Mann mit echt Münsterschem Hartschädel, will's nicht niederreißen lassen, wie viel man ihm auch bietet. Auch die neue »Stadtlaube« neben dem Rathaus ist der alten nachgebildet; sogar die Inschrift ANNO DNI MCCCIII DO WART DIS HUS GEMAHT wurde wiederholt. Der einstige Löwen-Brunnen auf dem Markt ist nun leider schmucklos, aber der Blick ringsum giebt noch ein hübsches Bild: links das hochgegiebelte Rathaus mit dem reichen Stabwerk einzelner Fenster, rechts die Überreste der Abtei, vor dem Beschauer die alte Pfarrkirche, im XIII. Jahrhundert erbaut und oft restauriert, romanische Säulen, gothische Fenster, dazu ein Barockportal. Der Schmuck der Rebenspaliere, die es einst umhüllten – die höchsten im Elsaß und darum in allen Chroniken erwähnt – fehlt ihm nun. Daß die Umgestaltung der Stadt ein Stück des alten Münster samt Resten der Stadtmauer unberührt gelassen hat, habe ich schon erwähnt; auch der Charakter der einzelnen Stadtteile hat sich noch nicht ganz verwischt; daß z. B. im »Birken« die reichen Protestanten, auf der »Elm« die armen Katholiken wohnten, erzählen einem noch heute einzelne alte Häuser. Natürlich wimmelt es hier von Wahrzeichen und Sagen. Wer die nun armselige »Alte Gasse« hinabgeht, trifft an der Ecke der »Uhrgasse« auf ein Häuslein mit einem roh, aber lebhaft gemalten, gut erhaltenen Wandbild. Es stellt einen Reiter vor, der einen breit anlacht und dabei scharf ansieht; »Fr. Zeinig, Bürgermeister« steht darunter. Das Bild hält die Erinnerung an ein verwegenes Reiterstück fest: der »Zeiniger« ritt als Jüngling die steile Treppe der »Stadtlaube« empor, eine Wette zu gewinnen. Dann wurde aus dem lustigen Burschen der finstere Torquemada von Münster; in seine fast 40jährige Regierungszeit als Bürgermeister fallen (er starb 1613) Beginn und Blüte der Hexenprozesse. Auf dem alten Friedhof spukt allnächtlich ein Ritter, an der Fecht geht mit Zipfelmütze und Pantinen ein Wirt spazieren, der hier einen Schneider ersäuft hat, im Kloster tanzen sündige Mönche mit wüsten Weibern einen Reigen, im Rathaus zählt ein ungetreuer Kämmerer heulend feurige Kohlen; auf dem Galgenberg geht's gar arg zu, wenn's Zwölfe schlägt…

Das Interessanteste, was Münster aus ältester und neuester Zeit bietet, findet man auf einem Fleck beisammen: Die Reste der Abtei und die Hartmannschen Werke. Diese Reste lassen noch heute erkennen, wie reich das Kloster war, wie jählings reich geworden. Noch 1656 eine Ruine, in der drei Mönche ein Hungerleben führten, war die Abtei 1789 ein riesiger, prächtiger Bau, von rund 40 Mönchen und 100 Laienbrüdern und Dienern bewohnt, »eine der üppigsten fürstlichen Hofhaltungen im Elsaß«. Inmitten schöner, mit Springbrunnen und Statuen geschmückter Gärten und Orangerien, die sich weithin über den heutigen Marktplatz hinaus und bis an die Stelle des Bahnhofs dehnten, lagen Abtei und Mönchshaus, nach guten Mustern in schöner Spätrenaissance, obwohl erst 1680 erbaut. Die Reste, die man noch sehen kann, lassen den Untergang des Ganzen bedauern: im Gasthof »Zur Stadt Straßburg« der Theatersaal des Klosters mit prächtig geschnitztem Bühnenrahmen, im Haus daneben das Refektorium mit Resten der alten Holztäfelung, im Garten desselben ein schönes kleines Haus mit reichem Fries. Im »Straßburg«-Saal wird noch heute von Dilettanten Theater gespielt und im Refektorium jeden Sonntag getanzt. Wie stolz, ja fürstlich die gewaltigen Wohntrakte ausgesehen, kann man an einem Stück erhaltener Fassade (am Heitzmannschen Hause) sehen; denselben Eindruck macht im Innern eine Treppe aus Quadersteinen. Die anderen Bauten waren im üppigsten Barock gehalten, hingegen die prunkvolle, innen und außen von Gold und Marmor gleißende, selbst für den Geschmack jener Zeit überladen dekorierte Klosterkirche in gotischem Stil. Sie ist fast spurlos verschwunden, denn nur an einzelnen Häusern an der Süd-Seite des Marktplatzes sieht man im Mauerwerk Säulchen und Marmorschwellen eingebaut, die von ihr herrühren; der älteste Teil, ein plumper Turm mit hoher spitzer Erzhaube, stand am längsten, er wurde erst 1865 abgetragen. Die Reste des Kreuzgangs an der Brauerei habe ich bereits erwähnt, andere sieht man an den Mauern der Hartmannschen Fabrik; im Mönchshaus surren nun Maschinen; das kleine Refektorium ist das Schwimmbassin der Badeanstalt für die Arbeiter und die Zellen die Kabinen; der Klostergarten, der den Kreuzgang umgab, ist heut zum Teil der Fabrikshof, zum Teil verbaut. Erst nach 1780 wurde das neue Abthaus fertig; noch sieht man (am Eckardschen Haus) Reste der üppigen Fassade, der Bau muß ungeheure Summen verschlungen haben. Ebenso kostspielig war die innere Einrichtung, das Speisegerät aus Silber, die Betten »*à la Duchesse*« mit Seide und Spitzen. Und zu all dem lärmenden Prunk steuerte weder die Regierung noch ein Donator auch nur einen Heller bei; Alles ward aus Blut, Schweiß und Thränen der »*canaille hérétique*« von Münster bestritten...

Aber dem armen Volk kommen diese mächtigen Hallen schließlich heut doch zu Gute. Es sind so hohe, lichte, luftige Arbeitssäle, wie man sie irgend wünschen kann. Auch sonst geht's den 3 000 Hartmannschen Arbeitern gut, die hier in der Weberei innerhalb der Stadt, in der Bleicherei außerhalb des Weichbilds, dann unten, wo die Bäche zur Fecht zusammenrinnen, in der Spinnerei thätig sind. Wie es in den Fabriken aussieht, will ich nicht beschreiben, erstlich versteh' ich zu wenig davon, und ferner ist ja der Betrieb wohl überall ein ähnlicher. Aber nicht überall wird so für die Arbeiter gesorgt. Ein Konsumverein, eine Bäckerei, ein Speisehaus (Suppe, Fleisch und Brod 10 Pfennige) stehen ohne Zwang der Benützung zu ihrer Verfügung; ebenso ohne Entgelt das vortrefflich eingerichtete Bad und das musterhafte »Hospital Löwel«, für ihre Kinder eine Krippe; ihre Ersparnisse verzinst die Fabrik mit 5. pCt. Auch hübsche und gesunde Arbeiterwohnungen hat sie gebaut; drei Zimmer und eine Küche kosten 13 Mark monatlich; doch wohnen auch viele in den umliegenden Dörfern und kommen am Morgen auf dem Rad zur Fabrik. Eine sehr reichliche Invaliditätsversicherung bestand hier seit lange; der Arbeiter wollte daher von der staatlichen nichts wissen. Da nun aber diese eingeführt werden mußte, so führte dies zu dem einzigen Ausstand, den es hier je gegeben hat! Auch für veredelnde Unterhaltung wurde hier schon vor 40 Jahren gesorgt; unter den Arbeitern besteht mit reichlichen Zuschüssen der Verwaltung ein Gesangs-, ein Musik- und ein Theaterverein; als Lokal für die Konzerte und Vorstellungen erbaute die Firma eine eigene, sehr hübsche Halle. Natürlich ist der Eintritt frei und nach der Vorstellung gibt's gratis Brödchen und ein Glas Wein...

Nie bin ich ohne ein Gefühl freudiger Ehrfurcht – ich weiß es nicht anders auszudrücken – an dem Bau vorbeigegangen, wo der alte Kreuzgang vom Stampfen der Maschinen erzittert. Arbeit bringt Kultur. Es war einst im frühen Mittelalter eine Kulturstätte, und ist es seit hundert Jahren wieder. Und so ist der Klosterbau mit den Maschinen das richtige Wahrzeichen des merkwürdigen Städtleins, das aus dem alten Monasterium die Fabrikstadt Münster i. E. geworden ist.

IV. Sulzbach

Zu Münster im Elsass war's und im August; ein prächtiger Sommermorgen und doch nicht heiß. In der Nacht hatte es über dem Vogesenkamm gewittert; die Luft war kühl und wundersam klar. Und an diesem klarsten aller Tage sollt' ich ein Gespenst sehen, so seltsam und wehmütig und grotesk zugleich, wie nur je eines auf Erden seinen Spuk getrieben hat, ein richtiges Gespenst, das nicht mehr lebt und doch nimmer sterben kann.

Und das kam so. Kurz vor meiner Reise hatte mich eine Arbeit veranlaßt, die Memoiren des Casanova durchzusehen, nicht die Auszüge, welche die Spekulation auf niedriges Gelüst in Millionen Exemplaren verbreitet hat, sondern das vollständige achtzehnbändige Werk, das heut' nicht hundert Menschen in Europa kennen. Welch ein Buch! – der scharfgeschliffene Riesenspiegel einer merkwürdigen Zeit. Was jene häßlichen Auszüge enthalten, ist ja auch drin, aber daneben alles Eigentümlichste eines Jahrhunderts. Eine der merkwürdigsten Episoden, von keinem »Bearbeiter« aufgenommen, weil sie nicht schlüpfrig ist, spielt im Bade Sulzbach. Der Abenteurer zwingt einen französischen Offizier, der jedesmal das Spiel abbricht, sobald er gewonnen hat, durch Hänseleien zu der Wette um fünfzig Louisdor, wer es länger am Spieltisch aushalten werde. Gestattet sind nur Unterbrechungen von einer Viertelstunde. Am festgesetzten Tage beginnt die Partie Pikett um drei Uhr nachmittags; bis nach Mitternacht halten die Zuschauer aus, dann spielen die beiden allein die Nacht hindurch. Am Morgen umdrängen die Kurgäste den Spieltisch, es wird Mittag, dann Abend, die Neugierigen weichen nicht, die Barmherzigen unter ihnen bringen den Kämpfenden eine Stärkung, denn ums Geld geht's kaum mehr, keiner ist im Vorteil, aber das Spiel ist zu einem Duell geworden. Vergeblich flehen die Damen die beiden totenblassen, immer mehr verfallenden Männer an, aufzuhören; sie spielen auch die nächste Nacht durch. Am Morgen fällt der Offizier ohnmächtig vom Stuhl; die Wette ist entschieden. Dies seltsame Duell hebt sich von dem Hintergrund eines üppigen Badelebens ab; französische Adelige, Baseler Patrizier, Abenteurer und Kurtisanen aus aller Herren Länder drängen sich in den Kursälen und auf den Promenaden, trinken den Brunnen und gebrauchen die Mixturen des Apothekers, vor allem aber spielen sie, und setzen ein, jeder, was er hat: Geld, Ehre, Schönheit, Gesundheit und Leben. Also das Spaa des XVIII. Jahrhunderts, ein überaus lustiger Ort, den Casanova nur deshalb »traurig« findet, weil sein Herz gerade unbeschäftigt ist. Wo aber, fragt' ich mich, liegt dies Sulzbach? Offenbar irgendwo im Elsaß, denn auf dem Weg aus den Ardennen nach Basel kam der geniale Abenteurer hier durch. Aber seltsam – auf keiner Karte fand ich den Ort und er war doch damals (1762) eine blühende Stadt, von Tausenden besucht. Konnte sie spurlos verschwunden sein?!

Vierzehn Tage später sollte ich mit noch größerem Interesse so fragen. Mein Leben lang hatte ich nichts von Sulzbach gehört, da führten mich die Studien für dieselbe Arbeit – und sie betraf nur ein Stück Sittengeschichte des XVIII. Jahrhunderts, nicht etwa des Elsaß – wieder darauf. Ich las die Biographie Eulogius Schneiders; auch er ein echtes Kind seines Jahrhunderts, wie Casanova, gelehrt, sinnlich, abenteuerlich wie dieser, sogar gleich dem geistreichen Italiener ursprünglich Priester, und doch eine völlig andere Natur. Wie der merkwürdige Mensch aus einem jungen Wüstling ein gelehrter, strenger Mönch, dann wieder ein höchst weltlich gesinnter Professor, dann – von der Revolution wie von gärendem Most berauscht – der blutdürstige öffentliche Ankläger des Straßburger Tribunals wird, schließlich selbst, in seiner Hochzeitsnacht verhaftet, den Tod auf der Guillotine zu erdulden, verdiente wohl einmal von einem Dichter geschildert zu werden, dessen Scharfblick die Widersprüche aufhellen könnte. In Sulzbach spielte – im Sommer 1792 – eine der glänzendsten Episoden seines Lebens. Der Donnerer des Straßburger Jakobinerklubs, der Redakteur des mächtigen »Argos«, verbringt hier zwei Wochen der Erholung und des Triumphs. Die ganze Gesellschaft huldigt ihm, am eifrigsten die »Bürger« und »Bürgerinnen«, die eben erst die Krone aus dem Batisttuch entfernt haben. Der Winzerssohn aus Wipfeld in Franken ist noch Priester, und mit seinen runden Augen, den dicken Lippen, dem plumpen Bauernschädel wahrlich kein schöner Mann – aber wie süße Augen machen ihm die Ex-Marquisen, die reichen Patrizierinnen aus Straßburg und Mülhausen! Es wird getanzt, gespielt, der Hof gemacht, alles wie da Frankreich noch ein Königreich war; selbst die Gäste vom rechten Rheinufer fehlen nicht ganz, denn die Quellen gelten nun einmal für heilkräftig, und im Speisesaal fallen Tag und Nacht die Karten und rollen die Würfel. Freilich nicht mit jedermann kann hier ein vorsichtiger Mensch spielen; jeder dritte Mann ist ein Abenteurer, jede zweite Dame eine »Sulzbacherin«, wie die elegante reisende Kurtisane damals auf hundert Meilen in der Runde heißt. Diese ganze merkwürdige Gesellschaft wirbelt vierzehn Tage lang um den mächtigen Jakobiner, jeder Tag ein Fest, jede Nacht ein Bacchanal, bis der generöse Eulogius (*ci-devant* »Schneider-Jürgen«) sich seinerseits glänzend revanchiert, ganz im Stil der Zeit, sehr üppig und sehr patriotisch. Er errichtet auch hier einen »Freiheitsbaum«, die Spitze mit einer Jakobinermütze, der Stamm aber mit einer Tafel geschmückt, auf der die Verse stehen:

Wer das Gesetz verehrt,
Den Staat bezahlt, den Nächsten liebt,
Fürs Vaterland sein Leben giebt,
Der ist der Freiheit wert!

Trockene Verse, aber sie werden mit sehr viel Champagner begossen und dann liegen sich alle in den Armen, und es regnet mehr oder minder patriotische Küsse … Schneider war längst wieder in Straßburg und hatte viel zu tun, die Guillotine nicht rosten zu lassen, aber mitten in seiner Blutarbeit dachte er der lustigen Tage im glänzenden Sulzbach. »Wenn ich nicht geschworen hätte«, schrieb er seinen dortigen Freunden, »mein Leben auf dem Posten einzubüßen, den mir die Vorsehung angewiesen, würde ich meine Laufbahn in Eurem herrlichen Thale im Genusse der Natur beschließen.« Also ein sentimentaler Henker. Das Schicksal hat ihm ein verdienteres Ende bereitet.

Man wird nun begreiflich finden, daß ich aufhorchte, als nach abermals drei Wochen der Name Sulzbach an mein Ohr schlug. Das war zu Münster am Biertisch, wo ich allabendlich mit dortigen Bekannten zusammensaß. Der Stadtarzt kam spät; er habe noch gegen Abend nach Sulzbach müssen. »Das berühmte Sulzbach?« fragte ich eifrig. Er lächelte. »Ja, der Badeort.« – »Und der liegt so nahe?« – »Freilich, eine Viertelstunde Bahnfahrt und dann nicht viel länger zu Fuß.« – »Da muß ich hin! Wie sieht's denn jetzt dort aus?« Aber er: »Was wissen Sie von Sulzbach?« Ich sagte es ihm. Er lächelte wieder. »Da ist's wohl für Sie am interessantesten, ich sage Ihnen nichts, sondern Sie sehen sich alles selber an.«

An jenem klaren Augustmorgen machte ich mich auf den Weg. Zuerst mit der Bahn gegen Colmar zu, die rasche Fecht entlang. Berge und Burgen zu beiden Seiten bis Weier im Thal, dem altersgrauen, von grünen Reben umhegten Städtchen. Es liegt nördlich der Fecht, wie alle Orte im Münsterthal, nur Sulzbach ausgenommen; alle Leute; die mit mir ausstiegen, gingen links hin, nur ich wandte mich nach rechts. Das war das erste, was mir auffiel; ich besuchte ja seit Wochen täglich ein anderes altes Nest des Gaus; nie vorher war ich in diesem schönen Thal allein geblieben. Aber mein Trost war mein getreuer Weggenoß, die neueste Auflage von Mündels Vogesenführer, ein sehr dickes, aber kreuzbraves Buch, und da stand: »Nach Sulzbach Wagen am Bahnhof.« Freilich war keiner zu sehen, aber das focht mich nicht an; der dicke Onkel Mündel lügt nicht, dacht' ich; ist der Wagen noch nicht da, so kommt er. Inzwischen fehlte es mir an Kurzweil nicht. Die Aussicht vom Bahnsteig ist herrlich. Schon die Farben erquicken das Auge: nur Grün, ein wenig Weiß, einige Pünktchen Rot, aber wie stimmen sie zusammen, heben sich hier scharf ab, fließen dort ineinander. Weißlich grün sind die Wiesen, saftgrün die oberen Matten, dazwischen steht das Graugrün der Reben, und sie alle umschließt das Schwarzgrün der Tannen. Dazu die Formen; schlank, edel, sanft, geschwungen schiebt sich ein Bergkegel neben den anderen, von einzelnen Hütten bedeckt, von grauem Mauerwerk gekrönt. Mitten drin das alte Weier, rings Reben, soweit das Auge blickt, zur Rechten und Linken und auf dem Berg, an den sich das Städtchen schmiegt; hoch oben ein graues Kirchlein. Nichts Gewaltiges, aber war je eine Berglandschaft heiter und anmutig zu nennen, dann diese. So von dem Beschauer gegen Norden, zu seiner Linken aber, also im Westen, das Fechtthal, und über ihm, im Duft der Ferne verschwimmend, die gewaltigen runden Kuppen der Hochvogesen: der Hoheneck und der Nachstebühl, auch sie dicht bewaldet; etwas niedriger, wie ein Riesensmaragd in der

Sonne gleißend, die Matte des baumlosen Kahlenwasen. Nicht minder Schönes sieht man gegen Osten: da hebt sich der herrliche Waldberg, der einst dem Barbarossa gehörte und noch heute der Hohenstaufen heißt, dem Blick entgegen, an seinen Hängen zerbröckelndes Gemäuer, die Burgen Hohhattstatt und Schrankenfels.

Nachdem ich aber dies alles betrachtet, wandte ich mich wieder nach Süden, wo eine Platanenallee ins Thal von Sulzbach führt. Aber da war noch immer kein Gefährt zu sehen und kein Mensch; nur die Grillen zirpten im Grase, und von einer Wiese her klang eine helle Mädchenstimme: »Esch schteiht eine Lind' im tiefe Thal« – kein Wunder, daß das Lied auch hier noch lebt, es ist ja im Elsaß gewachsen … Unschlüssig stand ich, denn ich gehe ja gern, nur nicht auf staubiger Thalstraße, wie sie mir hier winkte. Dann trat ich auf die Sängerin zu, ein blutjunges Ding mit feurigen Schwarzaugen im hübschen Bronzegesicht. »Boschurr!« erwiderte sie freundlich meinen Gruß und ergänzte ihn nach Landessitte durch eine Frage, die auch noch zur Begrüßung des Wanderers gehört: »Wo we (wollt) I her (hin)!?« Ich sagte es und fragte nach dem Wagen. Sie lachte laut auf, »Na' Sülzba a Wotürle (*voiture*)?!« Es stehe aber im Buch hier. »Joo!« sagte sie langgedehnt wie sich erinnernd. »Desch esch amol gsi!« Ihr »Gruossele« (Großmütterchen) erzähle, nach Sulzbach sei sogar einst von Colmar ein »Omnebüs« gegangen. Aber jetzt Fuhrwerk nach Sulzbach unterhalten – da wär's ja noch klüger »Fliegehax z'röschte«. Das hörte ich mit Bedauern, denn Fliegenfüße zu braten, ist kein nahrhaftes Geschäft. Aber es sei doch ein Bad dort, sagte ich, ein Sauerbrunn?! – »A Badle – nei! A Süerbrünn – joo.« Und dann lachend, daß man alle zweiunddreißig Zähnchen sah: »D' Lüt saje: In Sülzba' esch alles süer.«

Mit diesem Wort im Ohr marschierte ich vorwärts. Die Wanderung war angenehmer, als ich gedacht hatte. Das Gewitter hatte den Staub getilgt, und die prächtigen Platanen gaben Schatten, lustig rauschte der Wind in ihrem Geäst. Ein mäßig breites Thal, und, seltsam genug, just auf der Nordseite Weinberge auf steiler Halde, gegen Süden bewaldete Hügel und über beiden höhere Berge, hier der Hohenstaufen, ihm gegenüber der Oberfeldberg. Gleich am Eingang des Thales, weitab der Straße am Fuß des Hohenstaufen, sah ich ein Stücklein bröckelnder Burgmauer; aber auf meiner Karte stand sie nicht, auch der dicke Onkel sagte nichts darüber, und ein Mensch, den ich hätte fragen können, war nicht zu sehen. Endlich begegnete mir ein alter Mann, der in seinem blauen Leinwandkittel, dem französisch geschnittenen Käppi und dem weißen Henriquatre im durchfurchten Gesicht recht wie ein Invalide des zweiten Kaiserreichs aussah. Aber auf meine Frage erwiderte er in norddeutschem Dialekt, was ich gesehen hätte, seien vermutlich die Reste der Burg Giersperg gewesen; »hier haben einmal«, fügte er bei, »Raubritter gehaust, die vom Schweiße des Proletariats lebten. Die Burg wurde zerstört und die Ritter gehängt, die Raubritter von heute sitzen ruhig in ihren Kontors und schreiben Fabriksordnungen.« Dialekt und Ausdrucksweise fielen mir auf; ich fragte, woher er wäre. Ein Berliner, aber schon zwanzig Jahre im Elsaß und jetzt Arbeiter in Mülhausen. Da sei er wohl eben zur Erholung im Sulzbacher Bad gewesen, fragte ich. Er lachte. »Nee, der Mumpitz (berlinisch Schwindel) hat ja fast aufgehört! Ich wollte hier Aufklärung stiften!« – »Nun, und haben Sie viel davon gestiftet?« Er spuckte grimmig aus. »Sklavenvolk! Sie finden alles in der Ordnung, auch daß sie nichts zu beißen haben!«

Nachdenklich ging ich weiter, nach zehn Minuten tauchte links vom Wege auf einem Hügelchen eine große Kirche auf, von den Häusern des Orts war noch nichts zu sehen. Also eine zweite Kuriosität; das Gotteshaus fern vom Ort ist mindestens im Elsaß noch seltener als Reben an der nördlichen Thalwand. Hingegen ist der Rahmen der Kirche der landesübliche: eine sehr hohe, glatte, dicke Mauer umgiebt im Viereck Kirche und Friedhof wie eine Festung, und die kleine Eingangsthür unter einem Giebelchen gleicht einer Ausfallspforte. Ich trat ein und stieg die Stufen zur Kirche empor. Ein Bau, an dem reichlich zwanzig Geschlechter der Menschen mitgeschaffen, der Unterbau uralt, wohl aus dem VIII. Jahrhundert, das schöne Chor gotisch, nach den edlen schlanken Verhältnissen und dem Maßwerk der Fenster zu schließen aus dem XIV. Jahrhundert, alles übrige in den folgenden Zeiten stillos erneuert, obendrein kürzlich blank überstrichen. Und wie die Kirche selbst, so erzählt der Friedhof, der sie umgibt, von sechs Jahrhunderten. Vor dem Portal ein herrliches Grabmal: ein kräftig erblühtes, schönes Weib mit Schleier und Rosenkranz, das Haupt auf einem Kissen ruhend, alles wunderbar erhalten, selbst die Spitzen und Borden an der reichen Tracht einer Edelfrau des XIV. Jahrhunderts. Auch von der Inschrift ist noch die Jahreszahl 1351 lesbar, der Name nicht mehr. Der Stein ist nun, offenbar um ihn besser vor Regen und Schnee zu wahren, aufrecht gestellt, was ja dem Eindruck der liegend gedachten, überlebensgroßen Gestalt schadet, aber es bleibt genug übrig, ihn lange auf sich wirken zu lassen. Ein anderes, gleichfalls selten schönes Grabmal ist an der Außenseite der Kirche eingemauert; es zeigt zwei Gestalten, einen Ritter mit derbem, finsterem Antlitz und vollständig gewappnet (Pickelhaube, Schulterplatten, Harnisch, Beinschienen und Eisenschuhe), neben ihm eine Dame mit sanften Zügen in Schleier, Brusttüchlein und herabwallendem Kleid. Beide treten auf einen Löwenkopf, beider Hände waren einst betend gefaltet; jetzt sind's nur die des Ritters, die der Dame fehlen. Die Inschrift in gotischer Minuskel besagt, daß hier »der edel vest jucker Jacob vo Hatstadt« begraben sei, verstorben »uff sant Jacobtag« 1514, »der sele got gnad«; die Dame ist »jucke Jacobs hüsfröge, die edle Frow mergen (Margarethe) vo rotsamhuse«, und, wenn ich das Datum richtig entziffert habe, »nach sant Jürgen tag« 1518 verstorben. Bei ihr fehlt die Anrufung der göttlichen Gnade; nach ihrem sanften, gütigen Antlitz zu schließen, war sie ihrer ohnehin sicher. Der Löwe zu ihren Füßen ist das Wappentier der Hattstatter ... Noch einige andere Steine aus dem XV. und XVI. Jahrhundert sind hier zu finden, aber minder schön gemeißelt und von der Zeit ärger mitgenommen; offenbar auch verschlechterte sich die Qualität des Sandsteins immer mehr; auf den Barocksteinen des XVIII. Jahrhunderts ist gar kaum noch ein Wappen, ein Name zu unterscheiden, auf einem glaubte ich »Paris«, auf einem anderen »Anvers«, auf einem dritten »Zürich« zu entziffern, also Kurgäste von fern her. Im XIX. Jahrhundert werden die Steine immer bescheidener, die deutschen Inschriften weichen den französischen; freilich bleiben die Namen urdeutsch, z. B. »*Laurent Wagner, ancien maire et son épouse Elisabeth Stiffling.*« Das gilt auch von den Steinen aus letzter Zeit; ich habe einen einzigen gefunden, der eine deutsche Inschrift trug. Das ist aber doch immer einer mehr, als ich sie auf manchem anderen Friedhof des Landes entdecken konnte ...

Ich trat in die Kirche; hell durchflutet das Licht Schiff und Chor, stolz und schlank wölbt sich die Kuppel; die Rippen des Gewölbes ruhen auf mit Köpfen ornamentierten Konsolen. Man sieht sofort, das ist nicht das Bethäuslein eines Fleckens, sondern eine Prunkkirche, die einst reiche Gönner hatte. Dennoch war ich auf die Freuden nicht gefaßt, die ich hier erleben sollte. Schon das Altarbild: Johannes der Täufer, der Schutzpatron der Kirche, ist keine üble Arbeit, wirklich wertvoll aber ein auf Holz gemaltes Triptychon. Die beiden Gemälde der Außenseite, die offenbar die beiden Donatoren vorstellen, einen Bischof und einen Ritter, sind schön, prächtig aber die Innenbilder, Darstellungen des jüngsten Gerichts, namentlich das Mittelbild, der heilige Michael, die Seelen wägend, voll Farbenpracht. Das Triptychon ist um 1520, also in den Zeiten des Matthias Grunewald gemalt, und mindestens das Mittelbild wäre seiner nicht ganz unwert. Der schönste Schmuck der Kirche aber ist das herrlich gemeißelte, leise polychromierte Sakramentshaus, in reichster Gotik. Auf einer Konsole steht die Gestalt des heiligen Christophorus mit der Keule, das bärtige Antlitz von frommer, demütiger Güte durchleuchtet, auf dem Nacken das liebliche Jesuskindlein, eine rührende, echt deutsche Gruppe. Darüber erhebt sich das prächtige Eisengitter des Häuschens, von zwei gemeißelten Engeln bewacht, mit den Emblemen der vier Evangelisten geschmückt, über ihm in zwei Stockwerken ein sich verjüngender Aufbau mit den Gestalten des Heilands und der Madonna, denen flatternde Cherubim huldigen. Es ist alles sehr schön, aber am schwersten machte mir doch der Christophorus das Scheiden.

Als ich aus der Kirche trat, klang Hundegebell an mein Ohr; ein Knäblein lief mit seinem Hündchen um die Wette zwischen den Gräbern dahin. Als es mich erblickte, blieb es stehen und guckte mich aus seinen strahlenden blauen Augen an, ein etwa achtjähriges blondes, kräftiges Kind, schöner als einer der Cherubim am Sakramentshaus. Ich trat auf das Kind zu; der Hund wies mir knurrend die Zähne, begann aber zu wedeln, als ich das Kind streichelte. »Junge, wie heißt Du?« Keine Antwort, nur die blauen Augen blickten mich freundlich an. »Nun?« Das Kind schwieg. Ich trage auf meinen Wanderungen immer Obst bei mir, mir löscht's den Durst, und kleine Abnehmer finde ich auch immer am Wege; die schönste Birne zog ich hervor und hielt sie dem Kinde hin, das darnach griff. »Nein, erst sage Du, wie Du heißt!« Da umflorten sich die strahlenden Augen, und er deutete auf Mund und Ohr. Das wunderschöne Kind war taubstumm. So gütig und so grausam ist nur die Natur.

Sie ist's im kleinsten und im größern, das ganze Sulzbach ist ja ein Beweis dieser Güte und Grausamkeit zugleich. Freilich, ganz durch die Natur allein ist Sulzbach nicht emporgekommen und nicht durch sie allein heut ein Gespenst; die Menschen haben zu beidem kräftig mitgeholfen. Das wollte der erste Sulzbacher, den ich nun wirklich sprach, nicht Wort haben. Es war ein ältlicher Mann mit einem schmalen Gesicht, in dem ein paar gute, sanfte, treue Augen standen, Hundeaugen möchte ich fast sagen, denn etwas von der stummen Qual der Kreatur war auch in ihnen. Die Rebenharke auf dem Rücken, kam er daher und grüßte freundlich: »Boschurr! Güte Tag!« – doppelt reißt nicht. Da sich hinter der Kirche der Weg wiederholt gabelt, gab er mir liebenswürdig, obwohl's ein Umweg für ihn war, das Geleite ins Städtchen. Peter Zindt hieß er, und da er mir einige Stunden später zum Abschied sagte: »Wir bliiwe Fründ!« so darf ich ihn wohl meinen Freund nennen. Was mir zuerst sein Herz gewann, war das Lob der Kirche, namentlich des Sakramentshäuschens. Ja, sagte er stolz, so ein »heilig Hüsle« gebe es im ganzen Elsaß nicht, das sage sein Einziger und der müsse es wissen, denn er sei Priester und jetzt Missionar in Deutsch-Afrika, dabei der beste Sohn, der sich auch nach der Heimat zurücksehne, darum habe er ihm auch gestern – er zog den Frachtschein hervor – »a Fäßle Sülzbacher«, Eigenbau, gesendet, damit er unter den »nige (neue) schwarze Christelüt« mindestens den heimischen Trank nicht entbehre. Ich fragte, ob der Wein auch den weiten Transport und die Tropenhitze gut überdauern werde, hatte aber damit wider Willen an eine wunde Stelle gerührt. Ganz gewiß, rief er eifrig, gut abgelagerten Sulzbacher könne man auch nach dem Mond versenden, aber so wie ich hätte gestern auch der Stationschef in »Wihr« (Weier) gefragt, und ich zweifelte wohl auch nur deshalb, weil ich von den Wihrern Spottreden über den Sulzbacher Wein gehört hätte. Nein, beteuerte ich, was sie denn sagten?! Aber er schüttelte nur schmerzlich den Kopf; erfahren sollte ich es doch, jedoch erst, nachdem wir ganz gute Freunde geworden. Damals aber lenkte ich von dem Thema ab, indem ich meinte, es sei ihm wohl hart gefallen, seinen Einzigen so weit fortgehen zu lassen. Freilich wohl, seufzte er, aber daß er geistlich geworden, sei doch ein rechtes Glück, denn ein Sulzbacher Ackerbürger zu sein, das sei »gar bitter und süer«. Und es sei doch einmal eine so »geldriiche und ruhmriiche« Stadt gewesen; ob ich was davon wüßte? »Nur wenig«, sagte ich und das war ja auch die Wahrheit, aber auch wenn ich schon damals all die alten Schmöker durchstöbert hätte, die ich mir dann aus der trefflichen Colmarer Stadtbibliothek geholt habe, ich hätte nicht anders geantwortet. Denn ein Peter Zindt sagt's einem immer viel lebensvoller, als alle Bücher und darum bat ich sehr darum.

Er nickte, und da wir gerad ans erste Häuslein des Städtchens gekommen waren, vor dem eine Bank stand, so setzten wir uns hin, und Peter Zindt erzählte. Mit seinen Worten kann ich leider nicht alles wiedergeben, denn Notizen mochte ich mir nicht machen; das nimmt dem Erzähler die Unbefangenheit. Also: Die Sulzbacher Quellen seien uralt, schon in der Heidenzeit, wo die Menschen »schier nackig« herumgelaufen wären, hätten hier viele wieder »rohde Bäckle« gekriegt, auch ein »gar aldher Kaiser« Julius Cäsar – er sprach den Namen ganz richtig – hätte hier sein »Mogeledrücke« weggebadet. Auch der Kaiser »Scharlemanje« (Charlemagne) hätte hier eine »Appetitkur« gemacht, der habe dann den Ort dem Kaiser von Österreich geschenkt und dieser vor tausend Jahren den Herren von Schauenburg. Unter ihrem Regiment habe die Stadt Mauern und Graben erhalten, denn der Räuber im Lande seien gar viele gewesen, besonders die Giersperger »rächte Säckleschniider«. Die Quelle freilich sei dann versiegt, aber die Stadt habe durch Acker- und Weinbau ein gutes Leben gehabt. Da sei nach Gottes Willen die Quelle an anderer Stelle wieder entdeckt worden durch ein »feins Kühele«. Diese feine Kuh nämlich entfernte sich immer vom Weideplatz am Fuße des Oberfeldbergs, und wenn sie wiederkam, war sie »fascht lüschtig« und gab auch bessere Milch als die anderen. Der Hirt, dem dies auffiel, folgte ihr und sah, wie sie gierig aus einer Quelle trank, und als er ihrem Beispiel folgte, ward auch er »lüschtig«. Da kamen denn abermals die Kranken herbeigeströmt und »alle

Doktors« aus der ganzen Christenheit baten, Bücher darüber schreiben zu dürfen, was ihnen verstattet wurde – und Sulzbach ward reich und groß. Denn die Schauenburger Herren waren gar nobel; sie gaben kein »Loschemang«, die Kurgäste mußten bei den Bürgern wohnen. Aber dann kamen die Revolution und die großen Kriege, und da hatten die Leute nicht Zeit noch Geld, sich zu kurieren und liefen mit Blutarmut, verdorbenem Magen und Skrofeln herum, statt sie hier wegzutrinken und wegzubaden. Als aber die Kriegsnot um war, da wollten die Leute nicht wiederkommen. Und wollten und wollten nicht! Manche meinten, man habe es seit hundert Jahren dumm angefangen, auch seien einmal gar zwei Badeunternehmer dagewesen, die sich gegenseitig schlecht gemacht hätten, und es gehe das Sprüchlein: »Was a feins Kühele geschtift hatt', han zwii Ochse verwüscht!« Wieder andere meinten, es sei eben so vom Schicksal beschlossen, Sulzbach liege ja auf der »unrächte Siit« (der unrechten Seite, nämlich südlich der Fecht, während alle anderen Orte im Thal, die sämtlich aufblühen, wie bereits bemerkt, nördlich des Flusses liegen) und darum sei hier auch 1844 just am Tage Johannis des Täufers, ihres Schutzpatrones, ein furchtbarer Brand gewesen; also selbst ihr Fürsprech vor Gott könne nichts gegen die Bestimmung! Aber beides scheine ihm, Peter Zindt, unrichtig und das vom Schicksal sogar unchristlich, es sei weder selbstverschuldetes Unglück, denn ihre Urgroßväter seien doch auch schwerlich klüger gewesen als sie, noch liege es an der »unrächte Siit« und der »Beschtümmung«, denn auf Erden und im Himmel bestimme nur Gott der Herr. Sondern er sage immer: es sei Gottes Wille so, aber warum Er das so wolle, wisse er freilich nicht, denn die Leute hier seien »guet, fromm und demüteglech«. Der stete Rückgang freilich sei Thatsache; viele zögen fort, und die Badegesellschaft bestehe jetzt aus einer Hebamme aus Ensisheim und einer Schneiderin aus Colmar, und mit dem Versand des Brunnens als Tafelwasser gehe es auch nicht sonderlich. »Vor hundert Jahr«, schloß er wehmütig, »esch ä Sprüchle im ganzen Elsaß gsi: ›Nur in Sulzbach trinket der Bauer Süerwasser.‹ Das Sprüchle gilt no, awer das ›nur‹ isch an eine andere Stell gewackelet. Jetzt müsch es heiße: ›Nur der Bauer trinket in Sulzbach Süerwasser‹, oder gar: ›In Sulzbach trinket der Bauer nur Süerwasser.‹ Denn wer kann sich noch a Gläsle leischte, und wär's vom Eigene?«

So die Geschichte von Sulzbach in Peter Zindts Auffassung. Die zünftigen Historiker stellen leider vieles nüchterner dar. Ob Julius Cäsar am »Mogeledrücke« gelitten, steht dahin, aber wenn ja, so hat er sich's nicht in Sulzbach kuriert, denn der römische Ursprung der Quellen ist eine Erfindung des XVII. Jahrhunderts; damals war's die kräftigste Reklame, etwas römisch sein zu lassen. Ähnlich steht es um Karl den Großen; nur sein Appetit ist verbürgt, aber das war eine Gabe der Natur und nicht die Folge einer Sulzbacher Appetitkur, denn auch damals waren Ort und Bad noch nicht vorhanden. »Sülzpach« findet sich erst 1222 erwähnt. Das Dorf war ein von den Hohenstaufen den Lothringer Herzögen erteiltes Lehen, das diese an ein Geschlecht, das sich »von Sulzbach« nannte, dann an die Hattstätter, endlich an die Schauenburger begaben; ein österreichisches Lehen wurde es erst durch Franz I., den letzten Lothringer, den Gatten Maria Theresias. Eine gewisse Bedeutung errang das Dorf früh durch seine trefflichen Weine; darum wurde es schon 1275 zur Stadt erhoben, mit Mauer und Graben umgürtet, doch blieben die Bewohner dem Herzog und seinen Lehnsträgern untertan und hatten geringe Rechte. Ausdrücklich bezeugt ist, daß sie wenig wehrhaft und allzu friedlich gewesen; als die Weierer die Raubburg der Giersperger brachen, taten die Sulzbacher nicht mit, obwohl sie von diesen »Säcklischniidern« am meisten geplagt waren. Ein Zeichen ihrer »demüteglechen« Gesinnung war es auch, daß sie katholisch blieben, als der Sturmhauch der Reformation durchs ganze Münsterthal brauste. Das Schicksalsjahr ihrer Geschichte ist 1603, da die Quelle aufgefunden wurde, aber das »feine Kühele« ist nur Sage; es war kein Zufall, sondern Spürsinn der Menschen, der sie zutage brachte. Im Jahre zuvor war der Sauerbrunnen von Geberschweier am östlichen Abhang dieses Bergzuges plötzlich versiegt, gleichzeitig zeigte das Felsgeröll des Oberfeldbergs ob Sulzbach einen Ansatz ockergelben Rostes; da vermutete der damalige Lehnsträger von Sulzbach, ein Herr von Schauenburg-Herlisheim, mit Recht, daß das Wasser nun hier seinen Weg suche, und da ein Bad damals ein fast noch kräftigerer Geldmagnet war als heute, so ließ er nachbohren und bekam die Quelle glücklich zu fassen. Nun schaffte er aber auch die nötige kräftige Reklame, bewog den Erzherzog Leopold von Österreich, damals Bischof von Straßburg, und den letzten regierenden Grafen von Rappoltstein, Eberhard, zum Besuch des Bades, sorgte für Lustbarkeiten aller, nach der Sitte der Zeit auch recht bedenklicher Art und gewann schließlich einen der berühmtesten Ärzte jener Tage, Dr. Johannes Jacobus Mezius zu Freiburg i. Br., zur Abfassung einer Badebroschüre. Ich habe das kuriose Schriftchen durchgesehen. »*Sultzbachischen Hailquellenbrunnens Vortrab oder Kürtzlicher bericht etlicher New erfundenen Saurbrunnen zu Sultzbach in dem berümbten Volckreichen Sanct Gregorij Thaal Elsässischer Landschafft gelegen Sambt beygefügter Krafftreichen Würckung und derselben ordentlichen gebrauch*« – so der Titel. Man sieht, es waren nun schon »etliche Quellen«; der Besitzer hatte das Wasser verschieden fassen lassen und den einen Auslauf den »Ertzherzogen-Quell«, den anderen »Rappoltsteinischen-Quell« genannt, beide aber wurden, wie Mezius berichtet, »von Unverständigen etwas geschmacks halben der Dintenbrunn« geheißen, ein dritter Auslauf speiste das »new auferbawete Badhauß.« Als Vorbereitung für die neue Trinkkur verordnet Mezius »Purgation und Aderlaß, seines Leibes Blödigkeiten abzuwenden«, nach 14 Tagen Trinkens »morgens um fünf, abends nach zwei« dürfe nach abermaliger Purgation zur Badekur übergegangen werden, am ersten Tage eine halbe, am nächsten Tage eine ganze, am dritten anderthalb Stunden u. s. w., bis man »den ganzen Tag darinnen verharren kann«, dann geht's wieder langsam bis auf eine halbe Stunde täglich herab. Man sieht, eine ausgiebige Badekur, aber die Diät läßt sich ertragen; Mezius schreibt die feinsten Sachen vor: »Auwerhahnen, Phasianen, Schnepffen« u. s. w., gestattet aber den Armen »grobes Rindfleisch und Habermuß«, weil »Gottes gütige Hand« sie auch dabei wird gesund werden lassen. Als Bestandteile der Quellen bezeichnet Mezius »ein schön lieblich Stein- oder Berg-Salz«, eine »Krafftmäßige essentz des Eysens unn weniges Kupfers«, einen »wohlgeleuterten alaun«. Das Salz »thut reinigen«, das Eisen »heilet und starcket«, der Alaun »haltet zusammen«. Kein Wunder, daß es nach Mezius kaum eine Krankheit gibt, die hier nicht geheilt werden könnte.

Einigen Erfolg hatten aber die Quellen wirklich, eben ein alkalischer, eisenhaltiger Sauerbrunnen; zweifellos sprudelten sie einst auch stärker. Es war also nicht blos Reklame, die Sulzbach berühmt machte; der Ruhm und Zulauf dauerte ja zwei Jahrhunderte an; Reklame ohne Verdienst ist nie so langatmig. Zudem finden sich unter den rund zwei Dutzend Werken über Sulzbachs Blütezeit auch die Arbeiten ernsthafter Gelehrter, die sicherlich nur ihrer Überzeugung folgten; auch unter den Dichtern, die Sulzbach besangen, meinten's gewiß die meisten ehrlich. Der überschwenglichste freilich, ein Anonymus von 1639, der seinen Hymnus in lateinischen Distichen schrieb (die Colmarer Bibliothek bewahrt das Manuskript), kann leicht bei dem Edlen von Schauenburg frei Quartier gehabt haben, denn einen »*fons sacer*« nennt man selbst den kräftigsten Sauerbrunnen nicht ohne besonderen Grund. Aber daß die Besitzer das Licht von Sulzbach unermüdlich auf den höchsten Scheffel stellten, ist ebenso zweifellos, wie daß es ihnen neben den Kranken nur allzu sehr um die Gesunden zu tun war. Das »öffentliche Spielhaus« bot neben Hasardspielen »von Morgen bis Mitternacht«, wie ein Schilderer von 1874, der Basler Mieg, berichtet, auch »Musik, Gaukelspiele und Komödie« – dazu das Heer von »Sulzbacherinnen«. Es sei so recht ein Ort, meint Mieg, »wo man sich mit Bemeistern eigener Begierden stärken könne.« Aber dazu kamen gewiß nicht viele hin...

Es ging mit Sulzbach wie mit allen Modebädern: solang der gute Wind weht, haben sie Zulauf weit über Verdienst, und schlägt er um, weit unter Verdienst. Nur erscheint hier alles ins Ungeheuerliche gesteigert: die Blüte wie der Verfall. Bis ins erste Kaiserreich ging's noch leidlich, unter den Bourbonen nicht mehr; es waren eben neue Bäder emporgekommen, und das Hasardhaus durfte nicht fortbestehen. Da fand sich ein tapferer, kluger und reicher Mann, der's nochmals versuchte, ein Schweizer, namens Gonzenbach; er kaufte 1842 die Quellen und that das Mögliche. Als zwei Jahre später die furchtbare Feuersbrunst die Gasthöfe und die besseren Häuser für die Kurgäste vernichtete, baute er ein großes Kur- und Badehaus, schuf Gärten und Anlagen, und gewann, da Sulzbach thatsächlich den meisten Kniebisbädern ebenbürtig, zum Teil überlegen ist, ein Stücklein des alten Rufs zurück. Da entdeckte ein Herr Schangel, an den das alte Schlößlein der Schauenburge gekommen war, auch eine Quelle, und der Kampf ging los, jeder der Konkurrenten machte die Quelle des anderen schlecht, und das Publikum glaubte beiden. Schangel unterlag zuerst, aber der arme Gonzenbach hatte auch nur ein Pyrrhussieg erfochten. Um 1895 war alles aus und die »geldriiche, ruhmriiche« Stadt ein armes Dorf geworden.

Aber es sieht nicht aus wie andere Dörfer; mindestens auf deutscher Erde habe ich, soweit ich gewandert bin, nichts Gleiches gesehen und kaum Ähnliches ... Wie ich, von Peter Zindt geleitet, die erste Straße durchschritt, da sah ich freilich nur, worauf ich gefaßt war: armselige Häuslein und neben den Wegspuren Gras; höchstens die Stille und Öde konnte einem auffallen; es war gegen zehn Uhr vormittags und nirgendwo ein Mensch zu sehen. Wo die denn seien? fragte ich meinen Begleiter. Die Erwachsenen in den Weingärten, war die Antwort, die Kinder in der Schule; jedoch viel Gewimmel gäb's hier nie, auch sei lange nicht mehr jedes Haus bewohnt. Aber auf dem »Hauptplatz«, da finde man immer »Lüt und liicht (vielleicht) a Wägele«. Nun, diesmal war's auch dort totenstill; nur zwei Hunde dehnten sich auf dem grasbewachsenen Pflaster, und ein Brünnlein plätscherte verschlafen in der Sonnenglut. Ein mittelgroßer Platz, auf drei Seiten von dürftigen Häusern umgeben, nur eines etwas stattlicher, das Wirtshaus »Zum Müller von Sanssouci«, »'s ischt unser Hotell«, erläuterte Zindt; »auch Bäder thut der Wirt ausrichte, da wohne und bade unsere Kurgäscht, die Madam und die Schneiderin ... Ich wiiß net, was das heut' ischt«, fügte er bei, »geschtern waren drei Lüt' auf'n Platz und vorgeschtern a Wägele.« Ich tröstete ihn, alle Tage könne es eben keinen solchen Verkehr geben, und wandte mich der vierten Seite des Platzes zu, die mich weitaus mehr interessierte. Hier steht eine morsche Kapelle, die Jahreszahl »1760« bedeutet jedenfalls nur den Umbau; das schmucklose Innere zeigt Mauerwerk mit verbautem, romanischen Fenster und einem gotischen Tabernakel. Eiskalt und modrig war drinnen die Luft, die Bänke staubbedeckt und die Fensterchen von Spinnengewebe überzogen. Der Raum, erläuterte Zindt, werde nur noch zu Nottaufen benutzt, und das komme kaum mehr vor; »auch die rächte Christetauf esch schon in Sülzba eppes Rar's – wenig Lüt, arme Lüt, da kann's net viel Kindlein gebe!« An der Kapelle steht das Brünnlein, aus einer Renaissancesäule mit dem Löwen der Hattstatter kommt das Wasser, das moosbedeckte Brunnenbecken ist wohl so alt wie die Stadt selbst. Daneben einige uralte, hohe Häuser, wacklig und verfallen, aber einst so stattlich und schön wie nur irgend deutsche Bürgerhäuser des XVI. Jahrhunderts. Ich besah sie mir aufmerksam, aber Zindt meinte: »Da habe mir in der Stadt noch ganz annere!« In der Stadt, fragte ich, da seien wir ja. »Nei«, lachte er, »das isch ja d's Fohbur (Faubourg)« – in das wirkliche Sulzbach kämen wir erst. Und er wies auf die Spuren einer Umfassungsmauer und eines Tores, an dem vorbei sich zwischen den hohen Häusern ein Gäßchen öffnete.

Dies alte Sulzbach nun – wie verzaubert kam ich mir vor, als ich's durchschritt. Eine behäbige deutsche Kleinstadt so um 1600, über die jählings ein großes Sterben gekommen, daß nun die leeren Häuser sachte zerbröckeln, aber nur die Zeit hat daran gerührt und Sturm und Regen, aber keines Menschen Hand ... Ein Gewirre enger, krummer Gassen und winkeliger Plätze; kleine und große, armselige und reiche Häuser mit wankenden Giebeln und bröckelnden Erkern, die Türen verschlossen, die Fenster erblindet. Keines, an dem nicht was Besonderes zu sehen wäre: hier eine stattliche, mit verwittertem Steinzierat und Farbenresten geschmückte, reichgegliederte Fassade, dort ein mächtiger, knapp über dem Erdgeschoß aufsteigender, nach oben Stockwerk für Stockwerk vorspringender Giebel, daß das Haus wie ein vorgeneigter Greis dasteht, hier wieder ein düsterer, plumper Bau wie ein Burgturm, dicke Mauern, kleine romanische Fenster, die wie Schießscharten aussehen, und dort auf schlankem, lustigen, fensterreichen Unterbau ein zierlicher mit Schnitzwerk und Balkönchen geschmückter Fachwerkbau. Und alles alt und alles verfallen, nirgendwo ein Neubau, kaum irgendwo die Spur der erhaltenden Menschenhand ... Dazu die unsägliche Öde und Stille; nur einmal begegnete uns ein altes Weiblein, ein andermal guckte aus einem Fenster ein blasses Kind hervor; ich gesteh's, mich durchfröstelte es trotz der heißen Sonnenglut ... Dazu die Reden meines guten Peter. »Da wohnet niemand mehr«, hieß es vor jedem zweiten Hause, »die Lüt sind weggezoge.« Oder »Alles verschtorbe, die Erwe möchte herzlech gern verkaufe, aber wer thut in Sülzba kaufe?!« Und von den Häusern, die noch bewohnt waren: »Dem sein Vater hat noch an Kurgäscht ä groß Stück Geld verdient;

er salwer geht in die Fabrik na' Wihr!« Oder von einem der stattlichsten Häuser: »Das sin amol die riichste Lüt hier gsi, und Bürgermeischter; jetzt is er Handlanger in Colmar une sie hungert sech so durch!« Es war mir schließlich lieber, wenn der freundliche Mann schwieg, da konnte ich glauben, die Menschen seien einst ausgestorben, denn der Tod ist besser, als solches Hinsiechen und Versinken in immer größeres Elend. Aber das arme Sulzbach ist ja eben kein Toter, sondern ein Gespenst, das nicht leben noch sterben kann.

Wohl eine Stunde gingen wir so umher, die Sonne stieg immer höher, drang bis in den engsten Winkel und erhellte all den Verfall immer erbarmungsloser, und immer noch öffneten sich neue Gäßchen und Plätzchen. Und doch ist vor sechzig Jahren fast ein Drittel der Stadt verbrannt! Aber in seiner Blütezeit war ja Sulzbach eine Stadt von 2 000 Einwohnern und Kurgäste gab's ebenso viele, die brauchten Raum. Jetzt sind's noch etwa 550 Seelen, unaufhaltsam geht's abwärts, 1850 waren es 1100, 1871 850, 1889 750, 1895 650 Seelen: wann wird das glänzende Städtchen von einst, das nun auch offiziell zum Dorfe herabgesunken ist, ganz verödet sein?!...

Die Häuser verfallen, die Menschen sterben und mit ihnen ihre Geschichten. An vielen Häusern sind noch Wahrzeichen zu sehen, eine Hand, ein Helm, ein Zwillingspaar, ein Bock und dergleichen; sie hatten alle ihre Bedeutung, aber selbst mein Führer kannte sie nicht mehr. Vielleicht, schlug er bescheiden vor, wüßte der Weibel (Gemeindediener) mehr oder der Herr Schulmeister. Und da es just elf Uhr schlug und wir nah dem Schulhaus waren, so geleitete er mich dorthin.

Auch das Schulhaus ist ein altes, wackliges Häuslein, von dem ein recht schadhaftes Trepplein auf den Platz hinabführt, aber mir war's, als fiele mir ein Alp von der Brust, als ich davor stand. Denn da waren doch Menschen, kleine, lustige, zappelige Menschen, die lachend und sich puffend das Treppchen hinabturnten. Oben aber erschien der Schulmeister, ein kleiner Mann, in etwas stark benutztem Rock, aber mit einem strengen Antlitz und so würdevollem Wesen, wie ich es nur noch einmal im Leben an einem Menschen gesehen habe. Aber dieser Mensch war ein Berliner Kanzleirat.

Die Wahrzeichen von Sulzbach hat mir der Würdige nicht erklärt, aber dafür sollte ich mit ihm etwas so Lustiges erleben, daß ich's erzählen muß.

Ich trat, während mich die Schulkinder neugierig beguckten, an das Treppchen heran und wollte es eben emporsteigen, als mich eine abwehrende Handbewegung des Schulmeisters zurückhielt. Da blieb ich denn unten stehen und zog den Hut.

»Was wünschen Sie?«

Ich brachte schüchtern mein Anliegen vor.

Der Herr Lehrer zog die Augenbrauen empor. »Namen, Wohnort und Beschäftigung?« fragte er. Ich gab Bescheid.

Da trat der Würdige vor, steckte die Hand in den Rockausschnitt, wie Zeichner zopfige Beamte karikieren, und sprach also – ich hab's mir sofort ins Notizbuch geschrieben und kann's daher wörtlich wiedergeben:

»Ich bin Herr N. J., Hauptlehrer hiesiger Knaben- und Mädchenschule und nicht minder Dirigent derselben. Ihre Bitte muß ich ablehnen. Denn erstlich beginnt jetzt meine der Muße gewidmete Erholungszeit. Zum zweiten kümmere ich mich nicht um die Altertümer dieses Dorfes, was ja mehr die Bauern, als einen gebildeten Herrn angeht. Zum dritten aber ist für solches der Weibel da, an welchen sich zu wenden ich anheimstelle.«

Starr und stumm stand ich da und neben mir Peter Zindt und um uns beide die Kinder. Da klang es plötzlich aus einer Ecke, die wohl ich übersehen, aber nicht der Würdige oben, von drei hellen Kinderstimmen:

»Bannwärt, Bannwärt,
'sch hätt' Triewe geschtohle!«

Das heißt hochdeutsch: »Bannwart (Flurschütz), man hat Trauben gestohlen!« Die verborgenen Sänger wiederholten es unablässig; die anderen Kinder brachen in wildes Lachen und Johlen aus; auch Zindt lächelte, der Würdige aber wurde krebsrot und verschwand. Ich erzähle, wie ich's gesehen habe; was es bedeutete, ist mir nicht klar geworden.

Peter Zindt war betrübt ... »Ich bin nur a Rebma'«, sagte er, »aber ich muß sage: das isch net rächt gsi von dem Herrn N. J.« Er begründete es auch sehr eingehend; vor langen Zeiten hätten »alle Doktors« über Sulzbach geschrieben, jetzt aber kümmere sich niemand um den Ort. »Kommet nun einer und will's beschriiwe, so müsch ma's frundli verstatte, auch fein drum bitte, 's war a (auch) davor a Gläsle Wein net z'viel!« Und nun sei ich so abgekanzelt worden. Aber nun wolle er mindestens den Weibel holen. Er lief nach dessen Hause und kam betrübt wieder: »Er kann net! Er hat si' den Moge mit Flume (Pflaumen) vollg'schlage und hat Buuch-weh!« Da führte mich Zindt selbst weiter, obwohl dies nicht blos seine der Muße gewidmete Erholungszeit, sondern sogar seine Mittagszeit war.

Zunächst ging's wieder durch eine totenstille, alte Straße, zum »Schauenburger Schlößle«. Es ist ein Bau des XV. Jahrhunderts, finster, plump und schmucklos, die überaus dicken Mauern mit einer feuchten Moderschicht überzogen; ein Eckturm steht noch und verfallene Ringmau-ern sind noch erkennbar. Wie's so in all seiner Düsterkeit vor einem liegt, konnte man viel eher glauben, das sei ein Gefängnis gewesen, als der Wohnsitz eines wohlhabenden, regsamen Ge-schlechts. Und noch weniger sieht's einem modernen Kurhaus ähnlich, und doch hat es durch zwanzig Jahre auch diese Aufgabe erfüllt; hier hauste Gonzenbachs Konkurrent Schangel. Hin-ter dem Haus ließ er die Bäder errichten; der Bau verfällt nun und liegt schon halb in Trümmern. Blickt man hinein, so sieht man die Mäuse lustig durch die Kabinen jagen, an einem der Fenster aber klebt noch heute eine pomphafte Anzeige der Eröffnung am 24. Juni 1876: »Das Wasser dieser neuen Quelle kann vermittels der Analyse den besten und bekanntesten Säuerlingen zuge-sellt werden. Es ist nicht nur sehr geeignet, eine schwache Gesundheit zu erstärken, sondern ist, auch mit Wein vermischt, ein angenehmes Trinken.« Nun, das ist ja kein angenehmes Lesen, und der Verfasser kann gewiß nicht den ersten Stilisten zugesellt werden; aber an ihm lag's nicht, wenn alles mißriet. Auch an der Quelle nicht, die wirklich heilkräftig war, wenn auch die kaum noch leserliche Inschrift an einem Täfelchen im Garten: *»Supérieure aux autres eaux similaires par sa grande quantité de fer«* etwas zu viel behauptet. Aber schließlich lohnte sich nicht einmal die Erhaltung ihrer Fassung, und so versickerte sie. Im Garten jedoch ringsum sproßt lustig das Unkraut, und der einst mißhandelte Taxus wächst nun wie ihm beliebt und macht die schmalen Pfade gangbar.

Vom »Schlößle« ging's einen engen Weg, an Resten der alten Stadtmauer vorbei, dann in einer Lücke zwischen dieser Mauer zum »Kurhaus Gonzenbach«. Ein großer, dreistöckiger Bau, zu beiden Seiten sind im Rechteck zwei mächtige Flügel angebaut, sichtlich eine Nachahmung moderner französischer Schloßbauten. Auch hier ein großer verwilderter Garten, durch den man sich mühselig den Weg bahnen muß; auch hier, wenn man rings um das Haus geht, der Blick in verfallende Korridore und zerbröckelnde Badezellen und auch hier keine Menschenseele. »Ist das Haus bewohnt?« fragte ich meinen Führer, als ich von allen Seiten, auch vorne hinaus, die Fensterläden geschlossen sah. »Aawer joo!« rief er eifrig. »Hier ischt do der Versand von unser ruhmriich Wasserle.« Und er führte mich in eine Halle im linken Flügel. Dort öffnete sich im Boden der Schacht des Brunnens. Unten stand ein Junge, der gemächlich eine Flasche nach der anderen füllte und dann mit einem Verschlusse versah, wie man ihn an Seltersflaschen sieht. Nachdem er ein Dutzend beisammen hatte, stieg er aus dem Schacht und beklebte sie mit einer Etikette: »Quelle Gonzenbach. Genehmigt durch die Kaiserl. Universität. Charles Mann, Eigentümer, Sulzbach.« Daß die 1872 begründete Universität Straßburg die 1603 entdeckte Quelle ihrerseits »genehmigt« habe, konnte mich nicht wundern; sie wäre eben sonst ohne Genehmigung ins vierte Jahrhundert ihrer wechselvollen Existenz eingetreten, wohl aber war mir das Tempo dieses modernen Brunnenversandes verwunderlich, denn derselbe Junge packte auch die Flaschen in eine Kiste. Ob er dann die Kiste auch zur Bahn führe, fragte ich den Jungen. »Joo«, erwiderte er stolz, »der Herr Mann, der Herr Schaw und ich mache all's salwer (selber).« Dann reichte er mir ein frisch gefülltes Glas. Es schmeckte etwas säuerlich und moussierte; ein ganz angenehmes Getränk, das die geforderten zehn Pfennige wert war.

Ich wollte zur Erinnerung einen Prospekt des Unternehmens mitnehmen und ging darum ins Bureau. Drinnen saß der Thür zunächst an einem Pult ein junger Bursche, und ihm gegenüber ein dicker, rotbackiger Mann, beide der Hitze wegen in Hemdärmeln. Ich unterbrach sie leider in einer sommerlichen Bureauarbeit, in die sie sehr vertieft waren; der junge Mensch fing Fliegen, und der dicke Mann nickte vor sich hin. Bei meinem Eintritt fuhren sie auf, und der junge Mann fragte: »Wolle Sie a Kommande mache?« Nein, ich bäte nur um einen Prospekt. *Pour quoi faire?*« fragte der Dicke. »Das Wasser kennt so scho jeder!« Ich wollte mich eben darüber unterrichten, ich sei ein Fremder und kennte es noch nicht. – »Woher?« Ich sagte es. Er wurde mißtrauisch. »Berlin?« wiederholte er langgedehnt. *»Votre profession?*« – »Schriftsteller!« – »Aha! Da isch aber dann Ihre Müh verthan. Ich lass' beim Herrn Saile in Colmar drücke und hab' billigschte Preis!« – »Nein«, klärte ich auf, »nicht Schriftsetzer, sondern Litterat!« Da kämen wir noch weniger in ein Geschäft, war seine Antwort, er inseriere nicht. »Das Sulzbacher Wasser ischt das bescht', *l'Europe entière le sait!*« Auch ein Inserat wollte ich nicht, beteuerte ich, nur einen Prospekt. Da bekam ich ihn endlich und wollte gehen. Aber da hatte inzwischen der Dicke mit dem Jungen gezischelt und rief mich zurück; ich sollte mit Stolz erfahren, daß die Presse auch in Sulzbach als Großmacht gilt. »Ich bin der Herr Charles Mann aus Ensisheim«, sagte der Dicke freundlich, »der *Propriétaire* von der *source* und wollt' Ihne saje: lasse Sie sich unten a Glasle gebe – *c'est gratuit – vous comprenez – totalement gratuit. Bon voyage, monsieur!*«

Der Prospekt, den ich mir so sauer errungen hatte, ist kurz und kräftig gehalten. Der chemischen Analyse folgt der Satz: »Daraus geht hervor, daß dieses Wasser unter allen bestbekannten Mineralwassern den ersten Rang einnimmt.« Auch wird es »als sicheres Heilmittel mit nachweislichem Erfolge von den höchsten ärztlichen Autoritäten verordnet.«

Es war längst Mittag und mein guter Zindt wahrscheinlich noch hungriger als ich. Dennoch führte er mich noch zu der Stelle, wo einst das »Kühele« die Quelle entdeckt haben soll – es ist aber nichts mehr zu sehen als morsche Bretter, die den Schacht verdecken – und durchschritt dann mit mir getreulich wieder die gespenstische alte Stadt, bis wir am Hauptplatz standen. Meine Einladung zu einem kleinen Imbiß und einem Gläschen Wein schlug er zunächst rund ab; er könne leider mich nicht einladen, aber umgekehrt schicke sich's nicht. Nun, schließlich ging er doch mit zum »Müller von Sanssouci«, und wir aßen Münsterkäse und tranken Wein, denn »'s Fleisch reichet nur für die Kurgäscht«. Der Wirt mochte von meinem Begleiter erfahren haben, wer ich sei, denn er setzte sich zu uns und unterhielt mich von seiner Loyalität gegen die deutsche Regierung. Ich fragte, woher sein Schild rühre. »Vom Großvater«, war die Antwort, der sei Müller gewesen, habe so geheißen und sich darum den berühmtesten aller Müller zum Patron gewählt. Auch im Bild war die Potsdamer Mühle zu sehen. Dann erzählte mir der Mann, der mich in seiner schlauen Schmiegsamkeit immer wieder an den »Herrn Maire« in Gustav Stoßkopfs gleichnamigem Lustspiel erinnerte, von seiner Entdeckung einer neuen Quelle, die nun sein Badehaus speise. Ein vortreffliches Wasser, wie auch die Analyse ergebe. Mein Freund Zindt ermunterte ihn, sie mir zu zeigen, aber davon wollte der Wirt nichts wissen. Endlich kam er doch mit dem Schriftstück angerückt. Da sei, sagte er, ein »Malheurle« passiert. Man habe ihm gesagt, die Analyse eines für Heilzwecke bestimmten Wassers koste mehr, als die eines gewöhnlichen Brunnens, und darum habe er bei der Einreichung seinen Zweck verschwiegen. »Das thut ja nichts«, tröstete ich, »der Chemiker hat gewiß auch so die Wahrheit geschrieben.« – »Das scho'«, sagte der Wirt, »awer – lese Sie!« Und ich las. Der Analyse war folgender Schlußsatz beigefügt:

> »Eine unangenehme Beigabe aber ist der große Eisengehalt, der die Gebrauchsfähigkeit beeinträchtigt. Da das Wasser aber einem frisch gegrabenen Brunnen entspringt, so ist es nicht unmöglich, daß das Eisen nur im Anfang vorhanden ist und allmählich verschwindet.
>
> Der Vorstand des Laboratoriums der Kais. Polizei-Direktion zu Straßburg.
> Dr. Karl Heckner.«

Dies die Empfehlung für ein neues Eisenbad! Ich mußte lachen, daß mir die Thränen über die Backen liefen, und die beiden Männer stimmten ein. Dann fragten sie, wie mir der Wein schmecke und strahlten, als ich ihn nach Gebühr lobte; die Burgunder Reben haben sich hier gut akklimatisiert. Das möge ich aber auch, bat Peter Zindt, »dene Lüt in Wihr« erzählen, damit sie ihre Schandreden einstellten. Und nun erfuhr ich endlich, was sie eigentlich sagten. Da die Sulzbacher Reben auf der Nordseite des Thals wachsen, so sind sie etwas dickschalig und reifen spät. Um nun diese Härte und Zähigkeit der Schale zu verhöhnen, sagen ihnen die Wihrer nach, die Sulzbacher bestimmten die Zeit der Weinlese so: Nachdem alle anderen Leute im Elsaß ihren Wein bereits eingebracht, gingen sie mit ihrem Maire auf die Spitze des Rebenhügels ob der Kirche, füllten einen Sack mit Trauben, setzten den Maire darauf und schleiften ihn zu Thal. Sitze der Maire, unten angekommen, trocken, so werde noch zugewartet; sitze er feucht, so folge nun die Sulzbacher Weinlese. Ich tröstete, vor bösen Zungen sei eben der beste Wein nicht sicher. Darauf Zindt: ja, wenn sie nur mehr Weinberge hätten, dann könnte das Dorf fortbestehen. So aber gehe es zugrunde. Er hatte feuchte Augen, als er dies sagte, und auch ich war ergriffen.

Zum Abschied geleitete er mich noch zum Dorfe hinaus bis nah an die Kirche. Auf jenem Bänklein, auf dem er mir die Geschichte von Sulzbach erzählt hatte, saßen eine dicke und eine dünne Frau in ärmlicher, städtischer Tracht; die eine strickte, die andere nähte. Peter Zindt grüßte sie freundlich, ja unterwürfig: »Bonsüaar, gute Abend! – Ünsere zwei Kurgäscht!« flüsterte er mir zu.

Armes Sulzbach! Vielleicht sind's überhaupt seine letzten Kurgäste.